중국의 국가 거버넌스

중국의 국가 거버넌스

옌지룽燕繼榮 편저
성균관대학교 성균중국연구소 옮김

책과함께

| 차례 |

한국어판 서문

학술사상에는 국경이 없다. 학자는 늘 자신의 연구 성과가 널리 전파되고 더 많은 이들의 인정을 받으며, 교류를 통해 더 큰 컨센서스를 형성하기 바란다. 그래서《중국의 국가 거버넌스》의 한국어판 출간은 학자로서 행운이자 영광이 아닐 수 없다. 이에 필자는 이희옥 교수가 소장으로 있는 성균중국연구소의 구성원들에게 진심으로 감사한다. 성균중국연구소는 탁월함과 성실함을 바탕으로 번역작업에 임해주었고, 우리에게 영광스러운 기회를 부여해주었다.

베이징대학교는 성균관대학교와 양국의 교육·문화 교류를 위해 오랫동안 협력해온 역사가 있으며, 특히 중국 문제를 전문적으로 다루는 성균중국연구소는 베이징대학교의 정부관리학원 및 국가거버넌스연구원과 십수 년간 긴밀한 협력관계 속에서 양국 학술 교류의 중요한 플랫폼을 구축하여, 학술포럼, 학술강좌, 전문가 세미나, 정기간행물 등을 비롯한 수많은 학술 성과를 창출해왔다. 필자 역시 베이징대 정부관리학원 교수의 자격으로 성균중국연구소가 마련한 다양한 학술 플랫폼을 통해 학술 교류 활동에 수차례 참여한 바 있다. 성균중국연구소가《중국의 국가 거버넌스》의 한국어판을 번역하게 되어 필자는 다소나마 이에 보답하게 되었다고 생각한다. 당연하게도, 성균중국연구소가 기획한 이번 번역출판은 필자와 필자가 속한 연구팀에게 분발과 편달의 계기가 되었으며, 이 책이 중국 정치와 정책을 깊이 있고 객관적으로 해석하는 데 유용할 뿐 아니라, 적지 않은 의의가 있음을 확신시켜주었다. 나아가 우리는 이 책의 번역출판이 한중 양국의 신뢰를 제고하고 우호적 교류를 촉진하는 데에도 기여하기를 바란다.

이 책은 최신 중국 정치의 변화를 해석하는 데 주력했다. 2012년 중국공산당 제18차 당대회에서 시진핑을 핵심으로 하는 새로운 중국공산당 집단지도부가 모습을 드러냈다. 이어 2013년 제18기 3중전회에서는 "국가 거버넌스 체계와 거버넌스 능력의 현대화를 전면적으로 추진"해야 한다고 밝혔다. 이는 1978년의 개혁개방 선언 이후 또 하나의 중대한 '신정(新政)'이 제기된 것으로 받아들여지고 있다. 이에 이 책은 '현대화와 현대국가'라는 시각에 기초해 국가 거버넌스 체계 및 거버넌스 능력의 분석틀을 구축하는 한편, 중국 정부의 중대결의안과 중공 지도부의 중요한 코멘트들을 체계적으로 분석하여 최근 중국 정부가 내보이고 있는 중요한 실천적 성과들을 추적해 종합했다. 나아가 이 책은 국가 건설, 정당 건설, 정부 건설, 사회 건설이라는 네 가지 측면에서 신시대 중국 '신정'을 체계적으로 해독하여, 독자들이 중국 정치의 담론을 이해하고 중국의 정치발전 및 정책방향을 파악할 수 있도록 집필되었다.

이 책의 편집자이자 필자의 한 사람으로서 《중국의 국가 거버넌스》의 성공적인 발행을 진심으로 축하한다. 아울러 한국학계의 동료들과 수많은 독자가 이 기회를 통해 우리와 교류하는 한편 귀중한 의견을 제시해주기를 바라마지 않는다. 마지막으로, 이번 번역출판사업을 기획하고 지원해준 아모레퍼시픽 문화재단에도 깊은 감사의 인사를 전한다.

2021년 2월 옌위안(燕園)에서
베이징대학교 정부관리학원 원장 옌지룽

국가 거버넌스 현대화 추진의 임무와 역량

옌지룽燕繼榮, 베이징대학교

1. 문제의식

이 책에서 다루는 것은 국가 거버넌스 체계와 국가 거버넌스 능력 탐구 과정에서 나타나는 기초적 문제들이다. 중국 현대 국가 거버넌스 체계의 기본적 의미, 구성 그리고 특징을 분석하여, 국가 거버넌스 능력의 의미와 국가 거버넌스 능력을 높일 수 있는 방법 및 수단을 분명히 함으로써 중국의 국가 거버넌스 평가 지표체계를 제시하고자 한다. 특히 국가 건설, 정당 건설, 정부 건설, 그리고 사회 건설의 측면에서 중국 현대 국가 거버넌스 체계 구축의 핵심 영역을 깊이 있게 다루고자 한다.

이론적으로 '중국 현대 국가 거버넌스 체계'를 설명하기 위해서는 다음의 몇 가지 질문에 답해야 한다. ① 현대 국가 거버넌스는 어떤 특징을 가지고 있는가, 두드러진 특징은 무엇인가. ② 지금 중국은 현대 국가 거버넌스의 수준과 얼마나 거리가 있는가, 중국 국가 거버넌스의 장단점은 무엇인가, 그리고 국가 거버넌스란 무엇인가, 국가 거버넌스의 수준은 어떻게 평가할 수 있는가, 현대 국가 거버넌스는 어떤 능력을 갖추어야 하는가, 그러한 능력을 갖추기 위해 어떤 거버넌스 체계를 구축해야 하는가 등이다.

이러한 문제들에 답하기 위해, 우선 현대 국가 거버넌스 이론과 그것이 중국의 현대 국가 거버넌스 체계 구축에 대해 갖는 의의를 밝히고, 현대 국가 거버넌스 체계의 기본적 의미, 구성 그리고 특징을 설명하여, 현대 국가 거버넌스 능력을 분석하고자 한다. 국가 거버넌스 체계와 거버넌스 능력의 현대화는 과학적이고 합리적인 지표를 통해 평가해야 하며, 그 지표는 현대 국가 거버넌스의 가치관과 목표이념에 근거해야 하고, 현대 국가 거버넌스의 주요 내용과 영역을 포괄해야 하며, 현대 국가 거버넌스 방식의 성과를 반영해야 한다.

이 책은 정치학의 국가-사회-개인의 일반적 모델에 기초하여, 현대 국가 거버넌스의 목표, 내용 및 평가 체계(〈표 1〉)를 수립하고, 국가 건설, 정당 건설, 정부 건설, 그리고 사회 건설 등의 측면에서 중국 현대 국가 거버넌스 체계 구축의 임무와 개혁 방향을 구체적으로 설명하려고 한다.

〈표 1〉 현대 국가 거버넌스의 목표, 내용 및 평가 체계

목표	내용	평가 지표
인민의 행복	시민의 권리를 보장하고 촉진시키기 위한 노력	자유권: 경제적 자유, 정치적 자유, 언론의 자유
		민주권: 민주적 선거, 민주적 정책 결정, 민주적 관리
		복지권: 시민 사회의 복지 보장
사회의 조화	사회의 조직성과 자치성 제고, 사회의 협조와 협력의 추진	사회조직의 발전
		사회 자치와 참여
국가의 부강	국가의 리스크 회피, 국제 사회에서의 종합 경쟁력 제고	국가의 혁신성: 지식, 기술, 관리
		국가의 비용성: 시스템 비용, 유지 비용, 운영 비용
		국가의 저항성: 지역 차이, 도농 차이, 사회 차이
		국가의 위험성: 경제 위기, 정치 위기, 사회 위기, 국가 정체성 위기

중국특색사회주의 제도의 완성과 발전, 국가 거버넌스 체계와 거버넌스 능력의 현대화 추진은 제18기 3중전회에서 제기된 개혁의 총 목표이다. 제19차 당대회 보고에서는 그 목표를 좀 더 분명히 하면서, 신시대 중국의 2단계 발전전략을 제시했다. 첫 번째 단계는 2020년부터 2035년까지로, 15년 동안 전면적 소강 사회를 건설하여 사회주의 현대화를 기본적으로 실현하고자 한다. 이 단계에서 "인민의 평등한 참여, 평등한 발전권이 보장되고, 법치 국가, 법치 정부, 법치 사회가 기본적으로 수립되며, 각 측면의 제도가 더 개선되어, 국가 거버넌스 체계와 거버넌스 능력의 현대화가 기본적으로 실현된다."[1] 두 번째 단계는 2035년부터 21세기 중엽까지로, 15년 동안 기본적 현대화를 실현하여, 부강하고 민주적이고 문명적이며, 조화롭고 아름다운 사회주의 현대화 강국을 건설하고자 한다. 그때가 되면, "중국은 물질문명, 정치문명, 정신문명, 사회문명, 생태문명을 전면적으로 향상시키고, 국가 거버넌스 체계와 거버넌스 능력의 현대화를 실현하며, 종합 국력과 국제 영향력을 선도하는 국가를 이룩한다."[2] 현대 국가 거버넌스 체계의 수립은 근대 이후 중국 현대화의 주요 목표였다. 그것을 실현하기 위해 청나라 말기 개혁과 유신, 중화민국 시기의 공화혁명, 신중국 시기의 건설과 개혁이라는 세 가지 역사적 시기를 겪었다. 이 시기는 외부 침략에 맞서 '민족 독립' 운동을 했던 시기였다. 150여 년 동안의 투쟁을 거쳐 그 바통이 중국공산당이 영도하는 중국 인민의 수중에 쥐어졌다.

현대적 의미에서 중국 현대 국가 거버넌스 체계란 헌법이 국가 근본대법인 상황에서, 중국공산당이 효과적 치국이정(治國理政)의 방식과 수단

1   習近平, 《決勝全面建成小康社會奪取新時代中國特色社會主義偉大勝利: 在中國共産黨第十九次全國代表大會上的報告》, 人民出版社, 2017, p. 28.
2   위의 책, p. 29.

을 통해 '좋은 거버넌스(善治)'에 필요한 규범적 '국가생활(공공 생활이든 개인 생활이든)'의 현대 제도 체계와 행위 규범을 실현하는 것을 의미한다. 이러한 제도 체계와 행위 규범은 국가 건설, 정당 건설, 정부 건설, 경제 건설, 사회 건설, 그리고 문화 건설과 같은 다양한 영역을 범위로 한다. 그러나 국가 거버넌스 체계의 현대화를 위해서는, 구조적으로는 각 영역의 제도 체계와 행위 규범이 기초적 제도, 기본적 제도, 구체적 제도와 일치해야 한다. 그리고 내용에 있어서 거버넌스 주체(共有: 인민 민주), 거버넌스 과정(共治: 법에 의한 협력 거버넌스), 거버넌스 결과(共享: 국가 발전성과에 대한 공평한 분배) 세 가지 모두 명확하고 실질직으로 이루어저아 한다.

국가 거버넌스 능력에는 국가의 통일적 국방력, 국가 기초 시설의 건설력, 국가 법률과 정책의 혁신력, 국가 법률과 정책의 실행력, 국가 시민[3] 권리의 보장력, 국내 사회 모순의 해결력, 국가 대외 관계의 협조력, 국가 경제·사회 발전의 추동력, 자연 및 사회 재난의 대응력, 사회의 자주적이며 자립적인 자치력 등이 포함된다. 국가 거버넌스 능력의 현대화를 위해서는 무엇보다도 효과적인 공공 권력 체계가 마련되어야 하며, 이러한 권력 체계는 충분한 거버넌스 능력을 기초로 해야 하고, 혁신적 제도 공급을 통해 효과적으로 국가 거버넌스를 실현하여 '실패국가'로 전락하는 것을 막을 수 있어야 한다. 국가 거버넌스 능력의 향상은 주로 현대화된 국가 거버넌스 체계가 운영된 결과이기 때문에, 국가 거버넌스 능력의 현대화를 위해서는 국가 거버넌스 방식이 현대적으로 전환되어야 한다. 이는 법치화, 제도화, 민주화 기제가 보편적으로 이루어지고, 전면적으로 실시

---

3   중국 학계에서는 일반적으로 서구적 의미의 시민(citizen)은 중국 헌법에서 규정하는 국적을 가진 국민의 의미와 중국 사회의 특수성을 반영하여 공민(公民)이라는 용어를 사용하지만, 이 책에서는 양자 간의 개념적 혼동을 피하기 위하여 시민(市民)이라는 용어로 통일하여 번역했다.

되는 것을 말한다.

　이러한 분석을 토대로, 국가 건설, 정당 건설, 정부 건설, 그리고 사회 건설 등의 측면에서 중국 현대 국가 거버넌스 체계 구축의 중요한 임무와 개혁 방향을 구체적으로 설명하고자 한다. 국가 건설은 현대 국가 거버넌스 체계 구축의 기초이다. 강한 국가는 사회를 안정시키고, 사회와 경제를 건강하게 발전하도록 하며, 국민이 편안하게 살면서 즐겁게 일할 수 있도록 한다. 중국 국가 건설의 주요 임무는 제도 건설을 통해 국가의 장기적 안녕을 보장하고, 민주 건설을 통해 국가 정체성을 구축하는 것이다. 또한 법치 건설을 통해 국가 질서를 확립하고, 제도의 분권화 개혁을 통해 지방과 사회의 각 주체와 요소들이 활력을 갖도록 하며, 국가 전체의 혁신 능력을 촉진하는 것이다. 중국공산당은 현대 국가 거버넌스 체계 구축의 주도자이므로, 국가 거버넌스와 중국공산당의 영도적 지위 및 집정의 지속은 긴밀히 연관되어 있다. 그러므로 당 건설을 통해 집정의 정당성을 강화하고, 집정당의 영도력을 높이는 것은 현대 국가 거버넌스 체계의 보장을 위해 중요하다. 정부 건설은 현대 국가 거버넌스 체계의 주요한 일부이다. 경제발전, 사회 건설, 그리고 문화 건설은 모두 정부의 추진과 실시를 필요로 한다. 또한 효과적이고 제한적인 서비스형 정부와 법치 정부는 국가 거버넌스 체계와 거버넌스 능력의 현대화를 추진하는 데 있어 매우 중요하다. 사회 건설 또한 현대 국가 거버넌스 체계의 중요한 내용이다. 이것을 이루기 위해서는 이념과 체제 메커니즘, 방법과 수단의 혁신을 통해 사회 활력을 키우고, 사회 공익을 촉진하며, 사회 공해(公害)를 억제하여, 사회 거버넌스의 현대화를 추진하는 것이다. 문화 건설을 위해서는 개방하고, 협력하고, 소통하고, 함께 누리는 정신이 필요하다. 국가 거버넌스에 대해 누구나 책임을 지고, 책임을 다해야 한다는 생각을 공유하는 문화 공동체를 건설하고, 전 인민이 함께 건설하고 함께 누리는 국가 거버넌스 이념을 수립해야 한다.

이 책의 의의는 세 가지이다. 첫째, 기초 이론의 측면에서, 국가 거버넌스 체계 및 그 현대화, 그리고 국가 거버넌스 능력 및 그 현대화에 대한 이론적 해석을 다음과 같이 제시했다. ① 국가 거버넌스 체계는 '좋은 거버넌스(善治)' 실현에 필요한 규범적 '국가생활' 제도 체계와 행위 규범을 실현하는 것이다. 현대 사회에서 그러한 제도 체계와 행위 규범은 국가 건설, 정당 건설, 정부 건설, 경제 건설, 사회 건설, 그리고 문화 건설이라는 다양한 분야를 포괄한다. ② 국가 거버넌스 체계의 현대화는 상술한 영역의 제도 체계와 행위 규범이 구조적으로 기초적 제도, 기본적 제도, 구체적 제도의 체계성과 일치성을 갖춰야 한다는 것을 의미하며, 가치 목표에 있어서 인민이 함께 소유하고(共有), 함께 다스리며(共治), 함께 누린다(共享)는 가치 이념을 명확하고 실제적으로 실현하는 것이다. ③ 국가 거버넌스 능력에는 통일적 국방력, 기초 시설 건설력, 법률과 정책 혁신력, 법률과 정책 실행력, 시민 권리 보장력, 국내의 사회모순 해결력, 대외 관계의 협조력, 경제·사회 발전 추진력, 자연 및 사회 재난 대응력, 사회의 자주적이며 자립적인 자치력 등이 포함된다. ④ 국가 거버넌스 능력의 현대화는 무엇보다도 공권력 체계의 효율성을 의미하며, 그다음으로 국가 거버넌스 방식의 법치화, 제도화, 민주화 기제의 보편적 적용과 전면적 실시를 의미한다. ⑤ 현대화 과정에서 '특색' 있는 중국 국가 거버넌스가 형성되었다. 집중성, 효율성, 협조성, 연속성 등의 장점이 있지만, 단점 또한 존재한다. 중국 국가 제도의 개혁은 '효과성'과 '제한성' 쌍방향으로 발전되어야 한다. 현실을 바탕으로 하고, 문제를 방향으로 삼아, 장점은 살리고 단점은 피하는 것이 중국 국가 제도 개혁의 원칙이다. 중국 정부는 '효과성' 측면에서는 뛰어나지만, '제한성' 측면에서는 부족한 것이 현실이다. 프란시스 후쿠야마(F. Fukuyama)의 국가 거버넌스 3요소에 의하면, '효과성'은 '정부 능력'에 대한 것이고, '제한성'은 '법치'와 '민주적 책임성'에 대한 것이다. '법에 의한 통치'와 '민주적 책임성'은 국가 거버넌스 현대화의 중요한 내용이면서, '현대 국가'의 중요한 상징이다.

둘째, 현실 정책적 측면, 즉 국가 건설, 정당 건설, 정부 건설, 사회 건설, 그리고 문화 건설 등의 측면에서 시작하여, 전면적 심화 개혁의 방향과 경로를 체계적으로 논증하고, 주요 대책과 건의를 다음과 같이 제시했다. ① 중국이 현대 국가 거버넌스 체계를 완성하기 위해서는 반드시 의무와 실제, 이상과 현실, 목표와 수단, 현재와 미래에 대한 종합적 분석이 필요하다. 국가 건설은 반드시 미래를 중점으로 두어야 하지만, 개혁 조치는 반드시 현실에 바탕을 두어야 한다. ② 국가 건설의 측면에서, 통일성, 협조성의 원칙을 견지하여, 물적 건설(생산력 건설과 교통 시설, 인터넷 시설, 정보화 건설 등과 같은 기초 시설 건설 포함), 국방 건설, 제도 건설(기초 제도 건설과 상부 제도 건설 포함)이라는 세 가지 임무를 제대로 수행해야 한다. 특히 제도 건설을 통해 국가의 장기적 안녕을 보장해야 하고, 민주 건설과 문화 건설을 통해 국가의 정체성을 형성하며, 법치 건설을 통해 국가 질서를 수립하고, 분권화 제도 개혁을 통해 각 주체와 요소의 활력을 키우며, 국가 전체의 혁신 능력을 꾸준히 향상시켜야 한다. ③ 정당 건설 측면에서, 법에 따른 치국이정(治國理政)을 관철시켜야 하며, 반부패를 기치로 내세우고, 조직과 국정 행위를 바로 잡고, 집정의 정당성을 공고히 하고, 당의 영도력(조직 능력, 동원 능력, 민의 대표 능력, 정책 창의 능력, 국가발전 전략 계획 능력 등)을 새롭게 해야 한다. ④ 정부 건설은 현대 국가 거버넌스 체계의 주요 내용이다. 효과적이며 제한적인 서비스형 정부와 법치 정부는 국가 거버넌스 체계와 거버넌스 능력의 현대화를 보장해주며, 국가 거버넌스 체계를 구축한다. 현대 국가 거버넌스는 정부가 세금을 걷고 사회 질서를 지키며 공공 관리를 실시하고 경제와 사회의 발전을 촉진하며 기본적 공공 서비스를 제공하고, 공평한 분배를 담당하는 일련의 활동이다. 중국 정부는 이념, 체제, 기제의 개혁과 혁신을 통해, 정부 기능을 전환하는 것이 관건이다. 후쿠야마가 《강한 국가의 조건》에서 제시한 내용은 주목할 만하다. 후쿠야마는 개발도상국이 정치 개혁 과정에서 국가 질서가 혼란해지고 경제가 쇠퇴하는 이유는 정부 기능의 범위를 축소하고, 정부의 능력을 축소시킨 것에 있다고 보았다.[4] ⑤ 사회 건설의 임무는 사회문제의 다원적 공치(共治) 거버넌스를 이룩하는 것이다. 다원적 공치 거버넌스는 다음의 특징을 갖는다. 첫째, 엘리트형 정당은 끊임없는 혁신력으로 사회를 이끈다. 둘째, 효율적 정부는 충분한 제도 공급과 신용 보장을 담당한다. 모든 기업과 경제 조직은 자신의 이익을 최대화하려고 할 뿐만 아니라, 사회적 책임을 지고 사회적 공헌을 한다. 모든 시민은 사회조직에 대한 참여와 사회 생활, 사회관리, 사회 공익 활동을 통해 공헌하고, 사회의 긍정적 에너지를 전파한다. 결국, 다양한 사회적 역량과 요소들이 효과적으로 결합하고, 각자 맡은 바를 수행하고, 자신의 능력을 발휘하여, 효과적 사회 거버넌스를 실현한다. 사회 거버넌스의 핵심 문제는 두 가지이다. 첫째는 '공익(公益)'을 어떻게 촉진하는가이다. 둘째는 '공해(公害)'를 어떻게 다스리는가이다. '공익' 사업의 핵심 문제는 동기유발 기제를 어떻게 만들 것인가에 있다. 각종 사회 세력을 조직하고 동원하여, 집단행동의 어려움을 해소하고, 그들이 긍정적인 방향으로 사회의 합력을 형성하도록 해야 한다. '공해'를 다스릴 수 있는 관건은 책임제를 어떻게 정착시키는가에 있다. '제때 발견하고', '제때 바로잡고', '제때 처벌'하여 깨진 유리창 효과가 일어나지 않도록 해야 한다. 그것을 위해서 사회적 자본을

4　[美]弗朗西斯·福山, 《國家構建: 21世紀的國家治理與世界秩序》, 黃勝强·許銘原譯, 中國社會科學出版社, 2007, p. 16.

투자하고, 친근한 사회를 만들고, 기제와 기제 혁신을 통해 사회 자치 조직이 발전하도록 해야 한다. 그리고 그것이 공공 서비스와 공공 관리 체계에 반영되도록 해야 한다.

셋째, 기술 분석적 측면에서, 국가 거버넌스 개혁의 이론 틀을 탐색하고, 그것으로써 국가 거버넌스 평가 체계를 구축하고, 개인-사회-국가 세 가지 차원에서의 지표를 탐색적으로 제시했다.

2. 중국 국가 거버넌스 현대화의 임무

중국은 오랜 문명국가로서 유구한 역사와 풍부한 전통자원을 가지고 있지만, 현대화의 충격으로 천년 중화제국의 '천하-왕조'라는 통치 체계가 붕괴되었다. '3천 년 동안 일어난 적이 없는 대격변' 속에서 중국은 현대 국가 건설을 시작했다. 그런데 지금 중국은 현대적 전환이라는 정치적 임무를 얼마나 실현했는가, 앞으로의 국가 건설 임무는 무엇인가, 그것은 진지하게 생각해보고 논의해야 할 문제이다.

제18차 당대회 이후, 새로운 지도자는 중화민족의 위대한 부흥을 실현하자는 '중국몽(中國夢)'을 제기했다. '중국몽'은 '국가의 부강, 인민의 행복'[국강민부(國强民富)'나 '국태민안(國泰民安)'으로 표현해야 한다고 주장하기도 한다]으로 해석된다. 2013년 11월, 제18기 3중전회에서 〈전면적 심화 개혁의 몇 가지 중대 문제에 대한 중공 중앙의 결정〉(이하 〈결정〉)이 통과되었고, 전면적 심화 개혁의 총 목표는 "중국특색사회주의 제도의 완성과 발전, 국가 거버넌스 체계와 거버넌스 능력의 현대화 추진"으로 결정되었다. 구체적 시간표는 다음과 같다. "2020년까지 중요 영역과 핵심 단계의 개혁에 있어서 결정적인 성과를 거둔다", "시스템의 완성, 과학적 규범화, 효과적으로 운영되는 제도 체계를 형성하고, 각 영역에서의 제도가 보다 성숙하고 정형화되도록 한다."[5] 〈결정〉은 '전면적 심화 개혁'을 현대 '국가 거버넌스'의 제도적 측면에서 정착시키고, 15개 영역 내 60개 항목의 구체적 개혁을 통해 점진적으로 '국가 거버넌스 체계'와 '국가 거버넌스 능력'의 현대화를 실현하고자 했다. 그것이 바로 '국가 거버넌스의 현대화'이다. 2014년 10월 중국공산당은 제18기 4중전회에서 사회주의 법치 국가, 의법치국(依法治國)의 건설을 제기했다.

2017년 10월, 제19차 당대회 보고는 신시대 중국특색사회주의 발전의 전략적 구상을 제시했다. "개혁개방 이후, 우리 당은 우리나라 사회주의 현대화 건설에 대해 전략적 구상을 제시하고, '3단계(三步走)'의 전략목표를 세웠다. 인민의 온포(溫飽) 문제를 해결하고, 인민 생활이 총체적으로 소강(小康) 수준에 이르게 한다는 두 가지 목표는 실현되었다. 그것을 기초로, 우리 당은 공산당 수립 100주년까지 더욱 발전된 경제, 보다 완성된 민주주의, 보다 향상된 과학교육, 보다 번영된 문화, 보다 조화로운 사회, 보다 부유해진 인민 생활을 표상하는 소강 사회를 건설하고, 그 후 30년을 다시 노력하여 신중국 건설 100주년이 되는 해에 현대화를 기본적으로 실현하여, 사회주의 현대화 국가를 건설할 것을 제시했다."[6]

'중국몽'으로부터 '국가 거버넌스의 현대화', '의법치국', 그리고 '사회주의 현대화 국가'에 이르는 표현들은 모두 이상에서 목표로, 목표에서 제도로, 제도에서 실천으로 이어지는 과정을 보여준다. 중공의 국정 구호의 변화를 보면, 중국이 세계 제2위 경제 대국이 된 이후, 중화민족의 부흥이라는 '중국몽'을 실현하기 위한 관건이 경제 건설에서 정치 건설로

5　《'中國中央關於全面深化改革若幹重大問題的決定'輔導讀本》, 人民出版社, 2013, p. 7.
6　習近平, 앞의 책, p. 27.

전환되었음을 알 수 있다. 그리고 그 구체적 표현이 바로 국가 거버넌스의 현대화이다. 국가 거버넌스의 현대화를 실현하기 위해서는 '의법치국'을 통해 국민과 국제 사회가 안정적 예측을 할 수 있도록 해야 하고, 국가 거버넌스의 제도화, 일상화, 합리화를 실현해야 한다.

현대 국가이론 및 정치발전 이론에 의하면, '국가 거버넌스 현대화'는 다음의 세 가지 임무를 달성해야 한다.

첫째, '국가 거버넌스'는 우선 효과적 공권력 체계를 가지고 있어야 하며, 효과적으로 통치할 수 있는 충분한 통치 능력(governability)을 갖추고 있어야 한다. 현대 국가의 발전에서 볼 수 있듯이, 국가가 통치력을 갖고 난 후에야 비로소 국가 거버넌스 능력의 규범화를 얘기할 수 있다. '실패 국가'와 '민주붕괴 국가'의 경험을 반면교사로 삼아야 한다. '정부는 필요악'이라는 정치학적 표현은 그것을 말한 것이다. 현대 국가이론은 무정부 상태와 전체주의 모두를 경계한다. 즉, 홉스(T. Hobbes)식의 무정부 상태도 피해야 하고, 하이에크(F. Hayek)가 말한 '노예의 길'도 피해야 한다. 그 결과 '강력한 법치 국가' 개념이 도출될 수밖에 없다.

둘째, '국가 거버넌스'는 공간적 차원뿐만 아니라 관념적 차원에서도 국가의 통합성(integrity)과 통일성(uniformity)을 실현해야 한다. 유럽에서는 중세 봉건 사회를 지나 절대주의 왕권이 출현했고, 이후 민족 국가(nation-state)가 출현했다. 미국에서는 영국 식민 통치 반대에 따른 연방 국가의 설립과 남북 통일 전쟁, 루스벨트(F. Roosevelt)의 '신정(新政)'으로 대표되는 정부 개혁 이후 '종족 대융합'과 연방주의 형식으로 실현되었다. 구미의 경험에서 보면, 권위의 분산화와 파편화를 극복하고, 국가의 통일성을 강화하며, 국가의 정체성을 형성하는 것은 현대 국가가 반드시 거쳐야 하는 과정이며 임무라는 것을 알 수 있다.

셋째, '국가 거버넌스'는 실현 방식에 있어서 '현대적 개조'가 필요하다.

'현대화'는 물질적 측면뿐만 아니라 제도적 측면과 가치적 측면에 있어서도 이루어져야 한다. 국가 거버넌스의 '현대성'은 규범적 요구에 따른 것일 뿐만 아니라, 객관적 추세에 따른 것이다. 국가 거버넌스의 현대화를 추진하기 위해서는 '현대성'을 추구해야 하고, 자유, 민주, 법치, 인권 등과 같은 '현대'의 주류 가치관을 받아들여 국가 거버넌스 방식을 현대적으로 개조해야 한다.

정치질서를 강조했던 헌팅턴(S. Huntington)을 계승한 후쿠야마는 중국의 거버넌스 능력과 수준에 대해 상대적으로 낙관적이었다. 그에 의하면, 좋은 거버넌스 사회는 강한 정부, 법치, 민주적 책임성이라는 세 가지 요소를 갖고 있다. 그는 《정치질서의 기원》에서 다음과 같이 말했다. "우리가 논의한 정치발전의 3대 요소(국가 건설, 법치, 책임제) 중 하나를 중국은 역사 초기에 이룩했다. 어떤 의미에서 중국은 좋은 정부를 발명했다. 그들이 설계한 행정 기구는 이성적이며, 기능에 따라 조직되어, 비인격화된 원칙에 따라 등용과 승진이 이루어졌다. 그것은 확실히 세계 최초이다."[7] 권위주의 정치와 민주화 문제에 대한 최근의 연구에 의하면, 국가가 거버넌스 능력(정부 능력)이 취약한 상태에서 민주화를 진행할 경우 '나쁜 민주주의'의 늪에 빠지기 쉽고, 거버넌스 능력이 충분한 상황에서 민주화를 진행한다면, '좋은 민주주의'의 길로 가기 쉽다.[8] 중국은 후자에 해당하기 때문에 중국의 발전에 관심을 갖고 있는 이들에게 있어 상대적으로 낙관적으로 느껴질 것이다.

그러나 후쿠야마 또한 중국의 제도에 결점이 있다고 생각했다. "중국

---

7 〔美〕弗朗西斯·福山, 《政治秩序的起源: 從前人類時代到法國大革命》, 毛俊傑譯, 廣西師範大學出版社, 2012, p. 307.

8 羅納德·英格爾哈特, 〈現代化與民主〉, 〔俄〕弗拉基斯拉夫·尹諾澤姆采夫主編, 《民主與現代化: 有關21世紀挑戰的爭論》, 徐向梅等譯, 中央編譯出版社, 2011, pp. 151–153.

왕조의 중요한 유산은 높은 품질의 권위주의 정부"이지만, "중국의 정치 제도는 낙후되어 있다. 한 번도 법치와 정치 책임제를 수립한 적이 없다". 중국의 경험은 다음과 같은 문제를 보여준다. "법치도 책임제도 없는 상황에서 좋은 통치는 오래갈 수 있는가. 강인하고 능력 있는 황제를 만난다면, 그 제도는 탁월한 성과를 내고, 번개와 바람처럼 시행되고, 그야말로 믿기 힘들 정도가 된다. 변덕스럽고, 어리석으면서도, 무능한 군주를 만나면, 대권은 멋대로 휘둘리며, 행정 제도의 효율성은 파괴되기 마련이다." "중국은 현대 국가를 수립한 최초의 세계 문명이다. 그러나 그 국가는 법치의 제약을 받지 않았고, 책임 기구의 제약도 받지 않았다."⁹ 물론 중국의 제도에도 일종의 책임제는 있었다. "황제는 교육을 통해, 백성에 대해 깊은 책임감을 느꼈다. 이들 중 우수한 황제는 백성의 요구와 원망을 최대한 수용했다."¹⁰ 그러나 그러한 책임은 '위에 대한 것', 즉 황제의 책임에 대한 것이었다.

후쿠야마의 관찰에 따르면, 오늘날의 중국공산당은 이미 고도로 복잡하고, 적응력이 강하다. 또한 독립적이고, 자주적이며, 상하가 일치하는 조직이다. 엘리트형 간부 체계는 거대한 국가 동원에 의해 충원된다. 충원 제도에 있어서, 많은 개발도상국의 '신(新)가부장제' 정치와 비교해 중국의 제도는 개인적 요인의 영향을 가장 적게 받고, 보다 현대적이다. (중략) 중앙정치국 상무위원회 위원이 되려면, 반드시 여러 성(省)과 경제 부문의 풍부한 행정 경험을 갖추고 있어야 한다. 중국 정치 체계에서 공식적으로는 아래에 대한 정치 책임제는 없지만, 중국 시민은 지방 정부 부문의 부작위에 대해 소송을 제기할 수 있는 권리를 갖는다.¹¹ 그것이 바

---

9 〔美〕弗朗西斯·福山, 앞의 책(2012), p. 309.
10 위의 책, p. 309.

로 후쿠야마가 낙관적으로 본 이유이다. 그러나 그의 명쾌한 분석은 중국인들이 깊이 생각해볼 만하다. 그에 의하면, "영명한 지도자 아래에서의 권위주의 제도는 때때로 자유민주주의보다 나을 수 있다. 신속한 결정을 할 수 있고, 법률과 입법기관의 도전을 받지 않기 때문이다. 그러나 그것은 영명한 지도자의 지속적인 출현에 성패가 달려 있다. '나쁜 황제'가 제약을 받지 않는 정부 대권을 갖게 된다면, 재난이 초래될 수 있다. 그것은 오늘날 중국의 문제이기도 하다. 책임제가 위에 대해서만 있고 아래로는 없다".[12] 그의 분석이 정확하다면, 법치와 책임제 정부의 수립이야말로 오늘날 중국이 국가 거버넌스 현대화의 주요 목표로 삼아야 하는 것이다.

신임 중공 지도자가 제시한 핵심 개념, '국가 거버넌스의 현대화'는 그러한 역사적 배경하에 제기되었다. 개혁개방 이래, 중국은 실용주의와 점진주의적 개혁 방안을 채택하여 괄목할 만한 경제적 성과를 얻었다. 그러나 양호한 경제적 성취의 이면에 숨겨진 모순과 문제가 있다. 정치 개혁과 경제 개혁을 동시에 추구하는 쌍궤제(雙軌制)는 전환기 중국의 정치와 사회의 안정을 가져왔지만, 그와 함께 정치 개혁과 경제 개혁 사이에 커다란 격차를 만들었다. 발전국가의 특징을 지닌 정치 및 경제 정책은 발전에 대해 강력한 동기 부여의 기제를 형성했지만, 경제적 번영 뒤에 심각한 생태 위기, 사회 위기, 정체성 위기 등을 불러일으켰다. 도시 편향(urban bias)적 건설 방안과 도농 이원적 제도 설계는 빠른 경제발전을 가져왔지만, 도농 격차를 줄이지 못했고, 오히려 도농 격차, 지역 격차, 계층 격차를 계속해서 확대시켰을 뿐만 아니라, 다양한 민생문제를 유발시켰다.

---

11 위의 책, p. 309.
12 위의 책, p. 309.

중국의 정책 결정 기관은 문제를 객관적으로 인식하지 못했다. 그러나 동유럽 격변의 영향으로 정책 결정자들은 정치 개혁에 대해 우려하기 시작했고, 평론가들이 말한 '사회안정 강박증'을 갖게 되었다. 그 결과, 구체적 부문과 구체적 정책이 초래한 문제에 대해 종종 과도하게 반응하여 국가 안전과 정권 안전의 문제로 간주했다. '사회안정'을 위해 정부는 거대한 비용을 지불할 수밖에 없었지만, 효과는 그다지 크지 않았다. 오히려 '안정되면 될수록 불안정해지는' 일이 반복되었다. 신임 지도자는 '사회안정'의 국가 거버넌스 담론과 민주 법제의 국가 거버넌스 담론이 다르다는 것을 인식했을 뿐만 아니라, 후자의 국가 거버넌스가 중국에는 더 필요하다는 점을 대체로 인정했다.

그렇다면 중국 국가 거버넌스 현대화의 임무는 무엇일까? 국가 거버넌스 개혁은 일종의 문제 중심의 현실주의 개혁이므로, 중국 국가 거버넌스 현대화의 임무를 정하려면, 우선 현재 중국의 국가 거버넌스에 어떤 문제가 존재하고, 무엇이 부족한지를 살펴야 한다.

첫째, 국가 통합에서의 통일성 부족이다. 근대 중국의 현대적 전환은 외부 세계의 충격으로부터 발생했다. 복잡한 대내외적 전환 환경으로 인해, 현재까지 중국의 국가 통합에는 여전히 문제가 존재한다. 변방의 민족 모순, 타이완, 홍콩, 마카오 문제, 각 지역 간의 지방주의 문제 등은 모두 국가 통합이 잘 되어 있지 못함을 보여주는 것이다. 과거 보편적으로 '통일'은 '대일통(大一統)'을 의미하고, 영토의 완전성을 의미하며, 주권 통일을 의미한다고 생각했다. 따라서 '통일성'을 얘기하면, 사람들은 타이완 문제와 변경 문제만을 떠올렸다. 사실 국가 건설에 있어서의 '통일성'은 시장, 규칙, 표준, 국민의 권익, 사법 판결, 도로 교통, 정보 통신 등의 통일을 의미하기도 한다. 이 점에서, 중국 국가 건설의 임무는 매우 방대하다.

둘째, 국민의 신분 및 권리의 평등이 부족하다. 국가 거버넌스 현대화는 국민을 신민(臣民)으로부터 현대의 시민으로 전환시켜야 한다. 모든 시민이 평등한 시민의 신분과 법 앞에서 평등한 시민의 권리를 누려야 한다. 그러나 지금의 중국은 공공 정책과 공공 서비스에 있어서 지역 간, 도농 간, 계층 간, 대중 간에 불평등이 존재한다. 사회복지의 보장에서도 여러 해 동안 정부 공무원, 사업 단위의 직공, 기업의 직원, 도시 주민, 농촌 주민에 대한 복지 체계가 달랐다. 또한 국민 권리와 대우에 대한 등급제 차별도 있다. 그 밖에 역사적 원인과 제도적 한계로 인해, 시민의 권리와 행성 지역이 밀접하게 얽혀 있어, 지역 차별 또한 비교적 큰 편이다. 그로 인해 보이지 않는 국민 권리의 상대적 거리감이 가중되었다. 사회적 약자들이 특정 지역, 특정 업종, 특정 집단에 집중되었고, 그들의 상황은 장기간 개선되지 않았다. 그것이 지역 모순과 분화를 조장했다. 따라서 국민에게 현대 시민의 신분과 권리를 주고, 평등한 공공 정책, 균등화된 공공 서비스를 제공하는 것은 국가 거버넌스 현대화의 중요한 임무이다.

셋째, 국가 권력의 파편화가 뚜렷하다. 역사, 정치 등의 여러 요인들로 인해, 오늘날 중국의 공권력이 심각하게 사인화(私人化)와 파편화가 심각하여, 공권력의 결원, 월권, 전도 등의 현상이 나타나게 되었다. 그러한 현상에 대해 보통 사람들은 국가의 공권력이 어디에나 존재하지만 필요할 때에는 없는, 즉 국가의 강함과 약함이 함께 하는 아이러니를 느끼게 되었다. 과거의 '돌다리도 두들겨 보며 건넌다'는 시험적 쌍궤제 개혁 방안은 지방주의, 업종주의, 부문주의, 과두주의, 그리고 이익집단이 국가 이익을 분산시키는 현상을 끊임없이 초래하여, 국민의 비판을 받고 있다. 국가 이익은 파편화, 부문화, 지방화되었고, 국가 권력은 왜곡되고, 분절되고, 와해되었다. 국가 거버넌스의 현대화는 무엇보다도 그러한 현상, 그와 관련된 제도와 정책을 개혁의 대상으로 삼아야 한다.

넷째, 국가 거버넌스에서의 법치와 책임제 수준이 높지 않다. 어느 사회나 불공정한 현상이 나타나는 것을 피하기는 어렵다. 그러나 법치와 책임 기제가 효과적이라면, 사회의 불공정 현상을 줄일 수 있을 뿐만 아니라, '불공정' 대우에 대해 극단적 행위를 취하는 대규모 항의나 정치 혁명이 일어날 가능성을 크게 줄일 수 있다. 국가 권력은 효과적이면서도 제한적이어야 한다. 국가 권력의 효과성은 무엇보다도 국가의 다양한 권력 기관이 국가 전체의 이익을 보호하고, 국가 의지의 강제력과 행정력을 실행하는 것에서 드러나고, 국가 권력의 한계성은 주로 피통치자에 대한 권력의 억제력으로 나타난다. 그러나 법치와 민주적 책임성은 현대 국가가 국가 능력을 보장하기 위해 채택한 기본적 제도이자 방법이다. 국가와 시장, 국가와 기업, 국가와 사회의 관계에서 '정부 주도(또는 권력 주도)'가 기본적 성향인 국가에서는, 정부(권력 부문) 및 그 공무원에 대한 요구치가 더 높은 법이다. 그러나 현실적 상황에서, 중국은 구체적 정책과 제도적 실시 과정에서의 정부 자의성이 지나치게 크고, 공무원의 자유재량권도 지나치게 방대하여, 최고 권력 기구와 권력을 쥔 개인은 누구나 자신의 권력을 '융통성' 있게 사용할 수 있다. 결과적으로 법이 있어도 따르지 않고, 엄격하게 법을 집행하지도 않으며, 사법이 불공정한 문제가 많이 존재한다. 그것은 본래 취약했던 법의식을 더 감소시킬 뿐만 아니라, 법률의 유효성과 권위성을 심각하게 훼손해, 공권력의 공신력을 떨어뜨린다. 최근 사회적 반항이 거세지고, 상급 기관에 대한 상방(上訪)이 늘어나고 있으며, 심지어 분신자살과 같은 극단적 선택이 많아진 이유는 시민의 권리에 대한 보호가 부족하고, 잘못된 공공 정책을 실행하고 있으며, 역사적 부담이 청산되지 못한 것과도 관계가 있다. 그러나 실제로 법치와 책임 기제가 정착하지 못하고 있을 뿐만 아니라, 심지어 제대로 이루어지지 않고 있다는 점이 문제의 관건이다.

다섯째, 상대적으로 사회의 자치성이 부족하여, 권력 부문의 '무한 책임'과 대응의 부족을 초래했다. 이상 다섯 가지 측면의 문제는 중국 국가 거버넌스 현대화가 반드시 해결해야 하는 문제들이다. 그러한 현대 국가 건설의 목표와 임무를 완성하지 못한다면, 국가 거버넌스의 현대화는 물론이고, '중국몽'의 실현 역시 얘기할 수 없다.

국가 거버넌스 체계와 거버넌스 능력의 현대화는 중공 제18기 3중전회에서 눈에 띄는 새로운 표현이다. 국가 거버넌스 능력의 현대화는 사실 현대화된 국가 거버넌스 체계의 운행 결과이다. 따라서 국가 거버넌스 체계의 현대화는 국가 거버넌스 능력의 현대화보다 우선한다. 나아가 현대 국가는 반드시 물적 건설, 군대 건설, 제도 건설의 3대 임무를 완성해야 하며, 국가 거버넌스의 현대화를 위해서는 우선 기초 제도의 건설이 각국 발전의 역사에 맞게 이루어져야 한다. 현대 국가가 좋은 거버넌스를 실현하려면, 좋은 기초 건설을 토대로 한다는 것을 알아야 한다. 국가의 기초 건설이란 무엇인가? 기초 건설에 대해 사람들은 일반적으로 물적 건설, 예를 들면 공항, 도로, 고층 건물 등의 물적 시설의 건설을 떠올린다. GDP를 중심으로 하는 경제발전 개념은 사실 그러한 생각을 대표한다. 사실상, 현대 국가는 반드시 3대 임무를 완성해야 한다. 첫째는 물적 건설로, 경제 건설(공장, 설비 등과 같은 생산 건설은 충분한 생산력을 보장해준다), 교통 건설(물자운수 체계의 건설은 물류 유통을 보장해준다), 그리고 정보 건설(인터넷, 통신 및 정보 공유체계의 건설은 정보가 제때에 제공되도록 해준다)을 포함한다. 둘째는 국방 건설로, 국가 이익을 수호하는 군사적 힘의 건설을 가리키며, 공동체의 질서와 안전을 보장해준다. 셋째는 제도 건설로, 기초 제도의 건설과 상부 제도의 건설을 포함한다. 그중에서 상층 제도의 건설은 주로 정치 제도의 건설(즉, 정당 제도, 입법 제도, 선거 제도, 행정 제도 등)을 가리킨다. 기초 제도 건설에는 ① 포용적 구조의 제도(중앙집권과 지방

자치의 제도적 구성), ② 일관적 권익 제도(전국적으로 통일된 국민 신분 제도, 평등한 사회복지 제도, 취업 제도, 주거 제도, 의료 제도, 교육 제도 등), ③ 통일적 법치 제도(입법과 사법의 독립성과 권위적 사법 제도의 수립), ④ 다원적 사회 제도(시민이 참여하고 사회생활을 하는 공동체, 공동체 기구 및 공공 서비스로 이루어진 사회화 제도) 등이 포함된다.

앞에서 말한 제도 분류에서, 상층 제도는 주로 정치가들과 상층 구조에서 전개되는 정치 게임의 규칙을 말한다. 기초 제도는 주로 일반 국민들이 국가를 공동체로 여기고 일상생활을 하는 규칙이다. 정치학에서 보면, 국가 거버넌스의 관건은 제도 건설에 있다. 한 국가의 제도 건설은 '성문에 불이 나는(城門失火)' 일을 막는 것이다. 최소한 '성문에 불이 나도' '연못의 물고기에 화가 미치는(殃及池魚)' 일은 없도록 해야 한다. '성문'과 '연못의 물고기'가 적절히 떨어져 있도록 하고, '연못의 물고기'를 보호하는 것을 국가 건설의 우선적 과제로 삼아야 한다.

국가에 있어서 헌법과 법률, 사법, 도로, 화폐, 시장, 그리고 시민의 권익은 통일되어야 하고, 지역, 도농, 공동체 간의 격차도 가능한 한 줄어들어야 한다. 중국은 아직도 그러한 임무를 완성하지 못했다. 따라서 현 단계에서는 국가 제도의 통일성과 공공 서비스의 균등화의 실현을 국가 건설의 주요 임무로 삼아야 한다. 그러나 국가 제도 건설에 있어 기초 제도, 기본 제도, 구체적 제도는 각기 다르기 때문에, 다양한 측면으로 구분해야 하고, 다양한 원칙을 채택해야 한다.

국가 간의 경쟁은 국력의 경쟁이다. 국력의 한계와 해석에 대한 학계의 견해는 다양하다. 객관적으로 국력은 군사력, 생산력, 조직력, 동원력, 정보 소통력, 자원 배분력, 교통 운수 능력, 혁신력, 제도 공급 능력 등으로 나타난다.

국력은 국가 거버넌스 체계와 국가 거버넌스 방식의 결과이다. 지금의 중국에 있어서 기초 제도 건설의 핵심 임무는 국가 거버넌스의 통일성-영토의 완전성, 정권의 통일이지만, 더 중요한 것은 시장, 관리, 표준 그리고 시민 권리의 일치성과 공공 서비스 균등화의 실현이다. 중국의 신시대 정치가는 반드시 역사적 사명 의식을 갖고 당정 체계가 갖고 있는 역량과 자원을 이용하여, 거대한 사회적 격차를 없애야 한다. 즉, 빈부격차, 도농 격차, 지역 격차, 민족 격차, 사회 격차(관민 격차) 등을 해소하고, 국가의 법치 수준을 높여 발전을 위한 길을 닦아야 한다.

민주적 선거는 전통적 정치가 직면한 필연적 도전이면서, 현대 정치발전의 방향이기도 하다. 그러나 아직 국가 건설의 임무를 완성하지 못한 국가 또는 국가의 통일성에 있어 문제가 있는 국가에서는 민주적 선거가 오히려 잠재적 사회 갈등을 낳을 가능성이 있다. 그것은 후발 국가들이 자주 겪는 상황이다. 사회 건설과 국가 건설의 임무가 완성되지 않은 상황에서 정치 민주화를 강요받은 결과, 발전은 종종 '민주적 분규'에 의해 방해를 받는다. 사회주의 현대화 강국을 건설하는 과정에서 중국 정치인의 선택은 법치의 권위를 수립하고, 국가의 법치 수준을 높이는 것으로, 어떠한 정치문제도 사법문제가 될 수 있다.

한 국가가 더 이상 집안일과 당의 일을 국가의 일과 천하의 일로 여기지 않는다면, 그 국가는 현대화된 것이다. 정치문제를 군사문제가 아닌 사법문제로 여길 때, 그 국가는 현대화된 것이다. 국가 거버넌스의 현대화는 국가가 법에 따라 다스려지는 것이다. 즉, 국가의 발전이 개인, 가족, 당파의 영향을 받지 않고, 최소한 그들이 바뀐다고 해서 국가 질서의 혼란에는 이르지 않는 것이다.

3. 전면심화개혁의 촉진동력

'중국몽'이 제기된 후, 학계와 사회는 효율성 높고 실행 가능한 방법과 수단을 찾아 목표를 실현시키고자 노력해왔다. 이는 어떻게 국가를 다스릴 것인가, 어떻게 국가 거버넌스 개혁을 연구와 토론의 주요 방향으로 삼을 것인가와 관련되어 있다. 중공 제18기 3중전회에서, '국가 거버넌스 체계와 거버넌스 능력의 현대화 추진'이 제기된 이후, '거버넌스' 개념에 대한 학계의 관심은 크게 늘어났고, 국가 정치에 대한 관심이 학술적 논의를 고조시켰다. 핵심 문제는 '국가 거버넌스'란 무엇이고, 중국 국가 거버넌스의 목표와 임무는 어떻게 달성할 수 있는가에 있다.

'국가 거버넌스 개혁'과 '자유민주주의 개혁'은 다르다. 정치학자들은 종종 국가가 추진하는 정치 개혁을 '자유민주주의 개혁'으로 정의하고, 개혁을 통해 자유민주주의 정체를 수립하여, 시민의 자유민주주의적 권리를 실현하고, 민주적 사회 건설을 추동할 수 있기를 원했다. 현재 중국 정부는 개혁의 목표를 '국가 거버넌스 체계와 거버넌스의 현대화'로 삼았다. 간단히 말하자면 '국가 거버넌스 개혁'이다. 중국 사회가 발전하고 번영함에 따라 국가 거버넌스의 개혁은 당연히 수반되었다. 사람들이 생각하는 '자유민주주의적 개혁'과 그것은 어떤 관계가 있는가? 그 둘은 완전히 다른 개혁인가, 아니면 '자유민주주의적 개혁'의 내용을 포함하는 개혁인가? 양자는 어떻게 구별되고, 어떤 관계가 있는가?

정치학 연구들은 이러한 질문에 답을 줄 수 있을 것이다. 정치발전에 대한 현대 정치학 연구는 두 가지로 나뉜다. 즉, 관념을 위주로 하는 이상주의적 접근(ideal approach)과 문제를 위주로 하는 현실주의적 접근(realistic approach)이다. 전자는 계몽 운동 사상과 관념에 기초해서, 보편적 인권의 개선에 주목하고, 인간의 전면적 발전이란 측면에서 사회가 어떻게 시민의 권리를 제대로 보호할 수 있는지를 연구한다. 따라서 이상적 자유민주주의 정체를 수립하고, 시민 사회를 건설하는 것을 국가와 사회발전의 총 목표와 총 방향이라고 생각한다. 그리고 그러한 목표와 방향에서 벗어난 모든 변화는 정당성을 갖고 있지 않다고 여긴다. 후자는 기존의 전통 사회가 현대화의 충격을 받은 상황에 기초하여, 어떻게 안정적 질서를 재구축할 것인지의 문제에 관심을 갖는다. 그러므로 효과적인 권위주의 질서를 수립하는 것을 사회발전의 우선적 임무와 기본적 조건이라고 본다. 따라서 정부 능력이나 국가 능력이 특히 강조된다. 즉, 국가 거버넌스는 반드시 정부 능력을 향상시켜야 하고, 강한 정부를 실현해야 한다고 생각한다.

정치발전 연구의 현실주의적 접근은 현대화가 인간의 시야를 확대하고, 인간의 요구와 욕망을 해방시키며, 인간의 행동력을 키운다고 여긴다. 그것은 모두 전통 사회에 대한 도전을 의미하며, 그 경우 사람들은 보통 기존 질서와 규칙의 구속에 대해 불만을 갖거나 항의를 하게 되어 사회의 불안이 커진다. 미국 학자인 헌팅턴이 지적한 것처럼, 현대성은 안정을 가져오지만, 현대화는 불안정을 초래한다. 사회질서의 안정을 유지하기 위한 적극적 책략이 오직 제도의 적응적 변혁을 통해서만이 제도화의 수준을 높이고, 국가 거버넌스 능력을 키운다. 그러한 인식과 판단에 기초하여, '현대화'-'국가 거버넌스의 위기'-'제도 변혁' 3자의 관계이론 모델이 탄생했다. 그러한 이론 모델은 현대화 전환이 국가 거버넌스의 위기를 초래한다는 것, 국가 거버넌스 능력은 (제도적) 조정을 필요로 한다는 것, 정부(또는 집정자)는 제도 체계의 변혁(제도 공급)을 통해서만이 국가 거버넌스의 위기를 해소할 수 있다고 주장한다.

정치발전 연구의 두 가지 접근 방식과 현실적 개혁 정책은 직접적인 관련이 있다. 다시 말해, '국가 거버넌스의 효과'에 기초한 개혁과 '자유

민주주의적 권리'에 기초한 개혁은 다르다. 그리고 '자유'에 기초한 국가 질서 관념과 '거버넌스'에 기초한 국가 질서 관념은 다르다. 그것은 각각 '자유민주주의'를 동력으로 하는 정치 개혁과 '국가 거버넌스'를 동력으로 하는 정치 개혁으로 각각 주안점이 다르다. 전자는 사회의 공평성을 강조하고, 개인의 권리 보장을 중점으로 하므로, 어떻게 하면 시민이 보다 더 많은 자유를 누릴 수 있도록 할지, 그리고 어떻게 하면 시민에게 더 많은 참여 기회를 줄 수 있는지를 중시한다. 따라서 그 착안점과 방법이 보통 민주적 선거, 언론의 자유 등이다. 후자는 국가 거버넌스의 유효성을 강조하고, 국가의 성과라는 측면에서 국가의 경쟁력에 관심을 가지며, 국가의 자율성, 통일성, 권위성을 강조한다. 전자가 민주화를 개혁의 핵심적 내용으로 보는 것과 달리, 후자는 법치를 개혁의 우선적 임무라고 여긴다. 국가 거버넌스를 동력으로 삼는 개혁은 사회적 법치가 가장 중요하다. 그것은 현대 사회발전의 보편적 법칙에 부합한다. 고도로 발달한 국가일수록 시민의 법적 소양과 의식이 높고, 의법치국의 이념과 실천을 국민들이 더욱 따르고 수용한다.

사실, 두 가지 접근의 차이가 본질적으로 보여주는 것은 국가에 대한 태도의 차이이다. 정치학의 전통에서 국가는 개인의 자유와 권리의 보호자 또는 수호자이면서도 잠재적 위협과 방해자이다. 그러한 태도는 초기 '필요악' 개념과 최근의 '노스의 역설(North paradox)'이라는 개념에 잘 드러나 있다. 그것은 현대 국가가 직면한 이중적 임무, 즉 국가 수립과 국가 거버넌스를 상징한다. 전자는 효율적 국가의 필요성을 강조하고, 후자는 국가 권력(정부 권력)에 대한 통제와 거버넌스를 위해 책임지는 국가, 제한적 국가의 필요성을 강조한다. 국가는 반드시 충분히 강해야 한다. 그래야만 국가가 해야 할 일들을 수행할 수 있다. 하지만 지나치게 강해서는 안 된다. 국가가 구속 받지 않거나, 권력을 남용하거나, 시민의 권리를 침해하지 않도록 해야 한다. 국가가 효율적이면서도 제한적인 것은 현대 국가의 핵심 명제이다.

국가에 대한 가장 일반적 정의는 합법적 권력을 사용할 수 있는 권위적 기구이다. 그것은 일반적으로 홉스가 말한 '리바이어던'이라는 괴물로 그려진다. 그러나 그러한 생각은 오해를 부를 수 있다. 모든 정치질서에서 국가는 법의 기원이며, 시민이 법과 공공 정책에 영향을 주고, 시민의 이익과 자유 권리를 보호할 수 있는 제도화된 플랫폼이다. 자동차의 운전자가 두 가지 시스템, 즉 엔진과 브레이크의 평행을 필요로 하는 것처럼, 국가의 발선도 두 가지 동력의 균형이 필요하다. 국가가 능력을 갖도록 히면서도, 국가 권력을 제한하는 것은 국가 거버넌스의 영원한 화두이다. 다양한 역사적 사례가 있다. 충분히 강한 국가는 부상하여 '제국'이 될 수 있지만, 국가 권력에 제약이 없으면 오래가지 못한다. 그러므로 국가 권력을 효과적으로 제한하는 것은 국가 거버넌스의 핵심이고, 어떻게 효과적인 제한을 하는지가 국가 거버넌스 현대화를 가늠하는 중요한 기준이다. 국가 거버넌스에 필요한 제약은 강한 국가 권력을 키우면서도 그것이 극단화되지 않도록 하는 것이다.

국가의 발전을 위해서는 무엇보다도 국가(정부)가 충분한 거버넌스 능력을 갖추어야 한다. 그러나 국가의 지속적 발전은 반드시 좋은 거버넌스를 필요로 한다. 《거대한 전환: 우리 시대의 정치·경제적 기원》의 저자 칼 폴라니(K. Polanyi)에 따르면, 자유방임적 시장 사회의 논리와 체계는 보호적 역행을 초래하고, 정부가 충분한 능력을 가지고 있으면서도, 정부를 억누를 수 있는 능력도 존재해야 한다. 그러한 억제력이 현대 국가에서는 정부 권력을 '새장에 가두는' 각종 제도들이고, '법치'와 '민주적 책임' 제도이다. 그러므로 '의법치국'과 '민주적 책임'이야말로 국가 거버넌스 현대화의 중요한 내용이다.

고전 정치학은 최고선과 정의의 개념을 고집하고, 어떠한 삶이 좋은 삶인지, 어떤 사회가 좋은 사회인가로부터 출발하여 어떤 정체가 좋은 정체인가를 탐구했다. 현대 정치학은 동태적 과정과 기술적 조작의 시각에서 출발하여 어떠한 거버넌스가 좋은 거버넌스인가를 탐구한다. 많은 국가는 좋은 정체에 대한 자국의 이상에 따라 제도적 틀을 구성하지만, 제도를 운영하는 능력이 부족하여 국가를 혼란에 빠뜨리기도 한다. 국가 거버넌스에 나타난 제도적 제약과 유지에 대한 요구는 국가가 효율적이면서도 제한적이어야 한다고 요구한다.

국가 능력이 강하면서도 약하려면, 거버넌스도 높낮이가 있어야 한다. 거버넌스 능력이 강해야 사회도 안정된다. 반대로 사회가 혼란할수록, 국가 거버넌스도 이루어지지 못한다. 국제 학계에서 제기한 '거버넌스' 개념은 주로 '실패 국가' 또는 '취약 국가'에 대한 것이었다. 그것은 거버넌스가 효과적이지 못해 실패했기 때문이다. 그러므로 거버넌스 능력의 향상을 핵심적 내용이자 주제로 삼아야 한다. 거버넌스 이론가들의 견해를 살펴보면, 그들이 관심을 갖는 공통 문제는 국가의 거버넌스 능력이라는 것을 알 수 있다. 오늘날 중국의 국가 거버넌스 현대화에서 새로운 점은 무엇일까?

중국의 지도자가 바뀐 이후, 어떻게 국가를 다스릴 것인가에 대해 여러 주장들이 있었으며, 고위층도 여러 정층(頂層) 설계를 내놓았다. 중공 제18기 3중전회에서 '국가 거버넌스 체계와 거버넌스 능력의 현대화 추진'을 주장하고, 세 가지 측면에서 개혁 정보를 제시했다. 첫째, '국가 거버넌스'에서 관건은 '거버넌스'이다. '거버넌스'가 '협동 거버넌스'로 정의되든, '치국이정'으로 정의되든, 사회의 자치를 추구하는 것이든, 정부의 통제를 강조하는 것이든 상관없이, 'No 거버넌스'는 있을 수 없다. 그것은 방임주의를 의미하기 때문이다. 거버넌스를 하려면 새로운 규범이 필요하다. 제도를 수립하려면 공무원과 국민 모두 어떤 일은 되고, 어떤 일은 안 되는지를 분명히 알아야 한다. 둘째, '국가 거버넌스'는 '국가 입장'에서 국가 전체의 이익을 목표로 삼을 것을 강조하며, 국가의 장기적 발전을 원칙으로 삼아 국가 거버넌스 방안을 설계해야 한다. 부문주의, 업종주의, 지방주의, 과두주의, 특권주의에 따라 멋대로 국가 권력을 남용하고, 국가 이익을 나누어서는 안 된다. 셋째, '국가 거버넌스'는 '현대화'를 강조한다. 즉, '국가 거버넌스'는 현대 정신에 부합해야 하고, 현대 이념을 준수해야 한다. '국가 거버넌스'는 국가 통치자(집정당과 그 영도집단)가 현대적 가치이념(민주, 자유, 공평 등)을 공유해야 하며, 현대적 생활규칙(법치, 개방, 경쟁, 협상 등)을 따라야 하고, 공평, 정의, 공개, 투명성 등의 원칙을 관철시켜야 하며, 민주 협상을 견지하고, 의법치국을 실현해야만 한다.

제18차 당대회 이후 얼마 지나지 않아, 시진핑 총서기는 '중국몽'을 제시하고, 새로운 지도자의 임무는 '중화민족의 위대한 부흥'을 실현하고자 노력하는 것이라고 밝혔다. 제18기 3중전회에서 전면적 심화 개혁과 국가 거버넌스의 현대화를 추진하기 위한 전략 부서가 만들어졌다. 제18기 4중전회에서도 의법치국이 강조되고, 법치 국가, 법치 정부, 법치 사회의 건설이라는 목표가 제시되었다. 중요 연설과 강령 문건들을 통해 신정부의 정책적 기조가 수립되자, '법치'를 핵심으로 하는 '국가 거버넌스의 현대화'가 개혁과 국정의 핵심 개념이 되었다. 정부가 심화 개혁의 강도 조절을 중시하기 시작했고, 국정 이념이 국가 거버넌스의 현대화로 전환되기 시작했다.

국가 거버넌스의 현대화는 정책 지도와 정층 설계를 필요로 하는 동시에, 사회 각 계층, 각 방면의 협조와 통일적 추진을 필요로 한다. 즉, 개혁 역량의 뒷받침이 필요하며, 강력한 개혁 추진 역량이 정부와 사회에 분포되어 있어야 한다.

사회 영역에서 첫 번째 역량은 신흥 사회조직과 사회단체이다. 개혁개방 이래, 여러 신흥 사회조직과 사회단체가 발전했다. 많은 민간 엘리트들이 참여했으며, 자선과 사회 공익에 대한 마음가짐, 사회관리에 참여하려는 열정 등을 가진 그들은 새로운 조직 방식과 새로운 서비스 공급 방식, 새로운 사회 참여 방식을 추구하는 '점진적 개혁'의 주력 부대가 되었다. 법제 체제가 여전히 완전하지 않기 때문에 법제화, 규범화를 통해 어떻게 신흥 사회단체와 사회조직을 관리할지, 그들이 어떤 일을 수행할지가 국가 법제 건설의 중점이다. 두 번째 역량은 광범위한 전문 영역에 분포되어야 한다. 의사, 변호사, 엔지니어, 교수를 비롯하여, 각 업종의 수많은 전문 기술인, 전문 경영인, 그리고 기층 근로자가 모두 포함된다. 그러나 기존의 체제와 기제는 여러 측면과 직업 원칙 및 이상과 충돌하고, 그들의 적극성과 창조성을 제약할 수 있다. 정부 시스템에서 이상과 책임감을 갖고 중국 문제에 대한 인식이 뚜렷하며, 중국의 향후 발전에 대한 사명감을 갖고 있는 사람들이 있다. 그들 또한 개혁의 주요 추진 세력이다. 세 번째 역량은 기업(특히 사기업)의 관리층과 종사자들이다. 그들은 개혁으로 인해 좋은 투자 환경, 더 넓은 이윤 공간, 더 규범화된 행위 방식과 보다 투명한 정부-기업 관계가 이루어지기를 희망한다. 특히 주목할 것은 수년간 형성된 정부-기업의 관계가 큰 위기를 내포하고 있다는 점이다. 그것은 정치와 밀접한 관련이 있다. 최근 사회 공정운동이 발전하면서 반부패가 강화되어왔고, 일부 기업 인사들이 그에 깊숙이 관련되거나 관여되었다는 우려가 커지고 있다. 네 번째 역량은 미디어이다. 특히 신흥 미디어는 각 '경계면'과 프로세스 속에서 움직인다. 신흥 미디어와 전통 미디어의 경쟁이 나날이 거세지고 있다. 신흥 미디어의 배후에는 신 관념, 신 시각, 신 방식이 자리 잡고 있다. 그런데 수많은 관리자와 종사자들은 전통적 통제 모델로 궁색한 대응을 하고 있고, 개혁을 통해 새로운 정부

관리 모델이 나오기를 바라고 있다. 다섯 번째 역량은 농민을 포함한 사회 중하위 계층이다. 생산 책임제가 등장했을 당시에는 농민이 가장 중요한 세력이었고, 최대의 수혜자였다. 그러나 도시화가 진행되면서, 농민은 개혁의 주변인, 심지어는 피해자가 되었다. 그들은 사회보장 체제의 혜택을 누리기 힘들었고, 도시화로 인한 '유수(留守)'의 고통을 겪어야 했다. 중앙의 혜민 정책은 그들에게 사막의 강줄기 같은 것이었다. 도시에도 중하위 계층이 많고, 그들도 의료, 사회보험, 교육 등 사회복지에 대해 강한 기대를 갖고 있다. 여섯 번째는 대학생, 연구생 등으로 이루어진 젊은 세대로 역시 간과해서는 안 되는 집단이다. 그들은 낡은 관습을 그대로 따르는 생활을 원하지 않는다. 그들은 공평한 사회 제도, 개방적 사회 체계를 갈망하고, 그들의 꿈이 합리적 방식으로 실현되기를 바란다. 또한 그들은 개혁을 통해 취업, 주거, 결혼, 자녀의 입학 등 수많은 스트레스가 해소되기를 바란다.

요약하자면, 중국에는 개혁 추진파가 광범위하게 분포되어 있으며, 규모 또한 크다. 지금의 문제는 개혁에 대한 그들의 기대를 어떻게 개혁정책에 대한 이해, 지지, 그리고 행동으로 이끌어낼 것인가이다. 국가 거버넌스 현대화의 건설을 추동할 때, 개혁 역량을 키우면서도, 발전의 성과를 전체 인민이 함께 누릴 수 있도록 해야 한다. 그것을 위해서 지켜야 하는 원칙이 있다. 첫째, 개혁 정보를 충분하게, 그리고 투명하게 공개하여, 대중이 개혁의 바람이 어디로 향하는지 알 수 있도록 해야 한다. 둘째, 개혁 이념과 정책의 불일치와 파편화를 최대한 줄여, 개혁 방안의 통일성과 단계적 통일이 이루어지도록 해야 한다. 셋째, 대중의 우려를 없애고, 개혁이 국민을 근본으로 하는(정부를 근본으로 하는 것이 아닌) 경향성을 갖도록 해야 한다. 그리고 거시적 차원의 구호를 함부로 남발하지 말고, 미시적 차원에서의 조작성과 대중의 진정한 '성취감'을 중시해야 한다.

전면적 심화 개혁과 국가 거버넌스 능력의 현대화는 개혁 추진파가 빨리 자리 잡아 인재 등용 제도가 개혁되고, 능력 있는 사회 엘리트가 일할 수 있는 기회를 갖고, 능력을 발휘하여 자리를 잡을 수 있어야만 비로소 그 추진력을 얻게 된다. 인재 등용제도 개혁의 근본적 목적은 고유한 인사제도의 병목현상을 없애는 것이고, 개혁의 정책 결정과 집행 과정에 더 많은 개혁 추진파가 참여하도록 하는 것이다. 그것을 위해 다음의 일들을 고려해야 한다.

첫째, 공직의 모집 범위를 확대해야 한다. 그것은 공직이 전 사회에 개방되어야 할 뿐만 아니라, 등급과 순위 모두에 있어 가능한 한 많이 확대되어야 한다는 것을 의미한다. 개혁 추진파는 새롭고 날카로우며 적극적인 생각을 갖고 있다. 공직의 모집 범위의 확대를 통해 그들의 능력을 최대한 수용해야 한다. 둘째, 공직의 경쟁성을 증가시켜야 한다. '정무관'과 '사무관'의 역할이 명확하게 구분되어 있지 않기 때문에, 기존의 등용 체제는 부서에 따라 채용하거나, 연공서열에 따르는 문제점을 벗어나기 어려웠다. 신선한 피를 기성 체제에 주입해야 한다. 특히 덕과 재능을 겸비한 신예들이 정책 결정을 하고 집행할 수 있는 직위를 갖도록 해야 한다. 시험 임용제(考任制), 위임제, 선임제, 초빙제 등의 인재 등용 제도로 부문과 직무에 따라 실행하여 제도적 측면에서 임용의 규범성과 경쟁성을 높여야 한다. 셋째, 공직 부문의 모집을 규범화하고, 초빙 분야(전문 분야)의 문턱을 높여야 한다. 중국에서는 비서가 정치를 하거나, 운전사가 정치를 하거나, 지도자의 친척이 정치를 했던 사례가 많다. 어떠한 지도자의 비서, 운전사, 친척이 나중에 어떤 부문의 책임자나 일원이 되는 것이다. 정부의 중요한 직책을 지방 지도자들의 측근이 '사사로이 나눠 갖는' 일이 흔했고, '인재 비축', '공개 모집', '경쟁적 직위' 등의 방식을 내세워 그들을 뽑았다. 그러한 현상은 관료 부패를 의미하는데 공직 부문이 규범화되지 못하고, 전문직의 문턱이 낮았기 때문이다. 넷째, 간부 양성 제대(梯隊) 건설 제도를 확대해야 한다. 1980년대, 중요한 제도인 '제3제대'는 오늘날의 대중이 국가 거버넌스의 정예부대가 된 것과 같다. 개혁이 시대의 추세가 된 지금, '제3제대'의 인재 양성과 비축 계획이 수립되고 확대되어야 한다. 그러한 제도는 젊은 개혁파 간부들에게 장기적으로 기회와 신뢰를 줄 수 있다. 그리고 그들이 유혹을 받았을 때, 기율과 법을 지키고 청렴에 대한 자각을 갖도록 해줄 것이다. 또한 천하위공(天下爲公)의 마음으로 장기적으로 계획을 수립할 수 있는 능력을 길러줄 것이다. 다섯째, 간부의 퇴출 기제를 수립해야 한다. 간부 임용 체제는 살아 있는 유동 체계이다. 퇴출 기제가 없다면, 공무원의 복지와 특권은 국가 운영의 부담과 장애가 될 것이고, 새로운 역량이 제때에 임용되고 승진하는 것을 심각하게 저해할 것이다. 지금의 간부 퇴출 기제는 '자연', '자폭' 기제와 '반부패 청산' 운동에 의해 이루어졌다. 이상적 기제는 간부(정무관)가 직위에 들어가거나 나오고, 올라가거나 내려올 수 있도록 해야 하며, 퇴출된 후에도 자신의 위치로 되돌아 갈 수 있도록 해야 한다. 간부 인사 제도의 퇴출 기제를 수립하는 것이 본래 개혁의 목표였다. 관건은 보편적 복지 제도를 수립하여 과거의 특권 체제를 대체하는 것에 있다.

물론 개혁이 심화됨에 따라, 국가도 의식적으로 그런 방향으로 가려고 노력하고 있다. 최근 국가공무원제도 개혁에서는 〈중국공산당 순시 공작 조례(수정안)〉와 〈영도간부의 승진과 강등에 대한 규정(시행안)〉을 포함한 여러 조례와 규정이 2015년에 잇따라 공포되었다. 무엇보다도 간부에 대한 관리 강화, 청렴 및 고효율 수립, 간부 집단의 '네 가지 현대화(四化)' 건설 추진 등의 취지를 담고 있다. 그다음으로, 공무원의 보수, 대우, 복지를 개선했다. 무엇보다도 기층 공무원의 평가 및 훈련을 강화하여, 기층으로부터 능력 있고 일 잘하는 젊은 간부를 선발한다. 또한 기층 공무원의 대우를 점진적으로 향상시키고, 기층 공무원에게 업무 플랫폼을 제공하고, 기본적 생활을 보장하여, 전심전력으로 사회 거버넌스와 국가 건설을 위해 일하도록 한다. 결론적으로, 국가 거버넌스 개혁 추진 역량이 해야 할 일을 할 수 있도록 하는 것이 국가 거버넌스 현대화의 필요조건이다.

현대 국가 건설의 이론 및 방법

장닝 張寧, 중국인민공안대학교

국가는 현대 세계의 가장 주요한 구성요소이다. 우리는 대부분 특정 국가에서 생활하고 있기에, 국가는 우리의 운명과 떼려야 뗄 수 없는 관계에 있다. 국가가 탄생한 이래, 세상은 몰라볼 정도로 변했고, 그에 따라 국가의 형태도 많은 변화를 겪었다. 도시국가가 나타났고, 방대한 제국도 출현했으며, 오늘날에는 민족 국가가 가장 보편적인 형태가 되었다.

국가는 인간이 활동하는 핵심 장소로서, 정치학자들이 오래전부터 관심을 갖고 연구하던 주제이며, 지금도 여전히 관심의 대상이다. 고대 그리스에서 플라톤의 《국가》와 아리스토텔레스의 《정치학》은 국가의 정체에 대해 깊이 있는 논의를 했고, 현대에도 명저로 인정받고 있다. 근대에 이르러 마키아벨리의 《군주론》, 홉스의 《리바이어던》, 로크의 《정부론》, 밀의 《대의정부론》, 엥겔스의 《가족, 사유재산, 국가의 기원》 등 국가에 대한 저서들이 많이 나왔다. 학자들은 각기 다른 입장에서 국가의 서로 다른 측면을 탐구했다. 마르크스와 엥겔스는 새롭게 마르크스주의 국가관을 제시했다. 그들은 국가란 무엇인지, 국가는 어떠해야 하는지를 연구했다. 또 국가의 역사적 발전을 연구하면서도, 국가의 현실적 상황도 연구했다. 국가의 구조와 조직을 연구하기도 했고, 국가의 기능과 작용을 연구하기도 했다. 정리하자면, 국가의 목적, 국가의 기원, 국가의 성격,

국가의 구조와 형식, 국가의 기능, 국가의 능력, 국가의 자주성, 국가와 자본 및 생산의 관계, 국가와 사회 간의 관계, 국가 권력 기구 간의 관계 등에 대한 연구들이었다.

현대 국가 건설(state-building) 이론은 1960년대 말부터 지금까지 국가 이론 연구의 가장 주요한 유파로서, 서구의 수많은 이름 있는 학자들로 부터 관심을 받았을 뿐만 아니라, 많은 중국 학자들의 참여와 토론도 이 끌어냈다. 현대 국가 건설 이론의 현실적 관심은 제2차 세계대전 이후 제 3세계 국가의 국가 질서의 수립, 국가 능력의 제고, 경제발전, 민주 건설 등과 같은 문제에 있지만, 현대 국가 건설 이론의 주요 연구 초점은 15세 기 전후에 이루어진 서유럽 국가의 민족 국가 건설에 있다. 그 과정에서 서구 세계는 빠르게 성장했고, 정치적으로 현대 국가 정치체계를 수립했 다. 국가 건설 이론이 주로 다루는 것은 민족 국가의 형성, 국가의 자주 성, 국가 능력, 민주적 발전 그리고 국가와 경제발전 간의 관계 등 국가 발전에 대한 중요한 문제들이다. 국가 건설 이론의 대표적 인물은 사무 엘 헌팅턴, 찰스 틸리(C. Tilly), 테다 스카치폴(T. Skocpol), 토마스 에트만 (T. Ertman), 앤서니 기든스(A. Giddens), 데이비드 발드너(D. Waldner), 프란시스 후쿠야마 등이다.

개혁개방 이후, 중국의 민주 정치도 차차 발전하고 있고 법치 건설도 순차적으로 이루어지고 있다. 정부 기구의 기능 조정과 기구 개혁도 동시 에 진행되는 등 현대 국가로 조금씩 나아가고 있다. 제19차 당대회 보고 에서는 중국 사회의 주요 모순에 변화가 생겼음을 언급하면서 "갈수록 높 아지는 아름다운 생활에 대한 인민의 요구와 불균형적이고 불충분한 발 전 간의 모순이 나타났다"고 지적했다. 중국특색사회주의가 새로운 시대 로 접어들었음을 강조하며 "19대부터 20대까지는 '두 개의 백 년'이란 투 쟁 목표와 역사적 교체의 시기이다. 우리는 전면적으로 소강 사회를 건설하여, 두 개의 백 년이란 투쟁 목표 중 첫 번째 목표를 실현하고, 그 기세를 타 전면적으로 사회주의 현대화 국가라는 새로운 단계를 시작하여, 두 개의 백 년 투쟁 목표를 향해 진군해야 한다"[1]고 밝혔다. 따라서 이 책은 국가와 현대 국가 건설 이론을 깊이 있게 분석하고 탐구하면서 '전면적 사회주의 현대화 국가 건설의 새로운 단계'에 대해 중요한 기초 지식을 제공하고자 한다.

1. 주요 국가이론

1) 고대 그리스의 도시국가 이론

국가에 대한 논의는 고대 그리스 시대에 플라톤과 아리스토텔레스를 비롯한 연구자들에 의해 이미 깊이 있게 이루어졌다. 고대 그리스의 국가 학설은 도시국가 학설이다. 플라톤과 아리스토텔레스의 주요 주제는 도시국가의 탄생, 목적, 그리고 조직 형식 등이었다.

도시국가가 왜 탄생했는가에 대해, 플라톤은 사회적 분업에 대한 필요 때문이라고 보았다. 사람은 혼자만의 힘으로는 살아갈 수 없고, 필요한 물건은 타인과의 교환을 통해 얻을 수 있기 때문이다. 더 중요한 것은 사람들이 각자 자신의 성격에 맞는 일을 하고, 다른 일은 포기하고, 하나의 직업에만 전력을 다해야 더 빠르고 더 잘 해낼 수 있다는 점이다. 그러므로 정의로운 도시국가는 생산자, 수호자, 통치자 각각이 자신의 일을 제대로 해내는 국가이다.

---

1 習近平, 앞의 책, pp. 11, 28.

아리스토텔레스는 도시국가의 탄생이 자연스럽게 이루어졌다고 생각했다. 그것은 사람의 자연적 본성에 따른 것이다. 인간은 본래 정치적 동물로, 자연스럽게 도시국가에서 살게 되었다. 그것은 하나의 씨앗이 큰나무로 자라는 것과 같다. 도시국가에서 살아야만 사람들은 자신의 가치를 실현할 수 있고, 진정한 사람이 될 수 있다. 도시국가는 마을 조직으로 이루어져 있으며, 마을 조직은 가정들이 모여 이루어진다. 가정은 남자와여자, 주인과 노예라는 이중적 관계에 의해 구성된다. 인류의 번식을 위해 남녀의 결합은 생리적으로 자연스럽게 이루어진다. 주인과 노예의 결합도 자연적인데, 인간마다 친성이 달라, 어떤 사람은 태어나면서부터 지혜를 타고나서 냉정하게 일을 처리하므로 자연스럽게 통치자가 된다. 또다른 사람은 비범한 체력을 갖고 있고, 다른 사람이 지혜롭게 분담시킨일을 할 수 있으므로 자연스럽게 피통치자가 된다. 가정은 인류의 번식과일상생활을 위해 구성된 기본 조직이고, 마을 조직은 인류의 생존 반경을확대하기 위해 가정이 모여 이루어진 하위 조직이다. 일정한 마을 조직이모여 국가를 이루었을 때 사회는 상위의 완성된 조직이 된다.

플라톤과 아리스토텔레스는 도시국가의 존재는 모종의 가치를 실현하기 위한 것이라고 보았다. 플라톤은 도시국가의 목적을 정의를 실현하는것이라고 생각했고, 아리스토텔레스는 선을 실현하기 위한 것이라고 생각했다. 스승과 제자인 그들은 모두 윤리적 정치관을 갖고 있었다. 아리스토텔레스는 도시국가가 공동선을 실현하기 위한 결합체라고 보았다. 도시국가는 개인의 생활상의 필요를 만족시키기 위한 것일 뿐만 아니라, 더 높은 차원에서는 시민이 더 아름답고, 고상하며, 행복한 생활을 보내고자 하는 요구를 만족시키기 위한 것이었다.

도시국가의 조직 형태, 즉 정체에 대해 플라톤과 아리스토텔레스는 많은 토론을 했다. 플라톤은 '미덕은 지식'이라는 소크라테스의 생각을 계승하여, 지식을 가진 자만이 미덕을 갖는다고 생각했다. 국가에 있어서, '미덕은 지식'이 의미하는 것은 객관적으로 좋고 아름다운 정치생활이다. 그런 생활은 연구를 통해 얻어지며, 교육을 통해 전파된다. 최고의 지식을 가진 사람이 최고의 미덕을 갖고 있으며, 도시국가의 지도자를 맡기에 가장 적합하다. 그는 지식과 선을 전파하여 시민들이 좋고 아름다운 생활을 할 수 있도록 한다.

《국가》에서 플라톤은 철학자가 통치하는 정체를 제시했다. 그것은 정의, 지혜, 용기, 절제를 실현한다. 좋은 정체에는 두 가지, 왕정과 귀족정이 있다. 어떤 탁월한 사람이 정권을 장악하면 왕정이라고 부르고, 두 사람 이상의 우수한 인물들이 정권을 장악하면 귀족정이라 부른다. 그러나 《법률》에서 플라톤은 현실에서 가장 좋은 정체는 혼합정이라고 생각했다. 군주정과 민주정은 제도의 어머니로서, 군주정은 지혜를 대표하고, 민주정은 다수의 통치를 말한다. 민주정하에서 사람들은 자유를 갈망한다. 페르시아인들은 군주정을 극단적으로 추구했고, 이집트인들은 민주정을 극단적으로 추구했다. 국가가 군주정만을 지나치게 갈망하거나 자유 이상을 지나치게 갈망하면, 안정을 유지할 수 없다. 가장 좋은 방법은 군주정의 지혜와 민주정의 자유를 결합하는 것으로, 그래야만 자유도 누리고 좋은 판단력도 갖게 되어 국가의 정치적 균형이 이루어진다.

아리스토텔레스는 현실 속에서 최고의 정체는 중산층이 주도하는 혼합정이라고 생각했다. 그가 보기에, 모든 도시국가에서 통치의 근거는 두 가지이다. 하나는 재산과 권리에 근거한 통치이다. 그것은 소수의 통치로, 과두정이라고도 한다. 다른 하나는 다수결에 근거한 통치이다. 평민들이 보통 다수를 구성하기 때문에 사람 수에 근거한 통치는 평민정이라고도 한다. 부자들은 거만하고 잘난 척하며, 법률을 우습게 여기는 경향이 있고, 빈자들, 특히 극빈자들은 악독하고 천박하고 비열하여 남의 재물을 넘보는 경향이 있다. 그러므로 과두정과 평민정은 모두 불안정하고, 내란이 일어나기 쉽다. 아리스토텔레스는 공화정을 가장 좋은 제도라고 생각했는데, 공화정은 과두정과 평민정의 장점을 혼합시킨 것이다. 공화정을 실현하기 위해서는 반드시 다수의 중산층이 있어야 하고, 중산층이 이성적이어야 한다. 그들은 부자와 빈자의 충돌을 완화하고, 둘 사이의 균형을 이룰 수 있어 사회안정에 있어서 중요한 작용을 한다.

플라톤과 아리스토텔레스의 도시국가 이론에서, 고대 그리스의 국가관이 도덕적 요소를 많이 내포하고 있음을 알 수 있다. 정치와 도덕은 두 사람의 학설에서 분리할 수 없으며, 도시국가의 목적은 정의와 선을 실현하기 위한 것이다. 아리스토텔레스에게 있어서, 도시국가 자체가 최고의 선이다. 고대 그리스의 그러한 국가관은 후에 마키아벨리의 비판을 받는다. 그러나 고대 그리스의 국가관은 당시의 정치 현실과 밀접한 관계가 있다는 것을 잊지 말아야 한다. 고대 그리스의 국가관은 오늘날 국가의 가치와 목표를 사고하는 우리들에게도 여전히 중요한 의의를 지닌다.

2) 국가의 기원과 사회계약론

국가가 사회계약에서 기원한다는 생각은 일찍이 에피쿠로스가 언급한 것이다. 사회계약론이 주류 사상이 된 것은 홉스, 로크, 그리고 루소로부터이다. 사회계약론은 일종의 추상적 이론이지, 국가 탄생의 역사적 사실을 말한 것은 아니다. 그러한 국가기원론이 설명하려는 문제는 분명하다. 즉, 일종의 상황을 가정하여 국가가 어떤 기능을 가져야 하는가, 국가가 어떻게 조직되어야 하는가 등을 논증하고자 한 것이다. 그러한 문제는 자연 상태와 계약을 체결하는 방식에 대한 가설에 의해 결정된다.

자연 상태는 무정부 상태이다. 정부가 없기 때문에 생긴 불편함으로 인해 사람들은 자연 상태에서 벗어나기를 바란다. 국가가 있는 것이 자연 상태보다 좋을 것이 없다면 계약을 체결할 필요도 없고, 국가를 수립할 필요도 없다. 만약 사상가들이 가정한 자연 상태가 지나치게 끔찍하다면 계약을 통해 형성된 국가 권력은 아마 비교적 크고, 통치범위도 비교적 넓어져, 국가주의로 치우칠 수 있는데, 홉스가 그 예이다. 그러나 자연 상태가 그다지 끔찍하지 않다면 체결한 계약이나 그로 인해 형성된 국가 권력의 업무는 비교적 적고, 국가에 대한 제약이 비교적 커지는데, 로크가 바로 그 예이다. 자연 상태가 비교적 아름답다면 계약 체결 후에 세워진 국가 권력이 비교적 큰데, 루소가 그 예이다. 그 밖에 중요한 개념은 자연권이다. 자연권은 인간을 위해 만들어진 권리로서, 자연권이 침해되자 그것을 지키기 위해 인간은 비로소 계약을 체결하여 국가를 수립할 필요를 느낀다. 국가가 성립된 후, 인간의 자연권이 보호받지 못하거나 심지어 침해를 받게 된다면 시민은 그러한 폭정에 저항할 권리를 갖는다.

홉스는 자연 상태를 '모든 사람의 모든 사람에 대한 전쟁 상태'로 묘사했다. 그런 상황에서 인간은 자유롭고, 충분한 자연권을 갖는다. 그때 가장 중요한 자연권은 자기보존의 권리이다. 그에 대한 어떠한 제약도 없고, 타인을 정복할 수도 있다. 그리하여 서로를 두려워하고 싸운다. 홉스는 인간의 천성에 싸움을 하게 만드는 주요한 원인이 세 가지 있다고 생각했다. 첫째는 경쟁이고, 둘째는 의심이며, 셋째는 명예이다. 그런 삶에서 인간은 고독하고, 가난하며, 비천하고, 잔인하며, 빨리 죽게 된다. 서로를 적으로 여기는 전쟁에서 정의는 없다. 재산권, 시시비비, 정의와 부정의란 개념은 존재할 여지가 없다. 공권력도 법도 없으니, 정의도 있을 수 없다. 그런 무서운 자연 상태를 벗어나기 위해, 인류가 어쩔 수 없이 선택한 것이 사회계약이다. 계약을 통해 사람들은 자신들이 갖고 있던 모든 권리와 힘을 한 사람 또는 여러 사람으로 이루어진 집단에 맡겼다.

그 집단은 다수결을 통해 다수의 의지를 하나의 의지로 전환시킨다. 즉, 한 사람 또는 여러 사람으로 조직된 집단이 그들을 대표하는 인격이 되고, 사람들은 그 하나의 인격으로 통일된다. 계약을 통해 사람들은 자신의 자연권을 통치자에게 양도하여 그로 하여금 지배하고 관리하도록 한다. 공권력을 수립하여, 공정한 판결을 행하도록 하여, 끊임없는 싸움을 끝낸다. 계약에 의거하여, 사람들은 자연 상태로부터 사회 상태, 즉 국가 상태로 옮겨간다. 이렇게 국가라는 위대한 리바이어던이 탄생했다.

홉스에게 있어서, 국가의 주요한 특징은 주권을 갖는다는 점이다. 주권이란 국가 내에서의 최고의 권력이다. 주권은 구체적으로 다음과 같은 것을 포함한다. 국가의 평화와 안전을 위해 제정된 법률, 세금 징수권, 대외적 선전포고, 강화 등이다. 홉스는 보댕의 국가주권론을 계승하여, 주권이 절대적이며 양도할 수 없는 것이고, 또한 통일적이며 분할할 수도 없는 것이라고 생각했다. 홉스는 최고의 정체는 군주정이라고 여겼다. 군주정하에서는 주권자와 인민의 이익이 일치하기 때문이다. 귀족정이나 민주정하에서 주권자는 이중적 인격을 갖는다. 즉, 인민의 이익을 대표하면서도 그 자신이나 친구의 이익을 대표한다. 군주제하에서 인민은 모든 권력을 군주 한 사람에게 넘기므로 국가의 이익은 곧 군주의 개인적 이익이고, 국가의 명예는 곧 군주 개인의 명예이다. 홉스는 주권론을 통해 국가주권을 절대화했으며, 어떠한 제약도 받지 않도록 했다. 또한 주권자가 한 사람인 경우가 가장 좋은 국가 형태라고 생각했다. 그러한 절대주의적 국가주권은 결국 군주 전제를 옹호하는 이론으로 변질되었다.

로크의 자연 상태와 홉스의 자연 상태는 차이가 크다. 로크는 자연 상태가 자유로운 상태이고, 사람들은 자신이 적합하다고 생각하는 방식으로 자신의 행동을 결정할 수 있으며, 자신의 인신과 재산을 처리할 수 있고, 그때 다른 사람의 허가를 필요로 하거나, 다른 사람의 의지에 따를 필요가 없다고 생각했다. 자연 상태는 또한 평등한 상태로서 모든 권력과 통치권이 상호적이며, 어떤 한 사람이 다른 사람보다 더 많은 권력을 갖지도 않는다. 자연 상태가 자유롭고 평등한 상태라고 하더라도 방임의 상태는 아니다. 로크는 자연법이 자연 상태를 지배하며, 사람들이 자기보존을 하면서도 모든 인류를 보호할 수 있다고 믿었다.

로크는 자연 상태에서 사람들 모두 자유롭고 평등하지만, 이성이 규정한 자연법을 따른다고 생각했다. 그러나 자연 상태에도 불편한 점들이 있다. 첫째, 명문으로 규정되어 있는 법률이 존재하지 않는다. 둘째, 법률에 따라 판결을 할 수 있는 권한을 갖고 있는 재판관이 없다. 사람들은 자연법에 따라 자신의 사건을 판결하기 때문에 불공정한 판결을 피하기 어렵다. 셋째, 판결을 집행할 수 있는 권한을 보장할 수 없으므로 분쟁이 끊이지 않는다. 이러한 상황으로 인해 사람들은 사회계약을 맺고, 자신과 다른 사람의 자연권을 보호하기 위해 자신의 자연권을 포기하기를 원하고, 자신의 일부 권력을 사회에 양도한다. 따라서 사회는 입법기관 또는 지정된 전문가가 사회 전체 성원의 공동 의지에 따라 행사하도록 한다. 사회계약에 의거하여 사람들은 자유가 공포와 위험 속에 존재하는 자연 상태에서 벗어나 정치 사회로 진입하여 국가를 설립하고, 정부를 세우고, 공권력과 법률을 형성한다.

로크는 자연 상태와 자연법의 논리적 가설, 추론을 통해 국가 권력의 기원과 귀속문제를 설명했다. 국가는 인민의 '사회계약'에서 비롯되며, 주권은 인민에게 속하고, 인민은 협의를 통해 권력을 국가 또는 정부를 구성하는 사람에게 양도한다. 정부의 목적은 개인의 재산권, 자유권, 그리고 생명권을 보호하기 위한 것이며, 그 세 가지 기본권은 정부의 정당성 여부를 결정하는 기준이 된다. 정부가 정당한가의 문제에 대해 인민은 언제나 혁명권을 갖는다. 로크는 인간의 기본권(생명, 재산, 자유)을 정부 권력의 최종 목적이라고 보았으며, 자유와 재산을 보호하기 위해 입법기관이 행정기관을 통제해야 하고, 사회가 정부를 통제해야 한다고 생각했다. 그의 이론은 회의주의적 정신을 체현한 것이다. 즉, 그는 정부와 국가를 믿지 않았다. 정부와 국가의 존재는 개인의 권리를 보호하기 위한 것이고, 개인의 권리를 취소할 수 없다는 것이 정부와 국가의 권위의 한계이다.

사회계약론은 역사상 커다란 진보이다. 그로부터 사람들은 신이나 상제에 의존하지 않게 되었다. 그들은 자신들의 이성을 통해 스스로의 정치생활을 꾸려나가게 되었고, 그들의 국가를 만들게 되었다. 사회계약론은 자유주의 사상, 제한 정부론, 그리고 민주주의 사상을 내포하고 있다. 영국의 대표적 보수주의자인 오크숏(M. Oakeshott)은 다음과 같이 평가했다. "영문으로 쓰인 정치학 저서 중《리바이어던》은 가장 위대한 걸작이고, 유일한 걸작이다. 우리의 문명사에서《리바이어던》에 비견할 수 있는 저작은 적다."[2] 오크숏은 특히 서구의 근대 자유주의에 대한 홉스의 개인주의 철학의 공헌을 강조했다. "홉스 본인은 자유주의자가 아니었지만, 그의 철학은 자유주의를 공개적으로 주장한 대다수 학설보다 자유주의적인 내용이 더 많다."[3] 로크의 정부 이론은 제한 정부론이다. 정부 권력은 반드시 인간의 생명, 자유, 재산권을 보호하는 것을 목표로 삼아야 하며, 개인의 독립과 자유를 보장하는 도구일 뿐이다. 정부가 그러한 목적을 위해 움직이지 않는다면 인민에게는 계약을 해제할 수 있는 권리가 있다. 그것이 인민의 혁명권이다. 루소의 사회계약론에 의해 민주주의가 정치적 정당성의 가장 주요한 근거가 되었다.

---

2 Machael Oakshott, *Introduction to Hobbes' Leviathan*, Oxford: Basil Blackwell, 1946, p. vill.
3 위의 책, p. ivii.

3) 신제도주의 경제학의 국가론

신제도주의 경제학은 경제학자 코오스(R. Coase)와 노스(D. North) 등이 주창하고 발전시켰다. 신제도주의 경제학자들이 관심을 가진 문제는 무엇이 경제를 성장시키는가이다. 전통적 경제학은 자본 축적과 기술 진보 등을 경제성장의 원인으로 보았기 때문에, 전통적 경제학에서 국가는 주변적 지위를 갖는다. 반면에 신제도주의 경제학자들은 자본 축적과 기술 진보 등은 경제성장의 결과이지 원인이 아니라고 보았다.

노스는 《경제사에서의 구조와 변천》이란 책에서 경제사에서 성공한 국가들을 살펴보았다. 이것의 비교적 전형적인 국가가 17세기의 네덜란드와 18세기의 영국이라고 보았다. 그 두 국가는 멜서스의 인구론을 타파하고 세계적 강국이 되었다. 가장 주요한 원인은 국가의 힘을 통해 효과적으로 재산권과 교역 규칙을 정하여 교역 비용을 줄였기 때문이다. 경제사에서 실패한 국가들을 보면, 주요 원인은 재산권, 교역 제도, 그리고 규칙을 효과적으로 발전시키지 못했기 때문이다.

노스는 국가가 경제성장의 동력을 갖고 있으면서도 경제 쇠퇴의 근원이기도 하다고 지적했는데, 그것을 '노스의 역설'이라고 부른다. 국가가 없으면 많은 일을 처리할 수 없지만, 국가가 있어도 문제는 많다. 국가의 힘이 강력하면 재산권을 보호하고 합법적인 계약을 맺을 수 있지만, 시민의 재산도 박탈할 수 있다. 국가는 '경제인'의 속성을 갖는다. '경제인'으로서 국가는 다음의 특징을 갖는다. 첫째, 국가는 소득을 얻어 시민을 위해 재산권을 보호하고, 사회의 공정을 유지하는 서비스를 제공한다. 둘째, 국가는 각 사회단체에 대해 중립적이지 않은 '차별적인 독점자'이다. 국가는 모든 유권자 단체를 분리하고, 소득에 따라 재산권을 정량화한다. 셋째, 국가의 통치자는 국내외에 잠재하는 경쟁자를 갖는다. 그러한 경쟁은 통치자의 행위에 대해 효과적 제약을 가한다.

국가는 기업처럼 실제 운영과정에서 자신의 이익을 최대화하고자 하는 경제 원칙을 따른다. 그 행위는 비용-편익 원칙에 의해 이루어진다. 한편으로 국가는 임대료를 최대화하고, 다른 한편으로 교역 비용을 줄이고 사회적 산출을 최대화하여 국가의 세수를 증가시키고자 한다. 두 가지 목표는 종종 불일치한다. 국가가 자신의 임대료를 최대화하려고 한다면 효율성이 낮은 재산권 제도를 갖게 되어 자신의 산출을 최대화할 수 없게 된다. 국가가 산출을 최대화하여 완전히 효율적인 재산권 제도를 제공하게 된다면 자신의 임대료를 최대화힐 수 없다. 역사직으로 보면, 통지자가 임대료를 최대화하기 위해 실시한 재산권 제도가 교역 비용을 줄이고 경제성장을 촉진하려는 제도와 계속해서 충돌해왔다.

국가론과 재산권 이론의 보충으로서 노스는 이데올로기 이론을 정립했다. 노스는 효과적 이데올로기는 반드시 설명 기능을 갖고 있어야 하며, 역사와 현행 재산권 구조와 교역 조건에 대해 설명할 수 있어야 한다고 생각했다. 또한 흡수 기능도 갖고 있어야 한다. "성공적 이데올로기는 반드시 생기가 있어, 새로운 집단의 충성을 얻을 수 있어야 하고, 외부 조건의 변화에도 구 집단의 충성을 얻을 수 있어야 한다."[4] 가장 중요한 것은 성공적 이데올로기는 반드시 절약 기능을 갖고 있어야 하고, 무임승차 현상을 극복하여 교역 비용을 절약해야 한다는 것이다.

신제도주의 경제학의 국가론은 주로 국가의 경제적 작용에 주안점을 둔다. 국가는 공식적이며 효과적인 재산권 보호제도를 가져야 한다. 그것이 유럽과 미국이 굴기한 가장 근본적인 이유이다. 그러므로 신제도주의 경제학 이론에 의하면, 국가의 개혁과 발전에 있어서 가장 핵심이 되는

---

4 〔美〕道格拉斯·諾斯,《經濟史上的結構和變革》, 厲以平譯, 商務印書館, 1992, p. 61.

것은 재산권 제도의 개혁이고, 개혁에 성공하려면 반드시 재산권의 변혁을 이루어 사람들의 적극성을 고무시켜야 한다.

4) 마르크스주의 국가론

국가관은 마르크스 경제학의 중요한 구성 요소이다. 엥겔스는《가족, 사유재산, 국가의 기원》이라는 책에서 국가 문제를 중점적으로 다루었다. 또한 가정, 씨족, 사유 제도, 계급, 그리고 국가와 같은 사회관계 또는 사회조직이 발생하고 발전하는 역사 법칙을 체계적으로 설명했다.

국가가 씨족과 다른 점은 다음과 같다. 지역에 따라 국민이 나뉘고, 공권력 기관이 세워지는데, 군주제이든 군주입헌제이든 공화제이든, 본질적으로 그것은 계급통치의 도구이다. 국가의 공권력에는 주민들이 자율적으로 무장한 특수한 무장부대, 즉 상비군, 헌병, 경찰 등과 그 물적 부속품, 즉 감옥, 법정 등과 같은 강제 기구가 포함되며, 인구의 절대 다수인 피통치자를 통치하고 진압하여 국가의 안정을 유지하는 것을 목적으로 한다. 공권력을 유지하고, 그러한 권력을 공고화하고 순조롭게 실현하기 위해 국가는 반드시 시민들로부터 세금을 거두어야 하며, 세금이 부족할 때에는 국채를 발행하여 정부의 방대한 지출을 충당한다. 국가는 자신의 공권력과 세금 징수권을 지키기 위해 전문적 관리 부대를 필요로 한다. 그러한 관리들은 점점 사회와 구별되는 권력의 대표가 되며, 강제성이 있는 법률을 통해 존경, 지위, 권위를 획득한다. 그러한 '권위와 존경'으로 사회 위에 군림하므로 씨족 사회의 자유롭고 자발적인 존경과는 크게 다르다.

마르크스는 국가가 사회에서 기원했다고 생각했다. 그는 국가는 일종의 역사적 범주이며, 사회 내부의 모순 운동이 일정한 단계로 발전한 필연적 산물이다. 원시 사회는 생산력이 낮기 때문에 잉여 생산물이 없어 착취가 존재하지 않으므로 국가가 필요가 없다. 국가는 사회의 노동 분업이 발전하고, 가정 관계가 발전하며, 사유 제도와 계급이 출현하고, 씨족 제도가 와해되면서 탄생한다. 국가는 강한 계급이 자신의 이익을 실현시키기 위한 이성적 선택이고, 생산 과정에서의 법적 권리 관계의 체현이다. 엥겔스는《가족, 사유재산, 국가의 기원》에서 국가는 사회 안에서 발생했고, 사유 제도와 계급의 발생과 발전을 토대로 나타난 것으로, 계급 모순이 해소되지 못한 산물이다.

국가의 본질에 대해 마르크스는 국가가 계급의 범주에 속하므로, 그 본질은 계급통치라고 생각했다. 국가는 사회와 역사가 특정 계급의 산물로 발전한 것으로 계급모순의 결과이다. 그것은 사회경제 관계에 있어서 주도적 지위를 차지하고 있는 계급이 그 통치를 실현하고 유지하기 위한 도구이다. 국가가 공익을 대표한다는 형식은 본질이 아니다. 국가는 사회 위에 군림하면서 형식적으로는 대중의 이익을 대표한다. 그러나 국가가 사회의 위에 있다는 것은 국가의 본질이 아니다. 그 형식의 배후에는 국가의 계급적 본질이 숨어 있다. 국가는 통치 계급과 정치질서의 수호자이며, 통치 계급은 자신의 이익을 보호하고 실현하기 위해 계급 갈등과 모순을 완화시키고 '질서'를 유지하려고 노력한다. 그것이 바로 국가가 공권력을 수립하여 통치, 완화, 압박, 통제 등 다양한 기능을 수행하는 이유이다. 사유재산 제도는 국가 출현의 경제적 기초이다. 계급 모순의 첨예화는 국가 출현의 정치적 토대이다. 사회가 발전할수록 정신노동과 육체노동의 분리가 분명해지며, 사회의 전문화 정도도 높아진다. 따라서 일종의 특수한 기구를 통해 사회를 관리하고 계급적 압박을 한다.

국가의 기능에 대해 마르크스주의는 국가가 정치적 통치 기능과 사회관리 기능을 가진다고 생각했다. 정치적 통치는 계급 사회에 있어서 국가 정권을 장악한 통치 계급이 정치 영역에서 피통치 계급에 대해 행하는 통치로서 스스로의 경제적 통치 지위와 이익을 보장하기 위한 것이다. 국가 통치는 실질적으로 계급통치이다. 즉, 경제적으로 가장 강력하고 우세한 지위를 차지하고 있는 계급이 기존의 정치 관계와 사회질서를 보호하고 강화하여 국가 권력을 통해 전 사회에 대해 강력한 지배와 통제를 하는 것이다. 그 본질은 정치 투쟁에 있어서 가장 강력한 정치 세력이 사회에 대한 지배와 통제를 하는 행위이다. 현대 국가가 자본가 계급의 통치 도구일지라도, 사회의 공동 업무에 대해 관리 기능을 담당해야 한다. "그러한 공동 업무에는 기초 시설의 건설, 수리 공정의 실시, 대중교통, 공공 우편, 공공 행정, 경찰, 그리고 국내 질서의 유지, 재정 수입, 군대, 전쟁 등이 포함된다. 그러한 모든 공공 업무는 통치 계급의 범위를 넘어서 사회 전체 성원의 이익을 포괄한다."[5]

국가의 제도 형태와 발전과 관련하여, 마르크스주의는 사회주의 국가에 의해 자본주의 국가가 대체되는 것이 역사적 필연이라 생각한다. 국가는 역사적 범주이지만 사회경제가 일정한 단계로 발전하여 출현한 것으로, 통치 계급이 사회에서 계급 대립을 통제하기 위한 것이므로 국가는 계급의 소멸과 함께 사라진다. 자본주의 사회는 정치적으로 자유권과 평등권을 실현하고 인간의 정치적 해방을 실현했지만, 경제와 사회적 측면에서의 권력은 해방시키지 못했다. 그러한 형식적 평등, 즉 실질적인 불평등은 자본주의 사회 최대의 문제이다. 자본주의의 기본적 모순은 생산의 사회화와 자본주의의 개인적 소유제 사이의 모순으로, 그로 인해 자본주의 경제 위기가 주기적으로 폭발하게 된다. 그러므로 자본주의적 사유제도를 없애고, 생산수단에 대한 사회적 소유를 실현하는 것이야말로 현

---

5   鬱建興, 《馬克思國家理論與現時代》, 東方出版社, 2007, p. 4.

대 생산력 발전과 생산 사회화의 필연적 요구이다. 국가는 역사적 범주로서 생산력이 발전하여 출현했고, 생산력이 고도로 발전하면 사라지게 된다. 생산력이 고도로 발전하고 사회의 고도 자치가 이루어지면, 국가의 계급 기능도 퇴화하고 사회의 기능이 강화된다. 결국 국가가 자유인의 연합체로 발전하게 되지만, 그 과정은 무척 오랜 시간이 걸릴 수 있다.

2. 현대 국가 건설 이론

1) 현대 국가 건설 이론의 탄생 배경

국가 건설 이론이 발달한 배경은 다음과 같다. 첫째, 국가 건설 이론의 발달은 행태주의 정치학의 반성과 관계가 있다. 1940년대, 미국의 정치학계에서는 '행태주의 혁명'이 일어났다. 행태주의 정치학은 전통적 정치학의 연구 대상에 대해 변혁을 일으켰다. 즉, 행태주의를 정치학의 연구 중심으로 삼고, 공적 제도를 정치생활의 부차적 요소로 여기며 행태주의 정치학의 연구 범위에서 제외시켜야 한다고 주장했다. 행태주의 정치학자는 국가의 개념이 모호하므로, 그 대신 '정치 시스템(political system)'이라는 개념으로 대체해야 한다고 생각했다. 데이비드 이스턴(D. Easton)의 《정치생활의 시스템 분석》과 가브리엘 알몬드(G. Almond)의 《비교정치학: 시스템, 과정 그리고 정책》등의 저작은 '정치 시스템' 개념으로 '국가' 개념을 대체했다. 행태주의는 제도와 국가 등 중대한 문제를 간과하여 많은 비판을 받았다. 신제도주의 연구자들은 행태주의자들이 행위의 원인을 설명하고 분석하고자 한다면 그 제도적 환경을 다루어야 한다고 생각했다. 1970년대 국가 개념은 또다시 정치학 연구의 중요 개념이 되었다. '국가회귀' 학파라고 불리는 이들의 관심은 현대 국가와 그 구체적 정치 경제 제도가 어떻게 만들어지고 발전했는지, 어떻게 혁명이 이 시기 이 장소에서는 일어났는데, 그 시기 그 장소에서는 일어나지 않았는지, 국가 혁명의 방식과 노선이 왜 나라마다 차이가 큰 것인지, 민주와 독재의 기원은 무엇인지, 복지국가 시스템은 어떻게 변화하는지, 왜 어떤 국가는 효과적 민주제도를 수립하지만 다른 국가는 그렇지 못한지 등에 대한 문제들이었다.

둘째, 제2차 세계대전 이후, 제3세계 국가들이 잇달아 독립하자 그들 국가들이 전통 국가로부터 현대 국가로 어떻게 전환되는지에 대한 근대화 이론이 미국에서 빠르게 발전했다. 근대화 이론은 기본적으로 서구 국가들은 자유롭고 민주적이며 개방적이지만 개발도상국은 독재적이고, 전제적이고, 어리석고, 낙후되어 있다고 생각했다. 그러므로 사회의 안정된 발전을 실현하기 위해서는 반드시 서구 국가를 학습하고 모방해야 하며, 정치적으로는 대의제 민주주의를, 경제적으로는 자유시장경제 체제를 수립해야 한다고 생각했다. 근대화 이론은 도전을 받고 반성의 과정을 겪었다. 1968년 헌팅턴은 《사회 변화 중의 정치질서》라는 책에서, "제3세계 국가들이 우선적으로 해결해야 하는 문제는 민주주의가 아니라, 어떻게 하면 강한 정부를 수립하여 사회질서와 안정을 유지할 것인가"라고 지적했다. 국가 건설 연구자들은 서구 국가 건설 과정을 깊이 연구해야 비로소 제3세계 국가 건설에 도움이 될 것이라고 생각했다. 찰스 틸리는 서구의 경험에 대한 근대화 이론의 해석은 기본적으로 틀렸다고 보았다. 그는 그러한 이론은 서구 국가의 정치발전의 역사적 경로를 미화했으며, 서구 국가 건설 과정을 다시 분석하고 해석해야 할 필요가 있다고 생각했다. 국가 건설 이론의 수많은 저작들은 유럽 국가의 굴기 과정에서의 정치 경제 제도의 건설 문제를 다루었지만, 관심이 있었던 것은 오히려 제

3세계 국가의 전환 및 발전 문제였다. 1990년대 초반, 근대화 이론은 중국에 소개된 이후 중국 학자들의 많은 관심을 받았다.

2) 서유럽 민족 국가의 성립

현대 민족 국가는 15～18세기 유럽에서 시작되었다. 자오딩신(趙鼎新)에 의하면, 서유럽 민족 국가의 수립과정은 다섯 가지 특징을 갖는다. 첫째, 귀족과 지방 세력에 속했던 권력이 점차 국가의 수중에 집중되었다. 민족 국가 형성 이전, 유럽의 귀속은 세금 징수권, 입법권, 화폐 주조권, 심지어 군대 소유권을 갖고 있었다. 민족 국가 형성 이후, 지방 귀족은 그 모든 권력을 잃었다. 둘째, 민족 국가 형성 이전, 대다수의 국가들은 서로 중복적으로 지역을 다스렸고, 정해진 국경도 없었다. 민족 국가 형성 과정에서 국가들은 자신들이 합리적이라고 여기는 국경과 세력 범위를 설정했다. 그리하여 민족 국가 형성 과정에서 군대의 확장과 빈번한 전쟁이 수반되었다. 민족 국가는 전쟁의 산물이었으며 전쟁에 의해 발전했다. 셋째, 민족 국가 형성의 특징 중 하나는 민족주의 이데올로기이다. 넷째, 안으로 국민을 효과적으로 통제하고, 밖으로 전쟁을 수행하기 위해 민족 국가 형성 과정에서 관료제와 상비군이 수립되었다. 다섯째, 민족 국가는 영토 내에 거주하는 국민들이 공동의 민족적 정체성을 가질 것을 요구하고, 전통 국가에서 개인, 가정, 촌락이 맡았던 것을 국가가 점점 더 많이 담당하게 되었다. 민족 국가의 발전에 따라 각종 현대적 기초 시설, 즉 공교육, 현대적 교통, 현대적 통신 등이 구축되었다.

지금까지 중국에서 국가 건설을 연구하는 학자들이 가장 많이 인용하는 것은 찰스 틸리의 서유럽 민족 국가 건설 이론이다. 찰스 틸리는 1929년 미국의 일리노이 주의 노동자 계급에서 태어났다. 1958년 틸리는 하버드 대학에서 박사학위를 받았고, 배링턴 무어(B. Moore)의 지도를 받았다. 틸리의 연구는 사회학, 정치학, 역사학을 두루 아우르고, 모든 연구 분야에서 풍부한 연구 성과를 냈다. 2008년, 틸리는 림프암으로 뉴욕에서 사망했다. 국가 건설에 대한 틸리의 주요 저작은《서유럽 민족 국가의 형성》(1975),《강제, 자본과 유럽국가》(1992),《유럽의 항쟁과 민주주의》(2004) 등이 있다.

틸리는 정치발전 이론에 문제가 있다고 생각했다. 유럽의 과거 경험을 정치발전의 기준으로 삼는 것은 일종의 목적론으로 오해를 불러오기 쉽고, 제3세계 국가의 정치 현상을 근본적으로 설명할 수 없다고 보았다. 그뿐만 아니라, 틸리는 서구의 경험에 대한 정치발전론의 해석은 잘못되었다고 생각했다. 그것은 다음의 세 가지이다. "첫째, 서구의 경험을 지속적인 과정으로 곡해하여 자연스럽게 정부의 이성화, 정치 참여의 확대화, 그리고 민중의 복종화를 겪는 것으로 보았다. 둘째, 서구 국가의 경험이 단지 여러 현대화 노선 중 하나라는 것을 망각했다. 셋째, 정치발전을 일종의 목적론으로 잘못 해석하여, 구제도의 소멸은 역사적 필연이라고 보았다."[6] 틸리는 서유럽 민족 국가가 어떻게 형성되었는지 설명하고자 노력했다.

틸리는 민족 국가 성립에 있어서 전쟁이 핵심적 작용을 했다고 보았다. 전쟁이 국가를 형성하고, 국가도 전쟁에 영향을 준다. 현대 민족 국가는 의도적으로 설계된 것이 아니라, 대내외적 충돌에 대응하는 과정에서 만들어졌다. 유럽의 민족 국가의 형성 과정에서, 모든 국가는 자신의 영토를 확장시키고자 했고, 더 많은 영토와 인구를 통제하여 참혹한 경쟁에서

---

6 陳周旺,〈國家建設, 抗爭與民主: 查爾斯·帝利國家政治理論述評〉, 載劉春榮·陳周旺主編, 《復旦政治學評論10: 集體行動的中國邏輯》, 上海人民出版社, 2012.

승리하고자 했으므로, 통치자는 법원과 재정 수입 등 관료 조직과 경찰과 군대 등 군사 조직을 통해 국가의 폭력을 전유할 수밖에 없었고, 관료 조직을 통해 효과적으로 사회를 관리하고 재정 착취를 통해 전쟁을 준비하는 과정을 거쳤으며, 군대를 통해 국내의 저항자들을 진압하면서 외국의 경쟁자들과 전쟁을 했다.

과거 1000년 동안, 유럽 국가들 사이에서 전쟁은 주된 활동이었다. 제2차 세계대전 이후에야 유럽 국가들 간의 전쟁이 종식되었다. 전쟁은 유럽 국가들의 힘을 형성했으며, 통치자는 치열한 전쟁을 통한 경쟁 속에서 살아남기 위해 반드시 전쟁에서 이겨야 했고, 전쟁에서 이기기 위해 반드시 충분한 물적 자원과 군대를 동원해야 했다. 그를 위해 현대화된 관료 조직이라는 제도적 토대가 필요했고, 관료 제도는 국가 능력의 주요한 표현으로 여겨졌다. 전쟁은 강제적 자원 경쟁이 되었고, 강제적으로 자원을 국가가 독점하는 것은 필연적이었다. 가장 중요한 것은 군대와 경찰 등을 포함한 폭력에 대한 조직화였다. 틸리는 다음과 같이 말했다. "전쟁은 유럽 민족 국가의 네트워크를 형성했고, 전쟁 준비는 국가 안에서도 국가 내부의 구조를 창출했다."

틸리에게 있어서, 서유럽 현대 국가는 효율성을 높여 치열한 전쟁 속에서 승리를 했다. 그러한 현대 국가 건설은 다음과 같은 특징을 갖는다. 첫째, 귀족과 지방 세력에게 속해 있던 권력이 점차 국가의 수중에 집중되었으며, 국가는 폭력과 징세 등의 권력을 독점하게 되었다. 둘째, 국가는 고정된 국경을 갖게 되었고, 국민들은 공동의 정체성을 형성하게 되었으며, 민족주의 의식이 점차 형성되었다. 셋째, 국가가 다른 모든 조직의 이익을 초월하게 되었으며, 집단의 이익에 좌우되지 않고 비교적 자주성을 갖게 되었다.

틸리의 후기 저작은 민주주의 문제에 많은 관심을 가졌다. 틸리는 현대 국가 건설 과정에서의 의외의 결과가 민주주의의 탄생이라고 생각했다. 민주주의는 민족 국가와 마찬가지로 의도적으로 설계된 것이 아니라, 끊임없는 전쟁과 사회적 저항에서 비롯되었다. 유럽의 민주주의가 출현한 과정을 보면, 민주주의는 통치자가 전쟁에 필요한 자원을 얻기 위한 세금 징수의 필요에서 생겨났고, 민중과의 계속된 타협과 게임의 결과이다. 국가 건설 과정에서의 민주화의 순서는 매우 중요하다. 민주화가 국가 건설 이전에 이루어지면, 국가의 붕괴나 쇠퇴를 초래할 수 있다. 국가의 힘과 민주주의 간에 일종의 평형이 유지되고, 국가의 힘이 민주화보다 빨리 발전하면, 전제와 독재가 초래될 수 있다. 민주화가 국가의 힘보다 빠르게 성장하면 국가는 안정을 잃을 수 있다.

3) 개발도상국의 국가 건설

개발도상국의 정치질서 문제

개발도상국의 정치질서 문제에 대해 헌팅턴의 《사회 변화 중의 정치질서》를 소개하고자 한다. 헌팅턴은 정치학적 관점에서 세계 각국의 가장 큰 차이는 정부 형태가 아니라, 각 정부가 실시하는 효과적 통치의 정도에 있다고 생각했다. 제2차 세계대전 이후, 수많은 경제가 빠르게 성장했다. 인민의 생활수준이 큰 폭으로 성장한 신흥 국가는 오히려 정치적으로 불안정해졌고, 폭동이 자주 일어났으며, 정변으로 교체되고, 위기가 잇따랐지만, 경제가 낙후되거나 정체된 신생 독립 국가는 상당한 정도의 정치적 안정을 유지했다. 헌팅턴은 신흥 국가에 사회적 불안이 생긴 것은 효율적 정부가 없어 사회적 안정을 유지할 수 없었기 때문이므로, 제3세계 국가가 우선적으로 해결해야 하는 것은 강한 정부를 만드는 것이라고 생각했다.

　헌팅턴이 설명한 제3세계 국가의 사회질서 과정은 기본적으로 세 가지 공식에 의해 이루어진다. 첫 번째 공식은 사회적 동원/경제적 발전=사회적 위축이다. 현대화 과정에서 사회 성원의 참여를 동원해야 하고, 그러한 참여는 그들의 욕구를 키울 수 있지만, 경제발전이 욕구를 충족시킬 수 없다면 사회가 위축될 수 있다. 두 번째 공식은 사회적 위축/유동적 사회=정치적 참여이다. 사회의 위축이 일어나도 사회가 유동성 기회를 제공하게 된다면 사회의 위축이 완화될 수 있다. 그러나 현대화 과정에서 사회는 종종 그러한 유동성 기회를 제공하지 못하고, 더 많은 정치적 참여를 폭발시킨다. "현대화 과정 중의 대다수 국가에서 유동적 기회가 결여되고, 정치의 제도화가 저하되어 나타나는 사회적 위축과 정치 동란은 상관관계를 갖는다." 세 번째 공식은 정치적 참여/정치적 제도화=정치적 동란이다. 국가의 정치적 제도화가 정치적 참여를 수용할 수 있다면 정치적 불안이 나타나지 않는다. 그러나 안타까운 것은 개발도상국의 현대화 과정에서 정치적 제도화의 수준이 정치적 참여의 수준을 따라잡지 못하는 경우가 많다는 것이다. 그것이 정치적 동란이 생기는 이유이다.

정치적 안정의 관건은 정치적 제도화에 있다. 정치적 제도화의 정도를 대대적으로 높여야만, 개발도상국이 사회경제의 현대화 과정에서 반드시 출현하는 대중의 정치참여 압력을 완화시켜 현대화 과정에서의 정치적 안정을 담보하고, 결국 국가의 현대화를 이룰 수 있게 된다. 정치적 제도화의 정도는 네 가지 주요한 기준으로 판단된다. 즉, 적응성, 복잡성, 자주성, 그리고 응집성이다. 적응성은 주로 정치 시스템이 환경에 적응하는 능력과 생존 능력을 가리킨다. 복잡성은 완전하고 명확한 기능 시스템, 하위 조직과 고도의 전문화를 의미한다. 자주성은 정치조직과 절차가 기타 사회단체와 행위 방식에 대해 독립적으로 생존하는 정도를 가리킨다. 응집성은 정치 시스템 내의 성원이 반드시 기본적인 공통적 인식의 기초를 갖고 있어야 한다는 것을 말한다.

혁명과 국가의 자주성

스카치폴은 혁명과 국가이론 연구에 매우 중요한 공헌을 했다. 스카치폴은 주요 저작인《국가와 사회혁명: 프랑스, 러시아, 중국 혁명에 대한 비교 분석》(1979)과 후에 그녀가 편집한《국가로의 회귀》에서 '국가 중심주의' 연구 모델을 확립했다. 스카치폴의 연구는 국가를 독립적 행위 주체로 보고, 국가의 자주성과 국가 권력의 주요 개념을 수립했다.

틸리와 마찬가지로, 스카치폴도 배링턴 무어의 지도를 받았다. 그녀에 대한 무어의 사상적 영향은 매우 크다. 무어의 대표작은《독재와 민주주의의 사회적 기원》(1966)으로 지금까지 고전으로 인정받고 있으며, 그로 인해 무어는 현대 역사사회학 연구의 시조로 여겨진다. 무어는 세계의 현대화에는 세 가지 형태가 있다고 보았다. 첫 번째는 영국, 프랑스, 미국의 민주주의 형태이다. 두 번째는 독일과 일본의 파시즘 형태이다. 세 번째는 중국과 러시아의 공산주의 형태이다. 무어가 답하고자 했던 문제는 국가들이 왜 전혀 다른 현대화 경로를 거쳤는가이다. 무어가 생각한 가장 중요한 원인은 농업의 상업화 정도이다. 몰락한 계급인 농민이 무어의 이론에서 왜 중요하게 여겨졌을까? 핵심은 농민의 수가 매우 많기 때문이다. 그들은 민주주의를 지지할 수도, 독재를 지지할 수도 있다. 그들의 정치적 취향이 국가의 정치적 방향과 사회의 발전에 중요한 영향을 미쳤다. 농업이 완전히 상업화되면 국가는 민주주의로 향한다. 영국이 민주주의 노선을 가게 된 이유는 농업의 완전한 상업화 때문으로, 농민이 노동자로 전환되어 민주주의 세력이 크게 늘어났기 때문이다. 농업이 반상업화되면 국가는 파시즘으로 향한다. 일본은 메이지 유신 이후, 지주는 자본가가 되었지만 농민은 노동자가 되지 못했다. 농민 반란은 자본가를 독재와 파시즘으로 이끌었다. 농업의 상업화 정도가 매우 낮으면 국가는 혁명으로 향한다. 현대화 과정에서 중국의 농업은 상업화 정도가 가장 낮았고,

지주도 자본가가 되지 못했으며, 농민도 노동자가 되지 못한 상태에서 서양이 침략했다. 어떠한 실질적 개혁도 없었고, 결국 혁명의 길로 향했다.[7]

국가의 현대화 경로에 대한 무어의 분석은 스카치폴에게 중요한 영향을 주었다. 스카치폴은《국가와 사회혁명: 프랑스, 러시아, 중국 혁명에 대한 비교 분석》에서 프랑스, 러시아, 중국에서 발생한 혁명의 원인 및 혁명 위기 이후 혁명 모델의 차이를 분석했다. 스카치폴은 주로 구조적 요인 속에서 원인을 찾았고, 그 구조적 요인에는 다음과 같은 것이 포함되어 있다. 즉, 국가와 국가 간의 경쟁, 국가와 상층 엘리트 간의 모순, 그리고 농민의 단결 정도와 자주화 수준이다.

스카치폴에 의하면, 혁명은 발생한 것이지 창조된 것이 아니다. 그렇다면 혁명은 왜 발생했는가? 스카치폴은 국가가 전쟁에 직면하게 되었을 때, 전통 국가가 붕괴되었기 때문이라고 생각했다. 전통 국가의 붕괴 원인은 전쟁에서 실패했기 때문이다. 즉, 전쟁 전의 준비이든 전쟁 후의 복구이든 그것이 실패했기 때문이다. 그러한 국가들이 세금을 올리면, 사회 구조적 요소들 간의 상호 작용이 일어나 혁명이 일어나게 된다. 그렇다면 왜 국가의 혁명 위기 후에 서로 다른 혁명 모델이 생겨나고 다양한 혁명 결과가 초래될까? 스카치폴은 그 원인이 구조적 요인에 있다고 생각했다. 가장 중요한 원인은 각국의 전통 사회의 조직 모델의 차이와 국가가 처한 국제적 환경의 차이이다. 스카치폴은 다음과 같이 말했다. "혁명적 위기가 나타난 후, 프랑스와 러시아에서는 대규모의 폭동이 출현했지만, 중국에서 출현하지 않은 이유는 프랑스와 러시아 농민의 자치 전통과 조직 능력 때문으로, 지주 등 상층계급이 그들의 생산과 일상을 직접 관리하지 못했기 때문이다. 그러나 중국은 공동체의 자치 전통이 결여되어 있

---

7   趙鼎新,《社會與政治運動講義》, 社會科學文獻出版社, 2006, pp. 97-102.

고, 농민에 대한 지주 계급의 직접적 통제력이 강해서 황제의 통치가 무너진 후에도 농민들이 대규모의 폭동을 일으킬 수 없었다. 그러한 상황은 중국공산당이 농촌에서 조직화될 때까지 계속되었다."[8]

스카치폴은 무어의 역사사회학적 분석 방법을 계승했을 뿐만 아니라, 국가마다 다른 농업 조직 모델 등도 고찰했다. 그러나 무어와 달리, 스카치폴은 상대적으로 독립된 국가의 구조를 강조했다. 즉, 그녀는 국가의 자주성을 강조했다. 스카치폴은 국가는 사회에서 획득한 자원을 분배하는 조직으로서, 행정 조직과 강제 조직이 국가 권력의 토대라고 생각했다. "국가를 행정과 강제를 기초로 한 조직 시스템이라고 본다면, 국가는 언제라도 지배 계급의 직접적 통제에서 벗어날 수 있는 잠재적 자주성을 갖는다."[9] 다른 사람과 함께 쓴《국가로의 회귀》에서 스카치폴은 국가의 자주성을 한층 더 강조했다. "특정 영토와 인민에 대한 통제권을 주장하는 조직으로서 국가는 단순히 사회집단, 계급 또는 공동체의 요구와 이익을 반영하는 목적을 확립하고 추구하는 것만은 아니다. 그것을 보통 '국가의 자주성(state autonomy)'이라고 한다. 국가가 그것을 실현하는 것을 목표로 삼아야만, 중요한 행위자로 볼 수 있다."[10]

국가 기능의 범위와 국가 능력의 건설

후쿠야마의 국가 건설 이론은 국가 능력의 향상 문제를 다루었다. 후쿠야마는 헌팅턴의 지도를 받았고, 헌팅턴의 관점을 계승하여 현대 신생 국가가 정치적 혼란에 빠지는 이유를 국가 능력의 부족 때문이라고 보았다.

---

8 〔美〕西達·斯考切波,《國家與社會革命: 對法國, 俄國和中國的比較分析》, 何俊志·王學東譯, 上海人民出版社, 2007, 序文.

9 위의 책, 序文.

10 〔美〕彼得·埃文斯等編著,《找回國家》, 東方維等譯, 三聯書店, 2009, p. 10.

그러므로 그들 국가는 무엇보다도 국가 능력을 향상시켜 질서를 유지해야 한다. 후쿠야마는 많은 제3세계 국가의 정부가 약하고 무능하다고 생각했다. 그들의 정부 개혁이 국가의 기능을 축소하면 국가의 능력은 약화되고, 매우 심각한 결과를 낳았다는 것이다. 그러므로 그들 국가에게는 작으면서도 강한 국가를 세우는 문제가 매우 중요하다. "국가 건설의 기술이 국가 역량의 핵심 요소가 되었고, 그 중요성은 전통적 군사력을 사용하여 세계 질서를 보호하는 능력과 다름없다."[11]

1992년 출간한 《역사의 종말》이란 책은 강렬한 반향을 일으켰으며, 여러 나라의 언어로 번역되어 전 세계에 널리 보급되었다. 후쿠야마는 심리학적 의미에서 인류 최고의 욕구, 즉 '인정' 욕구로부터 출발하여, 자유민주주의 제도가 형식적으로 모든 사람의 인정 욕구를 만족시킬 수 있다고 보았다. 그에 의하면, 논리적으로 역사는 냉전이 종식된 후 종결된 것이 아니라, 프랑스 혁명과 미국 혁명 이후에 종결되었다. 그때 자유민주주의 제도가 확립되었기 때문이다.

2004년 출간한 《강한 국가의 조건》이라는 책에서, 후쿠야마는 자신의 국가 건설 사상을 체계적으로 설명했다. "국가 건설은 현재 국제 사회의 가장 중요한 명제 중 하나이다. 약하고 무능한 국가나 실패 국가는 이미 오늘날 (빈곤, 에이즈, 마약 등에서부터 테러리즘에 이르는) 심각한 문제들의 근원이기 때문이다."[12] 후쿠야마는 국가 기능의 범위가 지나치게 넓으면, 국가 능력의 감소를 초래할 수 있으며, 개발도상국이 정치 개혁 과정에서 국가 질서의 혼란과 경제적 쇠퇴를 겪게 되는 이유는 정부 기능의 축소와 동시에 정부의 능력이 감소되었기 때문이라고 생각했다. 국가 건설은 정

---

11 〔美〕弗朗西斯·福山, 앞의 책(2007), p. 116.

12 위의 책, p. 1.

부의 기능을 축소시키면서도, 정부 역량의 강도는 확대하는 것이다. 후쿠야마에게 있어서, "가장 좋은 개혁 노선은 정부 기능의 범위를 축소하는 동시에, 국가 역량의 강도를 높이는 것이다."[13]

《역사의 종말》로부터《강한 국가의 조건》에 이르기까지 후쿠야마의 관심은 달라졌다. 전자는 냉전이 곧 종식될 때의 작품이었고, 자유와 민주가 역사적 발전 방향이라는 점을 강조한 책이었다. 후자는 제3세계 국가의 내전에 주목한 것으로, 그는 책에서 그들 국가의 가장 중요한 임무가 국가 능력의 향상이라고 강조했다. 후쿠야마는 자유민주주의 제도는 인류 역사의 종결을 나타내지만, 제3세계 국가의 국가 능력이 비교적 약하면, 정치질서에 혼란이 야기되고, 민주주의가 쇠퇴한다고 생각했다. 그러므로 민주주의의 전제 조건은 국가 능력의 건설이라고 생각했다.

4) 현대 국가 건설의 내용

국가 건설은 주로 현대 민족 국가와 현대 민주 국가의 수립과정이다. 그 과정은 국가의 능력, 국가의 자주성, 그리고 국가의 정당성 문제를 포괄한다. 현대 국가는 사회의 치안을 유지할 수 있는 능력이 있어야 하고, 전문적 관료 기구로써 관리하고, 세금을 거두어야 한다. 국가는 모든 이익 단체들을 초월해야 하고, 모든 사람에게 공공재를 제공해야 하며, 합법적 제도와 수단을 안정적으로 획득해야 한다.

현대 국가 건설의 내용을 정리하면 다음과 같다. 첫째, 현대 국가 건설은 일정한 영토 범위 내에서 이루어져야 한다. 국가는 폭력을 합법적으로 사용할 수 있는 권력을 갖는다. 중세 봉건 제도하에서 국왕의 권력은 그

---

13 위의 책, p. 16.

다지 크지 않았고, 자신의 영토 내에서도 폭력을 사용할 수 있는 권리를 전유하지 못했다. 두 가지 중요 세력이 국왕의 권력을 제약했다. 하나는 봉건 영주이다. 봉건 영주는 자신의 영토 안에서 고도의 자치권을 갖고 있어서 국왕은 봉건 영주를 초월한 절대적 권력을 갖지 못했다. 그러므로 국가 내부에 비교적 많은 자주적인 정치적 실체가 존재했다. 국가 권력은 사실상 파편화되어 있었다. 국왕의 권력을 제한하는 두 번째 세력은 로마 교회였다. 중세 로마 교황의 권력은 매우 커서 국왕의 권력에 대한 커다란 도전이었다. 교황과 국왕의 갈등이 매우 격렬했을 때에, 교황이 승리하면 국왕은 교회에서의 신분을 빼앗겨 이교도가 되었다. 국왕이 승리하면 교황을 몰아내고 새로운 교황을 세웠다.

14세기와 15세기에 시작된 서유럽의 현대 국가 건설 과정에서, 전쟁을 통해 국가는 19세기 말 점차 폭력의 절대적 전유자가 되었고, 서유럽 국가들은 중앙에 충성하는 전문화된 상설 기구와 관리들을 갖게 되었다. 중앙 정부는 강대한 통치력과 권한을 갖게 되었고, 국가는 폭력의 사용을 전유하게 되었으며, 강제력을 이용해 중앙 권력에 대한 지방 권력의 도전을 물리치고, 국가 내부에서 공동의 문화적 정체성을 형성했다.

둘째, 현대의 국가 건설은 국가의 자주성의 제고를 의미한다. 자주성은 일찍이 학자들에 의해 깊이 있게 연구되었다. 헌팅턴은 자주성 여부가 정치 공동체의 제도화를 가늠하는 중요한 기준이라고 생각했다. "자주성에 대해서 말하자면, 정치 제도화는 어떤 특정 사회집단의 이익을 대표하는 정치조직과 정치과정의 발전을 의미하는 것이 아니다. 어떤 특정 사회집단―가정, 종교, 계급―의 도구로 기능하는 정치 조직은 자주성과 제도화를 얘기할 수 없다." "사법기관의 독립성은 그것이 준수하는 특유의 사법 규칙으로 나타나고, 그 관념과 행위에 있어서 다른 기구와 사회집단의 관념과 행위에 의해 좌우되지 않는 것으로 표현된다. 정치 기구의 자주성을 가늠하려면 다른 기구와 사회 세력의 이익과 가치가 구별되는지를 보아야 한다."[14]

틸리는《서유럽 민족 국가의 형성》에서 현대 민족 국가의 요소에 대해 상세히 분석하면서, 국가의 자주성이 핵심 요소라고 보았다. 틸리는 국가의 자주성 개념에 대해 헌팅턴의 관점을 계승했다. 그는 국가의 자주성은 국가가 사회를 초월하는 권력으로서 국가가 공공 이익과 공공 의지를 대표하고, 각종 개인과 집단의 이익을 초월하는 것이라고 생각했다. 스카치폴 등 국가 건설 이론을 주장하는 학자들은 기본적으로 국가의 자주성이 현대 국가의 주요한 특징이라고 생각했다. 국가의 자주성을 높이려면 국가와 사회를 명확하게 구분해야 한다. 국가 권력이 팽창하면 사회 영역에 과도하게 침입하게 되고, 국가와 사회 간의 경계가 무너져 국가의 자주성이 영향을 받는다. 독일의 저명한 정치학자이며 법학자인 카를 슈미트(C. Schmitt)는 국가의 기본 조건은 국가와 시민 사회의 명확한 구분이라고 보았다. 그러한 구분이 존재하지 않게 되면, 국가의 간섭 범위가 '정치' 영역을 넘어서게 되고, 순수한 정치적 문제들만을 처리하는 것이 아니라, 사회 영역에까지 침투하게 되어 국가의 자주성과 독립성은 사라지고 만다.[15]

셋째, 현대 국가의 건설은 국가 능력의 향상을 의미한다. 국가 능력은 주로 국가가 정책을 집행하고 관철시킬 수 있는 능력을 말한다. 국가 건설 연구자들은 기본적으로 국가 능력의 건설이 민주주의의 건설보다 우선하며, 국가 능력이 민주주의 수립의 전제 조건이라고 본다. 그러므로 헌팅턴은 개발도상국의 우선적 임무는 안정적 정치질서를 수립하는 것이라고 보았다. 틸리는 약소국가가 민주주의로 가는 길은 매우 느리고 불완

---

14 〔美〕塞繆爾·亨廷頓, 《變化社會中的政治秩序》, 王冠華等譯, 上海人民出版社, 2008, p. 16.
15 李强, 〈從現代國家構建的視角看行政管理體制改革〉, 《中共中央黨校學報》, 2008年 第3期.

전하다고 보았다. 그것은 강한 국가가 현대 민주주의의 전제 조건이라는 것을 암시한다. 후쿠야마는 지금까지 많은 사람들이 민주주의에 대해 실망한 이유는 사상 때문이 아니라, 실천 때문이라고 생각했다. "민주주의의 실패는 개념이 아니라 실천에서 이루어진다. 세계의 많은 사람들이 그러한 사회를 이룬다. 정부가 책임을 지고 효율적이면 민중은 때에 맞는 효과적 서비스를 원한다. 그러나 겨우 몇몇 정부만이 그것을 제공할 수 있는데, 그것은 쇠약한 제도, 부패, 능력 결핍 때문이거나, 심지어는 아예 그런 것들이 존재하지 않기 때문이다."[16] 그러므로 민주주의 전제 조건은 국가 능력의 건설이다.

마이클 만(M. Mann)은 국가 권력을 '독재적 권력(despotic power)'과 '기초적 권력(infrastructural power)'로 나누었다. 독재적 권력은 국가 엘리트가 서열화, 제도화되어 시민 사회의 각 집단과 흥정할 필요가 없는 상황에서 스스로 행동하는 범위를 가리킨다. 기초적 권력은 국가가 시민 사회에 침투하여, 영토 내에서 효과적으로 정치적 정책 결정 능력을 관철시키는 것을 말한다. 그중에서도 국가의 기초적 권력이야말로 국가 능력이다. 그러므로 국가의 독재적 권력을 약화시키고, 국가의 기초적 능력을 강화시켜야 국가 능력이 높아진다.[17]

넷째, 현대 국가의 건설은 민주주의를 통해 국가의 정당성을 확보하는 것을 의미한다. 현대 국가 건설 연구자들은 특히 국가 질서와 국가 능력을 강조한다. 그러나 그와 동시에 그들은 민주주의를 매우 중시한다. 헌팅턴은 《제3의 물결: 20년 후의 미래》에서 다음과 같이 말했다. "과거 이와 같

---

16 〔美〕弗朗西斯·福山, 앞의 책(2012), p. 11.
17 李强, 〈國家能力與國家權力的悖論: 兼評王紹光, 胡鞍鋼'中國國家能力報告'〉, http://www. chian-review.com/sao.asp?id=3399.

은 연구, 즉《사회 변화 중의 정치질서》는 정치적 안정에 중점을 두었다. 그 책을 쓴 이유는 정치질서가 좋은 것이라고 생각했기 때문이다. 목적은 정치적 안정이 이루어지는 원인, 방식, 조건을 밝히는 것이었다. 지금의 연구 중점은 민주화에 있다. 이 책을 쓴 이유는 민주주의가 좋은 것이라고 믿기 때문이다. 또한 1장에서 밝힌 것처럼, 개인의 자유, 국내의 안정, 국제적 평화, 그리고 미국에 대해 긍정적인 영향을 미치기 때문이다."[18] 2011년 출간한《정치질서의 기원》에서 후쿠야마는 효과적 정치질서는 국가 건설, 법치, 책임제 정부라는 세 가지 요소와 불가분의 관계에 있다고 주장했다. 국가의 기능은 권력을 집중적으로 행사하여, 시민이 법을 지키도록 하고, 타국의 위협으로부터 스스로를 보호하는 것이다. 다른 한편, 법치와 책임제 정부는 국가 권력을 제약하며, 국가가 공개되고 투명한 규칙에 따라 권력을 행사하도록 하고, 국가가 민중의 염원을 따르도록 한다. 후쿠야마는 다음과 같이 생각했다. "성공한 현대 자유민주주의 제도는 이 세 가지 제도가 안정된 균형을 이루도록 결합시킨다. 그러한 균형을 이루는 것이야말로 현대 정치의 기적이다."[19]

틸리는 민주주의는 우연적이지만, 그렇다고 민주주의가 중요하지 않다는 의미는 아니라고 생각했다. 사실 틸리는 후기 저작에서 민주주의를 매우 중시했다. 틸리는 국가 능력의 건설이 민족 건설에 한정되어야 한다고 강조했지만, 또한 안정적 민주주의가 오히려 국가 능력을 향상시킬 수 있다고 생각했다.

---

18 〔美〕塞繆爾·亨廷頓,《第三波: 20世紀後期民主化浪潮》, 劉軍寧譯, 上海三聯書店, 1998, p. 3.
19 〔美〕弗朗西斯·福山, 앞의 책(2012), p. 16.

3. 국가와 경제발전

국가와 경제발전 간의 관계는 국가 건설 이론의 중점 이슈이다. 초기의
국가 건설 이론 연구자들이 주로 관심을 가졌던 이슈는, 경제발전이 민주
정치의 발전을 촉진하는가였다. 후에 동아시아 경제발전을 연구하는 학
자들은 국가의 관점에서 동아시아 경제발전을 살펴보고자 했다. 그들은
동아시아의 경제발전은 정부의 강력한 추동에 기인한다고 생각했다.

1) 경제발전은 민주 정치의 발전을 촉진한다

아리스토텔레스는《정치학》에서 중산층이 정치안정과 좋은 정체를 유지
하는 중요한 세력이라고 보았다. 그는 공화정을 현실에서 가장 좋은 정체
로 묘사했다. 그는 공화정이 중산층을 몸으로 하고, 민주제(빈자 주도)와
과두제(부자 주도)의 바람직한 요소를 섞은 것으로, 현실 속에서 가장 장기
적으로 안정을 유지할 수 있는 정체라고 보았다. 1959년, 립셋(S. Lipset)
이 발표한《민주주의의 사회적 선결 조건: 경제발전과 정치의 정당성》에
의하면, 경제발전과 민주 정치의 발전 사이에는 매우 강한 긍정적 상관
관계가 있으며, 경제적 현대화는 민주주의를 위한 필요조건이라고 보았
다. 립셋은 경제가 발전함에 따라 중산 계층이 성장하는데, 민주주의에
대한 그들의 요구가 민주적 전환을 촉진한다고 생각했다. 그러므로 민주
정치의 발전을 촉진시키기 위한 가장 좋은 방법은 경제적 발전을 촉진시
키는 것이다. 립셋은 유럽과 라틴아메리카의 48개 국가에 대해 정치문화
를 배제하고 두 개의 그룹으로 나누었다. 28개의 유럽 국가와 영어를 사
용하는 국가, 20개의 라틴아메리카 국가들을 대상으로 했다. 첫 번째 그
룹에서 13개 안정적인 민주 국가의 1인당 평균 소득은 15개 불안정한 민

주 국가와 독재 국가의 2배였다. 라틴아메리카 국가 그룹에서, 모든 국가의 1인당 평균 소득이 첫 번째 그룹보다 적었다. 그러나 7개의 민주 국가와 불안정한 독재 국가의 1인당 평균 소득은 13개의 안정적인 독재 국가의 40%를 넘었다. 립셋의 연구는 사회경제적으로 발달한 국가일수록, 오랫동안 민주주의를 수립할 수 있고, 중산 계층의 규모가 민주주의 공고화에 대해 의미가 크다는 것을 보여준다.

헌팅턴도 경제발전과 민주 정치 간에 상관성이 있다고 생각했다. 헌팅턴(1998)은 일련의 데이터를 통해 경제발전 수준과 민주주의의 상관성을 증명하고자 했다. 1989년 세계은행은 1인당 평균 소득 6010달러(스페인)부터 2만 1330달러 사이인 24개 국가를 고소득 국가로 분류했다. 그중 3개의 석유 수출국은 비민주주의 제도였고, 나머지는 싱가포르를 제외하고는 민주주의 국가였다. 그와 대조적으로, 세계은행이 분류한 빈곤한 42개 국가(1인당 평균 소득 130~450달러) 중, 오직 두 개의 국가(인도, 스리랑카)만이 광범위한 민주주의를 경험했다. 나머지 53개의 중위소득 국가(1인당 평균 소득 520~5810달러) 중에서 23개 국가만이 민주주의 국가였고, 25개 국가는 비민주주의 국가였으며, 5개 국가는 민주주의 제도로 전환 중이었다. 이를 통해, 헌팅턴은 경제발전이 정치 민주화에 대해 긍정적인 작용을 한다고 확신했다. 《제3의 물결》에서 헌팅턴은 다음과 같이 지적했다. "민주주의를 수립하고 싶다면, 경제를 성장시켜야 한다."[20] 헌팅턴은 경제발전은 최소한 다섯 가지 측면에서 민주 정치의 발전에 유리하다고 보았다. 첫째, 경제발전을 위해서는 고도의 도시화, 문자식별률, 교육 수준이 필요하다. 교육 수준이 높아짐에 따라, 중산 계층과 도시 노동자가 노동조합, 정당, 시민단체 등을 조직하여 그들의 이익을 증진시킬 수

---

20 〔美〕塞繆爾·亨廷頓, 앞의 책(1998), p. 4.

있게 된다. 둘째, 경제발전으로 더 많은 공적 자원과 개인 자원이 각 집단에 배분됨으로써 정치는 더 이상 너 죽고 나 사는 제로섬 게임이 아니게 된다. 셋째, 경제성장으로 경제 시스템이 더 복잡해진다. 그런 경제는 국가의 통제를 받기 어렵다. 넷째, 경제에 대한 국가의 통제가 느슨해지면, 독립된 권력 중심이 만들어지고 성장하게 된다. 다섯째, 경제성장은 단기적으로는 수입의 불평등을 가중시키지만, 장기적으로는 보다 평등한 수입의 배분을 유발시킨다. 민주 정치와 거대한 불평등은 함께 할 수 없다. 경제성장은 불평등을 낮추므로 민주주의의 출현을 촉진시킨다.

2) 경제발전과 민주화는 필연적 상관성이 없다

제2차 세계대전 종식 이후 30년 동안, 많은 국가가 권위주의 체제하에서 경제성장을 이루었다. 그로 인해 점점 더 많은 학자들이 경제발전 수준과 민주주의 간의 필연적 상관성에 대해 의구심을 갖기 시작했다.

아담 쉐보르스키(A. Przeworski)는 민주화를 가져오는 원인이 여러 가지라고 생각했으나, 경제가 비교적 발전한 국가에서 민주화가 이루어진다면 공고화되기 쉽다고 생각했다. 가난한 국가와 부유한 국가에서 모두 민주주의가 출현할 수 있지만, 경제발전 수준이 높은 국가에서 민주주의가 살아남을 가능성이 더 높다고 보았다. 그는 135개 국가의 40년간의 데이터를 조사하여, 경제발전 수준이 높아져도 독재 정권으로부터 민주 정권으로 전환될 확률이 반드시 높아지는 것은 아니라는 점을 발견했다. 그러나 이미 민주주의 제도가 수립된 국가에서의 경제발전은 민주주의의 공고화에 유리하다. 즉, 경제발전은 반드시 민주화를 결과하는 것은 아니지만, 민주화가 되면 경제발전은 민주주의 제도의 존속에 더 유리하다.[21]

오도넬(G. O'Donnell)은 민주주의와 경제발전이 곡선 관계라고 생각했다. 초기에는 정비례했다가 장기적으로는 반비례 관계를 보인다.[22] 필립 슈미터(P. C. Schmitter)는 민주화를 위해 반드시 경제 및 사회적 조건이 필요한 것은 아니며, 결정적 작용을 하는 것은 경영의 상호 작용과 전략적 선택 과정이라고 생각했다. 바바라 게디스(B. Geddes)는 경제가 발전한 국가에서 민주주의가 발생하기 쉽고, 권위주의 국가로의 전환은 종종 경제가 쇠퇴하는 시기에 일어난다고 보았다.[23] 발레리 번스(V. Bunce)는 소련 해체 이후 국가의 민주화에 대한 분석을 통해, 경제발전이 반드시 민주주의의 발전을 촉진시키는 것은 아니지만, 부유한 과거 사회주의 국가는 대부분 민주적 제도가 정착되었고, 가난한 과거 사회주의 국가는 민주주의가 결여되거나 독재 체제로 전환했다는 점을 발견했다. 또한 사회주의 시대에 가장 부유한 국가는 이미 민주주의 국가 대열로 들어섰지만, 그 지역에서 가장 가난한 국가였던 알바니아와 키르기스스탄은 최근 몇 년 사이에 민주주의에서 이탈하고 있다.[24]

학자들은 경제발전이 반드시 민주적 발전을 가져온다는 점은 부인하지만, 기본적으로 그들은 이미 민주주의로 전환한 국가들 중에서 경제발전이 민주주의의 공고화에 이롭다고 생각한다. 기본적으로 대량의 통계 데이터를 바탕으로 한 그들의 분석은 강한 설득력을 갖고 있지만, 결점

21 Adam Przeworski and Fernando Limongi, "Modernization: Theories and Facts," *World Politics*, Vol. 49, No. 2, 1997, pp. 155-183.

22 〔美〕吉列爾·莫奧唐奈, 〔意〕菲利普·施密特, 《威權政治的轉型》, 景威·柴紹錦譯, 新星出版社, 2002, p. 103.

23 Barbara Geddes, "What Do We Know about Democratization after Twenty Years," *Annual Review of Political Science*, 2, 1999.

24 Valerie Bunce, "Comparative Democratization: Big and Bounded Generalization," *Comparative Political Studies*, Vol. 33, No. 6, 2000, pp. 703-734.

도 갖고 있다. 그들의 연구가 경제발전이 반드시 민주화로 이어지지 않는다는 점에 대해서는 믿을 만하게 설명했지만, 어떤 요인에 의해 경제발전 이후 정치적 전환을 초래하지 않는지에 대한 답을 주지는 못했다. 바꿔 말하자면, 도대체 어떤 요인에 의해 권위주의 정권이 경제발전을 했으면서도, 자신의 권력을 공고하게 할 수 있는지를 설명해주지 못했다. 그러한 질문은 권위주의 국가의 정치 엘리트가 권위주의를 유지할 것인가 아니면 민주주의로 전환할 것인가에 대해 매우 중요한 의의가 있다.

3) 경제발전의 정치적 원인

1960년대부터, 일본, 한국, 싱가포르 등 국가에서 경제발전이 매우 빠르게 이루어졌다. 일본은 1960년대와 1970년대에 발전하기 시작하여 1980년대에는 선진국 대열에 진입했다. 한국의 경제는 1965년부터 1990년까지 연평균 성장률이 9.98%에 이르렀고, 싱가포르는 1960년대에 1인당 평균 소득이 435달러의 빈곤한 국가였는데, 1989년 1인당 평균 소득이 1만 249달러에 이르는 신흥 공업국가로 매우 빠르게 성장했다.

1980년대 이후 학자들은 동아시아의 '경제적 기적'을 연구하기 시작했다. 도대체 어떤 이유로 동아시아에 기적이 일어난 것일까. 경제학자 프리드먼(M. Friedman)은 동아시아 경제체가 성공한 이유는 시장경제 체제, 특히 금융과 무역 시장의 자유화 때문이라고 생각했다. 즉, 실용적인 환율과 외국 상품에 대한 지역 경제의 개방, 수입 자유화와 관세 삭감으로 수출이 증가했다는 것이다.

동아시아 경제의 기적에 대한 또 다른 설명은 정치학자로부터 나왔다. 그것을 '국가 주도론'이라고 부른다. 암스덴(A. Amsden)과 웨이드(R. Wade) 등의 학자는 동아시아 경제체가 경제발전을 시작한 초기에는 시장이 발달하지 않았거나 불완전하여, 정부가 강한 행정 수단을 동원할 필요가 있었으며, 경제 수단뿐만 아니라 발달하지 못하고 불완전하거나 효율성 없는 시장 기제를 대신해 각종 수단을 사용하여 기업의 재산권 귀속, 정책 결정, 경영에 간섭하고, 인위적으로 시장을 배양, 조직하여 자원의 합리적 배치와 효과적 운용을 실현하여 빠르게 경제를 성장시킬 필요가 있었다고 생각했다.[25] '국가 주도론'은 정치적 원인에서 동아시아 경제발전과 번영의 원인을 찾은 것으로, 경제발전 초기에서의 정부의 작용을 지적했다. 시장의 자율적 발전이 이루어지지 않거나, 시장이 불완전하여 생긴 거대한 후발 비용(주로 후발 제도 비용)에 대해 정부가 간섭하거나 보완하는 등의 정부 작용은 매우 적은 비용으로 경제의 고속 발전이 이루어지도록 하여, 개발도상국에게 유리한 조건을 조성했다. 그렇다면 어떠한 국가가 경제발전을 할 수 있는가? 마이클 데이비스(M. Davis)가 지적했듯이, 경제발전 초기에 적합한 경제정책이 핵심이다. 적합한 경제정책을 제정할 수 있다면, 권위주의 국가는 경제발전을 촉진할 수 있다. '동아시아의 기적'은 적합한 경제정책을 채택했기 때문에 이루어졌다.

그러나 경제의 발전은 복잡한 사회경제 구조와 단계를 초래할 수 있고, 계속된 경제적 번영은 반드시 경제의 지속적 발전을 위한 질서, 신뢰, 그리고 참여민주주의에 의해 뒷받침되어야 한다.[26] 간단히 말하자면, 경제발전 초기에는 권위주의 체제가 필요하지만, 경제발전이 어느 정도 수준에 이르게 되면 권위주의 체체는 경제발전의 장애 요인으로 작용하고,

---

25 A. H. Amsden, *Asia's Next Giant: South Korea and Late Industrialization*, Oxford University Press, 1989 ; R. Wade, *Governing the Market: Economic Theory and the Role of Government in East Asian Industrialization*, New Jersey, Princeton : Princeton University Press, 1990.

26 Michael C. Davis, "The Price of Rights : Constitutionalism and East Asian Economics Development," *Human Rights Quarterly*, Vol. 20, No. 2, May 1998, pp. 303-337.

경제의 지속적이고 안정적인 발전을 위해서 반드시 민주주의 제도가 수립되어야 한다.

4. 중국적 맥락에서의 현대 국가 건설

1) 현대 국가 건설의 두 가지 얼굴

현대 국가 건설에는 여러 가지 경로가 있다. 잘스 틸리가 논의한 문제의 출발점은 현대적 의미에서의 서유럽 민족 국가의 성장과 특징이었다. 서유럽 민족 국가의 건설과정에서는 전쟁이 큰 역할을 했으며, 전쟁이 현대 관료 제도와 징세 제도의 성립을 촉진하여 국가의 능력을 제고시켰다. 미국의 국가 건설 과정은 서유럽과 다르다. 중국의 국가 건설 과정도 서유럽과 완전히 다르다. 중국 학자들이 서유럽 민족 국가 건설 과정에서 국가 능력을 국가 건설의 유일한 요소라고 생각하는 것은 편견이다.

서유럽 현대 국가 건설 과정에서 출현한 국가를 민족 국가라고 명명한 기든스는 현대 민족 국가의 정치발전이 쌍방향으로 나타난다고 보았다. 하나는 민주주의 정치로 향하는 과정이고, 또 다른 하나는 시민 사회에 대한 감시를 강화하는 과정이다. 전자를 통해 시민권이 보장받고 실현된다면, 후자를 통해 시민에 대한 권리가 침해당한다. 기든스에 의하면, 현대 민족 국가의 탄생에 수반된 것은 끝임없는 전쟁이며, 전쟁은 대내적으로 국가 전체의 힘을 동원하여 전체 국민이 전쟁에 참여하도록 한다. 국민에 대해 국가가 고도로 의존함에 따라, 유럽 국가들에서 노동계급의 국내 정치적 지위는 향상되었고, 유럽 국가의 민주주의가 발전되었다. 또한 기든스는 민족 국가에는 여러 폐단이 있음을 지적했다. 우선, 민족 국가는 강한 감시 능력을 갖고 있어 시민권을 침해한다. 민족 국가의 "행정력이 오늘날 세세한 일상생활에까지 침투하고, 점점 더 개인의 사생활과 인간관계에까지 개입한다. 정보를 보존, 조사, 전파하는 전자 방식이 점점 더 이 시대에 침투하고 있다". 다음으로, 민족 국가는 전체주의 경향과 군사 확장의 경향을 갖는다. 민족 국가에서 "감시와 치안을 결합한 정치적 박해에 대해 그린 라이트가 켜지면, 전체주의로 향하는 길로 가게 된다".[27]

현대 국가의 건설은 사실상 동전의 양면을 지닌다. 한편으로는 국가 능력을 강화하기 위해 광대한 국민에게 아름다운 생활에 필요한 사회질서와 공공 서비스를 제공하고, 다른 한편으로는 국가 권력에 대해 효과적 감독과 제약을 통해 국가 권력이 제대로 된 방향으로 행사되도록 해야 한다. 그 두 가지는 개발도상국의 현대 국가 건설 과정에서 없어서는 안 되는 것이다. 국가 건설 과정에서 국가는 멋대로 폭력을 행사해서는 안 된다. 강력한 거버넌스 능력이 없다면 국가는 내전이나 혼란에 빠질 것이다. 지금의 시리아처럼, 국가에 효과적 거버넌스 능력이 결여되어 있다면, 국가에 내전이 일어나게 되고 국민은 살 곳을 잃게 되며 생활이 비참해진다. 또한 국가가 폭력을 순화시키지 못하고, 국가 권력에 대해 효과적 감독과 제약을 하지 못한다면 안정적이고 질서 정연하며 효과적인 합법적 제도를 세울 수 없게 된다. 따라서 국가는 권위주의 심지어는 전제주의로 전락할 수 있고 장기적인 안정을 이룰 수 없게 된다. 오늘날 시리아에서 내전이 발생하고, 서방 국가들의 공격을 받고, 정부 자체도 정당성이 결여되어 있으며, 수시로 민중에게 폭력을 행사하는 것 또한 그것과 관계가 없다고 할 수 없다.

정리하자면, "현대 국가이론은 무정부 상태와 전체주의 상태 모두를

---

27 〔美〕安東尼·吉登斯,《民族-國家與暴力》, 胡宗澤·趙力濤譯, 三聯書店, 1998, pp. 359-360.

경계한다. 홉스식의 무정부 상태에 빠지는 것도 피하면서, 하이에크가 말한 '노예로의 길'도 피해야 한다. 그러한 요구에서 도출된 결론이 '강력한 법치 국가' 개념이다".[28] 현대의 국가 건설 과정에서 중국은 한편으로 현대 국가 거버넌스 체제와 국가 거버넌스 능력의 건설을 중시하여, 정부 개혁을 심도 있게 추진하고, 정부 기능을 명확히 하고, 국가가 강력하게 부국 부민 정책을 추진하며, 각종 이익집단의 방해를 받지 않도록 했다. 다른 한편으로 또한 정부 권력에 대해 제한하기 위해 법치 정부, 책임 정부의 건설을 추진하고, 국가감찰제도를 수립했다.

2) 중국 현대 국가 건설의 핵심 역량인 중국공산당

지금까지 중국은 현대 국가 거버넌스 체계를 구축하기 위해서 현실을 중시하고, 모든 것을 실제에서 출발하는 것을 견지해왔다. 현재 중국의 가장 큰 정치적 현실은 중국공산당의 집정이다. 중국공산당은 정부 거버넌스 과정을 선도하고, 그에 대한 책임을 맡고 있다. 그러므로 중국공산당을 먼저 고려해야 비로소 중국 정치와 정부의 운행 과정을 정확하게 이해하고 파악할 수 있다. 사실 중국을 연구하는 서양 연구자들은 중국공산당에 대해 관심이 많다. "페어뱅크, 슈왈츠, 쿤, 웨이크만, 스펜스 등은 중국 역사를 연구하면서 모두 중국공산당에 주목했고, 중국공산당의 역사적 위치와 의의에 대해 관심을 가졌다. 중국을 논하려면, 특히 현대 중국을 논하려면 공산당 혁명에 대한 연구를 빼놓을 수 없다는 것을 그들은 잘 알고 있었다. 더 중요한 것은 중국의 공산혁명이 20세기 전 세계 질서에 대한, 그리고 '서양'의 세계 통치에 대한 근본적 도전이라는 점이다. 그들

---

28 燕繼榮, 〈現代化與國家治理〉, 《學海》, 2015年 第2期.

은 그러한 도전의 역사적 기원과 방향을 어떻게 이해할 것인지와 인류의 운명에 대한 관심을 자신들의 사명으로 여겼다."[29]

중국공산당은 국가 거버넌스 체계 구축의 조직자이며 영도자이다. 그러므로 현대 국가 거버넌스 체계를 구축하기 위해 무엇보다도 당의 영도를 개선하고 강화해야 한다. 제18기 3중전회에서 전면적 심화 개혁을 위해 반드시 당의 영도력을 강화하여, 당이 모든 상황을 총괄하고, 각 부문 지도자의 핵심 작용이 조화를 이루도록 하며, 당의 영도 수준과 집정 능력을 제고시킬 것을 제의했다. 제18기 3중전회는 또한 당의 영도는 사회주의 법치에 대한 가장 근본적인 보장이며, 당의 영도를 의법치국의 전 과정과 각 방면에 관철시켜야 한다는 것을 강조했다. 국가 거버넌스 체계는 당이 영도하여 인민이 국가를 관리하도록 하는 제도 체계로서, 경제, 정치, 문화, 사회, 생태 문명과 당의 건설 등 각 영역의 체제, 기제 그리고 법률과 법규 제도를 모두 포괄한다. 즉, 전체가 긴밀히 상호 연관되어 있고, 상호 협조적인 국가 제도이다. 제19차 당대회 보고에서는 중국특색사회주의의 가장 본질적인 특징은 중국공산당의 영도이며, 중국특색사회주의 제도의 가장 큰 장점은 중국공산당의 영도이며, 당이 최고의 정치 영도 역량이라고 지적했다. 중국특색사회주의의 견지와 발전의 총 임무는 사회주의 현대화와 중화민족의 위대한 부흥이다. 전면적 소강 사회의 건설을 토대로 21세기 중엽 부강하고 민주적인 문명과 조화롭고 아름다운 사회주의 현대화 강국을 건설할 것이다.

공산당의 영도를 견지하기 위해서는 공산당의 영도와 다원적 거버넌스와의 관계를 잘 처리해야 한다. 중국에서 국가 거버넌스는 중국공산당의 영도 및 집정과 밀접한 관계가 있다. 중국공산당은 집정당이면서 영도

---

29 〔美〕孔飛力, 《中國現代國家的起源》, 陳兼·陳之宏譯, 三聯書店, 2013.

당이다. 그것은 중국의 정당 제도 및 정치운영의 가장 큰 특징이다. 개혁개방으로 인한 가장 큰 변화는 사회의 다원적 발전이다. 소유제 형태, 분배 방식, 취업 경로, 사회계층, 이익집단, 생활방식이 모두 사회적 전환 과정에서 다양한 발전 양태를 보였다. 변화하는 중국은 다원적 발전으로 활력이 넘쳤다. 결국, 경제, 사회, 문화 모두 다원적 발전 추세를 보였고, 전통적 당과 정부 조직 유형 이외에, 공유제 기업과 각종 사회조직이 빠르게 발전하여 사회 거버넌스의 중요 세력이 되었다. 어떻게 중국공산당의 영도와 집정 지위를 바꿀 것인가와 함께 민주당파, 각종 경제 조직 그리고 사회조직 세력들을 어떻게 충분히 활동하도록 할 것인가는 이론과 실천 모두에 있어서 매우 중요한 과제이다.

3) 국가 거버넌스 능력의 현대화

현대 국가 건설을 위해 먼저 해결해야 하는 것은 국가 거버넌스 능력이다. 즉, 사회질서를 유지하고, 경제발전을 촉진하면서, 기본적 공공 서비스를 제공하는 국가의 능력이다.

국가 능력을 키우기 위해서는 정부 기능을 명확하게 하고, 행정체제를 심화 개혁하며, 행정관리 방식을 혁신하고, 정부의 공신력과 집행력을 키우며, 법치 정부와 서비스형 정부를 건설할 필요가 있다. 제18기 3중전회에서 과학적이며 거시적인 조정, 효과적 정부 거버넌스가 사회주의 시장경제 체제의 내재적 요구라고 밝혔다. 제18기 4중전회에서는 법률의 생명력은 실시에 있으며, 법률의 권위도 실시에 있다고 밝혔다. 각급 정부는 반드시 당의 영도하에서 법 제도의 틀 안에서 업무를 추진해야 하고, 법 집행 체제를 혁신하고, 법 집행 절차를 개선하고, 종합적인 법 집행을 추진하고, 엄격하게 법에 의해 책임지고, 권한과 책임이 통일되고, 권위적이고 효율 높은 법에 의한 행정체제를 수립해야 하며, 과학적인 기능과 법에 따라 직책을 수행하고, 엄격하고 분명하게 법을 집행하고, 공정하고 공개적이며, 청렴하고 효율적이고, 법을 수호하면서 신뢰할 수 있는 법치 정부를 수립해야 한다. 그것을 위해, 다음과 같은 문제들을 반드시 중시 하고 탐구해야 한다. 첫째, 정부와 시장의 관계이다. 즉, 개발도상국이 경 제발전 과정에서 직면하는 문제와 그에 대한 정부의 역할을 탐구해야 한 다. 둘째, 행정을 간소화하고 권한을 하부 기관에 이양하는 것(簡政放權) 과 정부 능력과의 관계이다. 즉, 제한 정부와 효율 정부 간의 관계를 탐구 해야 한다. 셋째, 지금까지의 법치 정부 건설 과정에서 직면한 문제들 및 그 해결 방안을 탐구해야 한다. 넷째, 지금까지의 서비스형 정부 건설 과 정에서 직면한 문제와 그 해결 방안을 모색해야 한다.

정부 기능의 전환은 정부관리의 범위와 정부의 능력 문제를 포함한다. 프란시스 후쿠야마는 《강한 국가의 조건》에서 개발도상국이 정치 개혁 과정에서 국가 질서가 혼란해지고 경제적으로 쇠퇴하게 되는 주요한 이 유는 정부의 기능 범위를 축소함과 동시에, 정부의 능력이 감소되었기 때 문이라고 지적했다. 그는 국가 건설을 위해서는 정부의 기능을 축소하면 서, 동시에 정부의 힘의 강도를 증가시켜야 한다고 생각했다.

국가마다 역사와 발전 상황이 다르지만, 인류 사회는 공동의 발전 법칙 을 가지고 있다. 그렇지 않다면 사회과학은 존재 이유가 없다. 다른 나라 의 발전을 거울로 삼으면, 우리의 발전과정에서 조금은 덜 돌아서 갈 수 있다. 개발도상국에는 아프리카, 라틴아메리카, 아시아의 수많은 국가들 이 있는데, 그중 많은 국가들이 정치발전 과정에서 혼란을 겪었다. 헌팅 턴은 그 이유가 정치 참여와 그에 대한 요구가 정치 제도화의 수준을 넘 어섰기 때문이라고 보았다. 후쿠야마는 국가 거버넌스 능력에 있어서, 그 들 국가들이 정치발전 과정에서 정부 기능을 축소하면서 또한 정부의 능력을 축소시켰기 때문이라고 생각했다. 중국의 정부 개혁은 정부 기능의 전환을 강조하고, 시장과 사회가 더 큰 작용을 발휘하도록 해야 한다. 이러한 개혁 과정에서 후쿠야마의 가르침을 되새겨야 한다. 즉, 정부의 기능을 축소할 때 정부의 거버넌스 능력은 강화해야 한다.

국가 능력을 키우려면, 반드시 정부와 사회의 관계를 정확하게 설정해야 하고, 정치와 사회를 분리시켜야 하며, 사회조직의 권한과 책임을 분명히 하고, 법에 의한 자치가 이루어지도록 해야 한다. 사회조직이 제공할 수 있는 공공 서비스와 해결할 수 있는 사항은 사회조직에게 맡겨야 한다. 모든 것을 관리하려고 한다면 정부의 효율성은 분명 떨어질 것이다. 능력 있는 정부는 제한 정부이다. 그러므로 국가 능력을 키우기 위해서는 반드시 협동 거버넌스를 실현해야 하고, 동원할 수 있는 모든 세력이 사회 거버넌스에 참여하도록 해야 한다. 효과적 사회 거버넌스는 전 사회의 공동 노력과 행동으로 이루어진다. 당 위원회의 영도 작용을 강화하고, 정부가 주도적 역할을 할 수 있도록 하려면 사회 각 방면의 참여를 장려하여 전통적 사회관리로부터 시대에 맞는 사회 거버넌스로 나아가야 한다.

4) 민주적 정치의 심화 및 추진

국가 건설 초기에는 국가 능력과 민주주의 건설이 일치하지 않더라도, 장기적으로 보면 안정적 민주 정치는 국가 능력의 기초이다. 오늘날 민주주의는 국가와 정부가 정치적 정당성을 획득하는 가장 주요한 원천이고, 민주주의의 추진은 정치, 경제, 사회 모든 방면에 영향을 준다.

중국공산당 수립 이후, 민주주의는 중요한 투쟁 목표의 하나였다. 마오쩌둥(毛澤東)은 중국공산당이 역사적 주기율에서 벗어나는 방법이 민주주의라고 생각했다. 1947년, 황옌페이(黃炎培)가 옌안(延安)에 시찰을 왔을 때, "돌연히 일어나더니, 홀연히 사라지는구나(其興也勃焉, 其亡也忽焉)"라고 하며, 역대 왕조 누구도 흥망의 주기율을 벗어난 적이 없다고 말했다. 마오쩌둥은 다음과 같이 말했다. "우리는 이미 새로운 길을 찾아냈습니다. 우리는 주기율에서 벗어날 수 있습니다. 새로운 길은 바로 민주주의입니다. 인민이 정부를 감독하도록 하면, 정부도 감히 방만해지지 않을 것입니다. 모든 사람이 책임을 지면, 사람이 죽는다고 정치가 사라지는 일(人亡政息)도 없을 것입니다."[30] 덩샤오핑(鄧小平)은 또한 "민주주의 없이 사회주의도 없고, 사회주의 현대화도 없다"[31]고 말했다. 제17차 당대회 보고에서 다음과 같이 지적했다. "인민 민주는 사회주의의 생명이다. 사회주의 민주 정치를 발전시키는 것은 우리 당의 한결 같은 투쟁 목표이다." 나아가 제18차 당대회 보고에서는 다음과 같이 지적했다. "인민 민주는 우리 당이 줄곧 높이 내세워 온 훌륭한 기치이다." 2013년 12월 23일, 중앙 판공청에서 발표한 〈사회주의 핵심 가치관의 배양과 실천에 대한 의견〉에서의 사회주의 핵심 가치관의 기본적 내용을 부강, 민주, 문명, 화해, 자유, 평등, 공정, 법치, 애국, 경업(敬業, 맡은 일 충실), 성신(誠信), 우애라고 언급했다. 사회주의 핵심가치관의 배양과 실천은 중국특색사회주의의 위대한 사업을 추진하고 중화민족의 대부흥과 중국몽을 실현하는 전략적 임무이다. 제19차 당대회 보고에서는 나아가 인민이 주인임을 강조했으며, "사회주의 협상민주를 발전시키고, 민주적 제도를 정착하고, 민주의 형식을 풍부하게 하며, 민주적 통로를 확대하고, 인민이 주인이라는 것이 국가의 정치생활과 사회생활에 자리 잡도록 해야 한다"고 밝혔다. 그러한

---

30 黃炎培, 《八十年來附 '延安歸來'》, 中國文史出版社, 1982, pp. 156-157.
31 鄧小平, 《鄧小平文選》第2卷, 人民出版社, 1994, p. 168.

주장들에서 볼 수 있듯이, 국가의 정치 건설의 목표는 이미 긴박한 문제이다. 지금 중요한 문제는 헌법 속에서 인민의 권리를 구체적으로 규정하고, 민주주의의 질을 향상시키고, 민주주의가 인민들에게 행복을 가져다줄 수 있도록 하는 것이다.

제2장

현대 국가 거버넌스와 그 평가

황한黃晗, 수도사범대학교 펑잉잉彭鎣鎣, 베이징대학교

당의 제18기 3중전회에서 통과된 〈전면적 심화 개혁의 몇 가지 중대 문제에 대한 중공 중앙의 결정〉에서는 다음과 같이 언명하고 있다. "전면적 심화 개혁의 목표는 중국특색사회주의 제도를 완성하고 발전시키는 것이다. 그리고 국가 거버넌스 체계와 거버넌스 능력의 현대화를 추진하는 것이다." 국가 거버넌스 체계와 거버넌스 능력을 어떻게 이해할 것인지는 중요한 문제이다. 국가 거버넌스 체계와 거버넌스 능력은 하나의 유기체로서 상호 보완적 관계에 있다. 좋은 국가 거버넌스 체계가 있어야 거버넌스 능력이 향상될 수 있고, 국가 거버넌스 능력이 향상되어야 국가 거버넌스 체계의 효과가 충분히 발휘될 수 있다. 모든 국가는 자신만의 거버넌스 체계를 갖는다. 그러나 현대 국가는 거버넌스의 기본적인 방향에 있어서 유사한 점이 많다. 현대성 또한 국가의 거버넌스 체계 자체에 대한 가치를 제시한다. 그러므로 국가 거버넌스 체계를 이해하려면, 무엇보다도 현대 국가 거버넌스 체계의 기본적 내용, 구성 그리고 특징이 무엇인지 알아야 한다.

국가 거버넌스의 현대화란 무엇인가? 국가마다 그 발전의 기초와 노선, 그리고 모델에 있어서 큰 차이가 있다. 그러므로 무엇을 국가 거버넌스 현대화라고 할 것인가에 대한 보편적인 기준을 세우기 힘들다. 그러나 국가 거버넌스의 현대화는 반드시 특정한 의미를 갖고 있다. 현대화된 국가 거버넌스 또한 모두가 인정하는 공통의 특징을 갖고 있다. 그러한 국가 거버넌스 체계는 먼저 현대화 거버넌스 대열에 진입한 국가를 따라 그 대열에 진입하고자 노력하고 있는 국가들의 시범 작용을 지표로 포함하며, 현대 국가 거버넌스가 추구되는 과정에서의 새로운 내용도 포함한다. 현대 국가 거버넌스 체계는 상대적으로 공인된 기본적 지표 체계이다. 현재 중국의 현대 국가 거버넌스 체계와 능력의 건설은 그러한 지표 체계에서의 기본적 지표 항목들을 수용해야 한다. 그리고 그것을 기초로 중국 현대화 건설의 독자적 경험을 반영하여 구체화함으로써 국가 거버넌스 체계와 거버넌스 능력의 현대화 건설을 추진해야 한다.

1. 국가 거버넌스 체계와 거버넌스 능력의 현대화 연구

1) 거버넌스

서양 거버넌스 이론의 시작

서양의 '거버넌스(governance)' 연구는 공공 부문 관리 개혁에 대한 대응으로, '3E 기준',¹ '신공공관리(new public management)', '기업가적 정부(entrepreneurial government)'로부터 '거버넌스'에 이르기까지 사회 공공 업무 방식의 변화, 즉 '통치-관리-거버넌스'로의 변화를 보여준다. 서양

---

1 '3E 기준'이란 처칠 정부가 시작한 '신공공관리운동'으로, 초기 민영 부문의 관리 기술을 도입하여 경제(Economy), 효율(Efficiency), 효과(Effectiveness)를 행정관리와 공공 서비스의 측량기준으로 삼았다.

의 많은 학자들이 '거버넌스'의 의미에 대해 분석했지만, 명확하게 공통된 인식을 형성하지는 못했다. 제임스 N. 로즈노(J. Rosenau)의 대표작 《정부 없는 거버넌스》에서 내린 정의에 따르면, 거버넌스는 강한 권력이 없는 상황에서 각 행위자들이 갈등을 극복하고 공통인식에 도달하여 하나의 목표를 실현하는 것이다.[2] 밥 제숍(B. Jessop)은 거버넌스를 사회과학의 새로운 패러다임이라고 생각했다.[3] 게리 스토커(G. Stoker)는 '거버넌스 이론'에 대해 패러다임이라고 보는 설과 사조라고 보는 설이 있다고 제시했다.[4] 어원학에서 'governance'는 고전 라틴어와 고대 그리스어의 '조타'라는 말에서 비롯되었다. 원래의 의미는 통제, 지도, 조종이라는 의미로 'government'와 의미가 중첩된다. 1989년 세계은행은 〈사하라 이남의 아프리카: 위기부터 지속가능한 성장으로〉라는 보고서에서 처음으로 '거버넌스'라는 단어를 사용했다. 보고서는 아프리카 발전 문제의 근원은 '거버넌스 위기(crisis in governance)'라고 보고, 아프리카 국가들의 권력 배분 방식과 운영 방식에 대해 '좋은 거버넌스(善治)'라는 개혁 목표

---

2 J. N. Rosenau, "Governance, Order and Change in World Politics," in J. N. Rosenau and E. O. Czempei(eds), *Governance without Government: Order and Change in World Politics*, Cambridge: Cambridge University Press, 1992, pp. 3–6.

3 B. Jessop, "Ther Rise of Governance and the Rise of Failure: The Case of Economic Development," *International Social Science Journal*, Vol. 50, No. 1, 1998, pp. 29–45.

4 패러다임(paradigm)이란 개념은 그리스어에서 유래했으며, '공통적으로 나타난 것'이라는 의미였다. 어법상 변화를 겪어 범례, 모델, 모형 등으로 의미가 확대되었다. 1962년 미국 과학철학자 토마스 쿤(T. Kuhn)은 《과학혁명의 구조》에서 그 개념을 과학철학에 도입하여, 과학 공동체 내에서 어떤 특정 시기에 공통의 신념을 갖게 되는 것을 의미했다. 그것은 공인되고 전통적인 중대한 과학적 성과를 기초로 하며, 연구 대상을 파악하는 개념틀, 이론, 방법론, 모방할 수 있는 해제 범례를 토대로 한다. '패러다임설'은 俞可平, 〈治理和善治: 一種新的政治分析框架〉, 《南京社會科學》, 2001年 第9期 참조. '사조설'은 田凱·黃金, 〈國外治理理論研究: 進程與爭鳴〉, 《政治學研究》, 2015年 第6期 참조.

를 제시했다. 즉, '일종의 효율적인 공공 서비스' 등을 제시한 것이다. 그후 '거버넌스'라는 말은 정치발전 연구에 광범위하게 사용되었고, 특히 탈식민지와 개발도상국의 정치 상황을 묘사하는 데 주로 사용되었다.

거버넌스 분야의 대표적 학자로 영국의 로즈(R. Rhodes)와 게리 스토커가 있다. 영국 뉴캐슬 대학의 교수인 로즈는 1996년에 〈정부 없는 거버넌스〉라는 글에서 '거버넌스'의 여섯 가지 의미를 제시했다. 첫째, 최소한의 국가 관리 활동으로서의 거버넌스는 국가가 공공 지출을 줄여 최소한의 비용으로 최대의 효과를 얻는 것이다. 둘째, 공공관리로서의 거버넌스는 기업 행동을 지도, 통제, 감독하는 소식체계이나. 셋째, 신공공관리로서의 거버넌스는 시장의 동기 부여 기제와 민영 부문의 관리 수단을 정부의 공공 서비스에 도입한 것이다. 넷째, 좋은 거버넌스는 효율, 법치, 책임을 강조하는 공공 서비스 체계이다. 다섯째, 사회통제 체계로서의 거버넌스는 정부와 민간, 공공 부문과 민영 부문 간의 협력과 상호 작용을 가리킨다. 여섯째, 조직 네트워크로서의 거버넌스는 신뢰와 상호 이익을 기초로 한 사회 협력 네트워크이다.[5] 2007년 로즈는 광범위하게 사용되고 있는 '거버넌스' 개념을 하나의 이론으로 종합하여, 통치의 새로운 과정, 질서 있는 규칙의 새로운 조건, 사회관리의 새로운 방법으로 정리했다.[6] 1998년 스트래스클라이드 대학 교수 게리 스토커는 거버넌스를 다섯 가지 논점으로 설명했다. 첫째, 거버넌스는 정부로부터 비롯되었지만, 정부와 사회의 공공 기구와 행위자에 한정되지 않는다. 둘째, 거버넌스는 사회와 경제 문제를 해결하기 위한 방안을 모색하는 과정을 의미하고, 경계

---

5   R. A. W. Rhodes, "The New Governance: Governing without Government," *Political Studies*, Vol .44, No. 4, 1996, pp. 652-667.

6   R. A. W. Rhodes, "Understanding Governance: Ten Years On," *Organization Studies*, Vol. 28, No. 8, 2007, pp. 1243-1264.

와 책임 면에서 모호성을 갖고 있다. 셋째, 거버넌스는 집단 행위를 포함하는 각 사회의 공공 기구 사이의 권력 의존성을 긍정한다. 넷째, 거버넌스는 참여자가 최종적으로 자주적 네트워크를 형성하는 것을 의미한다. 다섯째, 공공 업무의 관리에 있어서, 다른 관리 방법과 기술들도 존재하고, 정부는 새로운 방법과 기술을 사용하여 공공 업무에 대해 더 잘 통제하고 유도할 책임을 진다.[7]

서양 거버넌스 이론에서 비교적 대표적인 것은 '네트워크 거버넌스(network governance)'와 '다중심 거버넌스 이론(polycentric governance)'이다. 로즈는 영국의 공공부문 개혁에서 출발하여, 네트워크가 거버넌스의 핵심적 특징이라고 생각했다.[8] 거버넌스는 공공 행정과 공공 정책의 산물로 그 의미는 다음과 같다. 첫째, 조직 간의 상호 의존을 의미한다. 거버넌스가 '거버먼트'보다 더 광범위하게 사용된다. 비정부조직을 포함하여 국가의 경계가 바뀌어 공공 부문, 민영 부문, 자발적 부문 간의 경계가 혼란스럽고 불투명해진다. 둘째, 네트워크 성원 간의 지속적인 상호 작용을 의미하며, 자원을 교환하고 공공의 목표를 협상할 필요가 발생한다. 셋째, 유사 게임의 상호 작용을 의미하며, 신뢰와 네트워크 내의 참여자가 협의하고 동의한 게임 규칙을 바탕으로 이루어진다. 넷째, 국가의 고도 자치를 의미하며, 네트워크는 국가에 책임을 부여하지 않고, 자발적으로 조직된다. 국가는 더이상 최고의 권위가 아니지만, 간접적으로 방향키를 잡는다. 로즈는 네트워크가 거버넌스의 결정적 특징이며, 그것과 널리 알려져 있는 시장과 정부의 구별은, 가격과 경쟁이 계약의 특징

---

7   G. Stoker, "Governance as Theory: Five Propositions," *International Social Science Journal*, Vol. 50, No. 155, 1998, pp. 17-28.

8   R. A. W. Rhodes, 앞의 글(2007), pp. 1243-1264.

이라면, 정부의 특징은 권위와 규칙이며, 네트워크는 신뢰와 외교 수단을 특징으로 한다. 공동의 가치와 규범은 복잡한 관계의 접착제이다. 신뢰는 협력 행위와 네트워크 존재의 관건이다. 네트워크는 높은 신뢰를 바탕으로 하고, 계약은 낮은 신뢰를 바탕으로 한다. 정리하자면, 거버넌스는 네트워크를 통한 거버넌스이다. 한편으로, 그것은 1980년대와 1990년대 영국의 공공 부문 개혁을 말하며, 정부와 그 밖의 사회조직 간의 협동과 협력을 촉진하고자 한 것이었다. 다른 한편으로, 영국 정부는 더 이상 위계적인 책임 정부가 아니었다. 정부는 강력한 집행자로부터 네트워크를 통한 거버넌스로 전환하여, 국가에 대한 제약이 커졌다. 국가의 역할은 바뀌었고, 다양한 비공식적 권위가 정부 권력을 대신했으며, 보다 광범위한 시장, 위계, 네트워크가 협력하고 협동하는 거버넌스 구조가 만들어졌다.

광범위한 영향력을 갖고 있는 또 다른 거버넌스 이론은 인디애나 대학의 정치 이론과 정책 분석 연구소 소장이며, 2009년 노벨 경제학상을 받은 엘리너 오스트롬(E. Ostrom)과 올리버 윌리엄슨(O. Williamson)이《공공 업무의 거버넌스》에서 제시한 '다중심 거버넌스' 이론이다. 오스트롬은 소규모의 공유재 문제에 착안하여, 대량의 실증적 사례를 연구의 기초로 삼아 공유재 지하수 자원관리의 '다중심 공공 기업 게임' 구도를 제시했다. '다중심 거버넌스 이론'에서 말하는 다중심은 공공재의 여러 생산자와 공공 업무의 여러 처리 주체들을 의미한다. 다중심 거버넌스는 정부와 시장의 공동 참여와 다양한 거버넌스 수단의 응용을 의미하며, 정부의 역할과 임무의 변화를 요구한다. 공공재의 생명 주기에는 대체로 '소비자, 생산자, 소비자와 생산자를 연결하는 중개자'라는 세 가지 역할이 존재한다. 다중심 거버넌스에서 정부는 중개자의 역할을 한다. 즉, 다중심 제도의 거시적 틀과 참여자의 행위 규칙을 정하고, 경제, 법률, 정책 등 다양한 수단을 통해 공공재를 제공하고, 공공 업무의 처리 근거와 편의를 제공한다. 오스트롬은 다중심 거버넌스 이론을 가지고 공공재의 제공을 설명했지만, 로즈의 네트워크 거버넌스의 의의, 공공 부문, 민영 부문, 자발적 부문 경계의 변화, 다원적 주체의 네트워크하에서의 협동과 협력에서 벗어나지 못했다.

중국에서의 '거버넌스'

중국어에는 원래부터 '치리(治理)'라는 고유의 어휘가 있었고, 보통 '국가통치와 관리', '공공 문제의 처리' 등을 의미했다. 지금의 '거버넌스'는 학자들의 번역을 통해 전해졌다. 국내에서 최초로 '거버넌스'를 소개한 글은 류쥔닝(劉軍寧)이 1995년에 엮은 《공공논총: 시장 논리와 국가 관념》이란 책에서 필명 '즈시엔(智賢)'이 번역하여 소개한 〈Governance: 현대 '거버넌스'의 신개념〉이란 글이었다. 글에서 'governance'란 말은 '치도(治道)'로 번역되었고, '치도'는 공공 업무를 관리하는 도리, 방법, 논리 등을 의미했다. 그것은 시장경제에서 국가가 경제를 관리해야 한다는 기본적 요구에 대한 것으로, 공권력을 운용하는 방식을 포함하고 있었고, 선진국의 공공 업무 관리의 효과, 경제를 발전시키는 능력 등을 가리켰다. 1997년에 쉬용(徐勇)도 《정치학 연구》에서 〈Governance: 거버넌스에 대한 설명〉이란 글을 발표했다. 그는 'governance'를 '치도'로 해석하는 것보다는 '치리'로 해석하는 것이 더 낫다고 보았다.[9] 그는 거버넌스가 공공 업무를 통해 사회를 지배하고, 영향을 주고, 통제하는 것이라고 보았다. 중앙편역국에서 위커핑(俞可平)이 이끄는 그룹 또한 거버넌스 이론에 대해 많은 연구를 했고, 다수의 외국 문헌을 번역하여 출판했다. 동시에 그

---

9 徐勇·呂楠, 〈熱話題與冷思考: 關於國家治理體系和治理能力現代化的對話〉, 《當代世界與社會主義》, 2014年 第1期.

들은 중국의 거버넌스 문제에 대해 많은 연구를 했고, 2012년 중국에서 처음으로 '거버넌스'를 주제로 한 《중국 거버넌스 평론》이란 책을 출판했다.

2000년 전후로, '거버넌스' 이념은 중국에서 열띤 논쟁을 불러일으켰고, 대표적 학자들이 '거버넌스'를 새로운 정치적 분석 틀로 연구하기 시작했다. 위커핑은 거버넌스를 경제 분석, 계급 분석, 문화 분석, 제도 분석, 국가-사회 분석을 병행하는 정치적 분석방법이며,[10] 새로운 연구 패러다임이고, 패러다임의 전환, 즉 새로운 '담론(새로운 토론의 장, 문제의 장)'이라고 보았다. '거버넌스' 개념의 부활은 1970년대와 1980년대 사회과학 분야에서 출현한 패러다임 위기와 관련이 있다. 위기는 부분적으로 학술계의 기존 패러다임이 '현실 세계'를 설명하는 능력에 대한 불만에서 비롯되었다. 또한 '거버넌스'를 중요한 과제로 삼은 연구는 사회과학 분야에서 지나치게 간소화된 이분법에 대한 부정에서 시작되었다. 그것은 시장 vs. 계획, 공공 부문 vs. 민영 부문, 정치 국가 vs. 시민 사회, 민족 국가 vs. 국제 사회로 이분화하는 방식에 대해, 효과적 관리는 양자의 협력 과정이므로 공공 업무의 기술을 완전히 새롭게 발전시켜야 한다고 생각했다. 또한 관리는 협력이라는 점을 강조하고, 정부는 합법적 권력의 유일한 원천이 아니며, 시민 사회 또한 합법적 권력의 원천이며 거버넌스를 민주주의의 새로운 현실적 형식이라고 보았다. 바오궈셴(包國憲)은 거버넌스를 정치학 패러다임의 전환이며, 거시적 측면에서의 분석 틀이라고 생각했다.[11] 그러한 분석 틀은 정부, 시장, 사회의 상호 관계와 그 변화의

---

10 俞可平, 앞의 글(2001年 第9期).

11 包國憲·郎政, 〈治理, 政法治理槪念的演變與發展〉, 《蘭州大學學報》(社會科學版), 2009年 第
    2期.

경로와 관계 속에서의 권력 배분 및 편향적 선택의 이론적 문제들을 연구한다. 미시적 측면에서 거버넌스 연구는 거시적 거버넌스 구조에 부합하는 미시적 정부 구조를 다루고, 어떠한 정부조직 모델이 거시적 거버넌스 틀에 맞는지를 탐구한다. 학자들의 끊임없는 연구로 중국적 맥락에서의 거버넌스가 해외 거버넌스 연구에 일반적으로 사용되었고, 점차 해외 거버넌스 연구와 구별되기 시작했다. 대표적 관점은 쉬융의 관점으로, 그는 거버넌스를 정치 술어로 보고, 거버넌스 과정과 성과를 강조하면서 다음과 같이 그것을 정의했다. "거버넌스는 정치 주체의 공공권력 운용과 그에 상응하는 방식이 국가와 사회에 대해 효과적 통제를 하는 과정이다. 간단히 말하자면, 누가 거버넌스를 하는가, 어떻게 거버넌스를 하는가, 거버넌스의 효과는 어떠한가라고 할 수 있다."[12]

2) 국가 거버넌스

'거버넌스'가 이론적으로 발전한 것은 시장의 실패와 정부의 실패 때문이다. 제3부문의 발달로 국가와 시민 사회의 제로섬 게임이 타파되었고, 공공 이익의 실현 방식이 일원적이고 강제적이며 독점적이던 것에서 다원적, 민주적, 협력적으로 바뀌었고, '사회 중심주의'의 색채를 띠게 되었다. 그리고 '국가 거버넌스'는 더 종합적이고, 조작 가능한 평가 체계를 대표하게 되었다.

중국의 정치사상에서 국가 거버넌스, 즉 '치국이정(治國理政)'은 중국공산당의 문헌에서 보통 "당이 인민을 영도하여 국가를 다스린다"로 표현된다. 2009년, 탕황펑(唐皇鳳)의 〈신중국 60년 국가 거버넌스 체계의 변

---

12 徐勇·呂楠, 앞의 글.

천과 이성적 고찰〉에서 국가 거버넌스 체계 구축에 대한 구상을 제시했다. "효과적 정당체계와 정부체계로, 정당과 정부의 지지 작용을 발휘하여 시장과 사회조직을 이용해 거버넌스 공간을 확대한다."[13] 2013년, 당의 제18기 3중전회에서 통과한 〈전면적 심화 개혁의 몇 가지 중대 문제에 대한 중공 중앙의 결정〉에서 다음과 같이 제기했다. "전면적 심화 개혁의 목표는 중국특색사회주의 제도를 완성시키고 발전시키며, 국가 거버넌스 체계와 거버넌스 능력의 현대화를 추진하는 것이다."[14] '국가 거버넌스 체계'와 '국가 거버넌스 능력'이라는 개념이 당의 중대 문건에서 처음 나타난 것이다. 개괄적으로 경제, 정치, 문화, 사회, 생태 다섯 측면에서의 전방위 개혁, 당의 영도, 인민이 주인, 의법치국의 유기적 통일로 표현할 수 있으며, 거버넌스 연구가 점차 '국가 거버넌스'로, '국가 거버넌스 체계', '국가 거버넌스 능력', '현대화'로 확대되었다. 당의 제18기 3중전회에서 통과한 〈전면적 심화 개혁의 몇 가지 중대한 문제에 대한 중공 중앙의 결정〉의 전문에서는 총 24회 '거버넌스'라는 단어를 언급했다.[15] 주로 국가 거버넌스, 정부 거버넌스, 사회 거버넌스, 거버넌스 구조, 거버넌스 방식, 시스템 거버넌스, 법에 따른 거버넌스, 종합 거버넌스, 원천 거버넌스, 제3당 거버넌스 등으로 거버넌스 체계와 그 구조의 단계, 방법, 조직 인원 등 다양한 방면을 포괄하고 있다.

왕푸취(王浦劬)는 "중국공산당의 국가 거버넌스는 본질적으로 중국의 전통적인 통치자의 국가 통치와는 구별되며, 가치 성향과 정치 주장에 있어서 서양의 거버넌스 이론 및 주장과도 구별된다. 중국공산당은 마르크

스 국가이론의 논리를 따른다. 즉, 국가의 기능은 정치적 통치와 정치적 관리가 유기적으로 결합된 것이다. 사회주의 국가의 국가 거버넌스는 본질적으로 정치적 통치의 '치(治)'와 정치적 관리의 '리(理)'가 유기적으로 결합된 것이며, 또한 정치적 관리의 '치(治)'와 정치적 통치의 '리(理)'가 유기적으로 결합된 것이다."[16]

허정커(何增科)는 국가 거버넌스 개념에 대해 국가 통치와 국가 관리 개념을 기초로 형성된 것으로, 거버넌스 및 좋은 거버넌스, 기업 거버넌스 이론을 수용한 개념이라고 보았다. "국가 거버넌스 개념은 독특성을 갖는다. 무엇보다도 국가 정권의 관리자가 국가 정권의 소유자에 대해 책임을 지고, 후자로부터 책임을 추궁 받는 문제의 중요성을 강조한다. 그 다음으로 국가 정권의 소유자, 관리자, 이익 관계자 등 다원적 행위자, 정부, 시장, 사회 등 다종의 거버넌스 기제의 협력과 관리의 중요성을 강조한다. 마지막으로, 공공 이익의 증진과 공공질서의 수호를 모두 중요하게 생각하고, 두 가지 목표를 실현할 수 있는 능력이 국가 거버넌스 능력의 가장 중요한 구현이다. 국가 거버넌스 수준은 높고 낮음, 우수함과 저열함, 효과성과 무효성으로 구별된다. 국가 거버넌스 체계와 그 운행 과정의 발달 정도가 바로 국가 거버넌스 수준에 영향을 준다."[17] 쉬샹린 (徐湘林)은 '국가 거버넌스'에 대해 다음과 같이 설명했다. "국가 거버넌스의 가치 목표는 우선 국가의 기본적 질서와 안정을 유지하는 것이다. 국가의 역사와 문명이 계승하고 발전시켜온 도덕적 가치를 보호하고, 사회에 법적 틀을 제공하고, 법률과 질서의 실시를 보장하고, 영토가 외부의

---

16 王浦劬, 〈國家治理, 政府治理和社會治理的含義及其相互關系〉, 《國家行政學院學報》, 2014年 第3期.

17 何增科, 〈理解國家治理及其現代化〉, 《馬克思主義與現實》, 2014年 第1期.

침입을 받지 않도록 하는 것 등이 포함된다. 그다음으로 국민 경제를 발전시키고, 공공 서비스를 제공한다. 경제의 거시적 조정과 경제 활동의 규범적 관리, 사회 자원의 재분배, 전 국민의 사회복지 향상 등이 포함된다."[18]

이상과 같이, 국가 거버넌스는 광의와 협의로 이해될 수 있다. 협의의 국가 거버넌스는 정치 영역에 대한 국가의 거버넌스, 즉 정치적 거버넌스 또는 정부 거버넌스이다. 광의의 국가 거버넌스는 국가 거버넌스의 범위를 가리키며, 거버넌스의 주체를 가리키는 것은 아니다. 그것은 제18기 3중전회에서 제기한 개념 중 하나로, '국가' 개념으로부터 출발한 것이다. 그것은 일정한 지리적 범위(영토)를 의미하면서도, 정치적 개념(주권)을 의미한다.[19] '국가 거버넌스'는 서양 '거버넌스' 이론의 다원적 주체의 협동적 공치(共治) 이념의 영향을 받은 일종의 현대적 국가 개념이지만, 경험적이며 점진적인 내생적 전환을 의미하지, 서양 정치학의 이론적 틀을 그대로 모방하려는 것이 아니다.

3) 국가 거버넌스 체계

2013년 11월 12일, 중공 제18기 3중전회에서 통과된 〈전면적 심화 개혁의 몇 가지 중대한 문제에 대한 중공 중앙의 결정〉(이하 〈결정〉)에서 전면적 심화 개혁의 총 목표를 제시하면서, 처음으로 '국가 거버넌스 체계'라는 개념을 사용했다. '국가 거버넌스 체계'에 대한 설명은 〈결정〉 이전에는 본 적이 없었고, '거버넌스', '국가 거버넌스'에 대한 학계의 논의도 드물었다.

---

18 徐湘林, 〈'國家治理'的理論內涵〉, 《領導科學》, 2014年 第12期.

19 丁志剛, 〈如何理解國家治理與國家治理體系〉, 《學術界》, 2014年 第2期.

쉐란(薛瀾)에 의하면, 2013년 11월 12일 당의 제18기 3중전회 제2차 전체 회의에서의 시진핑 연설에서 처음 공개적으로 "국가 거버넌스 체계와 거버넌스 능력의 현대화라는 내용이 상세하게 논술되었다".[20] "국가 거버넌스 체계와 거버넌스 능력은 국가 제도와 제도의 집행 능력의 집중적 구현이다. 국가 거버넌스 체계는 당의 영도하에 국가를 관리하는 제도 체계로 경제, 정치, 문화, 사회, 생태 문명, 그리고 당의 건설 등 각종 영역의 체제 기제, 법률과 법적 제도가 포함되고, 밀접하게 연관되고, 상호 협조하는 국가 제도이다. 국가 거버넌스 능력은 국가 제도를 통해 사회 각 방면의 업무를 관리하는 능력으로 개혁과 발전의 안정, 내정, 외교, 국방, 치당(治黨), 치국(治國), 치군(治軍) 등 각 방면을 포함한다. 국가 거버넌스 체계와 거버넌스 능력은 유기적 전체로서 서로 보완하여 함께 완성된다. 좋은 국가 거버넌스 체계가 있어야 거버넌스 능력을 향상시킬 수 있고, 국가 거버넌스 능력이 향상되어야 국가 거버넌스 체계의 효용이 발휘된다."[21] 2014년 2월 17일, 제18기 3중전회 정신의 전면적 심화 개혁을 주제로 한 성부(聲部)급 주요 영도 간부 학습에서 시진핑은 다시금 다음과 같이 강조했다. "국가 거버넌스 체계와 거버넌스 능력은 국가 제도와 제도의 집행 능력의 집중적 구현이다. 양자는 상호 보완적으로 완성된다. 우리의 국가 거버넌스 체계와 거버넌스 능력은 총체적으로 좋고, 특히 우수하며, 우리나라의 사정과 발전적 요구에 맞다. 하지만 국가 거버넌스 체계와 거버넌스 능력 면에서 아직도 개선되어야 할 점이 많고, 국가 거버넌스의 향상을 위해 더 큰 힘을 써야 한다."[22] '국가 거버넌스 능력의 향

---

20 薛瀾·張帆·武沐瑤, 〈國家治理體系與治理能力研究: 回顧與前瞻〉, 《公共管理學報》, 2015年 第3期.

21 習近平, 〈切實把思想統一到黨的十八屆三中全會精神上來〉, 《求是》, 2014年 第1期.

22 習近平, 〈完善和發展中國特色社會主義制度推進國家治理體系和治理能力的現代化〉, 《人民

상'에 매달리며 서양 거버넌스 이론은 국가와 시민 사회의 제로섬 게임을 타파하고, 공공 이익의 실현 방식을 일원적, 강제적, 독점적 방향에서 다원적, 민주적, 협력적 방향으로 전환했다. 그러나 중국공산당의 거버넌스 이론은 '국가이론'의 색채를 더 많이 띠고 있다.

정부뿐만 아니라 학계에서도 해답을 제시했다. 쉬샹린은 〈'국가 거버넌스'의 이론적 의미〉라는 글에서 국가 거버넌스를 구조성의 동태적이고 균형적인 조정 과정이라고 보았다. 그런 시각에서 국가 거버넌스의 구조는 6개의 상호 의존적인 부분으로 구성되어 있다.[23] 즉, 핵심 가치 체계, 권위적 정책 결정 체세, 행정 집행 체계, 경제발전 체계, 사회보장 체계, 그리고 정치적 상호 작용 기제이다. 그중 어떤 한 부분의 중대한 혼란과 부조리도 국가 거버넌스 구조의 붕괴를 가져올 수 있다.

중앙편역국의 비교정치 및 경제연구센터의 허정커가 정리한 국가 거버넌스 체계(State Governance System, SGS)에 따르면, 그것은 하나의 목표 체계로서 추구되며, 제도 체계에 의해 뒷받침되고, 가치 체계를 기초로 하는 구조적 기능 시스템이다(〈그림 2-1〉).[24]

쉬야오통(許耀桐)에 의하면, "구성으로 보면, 국가 거버넌스 체계는 시스템, 구조, 레벨의 세 가지로 나눌 수 있다. 국가 거버넌스 체계는 정치 권력 시스템, 사회조직 시스템, 시장경제 시스템, 헌법법률 시스템, 사상 문화 시스템 등으로 구성된 유기적 전체이다. 구조는 하나의 시스템 내에서 모든 요소 간의 조직 형태이며, 제 요소 및 조직의 인력과 장력 등이 포함된다. 시스템 구조로서 그 기본적 특징은 레벨이다. 레벨은 시스템

日報》, 2014年 2月 18日.

23 徐湘林, 앞의 글(2014年 第12期), p. 20.

24 何增科, 앞의 글(2014年 第1期).

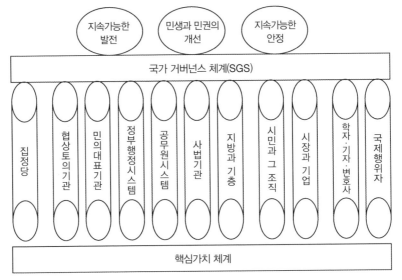

〈그림 2-1〉 국가 거버넌스 체계의 틀

〈표 2-1〉 국가 거버넌스 체계

시스템	구조 레벨
• 정치권력 시스템: 정당, 정부, 인대, 정협, 법원, 검찰원 등 • 사회조직 시스템: 노동조합, 공청단, 부녀연합, 공동체 조직 및 각종 　　공익, 과학기술, 상회 조직 등 • 시장경제 시스템: 기업 거버넌스, 법인 거버넌스 등 • 헌법법률 시스템: 각종 법률 규정에 의한 의법 거버넌스 • 사상문화 시스템: 사상영역, 도덕영역을 포함한 덕치의 실행	거버넌스 이념 거버넌스 제도 거버넌스 조직 거버넌스 방식

구조의 구성에 있어서의 등급 질서이다. 레벨마다 다른 성격과 특징을 갖고 있으며, 공동의 규범도 있고, 특수한 규범도 있다. 거버넌스의 구조는 4개 레벨로 되어 있고, 거버넌스 이념, 거버넌스 제도, 거버넌스 조직 그리고 거버넌스의 방식으로 구성된다".[25] 그에 따라 〈표 2-1〉을 구성했다.

중국 인민 대학의 란즈용(藍志勇)은 도표를 사용하여 '현대 거버넌스 체계'(〈그림 2-2〉)[26]를 도출했다. 타원형은 국가 사회이고, 삼각형은 행정 관리 시스템으로, 현대 관료 시스템이라고도 한다. 원은 시장을, 육각형 은 비영리조직을, 리본 모양은 민간과 국제 사회의 연대를, 뾰족 말풍선 은 도시 정부를 가리킨다. 지방 정부는 기업화 또는 현대의 그룹 법인의 방식에 따라 운영되며, 높은 효율을 보이고, 감독에 용이하며, 대민 서비 스에 풍부한 혁신 능력을 갖고 있다.

엔지룽은 《현대 국가 거버넌스와 제도의 건설》에서 국가 거버넌스와 제노 건설의 관계를 다루면서, 국가 거버넌스 현대화에 필요한 제도적 조 건을 설명했다. 그는 국가의 흥망성쇠와 국가의 거버넌스 능력은 밀접한 관련이 있으며, 국가 거버넌스 능력은 사실 국가의 제도 공급 능력이라고 보았다. 그에 따라 기초적 제도, 기본적 제도, 구체적 제도를 분석 틀로 삼았다(〈표 2-2〉).

정부 측의 논술과 학계의 해석을 종합하면, 국가 거버넌스 체계는 목표 (어떻게 발전을 지속하고, 민생과 민권을 개선하고, 안정을 지속시킬 것인가)와 주 체 시스템(제도적 측면에서 정당, 정부, 사회, 시장의 각기 다른 구체적 임무를 해석) 을 포함하는 체계이다. '현대화'는 거버넌스의 측면에서 비롯되는 경우가 많기 때문에 행정시스템으로부터 제도 설계를 생각하든, 다른 레벨에서 제도적 배치를 하든 '제도화'는 많은 학자들이 국가 거버넌스 체계를 해 석하는 사고의 출반점이 되었다.

---

25 許耀桐·劉棋, 앞의 글.

26 藍志勇·魏明, 〈現代國家治理體系: 頂層設計, 實踐經驗與複雜性〉, 《公共管理學報》, 2014年 第1期, pp. 1-9, 137.

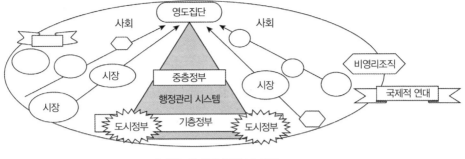

〈그림 2-2〉 현대 거버넌스 체계

〈표 2-2〉 현대 거버넌스의 제도 체계

제도 구조	제도 요구	제도 표현
구체적 제도	적응성	정책과 규약
기본적 제도	안정성	기본적 정치 제도: 정부 제도, 정당 제도, 선거 제도, 국가 구조 제도 등
기초적 제도	내구성	헌법체제: 시민의 권리 및 그 보장 원칙, 정부조직과 시정 원칙, 헌법 지상의 보장 제도를 규정

4) 국가 거버넌스 능력

왕샤오광(王紹光)과 후안강(胡鞍鋼)은《중국의 국가능력 보고서》라는 책에서 국가 능력을 국가가 자신의 의지와 목표를 현실적 능력으로 전환시키는 것이라고 정의했다. 국가 능력에는 네 가지가 있다. 첫째, 흡수 능력이다. 즉, 국가가 사회경제적 자원을 동원하는 능력으로, 재정 흡수 능력이 국가의 흡수 능력으로 나타난다. 둘째, 통제 능력이다. 이는 국가가 사회경제적 발전을 이끄는 능력이다. 셋째, 정당화 능력이다. 즉, 국가가 정치적 상징을 통해 국민들 사이에 공통 인식을 만들어내어, 그 경제적 지위를 공고화하는 능력이다. 넷째, 강제 능력이다. 즉, 국가가 폭력 수단, 기구,

위협 등의 방식을 사용하여 통치 지위를 지키는 능력이다. 그들은 재정 흡수 능력이 가장 중요한 국가 능력이라고 보았으며, 흡수 능력과 통제 능력은 국가 능력을 가늠하는 지표라고 주장했다. 그들은 국가 능력이 주로 중앙 정부의 능력을 가리키며, 공공 권위 능력을 가리키지는 않는다고 생각했다.[27]

쉬샹린은 국가 거버넌스 능력이 국가 거버넌스 구조의 여섯 가지 측면에서 나타나는 능력이라고 보았다. 첫째, 계승과 개조 과정에서 대중이 인정하는 개방적인 핵심 가치 체계를 재구축하는 것이다. 둘째, 정치 제도의 개혁과 민주 법치의 건설을 통해 권위적 정책 결정 시스템을 보호하고 개선하는 것이다. 셋째, 행정체제 개혁, 서비스형 정부의 건설, 그리고 책임제의 수립을 통해서 대중의 신뢰를 다시 쌓는 것이다. 넷째, 사회 협상 기제를 강화하고, 각종 민간단체의 발전과 자율성을 길러, 점진적으로 질서 있는 정치 참여와 긍정적인 정치적 상호 작용을 하도록 하는 것이다. 다섯째, 국가의 거시적 통제 정책의 정책 결정 체제를 완성하고, 정부의 관여와 시장 운행 사이의 관계를 조정하는 것이다. 여섯째, 사회 재분배 체제와 사회복지 제도를 완성하고, 사회·경제 발전에 상응하는 사회 보장 체계를 수립하는 것이다.

정옌(鄭言)과 리멍(李猛)은 "국가 거버넌스 능력이 보여주는 것은 중국 특색 국가 거버넌스 능력의 '입체성'이며, 정태적이 아니라 동태적으로 발전하는 거버넌스 능력이다. 그것을 헤아리는 절대적 기준은 없고, 세계 다른 국가들과의 비교를 통해서 드러난다"[28]고 생각했다. 필자는 '국가

27　王紹光·胡鞍鋼,《中國國家能力報告》, 遼寧人民出版社, 1993.

28　鄭言·李猛,〈推進國家治理體系與國家治理能力現代化〉,《吉林大學社會科學學報》, 2014年 第2期.

<table>
<tr><th colspan="3" style="text-align:center">〈표 2-3〉 국가 거버넌스 능력</th></tr>
</table>

국가 자원의 생산과 흡수 능력	국가 자원의 관리와 분배 능력	'소프트' 능력
인구, 영토 천연자원 국민총생산 세금 재정수지 군사력	정치과정의 민주화 경제활동의 시장화 사회구조의 평준화	사회 전체의 교육 수준 정치사회화 정도 시민의 참여의식과 능력 사회적 정체성과 응집력 수준

〈표 2-4〉 기초적 국가 거버넌스 능력

근대 국가의 기본적 능력	현대 국가의 기본적 능력	민주국가의 기초
• 강제 능력: 상비군과 경찰 • 흡수 능력: 재정 수입 • 동화 능력: 국가 정체성, 　　　　　　핵심가치	• 인정 능력: 식품과 약품의 　　　　　　안전, 세금 • 규정 능력: 대칭적 정보, 　　　　　　치밀한 관리 • 통솔 능력: 고효율과 청렴, 　　　　　　제도적 반부패 • 재분배 능력: 사회보장, 　　　　　　공평한 분배	• 수용과 통합 능력: 　사회 참여, 의견 표현

거버넌스 능력'을 위와 같이 구분하여 표로 만들었다(〈표 2-3〉).

　왕샤오광은 마이클 만의 《사회 권력의 기원》에서 '국가 권력'의 구분, 즉 자의적 국가 권력(국가의 간섭 범위)과 기초적 국가 권력 개념을 차용하여 '국가 거버넌스 능력'이 기초적 국가 권력에 속한다고 보았다. 그것이 '기초적 국가 거버넌스 능력'[29]이다. 그들의 설명을 정리하여 위의 표를 구성했다(〈표 2-4〉).

29　王紹光, 〈國家治理與基礎性國家能力〉, 《華中科技大學學報》(社會科學版), 2014年 第3期.

5) 국가 거버넌스 체계와 거버넌스 능력의 현대화

학술적 논의에서의 현대화는 객관적 발전과정이나 추세이고, 그것이 사람들의 생활의 가치와 이념의 변화를 결정하며, 나아가 제도 변화와 거버넌스 체계 및 능력의 재구축을 요구한다고 본다. 현대화 이론에서 지명도가 있는 학자인 아이젠슈테트(A. Eisenstaedt)는 역사해석학의 시각에서 다음과 같이 정의를 내렸다. "역사적 관점에서 현대화는 사회, 경제, 정치 체제가 현대적 유형으로 바뀌는 과정이다. 17세기부터 19세기에 이르기까지 시유럽과 북미에서 시작된 후, 다른 유럽 국가들로 확대되었고, 19세기와 20세기에는 남미, 아시아, 아프리카 대륙으로 전파되었다."[30]

사무엘 헌팅턴은 현대화를 전통 사회부터 현대 사회(공업 문명)로의 전환 과정으로 이해하고, 여덟 가지 측면에서 그 과정의 기본적 특징을 정리했다. ① 현대화는 혁명적 과정이다. 전통성으로부터 현대성으로의 전환은 반드시 인류의 생활방식의 근본적이며 전체적인 변화로 나타난다. ② 현대화는 복잡한 과정이다. 현대화는 실제적으로 인류 사상과 행위의 모든 영역에서의 변화를 포함한다. ③ 현대화는 체계적 과정이다. 한 요인의 변화는 다른 각종 요인의 변화에 영향을 미친다. ④ 현대화는 전 세계적 과정이다. 현대화는 15세기와 16세기 유럽에서 시작되었지만, 지금은 이미 전 세계의 현상이 되었다. ⑤ 현대화는 장기적 과정이다. 현대화는 모든 변화를 포함하며, 시간이 지나야 해결된다. ⑥ 현대화는 단계적 과정이다. 모든 사회 현대화의 과정은 수준과 단계마다 다르게 나타날 수 있다. ⑦ 현대화는 동질화 과정이다. 전통 사회에는 여러 유형이 존재하

---

30 S. N. 艾森斯塔德, 《現代化: 抗拒與變遷》, 張旅平等譯, 中國人民大學出版社, 1988, pp. 1-2.

지만, 현대 사회는 기본적으로 비슷하다. ⑧ 현대화는 거역할 수 없는 과정이다. 현대화 과정에서 어떤 측면은 잠시 좌절이 있거나 우연적인 역행이 출현할 수 있지만, 전체적으로는 현대화가 장기적 추세로 이루어진다.

'국가 거버넌스 체계와 거버넌스 능력의 현대화'는 '현대화'라는 거대한 배경을 떠나서 해석될 수 없다. '현대화' 거버넌스는 다음을 의미한다. ① 현대적 거버넌스 모델: '통치'로부터 '거버넌스'로의 전환. ② 제한적 거버넌스의 범위: '전능(全能)'에서 '제한'으로의 전환. ③ 규범적 거버넌스 기준: '인치(人治)'에서 '법치(法治)'로의 전환. ④ 인본적 거버넌스 기능: '통제'로부터 '서비스'로의 전환. ⑤ 개방적 거버넌스 구도: '폐쇄'로부터 '투명'으로의 전환.[31]

'국가 거버넌스 체계'와 '국가 거버넌스 능력'이 '국가 거버넌스'의 주체와 임무라면, '국가 거버넌스 체계와 거버넌스 능력의 현대화'는 현대 국가의 거버넌스 방식이다. 구체적으로, 쉬용은 '거버넌스'를 '국가'와 국가/사회 관계의 시각에서 분석하며, '국가 거버넌스 체계'와 '거버넌스 능력'이 '제도'/'인간'의 관계라고 보았다. 그것에 기초하여, 그는 국가 거버넌스 체계와 거버넌스 능력 현대화의 다섯 가지 요소를 제시했다. 이는 각각 제도화, 민주화, 법치화, 고효율화, 협조화이다.[32] 허정커는 국가 거버넌스 체계와 거버넌스 능력 현대화의 측정 기준 네 가지를 제시했다. 이는 각각 국가 거버넌스의 민주화, 국가 거버넌스의 정당화, 국가 거버넌스의 문명화, 국가 거버넌스의 과학화이다.[33] 가오샤오핑(高小平)은 국가 거버넌스 체계와 거버넌스 능력의 현대화를 실현하려면, 네 가지 통일

---

31 唐天偉·曹淸華·鄭爭文, 〈地方政府治理現代化的內涵, 特征及其測度指標體系〉, 《中國館行政管理》, 2014年 第10期.

32 徐勇·呂楠, 앞의 글.

33 何增科, 앞의 글(2014年 第1期).

과 세 개의 결합이 필요하다고 보았다. 네 가지의 통일은 당과 정부의 영도·다원적 주체의 참여·공공 업무 관리의 통일, 법치와 덕치의 통일, 관리와 서비스의 통일, 일상적 관리와 비일상적 관리의 통일이다. 세 개의 결합은 사상 해방·생산력의 해방과 발전·사회 활력의 해방과 강화의 결합, 정층 설계와 '돌다리도 두들겨 보고 건넌다'는 방식의 결합, 거버넌스 제도의 혁신 추동·자원 배분에 있어서 시장과 사회의 결정적 작용 발휘·더 잘 발휘되는 정부 작용의 상호 결합으로, 거버넌스 방식의 혁신을 추진한다.[34]

'거버넌스'에 대한 국내외 연구와 최근의 '국가 거버넌스 체세와 거버넌스 능력의 현대화'에 대한 다양한 연구들을 고찰하여, 학계의 공통된 인식을 다음과 같이 대략 정리할 수 있다. '거버넌스'의 정의는 거버넌스의 목표(왜 거버넌스를 하는가), 거버넌스의 주체(누가 거버넌스를 하는가), 거버넌스의 방식(어떻게 거버넌스를 하는가), 거버넌스의 내용(무엇을 거버넌스로 할 것인가)을 포함한다. 즉, '국가 거버넌스 체계와 거버넌스 능력의 현대화'는 과학화, 제도화, 민주화, 법치화, 투명화 등을 원칙으로, 정당, 정부, 사회, 시장 등 다원적 주체의 협조로 국가 거버넌스의 각 임무를 완성하고, 지속가능한 안정과 발전 등의 목표를 실현하는 것이다.

2. 국가 거버넌스와 그 평가

국가 거버넌스의 현대화 지표 체계는 국가 간의 차이를 연구하는 분석적 시각에서 출발했다.[35] 그것은 국가 거버넌스 능력의 모든 측면을 일련의

---

34 高小平, 〈國家治理體系與治理能力現代化的世現路徑〉, 《中國行政管理》, 2014年 第1期.

구체적인 측정 가능한 지표로 나타냈다. 그것을 기초로 국가 거버넌스의 분석 틀을 만들어, 이를 일종의 이론적 패러다임으로 발전시켰다. 나아가 세계 여러 국가의 정치 및 운행 과정에 대해 상세하고 체계적으로 관찰하고 분석하여 단일한 시각과 가치 편견에서 벗어나고자 했다.

1) 비교정치학의 패러다임 전환과 국가 거버넌스의 탄생

국가 거버넌스 지표 체계를 이해하려면 우선 정치발전 이론의 변화와 국가 거버넌스 시각의 탄생 배경을 알아야 한다. 비교정치학의 관점에서 보면, 국가 거버넌스 이론은 민주화 이론에 대한 반성이고, 현대화 이론으로의 회귀이면서도 초월이다. 정치발전 이론의 의제가 민주화로 축소되어, 국가 거버넌스는 체계적이며 통합적 이론 틀로 회귀했다.[36]

정치발전 이론을 3단계로 구분한다면, 헌팅턴을 대표로 하는 1단계는 현대화 이론 단계라고 부를 수 있다. 그러한 이론적 패러다임에서 보면, 정치발전은 대체로 정치 현대화로 이해될 수 있다. 헌팅턴이 제시한 정치 질서에 대한 시각은 오랜 시간 동안 비교정치학의 핵심적 요소였다. 그가 보기에, 정부의 효율성 정도에 따라 정치질서의 우열이 결정된다. 효과적 통치는 안정적 정치질서를 의미하지만, 효과적이지 않은 통치는 정치질 서의 혼란을 야기한다. 국가에 있어서 효율의 유무, 안정 유무에서의 차이가 정체의 차이보다 훨씬 중요하다. 다이아몬드(L. Diamond)와 후쿠야 마 등의 학자로 대표되는 민주화 이론은 두 번째 단계이다. 그 단계는 각국 정치 체제를 경쟁적 선거의 유무에 따라 자유 민주 정체와 비자유 민

---

35 汪仕凱, 〈國家治理評估的指標設計與理論含義〉, 《探索》, 2016年 第3期.
36 高奇琦·遊騰飛, 〈國家治理的指教化評估及其新指標體系的構建〉, 《探索》, 2016年 第6期.

주 정체, 두 가지로 구분하고, 자유 민주 정체가 보편적 가치를 갖는 정치 체제이며, 결국 비자유 민주 정체를 대체할 것이므로 민주화는 각국 정치 발전의 필연적 방향이라고 보았다. 결과적으로, 그 단계의 이론적 패러다임은 민주를 비교적 확정적 기준으로 삼아 국가들을 비교했으며, 그 중점은 민주적 전환의 필연성, 노선, 과정 및 결과를 설명하는 것에 있었다. 그러나 그러한 이론적 패러다임은 줄곧 하나의 문제를 갖고 있었다. 즉, 어떻게 자유 민주 정체를 세울 것인가, 민주는 어떻게 발생하는가의 문제였다. 다시 말하면, 자유 민주 체제로의 전환 과정에서 맞닥뜨리는 실패나 붕괴의 문제를 어떻게 처리할 것인가의 문제였다.

21세기에 들어서면서 새롭게 출현한 정치 현상이 비교정치학 연구 패러다임의 또 다른 전환을 촉발시켰다. 민주 국가로 전환하는 과정에서 쇠퇴 현상이 나타남과 동시에 오래된 민주 국가에서도 비교적 심각한 경제 위기와 사회 모순의 격화 등과 같은 문제가 나타났다. 그로 인해 학계는 단일한 민주화 사고에서 벗어나게 되었으며, 새로운 각도에서 각 국가가 처한 거버넌스 문제에 관심을 갖게 되었고, 국가마다 다양한 거버넌스 경험을 발견하게 되었다. 그 단계에서 틸리, 잉글하트(R. Inglehart)와 같은 학자들은 물론이고, 민주화 이론을 주도했던 대표적 학자인 다이아몬드, 후쿠야마와 같은 학자들도 이론적 패러다임의 전환을 시도하게 되었다. 틸리는 '탈민주화(De-democratization)'란 개념을 제시했고, 다이아몬드는 '민주적 역행(Democratic Rollback)'이란 개념을 통해 세계적 범위에서 발생한 민주적 쇠퇴 현상을 표현했다. 미그달(J. Migdal)과 후쿠야마는 국가 능력을 다시 강조하고, 국가를 중심으로 하는 연구 패러다임을 또다시 사용했다. 민주화 이론의 반성과 국가 개념으로의 재복귀로 거버넌스 개념은 국제 관계 영역에서의 '글로벌 거버넌스'로부터 공공 관리 영역의 '공공 거버넌스'로 외연을 확장했고, 국가와 결합하여 '국가 거버넌스'라는 새로운 개념이 만들어졌다. 나아가 비교정치 영역의 새로운 이론적 패러다임을 형성했다.

그러므로 국가 거버넌스의 이론적 패러다임은 앞의 두 가지 이론적 패러다임의 한계를 극복하고, 국가 내부의 정당, 정부, 사회조직, 시민 등 다양한 주체의 시각으로부터 국가 간의 차이를 전제로 하여, 이데올로기 형태 또는 가치적 편견에서 벗어나 보다 객관적이고 정확하게 개별 국가의 정치 체제와 정책 과정을 이해하고자 한다.

2) 국가 거버넌스의 지표화

농업, 공업, 국방, 과학기술의 현대화에 이어, 국가 거버넌스 체계와 거버넌스 능력의 현대화는 제5의 현대화라고 표현된다. 국가 거버넌스 체계와 거버넌스 능력의 현대화는 과정적 발전 개념이다. 국가 거버넌스 체계와 거버넌스 능력의 현대화를 추진하는 것은 시대의 변화에 적응하는 것이다. 즉, 실천과 발전에 적합하지 않은 체제와 기제, 법률과 법규를 개혁하고, 새로운 체제와 기제, 법률과 법규를 구축해 나아가고, 모든 영역의 제도가 보다 과학적이며 완전해지도록 하며, 당, 국가, 사회 모든 업무의 거버넌스의 제도화, 규범화, 절차화를 실현하는 것이다. 동시에 현대화는 행위 기제로서 평가를 통해 그 상태와 정도를 나타낼 수 있다.

중요 개념과 그 의미에 대한 기본적 인식은 비교 연구를 진행하기 위해 전제되어야 한다. 개념을 비교할 때에는 반드시 개념 레벨과 경험 레벨의 교량을 세워야 한다. 조작화는 개념 레벨과 경험 레벨을 소통시키는 과정이다. 지표 체계의 설립은 국가 거버넌스를 추상적 개념에서 구체적 분석 틀로 전환시키는 과정이다. 거버넌스 방법과 거버넌스의 성과에 있어, 국가별 차이를 연구하기 위해 전면적이고 체계적인 분석 시각을 제공해야 한다. 오늘날 국가 거버넌스는 이미 세계 정치 영역에서의 키워드가 되었지만, 국가 거버넌스 개념에 대한 공통적 인식이 형성될 필요가 있다. 국가 거버넌스 평가 지표의 수립과 그 조작화는 그것을 이루는 데 도움이 될 것이다.

그런데 국가 거버넌스 체계와 거버넌스 능력의 현대화를 어떻게 평가할 것인가? 그것을 위해 무엇보다도 과학적이고 합리적인 거버넌스 평가 체계를 수립하여 현대 국가 거버넌스의 주요 가치와 목표를 구현하고, 현대 국가 거버넌스의 주요 내용과 영역을 두루 아울러, 현대적 국가 거버넌스 방식과 이념을 실현할 필요가 있다. 그러므로 국가 거버넌스 체계 구축의 중요한 의의는 다음의 몇 가지 측면에서 이야기할 수 있다. 첫째, 국가 거버넌스를 위한 비교적 과학적이고 합리적인 기준을 제시해준다. 둘째, 일련의 기준에 의해 거버넌스의 성과를 판단할 수 있고, 거버넌스의 문제를 발견할 수 있으며, 거버넌스의 우열을 비교할 수 있다. 국가 거버넌스 평가 체계는 일종의 기준으로서 국가 거버넌스 상황을 인식하고 평가하는 중요한 전제이다. 둘째, 국가 거버넌스와 관련된 개혁에 방향을 제시해준다. 국가 거버넌스의 측정과 평가 지표는 현대 국가발전의 기본적 가치 성향을 나타내므로, 상당한 정도로 정치적 진보라는 목표를 보여준다. 셋째, 거버넌스의 현실적 상황과 이상적 상황의 차이를 보여주어, 거버넌스 개혁의 노선을 명확히 하여 국가 거버넌스 개혁을 일으키고 이끈다. 넷째, 국가별 거버넌스 구조와 거버넌스 체제의 차이점과 유사점을 통해 민족 국가의 거버넌스 특색을 더 잘 이해하고 존중할 수 있도록 하며, 국가 간의 거버넌스 협력을 확대하여 민주적 글로벌 거버넌스를 이룩할 수 있다.

또한 지표의 지수화를 통한 측량의 평가 지표 체계를 수립하여, 거버넌스 지표 체계를 구축하려면, 다음의 기본적 특징을 만족시켜야 한다. 첫째,

전면적이고 정확하게 경험적 사실을 반영해야 한다. 둘째, 내재적 논리 근거를 갖추고 있어야 한다. 셋째, 최대한 국가 거버넌스에 대해 일반적인 이론적 해석의 틀을 제공하는 데 도움이 되어야 한다. 넷째, 평가 체계는 국가 거버넌스의 과정과 결과를 반영할 뿐만 아니라, 각국 거버넌스의 영향하에서 국가 거버넌스 과정과 결과에 대한 민중의 주관적 인식을 보여주어야 한다. 이상의 측면에서 국가 거버넌스의 평가 지표 체계를 수립하는 것은 사실 매우 방대하고 어려운 작업이다.

3. 국내외 국가 거버넌스의 지표

가장 초기의 거버넌스 평가는 국제조직과 다국적기업이 투자 수혜국의 자질을 평가하고, 투자 수혜국과 투자국의 정치 환경을 개선하기 위해 진행했던 평가에서 시작되었다. 비교정치학 연구가 국가 거버넌스 패러다임의 전환을 시작한 이래, 거버넌스는 일종의 이념으로부터 조작 가능하고 측량 가능한 실천으로 전환되었다. 학계와 중요 국제조직은 연이어 거버넌스 평가 체계를 만들었다. 세계은행의 통계에 의하면, 현재 세계에는 140여 개의 국가 거버넌스 평가 체계가 존재한다.[37] 그중에서 비교적 지명도가 높고 대표적인 지표 체계를 골라 현대 국가 거버넌스 체계의 기본 지표와 그것이 가정한 국가 거버넌스 체계의 기본 틀을 보여주고자 한다.

---

37 任劍濤, 〈現代化國家治理體系的構建: 基於近期頂層設計的評述〉, 《愛思想網》, http://www.aisixiang.com/data/8804html.

1) 해외 거버넌스 지표 체계

가장 먼저 완전한 거버넌스 기준을 확립하고, 주권 국가의 거버넌스 상황에 대해 종합적 평가를 한 것은 유엔개발계획(UNDP), 경제협력개발기구(OECD), 세계은행(World Bank) 등이다. 세계은행의 통계에 따르면, 오늘날 많이 사용되고 있는 거버넌스 지표체계는 대략 140개이다. 그중 비교적 영향력이 있는 것은 세계은행의 '세계 거버넌스 지표(Worldwide Governance Indicators, WGI)', UN 인류발전센터의 '인문 거버넌스 지표(Humane Governance Indicators, HGI)', UN 오슬로 거버넌스연구센터의 '민주적 거버넌스 평가(Measuring Democratic Governance)', OECD의 '인권과 민주적 거버넌스 평가(Measuring Human Rights and Democratic Governance)'이다. UN과 국제조직의 평가 체계 이외에도 국제 비정부조직과 서양 국가 또한 자신의 가치 성향과 업무 중점에 따라 거버넌스 평가 체계를 발표했다.

세계은행 지표

세계은행이 제공한 거버넌스 지표 체계는 세계 거버넌스 지표, 국가 정책과 제도 평가 지표, 그리고 거버넌스와 반부패 조사 지표로 나뉜다. 그러한 평가 지표는 국가 거버넌스 체계와 능력에 대한 것이다.

첫째, '세계 거버넌스 지표'는 주로 언론과 책임성, 정치 안정성과 폭력의 부재, 정부의 효율성, 통제의 질, 법치, 부패 통제 등 여섯 가지 주요한 지표로 구성되어 있다. 구체적으로 말하자면, ① 언론과 책임성(voice and accountability) 지표는 국가의 시민이 어느 정도로 자신의 정부를 선출할 수 있는지, 표현의 자유, 결사의 자유, 언론의 자유를 누리는지를 말한다. ② 정치안정과 폭력의 부재(political stability and absence of violence/

terrorism) 지표는 국가가 정국 혼란에 직면해 있는지, 정치적 폭동이 출현했는지, 테러리즘의 공격을 받을 가능성이 어느 정도인지를 보여준다. ③ 정부의 효율성(government effectiveness) 지표는 정부가 민중에게 공급하는 공공행정 서비스와 공공 정책을 뒷받침하는 능력과 질, 정부 정책의 신뢰도를 가리킨다. ④ 통제의 질(regulatory quality) 지표는 정부가 제정하고 실시하는 좋은 정책과 법규로써 시장 주체와 민간 부문이 질서 있고 긍정적으로 발전하도록 하는 능력을 말한다. ⑤ 법치(rule of law) 지표는 사회의 각 주체가 공급 규칙에 대해 준수하고 신뢰하는 정도를 보여준다. ⑥ 부패 통제(control of corruption) 지표를 통해서는 일국의 공권력이 어느 정도로 사적 이익을 추구하는 데 이용되는지, 공공 자원이 얼마나 침해되는지를 알 수 있다.

세계은행의 평가 지표 체계는 세계 215개 국가의 1996년부터의 데이터를 모아, 선진국과 개발도상국, 기업과 전문가의 의견, 그리고 조사 기구, 데이터베이스, 비정부조직, 국제조직, 민간 부문의 데이터 정보를 종합한 것이다.

둘째는 '국가 정책과 제도 평가' 지표이다. 그것은 4개의 대분류와 16개의 대지표, 그리고 세분화된 지표로 구성되어 있다. 예를 들면, 거시적 경제 관리, 재정 정책, 채무 정책, 무역, 금융 부문, 기업 감독 환경, 인력 자원의 건설, 사회보장과 노동력, 환경과 지속가능한 발전 정책과 체제, 예산과 재정 관리의 질, 소득 동원의 효율성, 공공 행정관리의 질, 공공 부문의 투명한 책임제와 부패 등이다. 그러한 지표와 앞에서 서술한 '세계 거버넌스 지표'는 대부분 일치하지만, 구체적 정책에 대해 보다 세분화되어 있다는 점이 특징이다.

셋째, '거버넌스와 반부패 진단 조사' 지표이다. 그것은 세 가지 조사 항목으로 이루어져 있다. 첫째는 공무원 조사이다. 그 목적은 기관의 구체적 부패 행위(뇌물, 인맥, 정치적 관여, 공금 횡령 등), 자유 재량권/자의성, 성과와 거버넌스 상황을 이해하기 위한 것이다. 조사 결과는 거버넌스와 빈곤 퇴치, 거버넌스와 공공 부문의 성과, 거버넌스와 정치, 가치, 문화적 차이의 관계에서의 대화를 야기했다. 둘째는 기업 조사이다. 목적은 기업 환경, 특히 공공 부문의 거버넌스와 부패 행위가 사적 부문의 발전에 미치는 영향을 연구하는 것이다. 셋째는 가정조사이다. 조사 내용은 공공 서비스의 사용자, 관리 규정의 복종자, 각종 면허와 허가의 수령자인 기업의 공공과 사적 부문 사이에서의 부패 행위에 대한 체험과 인식이다. 그중에서도 조사의 핵심은 의료 보건과 교육과 같은 사회 서비스에 있다.

그 세 가지 평가 지표 체계 중 '세계 거버넌스 지표'는 비교적 거시적이며, 나중의 두 가지는 비교적 미시적이다. 그들은 국가 거버넌스 현대화의 몇 가지 주요 방향을 둘러싸고 전개되었다. 무엇보다도 국가의 정치 체제에서 시민의 권리, 정부의 법치 정도, 정치적 책임성 등이다. 그다음으로 정부와 기업, 공공 부문과 사적 부문의 관계, 예를 들면 정부 예산, 공공 정책, 정부 규칙, 시장의 방향, 정책 투명도, 경영 환경 등이다. 마지막으로 공권력의 행사, 예를 들면 부패 처벌, 범죄 통제, 대중의 만족도, 성과 평가 등이다. 그러한 지표 체계에서 민주화와 법치화는 핵심적 위치를 차지한다. 두 가지 지표는 현대화 국가 거버넌스 체계의 가장 중요한 상징으로 여겨진다. 또한 정부와 시장의 양호한 관계, 국가와 사회의 관계도 중시되는 지표 체계이다.

UN개발계획의 거버넌스 지표

UN개발계획의 거버넌스 지표는 업무 보고 형식으로 발표되는데, 지표 수도 비교적 많고, 거버넌스의 여러 측면을 모두 포함하고 있다. 그들 지표 중 비교적 영향력 있는 것은 '1000년 발전목표 계획'이다. 2000년 9월

UN 1000년 정상회의에서 세계 각국의 지도자들은 빈곤, 기아, 질병, 문맹, 환경 악화, 부녀 차별 등을 소멸시키기 위해 일정한 기간을 목표를 정하고, 목표 달성을 측정할 수 있는 지표들을 만들었다. 그들 지표는 대체로 여덟 가지 유형으로 나뉘며, 절대 빈곤과 기아 퇴치, 초등 교육의 보급, 남녀 평등과 부녀자의 권리 촉진, 아동 사망률의 감소, 산모의 보건 개선, 에이즈, 말라리아 등 질병과의 투쟁, 지속가능한 능력의 보장, 발전을 위한 세계 협력의 촉진 등이다. 그러한 지표들은 세계 발전의 공통적이며 핵심적인 명제이므로 1000년 발전목표라고 불린다.

경제협력개발기구의 Metagora 프로젝트

경제협력개발기구의 Metagora 프로젝트는 남북 협력을 유도하여 국가 능력과 지도 수준을 높이고, 국가의 인권과 민주 거버넌스 상황을 평가하는 데 그 목적이 있다. 지표로는 민주, 인권, 거버넌스라는 세 가지 주요 차원이 포함된다. 구체적으로 관리, 책임성, 투명도, 부패, 참여율, 법치, 검사와 감독, 정보 획득, 도덕 등의 지표가 있다.

긍정적인 것은 서방 국가와 국제조직이 계발한 거버넌스 평가 체계가 모두 보편적 지표 체계로서 세계 각국의 거버넌스 상황에 대해 세밀하고 정확한 측정을 한다는 점이다. 그것이 각종 평가 체계의 공통점이다. 그러한 거버넌스 평가 지표 체계의 각 특징에 따라 각각의 중점이 다르다. 어떤 평가 체계는 정부 과정의 시각에서 국가의 거버넌스 현대화 정도를 측정한다. 예를 들면, 시민의 참여 정도, 정부 능력, 부패 거버넌스 등이다. 어떤 평가 체계는 국가 거버넌스의 구조적 요인의 시각에서 바라본다. 예를 들면, 선거의 유무, 독립적 공무원 체계의 유무, 시민 사회의 발달 정도, 법치의 투명도, 언론의 자유 등이다. 그중 대표적인 것은 UN개발계획의 거버넌스 지표와 프리덤 하우스(Freedom House)의 세계 자유의 평가이다. 또 다른 평가 체계는 국가 거버넌스의 실제 효과에 주목한다. 예를 들면 정부의 성과, 시민의 만족도 등이다.[38]

그러나 그러한 평가 체계들의 가장 큰 문제점은 국가마다 역사 발전, 정치 제도, 경제발전 단계 등에 있어서 큰 차이가 존재하므로, 통일적 기준으로 측정하기 어렵다는 점에 있다. 많은 평가 체계는 대다수가 스스로 어떤 가치 편향도 없으며, 중립적인 원칙에 따르고, 과학적이고 객관적으로 측정하려 했다고 하지만, 측정된 실제 결과를 보면 가치 성향이 뚜렷하게 나타난다. 일련의 연구늘에 따르면, 많은 경우 거버넌스 지표가 서양 국가들이 글로벌 민주 정치 담론을 장악하도록 돕고 있으며, 비서양 국가들의 정치에 대해 간섭하고 지적하는 담론적 무기로 이용되고 있다. 또한 측정된 데이터의 출처로 보면, 서양 국가의 국가 거버넌스 지표는 주로 설문지를 통해 얻어지며, 설문지가 배포되는 장소와 설문 자체에 선택성과 유도성이 있다. 그것은 많은 평가 지표 체계가 신뢰성을 갖고 있지 못한 중요한 이유이다. 그런 이유로 국제적 거버넌스 평가 체계의 객관성, 중립성, 공정성이 줄곧 의심받아왔고, 평가의 결과에 대해서도 평가 대상에 포함된 제3자가 인정하지 못하는 경우가 종종 있다.

2) 중국의 국가 거버넌스 평가 지표

최근 들어 중국에서 국가 거버넌스가 담론 영역에서 활발하게 논의되고 있다. 중국의 정계와 학계는 국가 거버넌스 평가를 중시하기 시작했으며, 중국의 국정에 맞는 평가 지표를 만들고자 한다. 한편으로 국내의 거버넌

---

38 肖唐鏢·肖龍, 〈中國公民眼中的國家治理: 能力與績效評估〉, 《地方治理研究》, 2016年 第1期.

스 현황을 발전시키고, 국내 지방 정부의 개혁을 촉진하며, 다른 한편으로 중국의 거버넌스 경험을 총정리하고, 국제 사회에서 더 많은 자주성과 발언권을 확보하려는 것이다. 예를 들면, 위커핑은 국가의 거버넌스 체계가 현대화되었는지를 측정하기 위해서는 최소한 다섯 가지 기준이 필요하다고 보았다. 첫째, 공권력 사용의 제도화와 규범화이다. 그것은 정부 거버넌스, 시장 거버넌스, 사회 거버넌스를 위해 완전한 제도의 수립과 규범적 공공질서를 필요로 한다. 둘째, 민주화이다. 즉, 공공 거버넌스와 그 제도적 마련을 위해서는 반드시 주권재민과 인민이 주인이라는 원칙이 보장되어야 하고, 모든 공공 정책을 통해 근본적으로 인민의 의지와 인민의 주체적 지위를 실현해야 한다. 셋째, 법치이다. 즉, 헌법과 법률이 공공 거버넌스의 최고 권위가 되어야 한다. 법 앞에서 모든 사람이 평등해야 하며, 어떠한 조직이나 개인도 법률을 초월할 수 있는 권력을 가져서는 안 된다. 넷째, 효율이다. 즉, 국가 거버넌스 체계는 효과적으로 사회안정과 사회질서를 유지하여, 행정 효율과 경제적 효과를 향상시키는 데 도움이 되어야 한다. 다섯째, 협조이다. 현대의 국가 거버넌스 체계는 유기적인 제도적 시스템이다. 중앙으로부터 지방의 각급, 정부 거버넌스로부터 사회 거버넌스에 이르기까지 각종 제도가 통일적이고 정체적으로 상호 협력하는 것과 불가분의 관계에 있다.[39] 위커핑의 다섯 가지 기준과 유사하게, 허정커도 국가 거버넌스 체계와 거버넌스 능력의 현대화를 측정하기 위한 기준 네 가지를 제시했다. 첫째는 민주화이다. 인민이 국가 정권의 소유자로서 합법적인 경로로 직접 또는 자신이 선출한 대표를 통해 참여, 정책 결정, 집행, 감독 등 국가 거버넌스의 모든 과정에 참여

---

39 俞可平, 〈衡量國家治理體系現代化的基本標准: 關於推進國家治理體系和治理能力的現代化的思考〉, 《北京日報》, 2013年 12月 9日.

할 수 있어야 하며, 책임자를 추궁할 수 있는 수단이 제도화되어야 한다. 둘째, 법치화이다. 국가 정권의 소유자, 관리자, 이익 관계자가 국가 거버넌스에 참여하는 행위는 모두 법치화된 궤도에서 행해져야 한다. 국가 공권력의 사용도 헌법과 법률의 제약을 받아야 한다. 규칙과 절차를 통한 통치가 인치(人治)를 대체해야 한다. 셋째, 문명화이다. 국가 거버넌스는 "강제는 더 줄고, 동의는 더 늘어나야" 하며, "관리가 서비스 속으로 들어가야" 하고, "대화, 협상, 소통, 협력은 늘리고, 독단과 전횡은 줄여야" 하며, "권능을 더 많이 늘리고, 배척과 차별은 더 줄여야" 한다. 넷째, 과학화이다. 각종 거버넌스 주체가 깃는 자주성이 더 커져야 한다. 그들이 수행하는 각종 기능의 전문화와 직업화에 따른 노동 분업 정도가 향상되고, 집정당과 정부기관이 다른 거버넌스 주체들과 협력하는 능력, 전략과 정책을 진행하는 능력이 제고되어야 한다.[40]

선촨량(沈傳亮)은 국가 거버넌스 능력의 현대화를 평가하기 위해 세 가지 차원이 고려되어야 한다고 생각했다. 첫째는 국가 거버넌스 주체의 거버넌스 능력에 대한 평가이다. 거버넌스의 정의로 보면, 중국의 거버넌스 주체는 당, 정부, 시장, 사회조직 등이다. 거버넌스 주체마다 국가 거버넌스에 대한 요구도 다르다. 그러므로 거버넌스 주체에 따라 차별화된 거버넌스 평가 체계가 필요하다. 세계에서 통용되고 있는 거버넌스 능력의 평가 체계도 거버넌스 주체를 중심으로 이루어진다. 둘째, 거버넌스 과정에 대한 평가이다. 거버넌스는 일종의 과정적 개념이다. 그러므로 거버넌스 주체가 거버넌스 과정에서 보여주는 능력에 대해 평가해야 한다. 거버넌스 과정에 대한 평가는 시기별로 동태적으로 이루어져야 한다. 세계 대다수의 거버넌스 능력 평가 체계는 모두 거버넌스 과정에 대한 평가를 포함

---

40 何增科, 〈國家治理現代化及其評估〉, 《學習時報》, 2014年 1月 3日.

하고 있다.[41] 셋째, 거버넌스 성과에 대한 평가이다. 그것은 주로 경제적 거버넌스, 정치적 거버넌스, 사회적 거버넌스, 문화적 거버넌스, 생태적 거버넌스 등에 있어서의 성과를 가지고 판단한다.

중국발전지표(RCDI)

중국발전지표는 중국런민(人民)대학 중국 조사 및 데이터 센터에서 만든 것으로, 2007년 처음 발표되어 현재까지 10년 동안 발표되었다. 그것은 UN 인류발전지수의 평가 지표를 참고로 했다. 그것은 GDP 지표의 일방성을 보완하고, 국가와 지역의 발전을 전면적으로 측정하기 위한 것이며, 중국 내 여러 지역의 사회·경제 발전 상황과 지역 격차를 측정하기 위한 것이다. 지표는 모두 네 종류로 나뉜다. 건강 지표(출생부터 예상 수명, 영아 사망률, 만 명당 병상 수 등), 생활 수준 지표(농촌 주민의 연평균 소득, 1인당 GDP, 도시와 농촌의 1인당 소비, 도시 주민의 엥겔 지수 등), 교육 지표(성인의 문맹률, 전문대 이상의 인구비율 등), 사회 환경 지표(도시 실업등기율, 제3차 산업이 GDP에서 차지하는 비중, 1인당 도로 면적, 도시 주민의 1인당 주거 면적, 1인당 환경오염 거버넌스 투자 총액 등)이다.

중국 거버넌스 평가 지표

중국 거버넌스 평가 지표는 정치학자인 위커핑 교수가 제시한 것으로, 비교적 일찍 세계 현존 국가들을 대상으로 하여 조사한 후 학계에 소개했다. 그것을 기초로 중국 거버넌스 성과를 평가하는 12개의 지표를 만들었다. 시민의 참여, 인권과 시민권, 당내 민주, 법치, 합법성, 사회 공정, 사회안정, 정부 분리, 행정 성과, 정부 책임, 공공 서비스, 청렴한 정치 등이다.

---

41 沈傳亮, 〈建立國家治理能力現代化評估體系〉, 《學習時報》, 2014年 6月 3日.

그 하위에 98개의 지표가 있다. 사회안정을 예로 들면, 돌발 사건에 대응하는 정부의 능력, 정책의 연속성, 시민의 사회적 안전감, 사회 치안 상황, 통화팽창률, 민족자치구의 충돌사건, 집단적 사건의 수, 상방(上訪)의 수와 비율, 시민의 사회적 위기감, 가정 폭력과 공공 폭력 사건 등이다. 평가 체계가 전면적이며, 중국 각급 정부가 더 나은 방향으로 개혁과 전환을 할 수 있도록 한다. 또한 이는 서양 거버넌스 평가 체계의 가치 편향을 극복하기 위한 것이다.

국기 거버넌스의 질 측정 지표

국가 거버넌스의 질을 평가하는 체계는 국가 거버넌스의 실제 효과를 측량하고 평가하는 것에 주안점을 둔다. 정부, 시장, 사회 세 가지 방면에서 아홉 가지 지표가 있다. 정부 능력 지표(경제 통제력, 부패 정도, 국방 능력 등), 시장의 유효성과 경제발전 지표(시장 기제, 산업 발전, 거시경제 등), 사회 안정성과 사회발전 지표(사회안정, 사회발전, 사회복지, 사회보장 등)가 그것이다. 그것은 난카이(南開) 대학의 징웨이민(景維民) 교수가 이끄는 리서치 그룹에 의해 완성되었으며, 소련 및 동아시아 18개의 민주화 전환 국가를 대상으로 삼았다.

국가의 글로벌 거버넌스 참여 지표(National Governance Index, NGI)

국가의 글로벌 거버넌스 참여 지표는 화동 정법대학이 2014년 전후에 발표한 것으로, 세계 주요 국가의 국가 거버넌스의 질과 상황을 측정한 것이었다. 평가 체계는 아시아, 유럽, 아프리카의 100여 개 국가를 평가 대상으로 했으며, GDP, 인구 수 등과 같은 정보와 데이터를 근거로 했다. 평가는 주로 기초적 지표(기초 시설, 질서, 기본적 공공 서비스로서, 구체적으로는 교통 시설, 통신 설비, 수리 시설, 민생 시설; 사회 치안, 정국 안정, 식품 공급;

건강 상황, 교육 정도, 취업 수준 등), 가치적 지표(공개, 공평, 공정을 말하며, 구체적으로는 재정 공개, 입법 공개, 정책 결정 공개, 분배의 공평, 보장의 공평, 성별 공정, 소수자 공정 등), 지속적 지표(효율, 환경 보호, 혁신 등을 말하며, 구체적 지표로는 에너지 소비, 자원 소비, 오염물 배출, 혁신 투입, 혁신 산출 등)가 있다.

텐저(天則) 경제연구소의 '중국 성(省)과 시(市)의 공공 거버넌스 지표'

텐저 경제연구소의 지표는 시민의 권리, 공공 서비스, 거버넌스 방식이라는 세 가지로 구성되어 있다. 그 하위에 18개의 지표가 있다. 이는 각각 소득과 재산권, 언론의 자유, 신문·출판의 자유, 인신의 권리, 이동의 자유, 권리 구제(시민의 권리), 기초 교육, 공중위생, 취업·의료·양로의 사회보장, 환경, 공공 안전, 공공 도로와 교통(공공 서비스), 선거, 투명, 다원, 참여, 청렴, 신뢰(거버넌스 방식)이다.

중국 사회 거버넌스 평가 지표 체계(China Social Governance Index, 2012)

중국 사회 거버넌스 평가 지표는 중앙편역국 비교정치 및 경제연구센터와 칭화 대학의 카이펑(凱風) 발전연구원 정치발전연구소가 공동 발표한 것으로, 6개의 상위 지표와 35개의 하위 지표로 나뉜다. 이는 각각 인류의 발전(1인당 소득, 지니계수, 평균 예상 수명, 주민 행복도), 사회 공평(도농 주민의 수입 격차, 지니계수, 고등학교 졸업생의 성비, 현(縣) 이상 전임 간부 중 여성 비율, 1인당 기본 공공 서비스 지출, 1인당 공공 서비스 시설 지수, 원스톱 서비스 보급률, 실업률, 공공 서비스에 대한 주민의 만족도), 사회보장(기본적 사회보장 적용률, 주민의 지출과 소득 비율, 사회적 구제 비율, 최저생계 보장 기준과 1인당 소비 지출 비율, 사회보장 수준에 대한 주민의 만족도), 공공 안전(만 명당 형사 사건 발생률, 만 명당 치안 사건 발생률, 사고사 사망률, 집단적 사건 수, 1인당 테러 습격 사상률, 주민의 안전감), 사회 참여(만 명당 사회조직 수, 만 명당 지원자 수,

사회조직의 공공 서비스에 대한 정부의 지출이 공공 서비스 지출에서 차지하는 비중, 주민 위원회 직접 선거 비율, 주민 선거 참여율, 중대 정책 결정 청취율, 예산 결정 과정에서의 대중의 참여율, 미디어 감독의 유효성, 사회관리 참여에 대한 주민의 만족도)이다.

국가 거버넌스 평가 지표 체계에 대한 깊이 있는 연구를 기초로 중국은 자신만의 거버넌스 평가 체계를 수립했다. 최근 국가 거버넌스 체계와 능력 건설에 대한 연구에 있어서 뚜렷한 발전 추세를 보이고 있다. 중국이 국가 거버넌스 평가 지표 체계를 수립하여 서양의 담론 헤게모니에서 벗어난 것은 중요한 의의가 있다. 현재 비교적 영향력 있는 거버넌스 평가와 국가 현대화 및 민주화 평가 체계는 모두 서양 국가들의 것이다. 그리고 그러한 지표 체계를 통해 상당 정도 이데올로기를 수출하고 있다. 보다 과학적이고, 객관적이며, 공정한 지표 체계의 수립은 각국에 대한 존중에서 출발해야 하고, 무엇보다도 개발도상국의 발전 경험과 거버넌스 성과를 전제로 해야 하며, 국가 질서, 기초 시설, 기본적 공공 서비스 등 기초적 지표에 초점을 두어야 한다. 그리고 서양과 관련된 정치 지표로서 개발도상국을 지나치게 오도하는 것을 바로 잡았다는 점에서 중국의 국가 거버넌스 평가 지표 체계는 충분한 의미가 있다. 중국 국가 거버넌스의 분석 틀과 평가 지표 체계 구축의 중요한 목적의 하나는 중국 국가 거버넌스의 경험의 이론화이며, 그를 통해 국제 사회에서 중국이 제도적 담론권을 갖는 것이다.[42]

현재 중국 내의 거버넌스 평가 체계는 여섯 가지 유형으로 나뉜다. 평가 목적으로 보면, 첫 번째 유형은 연구적 평가 체계이다. 즉, 이론 탐구

---

42 汪仕凱, 앞의 글.

와 가치 유도를 위한 것으로, 예를 들면 위커핑이 2002년 발표한 '중국 민주 거버넌스 평가 기준'이 그것이다. 두 번째 유형은 실제 평가에 중점을 둔 것으로, 예를 들면 '생태문명 지표 체계'이다. 그것은 거버넌스의 성과를 실제 측정하기 위한 것이다. 평가 내용으로 보면, 어떤 지표 체계는 비교적 종합적이어서 정부, 경제, 사회, 문화, 환경 등 여러 분야를 두루 포함했다. 어떤 것은 전문적으로 하나의 특수한 영역에 대해서만 평가를 했다. 예를 들면, '도시 법치 환경 평가 지표 체계'이다. 평가의 대상으로 보면, 어떤 것은 국제 사회의 각 국가를 대상으로 하여 국가 간 비교를 했고, 다른 것은 국내 각급 정부에 주목하여 지방 정부의 거버넌스 성과를 비교했다. 예를 들면 '중국 성과 도시의 공공 거버넌스 지표'이다.

지표 체계의 구성과 특징으로 보면, 현재 국내 거버넌스 평가 지표는 주로 몇 가지로 나눌 수 있다. 첫째 유형은 보고 평가로서 세분화되지 않은 지표를 사용하고, 지표의 조작성과 데이터 접근성을 고려하지 않으며, 주로 이론적 논증을 한다. 둘째 유형은 평가 차원을 세분화하여 여러 수준의 지표를 만든다. 지표에 척도를 만들어 계량 모델을 도출하여 측정 가능한 지표 체계를 구성한다. 그것은 지표 체계를 개발하는 데 중점을 두고, 실제 측정은 하지 않는다. 셋째 유형은 차원별로 세분화하여 여러 차원의 지표를 설정하고, 지표에 척도를 만들어 계량 모델을 만들고 측정 가능한 지표 체계를 구성하여 실제 측정을 한다. 그러므로 지표 체계를 발표할 뿐만 아니라 실제 측정 결과(데이터 선별과 계량 모델의 조정을 통해 평가결과가 예상에 부합하도록 함)도 공표한다.

근래 들어 중국 국내 학자들이 광범위하게 각종 평가 체계를 참고하여 다양한 거버넌스 평가 지표를 개발하고 측정하고 있지만, 국내의 거버넌스 평가는 이론적 측면에서나 실제 조작에 있어서나 적지 않은 문제를 갖고 있다. 아직까지도 세계적 범위에서 광범위하게 사용될 만한 성숙한 거버넌스 평가 지표 체계가 나오지 않았다. 한편으로, 일부 지표 체계의 데이터와 정보가 신뢰성을 결여하고 있다. 그러한 체계가 설계한 데이터는 정치적으로 민감할 수 있다. 또는 주관적 요인에 지나치게 의존하여 신뢰성을 얻기 힘들다. 다른 한편으로, 일부 지표 체계의 내용이 비교적 방대하여 주제와 중점이 드러나지 않거나 목표가 불명확하거나 심지어는 데이터의 정확성이 결여되어 있어서, 그 결과 또한 객관성과 전면성을 갖고 있지 못하다. 또한 상당수의 지표 체계는 학계의 연구를 위한 보조적 수단으로 사용될 뿐이고, 학술 발표와 일회성 측정만을 하고, 지속적으로 발표되지 못하여 비교적 영향력이 없으므로 향후 실제 측정에 응용하여 안정적 신뢰도와 효과를 얻을 필요가 있다.

4. '개인-사회-국가' 3차원 거버넌스 평가 체계

국내외의 국가 거버넌스 평가 체계를 기초로 보다 합리적이고, 중국 거버넌스 특색을 갖는 거버넌스 평가 체계가 필요하다. 그것을 위해서는 논리의 엄밀성과 실제성, 규범성과 실용성을 함께 갖추어야 한다. 그러므로 국내외 현존하는 거버넌스 평가 지표 체계를 정리하여 그것을 참고로 중국 국가 거버넌스 평가에 대한 새로운 제안을 해보고자 한다.

1) 중국 국가 거버넌스 현대화의 기본적 측정 차원

현재 국내외 학자들이 현대 국가 거버넌스에 관해 제시한 측정 지표 중에서는 유효성, 제도화, 민주화, 법치화, 참여와 책임성, 부패 예방 등이 핵심적 위치를 차지하고 있고, 그것이 가장 인정받는 거버넌스 현대화의 지표이기도 하다. 그러한 지표는 중국의 국가 거버넌스 지표 체계 수립에서도 중요하다. 그 밖에 현대 국가 거버넌스 체계의 정층 설계에서 명확한 국가 권력 시스템, 시장 가격 기제와 사회관리 혁신을 기초로 한 다원적 상호 작용과 다원적 공치(共治) 또한 정착시켜야 한다.[43]

그런데 어떤 차원에서 중국 국가 거버넌스의 현대화 정도를 측정해야 할까? 그리고 그것을 기초로 어떻게 좀 더 명확하게 거버넌스 현대화의 발전 목표를 정해야 할까? 근본적으로 국가 거버넌스의 목표는 인민의 행복, 사회의 조화, 국가의 부강을 이루는 것이다. 인민의 자유, 민주와 복지는 인민의 행복을 보장해준다. 사회발전의 다원화, 자치화 그리고 상호 관용과 자율은 사회적 조화의 토대이다. 그렇다면 국가의 부강을 얘기할 때, 인민의 행복과 사회의 조화라는 두 가지 점 이외에 어떤 요소에 주목해야 할까? 국제관계 이론과 국제 사회의 구도 변화설에 따르면, 국가의 리스크를 줄이고 국가의 종합 경쟁력을 높이는 것이 국가 행위의 주요 동기이다. 국가(특히 대국 간)들은 국가 이익을 위해 경쟁하고, 그러한 경쟁은 힘의 비교로 귀결된다. 그것은 국가의 통일성, 국가의 혁신성, 국가의 비용성, 국가의 저항성, 국가의 위험성 등 다섯 가지 요소로 비교된다. 결론적으로 국가의 통일성을 추진하고, 국가의 혁신을 촉진하고, 국가의 비용을 낮추고, 국가의 저항을 줄이고, 국가의 리스크를 회피하는 것이 바로 국가 거버넌스의 주요 임무이다. 이상의 분석을 통해 다음과 같은 중국 국가 거버넌스의 목표를 설정할 수 있다.

국가의 통일성과 균등화

현대 국가의 발전상을 보면, 국가의 통일성은 세 가지 측면에서 나타난다.

---

43 任劍濤, 앞의 글.

첫째, 주권 통일이다. 그 상징은 영토의 완전성과 국가 주권의 독립이다. 둘째, 통치권의 통일이다. 지방들도 상대적으로 통일된 관리 방법을 갖고 있어야 하며, 법으로 정한 중앙정부의 관리권이 통일된 관할 범위 내에서 실시될 수 있어야 한다. 셋째, 민권의 통일이다. 지역과 계층이 달라도 기본적으로 동일한 권리와 이익을 누려야 한다.

중화인민공화국 성립 이후 국가는 여러 가지 노력을 해왔고, 많은 기초 시설을 건설했다. 하지만 국가 거버넌스 측면에서 여러 가지 취약성이 드러났고, 심지어 아직까지 해결되지 않은 문제도 많다. 예를 들어, 속지화 관리를 기초로 형성된 성, 자치구, 직할시 간의 차이, 역사적으로 형성된 계층 간의 차이, 도시와 향촌 및 지역별 공공 서비스와 기초 시설의 불균 등은 국가발전의 장애가 되었다. 그러므로 국가 거버넌스의 각도에서 국가의 통일성과 균등화를 추진할 필요가 있다.

국가는 반드시 발전함에 따라 해체되므로, 고도의 통합력이 필요하고, '접착제'가 필요하다. 예를 들면 문화, 종교, 이데올로기, 교통, 인터넷, 경제발전, 시장화, 인구의 잡거(雜居), 민족 간의 통혼 등의 기제와 수단을 통해 고도의 융합을 이루어야 한다. 차이가 지나치게 크고, 서로 간극이 생기면 국가발전에 화근이 될 수 있다. 장기적으로 포용적 플랫폼을 제공하여 국가 통합력을 제고시켜 응집력을 갖도록 해야 한다. 종교적 배척, 가치관의 분열, 민족 모순, 집단 충돌, 지역 갈등, 계층 혐오 등을 없애야 한다. 가장 좋은 방법은 전국적 통일이다. 제도적 플랫폼으로 주권의 통일과 통치권의 통일을 이루어야 하고, 민권의 통일도 이루어야 한다. 그것을 기준으로 국가 상황을 평가하면 국가발전을 위해 해결해야 하는 문제를 도출할 수 있다. 어떤 것이 부족한지, 어떤 것이 취약한지, 어떠한 제도적·정책적 개혁을 해야 하는지 등이 그에 해당한다. 제도적으로 포용적 틀을 설계하는 것 말고도 기본적 인성에 필요한 기본적 자유, 민권을 보장하는 것으로부터 민주, 자유, 평등, 공정, 공평 등의 가장 기본적 원칙을 유지하기에 이르러야 비로소 제도, 정책, 관념에 대해 민중의 공통적 인식이 형성되고 국가의 공통적 인식도 자연스럽게 형성된다.

현대 국가는 균등화, 통일성, 일치성을 이루어야 한다. 시민의 권익은 평등해져야 한다. 그러한 목표를 실현하기 위해 제도적이고 체계적인 혁신을 통해 국가 거버넌스 체계의 현대화를 이루어야 한다. 체제의 혁신과 제도의 변혁은 현대 국가의 기준을 가지고 말하는 것이다. 혁신성은 국가 발전의 동력과 발전의 지속가능성을 가리킨다. 우선, 지역화의 문제를 해결하기 위해서는 전국의 통일적 관리 체계를 수립해야 한다. 역사적으로 형성된 관리 체계는 대부분 지역화 관리이다. 경제발전뿐만 아니라 기본적으로 모든 사회 업무는 지역화 관리이다. 그로 인해 지역 간의 차이와 비협조가 생겨났고 지역주의가 초래되었다. 행정 지역화를 기초로 만들어진 관리 체제는 국가 자원을 분해 또는 파편화하는 경향이 있고, 관리가 지역을 단위로 이루어지는 분열이 이루어진다. 다음으로, 기초 시설과 공공 서비스의 균등화는 도농, 지역 간의 균형을 가져온다. 해외를 보면 서유럽 국가의 균등화는 일정 정도에 이르기까지 첫째, 어느 정도의 시간이 필요했고, 둘째, 시장의 힘에 의존했다. 정부가 정책적 유도를 했지만, 민간에서도 스스로 선택을 해서 결국 지역 간의 상대적 균형이 이루어졌다. 체제와 기제의 변화는 결국 정부의 직능에 달려 있다. 정부가 정책 유도, 이익 추동, 동기 부여 기제 등의 측면에서 명확한 기준과 요구를 해야 하고, 그런 다음에 시장과 민간이 더 많은 것을 선택하도록 해야 상대적 균형이 이루어질 수 있다. 마지막으로, 중앙 정부의 협조 기제와 협조 기능을 강화해야 한다. 현재 전국적으로 통일적인 제도를 수립하려면 중앙 권력의 협조성을 강화해야 하고, 지역을 초월하여 더 강한 협조 능력을 발휘해야 한다. 현대 공공 관리에서 강조하는 것은 바로 협동성과 협조 능력이다. 그것은 우리에게 취약한 점이다. 비협조, 불균형의 국면에서 벗어나려면 전국의 통일적 구도에서 생각해야 한다.

제한적이며 강한 정부와 질서 있고 강한 사회

정부는 제한적이면서도 적절한 규모의 강한 정부여야 한다. 일을 처리할 때 반드시 강하면서도 적절해야 한다는 것은 기본이다. 정부는 대소, 강약, 제한과 무제한의 구분이 있다. 대소는 규모를 말하는 것이고, 강약은 능력을 말하는 것이다. 정부는 많은 점에서 강해야 하는데, 특히 중요한 역할을 해야 할 때 더욱 그렇다. 제한과 무제한은 권한의 범위를 말하는 것으로, 그 점을 무엇보다도 분명히 해야 할 필요가 있다. 정부의 책임은 무제한이라고 할 수 있고, 모든 일에 대해 최종적인 책임이 있다. 정부의 책임에 대한 일반 국민들의 요구는 무한하다. 그러나 정부의 권력은 법률이 부여한 범위 내에 한정되어 있다. '법치 정부'는 그런 것이다. 정부는 법률이 부여한 권한 안에서 반드시 적극적으로 작위를 해야 한다. 중국과 같이 후발 국가는 더 그렇다.

정부의 강약은 시장의 힘, 사회의 힘에 상대적으로 말한 것이다. 정부가 어떤 점에서 조금 간과하고자 한다면, 또 다른 힘들, 즉 사회와 시장이 뒷받침해야 가능하다. 그렇지 않다면 공공 업무에서의 빈자리가 많은 문제를 야기할 것이다. 그러므로 강약은 상대적이다. 지금 그런 문제를 이야기하는 이유는 시장과 사회의 힘이 충분히 비축되어야 정부가 손을 놓을 수 있다. 그러나 관념의 영향과 행위의 관성으로 인해, 그것이 완전히 이루어지지 못했고, 정부는 여전히 강하고, 사회와 시장의 힘은 충분히 발휘되지 못하고 있다.

정부의 입장에서 보면, 분권도 좋고 집권도 좋지만 그것은 일종의 딜레마이다. 1990년대 후반부터 정부의 집권화에 대한 목소리가 점점 강해지기 시작하여, 지금은 정층 설계를 더욱 강조하고 있다. 집권화는 새로운 추세가 되었다. 일반적으로 분권도 하나의 추세를 이루어 정부의 권력을 사회에 내려놓고, 중앙의 권력을 지방에 양도할 것을 요구한다. 오늘날의 딜레마는 실제로 정부가 '합치기(統)'와 '나누기(分)'의 역설에서 벗어나는 것이다. 권력의 유형과 내용을 보다 과학적이고, 세밀하고, 합리적으로 구분하려면 권력에 대해 통일과 집중이 이루어져야 한다. 권력이 있으면 반드시 내려놓아야 하고, 내려놓기 위해서는 보다 합리적이고 정당한 설명이 필요하다. 중국의 정치발전에서 분권의 원칙을 실현하는 것은 '삼권 분립'을 말하는 것이 아니라 당의 영도를 줄이는 것이다. 분권은 수직, 수평, 관민 등 여러 방면에서 이루어질 수 있다. 우선, 정부와 사회의 분권은 사회에 더 많은 출로와 채널을 마련하는 것이어야지 정부라는 채널을 이용하도록 하는 것이 아니다. 그다음으로, 정부와 지방 정부 간에는 상응하는 분권 원칙을 마련해야 한다. 중앙은 주로 협조성을 강조하고, 지방은 중앙의 협조와 정책과 법률하에서 자주성을 발휘해야 한다. 마지막으로, 정부와 시장의 분권, 공공 서비스와 관리의 시장화가 분권, 분류, 분치를 실현하는 것은 현대 정치의 기본적 요구로, 사람들에게 다양한 경로를 제공하고, 특히 민간 사회는 각자의 가치를 추구하고 이익을 실현할 수 있어야 한다.

다른 한편으로 민간에게 자신만의 통로를 개방해야 하고, 조직 경로의 자주성을 허용해야 한다. 민간의 필요에 대해 더 많은 채널을 허용해야 하며, 보장과 기본적 관리를 제공해야 한다. 민간의 자치는 실제로 인성의 기본적 요구이다. 사람은 사회적 동물로서, 사회적 활동과 사회적 교류를 함으로써 그 속에서 가치를 실현한다. 첫째, 사회적 자치는 사회의 귀속감과 사회의 교류 활동을 충족시킨다. 그것은 가장 큰 기능이다. 그러한 요구를 긍정하려면 다양한 사회 자치 조직과 생활이 가능해야 한다.

둘째, 사회의 자기 관리에 대해 사회 자치는 사회의 질서화와 제도화를 제공한다. 사회 민간의 자치가 이루어지려면 행위가 규범화되고, 사회 자치가 사회의 자기 구속과 자기 규범을 만족시켜야 하고, 제도화될 수 있는 통로를 제공해야 한다. 셋째, 사회 자치는 실제로 공공 관리 부담을 줄여준다. 특히 그것이 정부 부담의 중요한 원천이다. 작은 정부, 약한 정부를 갖고 있는 지방은 민간 조직이 비교적 발달해 있고, 민간 자치가 상대적으로 잘 되어 있다. 그 세 가지가 중국 발전에서의 사회 자치의 중요성을 결정짓는다. 사회 자치를 배양하기 위해서는, 첫째, 정부의 행위를 가능한 한 빨리 규범화하여, 사회에서 발생하는 직접적 충돌과 모순을 해소해야 한다. 둘째, 더 큰 가슴으로 민간 자치 조직의 발전과 성장을 허용하고 격려해야 한다. 셋째, 그 규범화를 적극적으로 유도하여 관리 체계와 서비스 체계 내로 수용하여 정부 기능의 연장이 되도록 해야 한다.

제도 공급과 제도 집행

정부가 법치를 대표하고, 제도의 공급과 집행을 대표하여 모두가 인정하는 규칙을 마련하고, 효과적으로 집행하는 것이야말로 법치와 국가 거버넌스 체계의 수준을 결정짓는 것이다. 그것이야말로 정부가 해야 하는 것이고, 이러한 의미에서 법치는 넓은 의미로 제도화되고 규범화된 관리이다. 과거의 문제는 정부가 법치의 역할을 제대로 해내지 못했다는 점이다. 일부 제도는 명확하지 않거나 제대로 집행되지 않았다. 암묵적 관행이 존재하여 사람들이 규칙을 파괴하는 것을 방관하기도 했다. 위반자에 대해 제때에 처벌을 하지 못했고, 심지어는 전 사회가 법을 어기도록 만들었다. 법치의 건설은 규칙을 만들고, 그것이 실제 효과적으로 집행되도록 하는 두 가지를 실현하는 것이다. 그러므로 법의 실시와 집행을 강화하는 것이 관건이다.

법치 정부는 법에 의해 사회를 다스리는 것뿐만 아니라 스스로 법을 지키도록 한다. 각급 정부가 보다 규범화되고 법을 준수하도록 하려면 사건 전, 사건 중, 사건 후 모든 과정에서 그에 상응하는 규정과 조치가 있어야 한다. 사건 전에는 예방과 경계 기제가 있어야 한다. 그것은 정책 결정이 일련의 절차를 통해 이루어지고, 다양한 사람들이 참여하고, 여러 분야에서 검사하고, 여러 측면에서 논증하고, 반복해서 논증하며, 반복해서 질의하는 것이다. 사건 중에는 정보의 소통, 투명한 공개, 행위 모두 관찰될 수 있어야 한다. 사건 후에는 책임 추궁이 이루어져야 한다. 그러한 과정에는 모두 그에 상응하는 기제가 마련되어 개인이 멋대로 결정을 하거나 위반하는 행위를 피할 수 있어야 정부의 행위가 제대로 규범화된다.

국가 거버넌스의 임무 중 하나는 전체적으로 국가의 비용을 감소 또는 통제하는 것이다. 국가의 비용에는 시스템 비용, 보호 비용, 운영 비용 등이 포함된다. 일반적으로, 한 국가의 시스템 비용과 보호 비용은 상대적으로 안정적이어서 계산하기 쉽지만, 운영 비용은 보통 가변적이어서 계산하기 어렵다. 하지만 일반적인 경험으로 보면, 한 국가에서 공권력의 공신력이나 법치 수준이 비교적 높으면 정부는 효과적으로 법을 수호할 수 있고, 국민들도 자각적으로 법을 준수하게 된다. 그런 경우 국가의 운영 비용도 상대적으로 낮아진다. 그러나 그렇지 않은 경우에는 오히려 높아진다. 그러므로 국가의 비용은 상당한 정도로 국가의 법치 수준에 의해 결정된다. 법치를 홍보하고 교육하는 것만으로는 국가의 법치 수준을 높일 수 없다. 선진국의 경험을 보면, 전국의 통일적인 정보 플랫폼을 건설하여, 통일적인 금융, 공상, 세무, 교통, 품질 검사, 환경보호 등 신용 정보 플랫폼을 만드는 것이 매우 중요하다. 그것을 보면, 중국의 법치 건설의 기초를 세우는 것은 여전히 거대한 임무이다.

중국에 있어서 민주주의의 핵심 문제는 공식적 제도화, 특히 민의를 대표하는 기구이다. 인대와 정협은 중국 민주주의의 공식적 통로이며 표현이다. 광범위하게 민의를 대변하고, 민의가 더 잘 발휘되도록 하기 위한 길이다. 만약 민주주의가 선거민주주의로만 정의된다면 그것은 맞지 않을 것이다. 서구 국가도 민주주의를 선거라고 정의하지는 않는다. 선거로 만사형통이라면 행정기관에 대한 의회나 입법기관의 제약은 왜 필요하겠는가? 의회에 대한 민중의 제약은 또 왜 필요하겠는가? 민주주의는 다중적 기제이고, 종합적이며 복잡한 시스템이다. 수단도 다양하고 다원적이어서 간단하게 이해할 수 없다. 중국이 민주주의를 수립하려면 여러 측면에서 고려해야 하고, 선거라는 단계에 대해서도 생각해야 하지만, 정책 단계, 감독, 참여, 정보 공개의 투명성 등 모든 분야를 고려해야 한다.

민주주의는 이념과 격정을 모두 필요로 할 뿐만 아니라 조직과 제도도 필요로 한다. 민주주의는 반드시 어떤 특정한 조직 구조와 조직 방식에 의해 실현된다. 사람들이 지금까지 관심을 가졌던 것은 민주주의의 기본 이념이었다. 모든 논쟁이 민주주의가 무엇인지, 민주주의가 좋은지 나쁜지(필요한지 필요하지 않은지), 어떤 종류의 민주주의가 적합한지 등의 문제를 중심으로 이루어졌다. 자각적으로 '민주주의를 유도'하기 위해, 현재 조직 구조와 조직 방식을 통해 어떻게 단계적으로 조정을 할 것인지, 민주주의를 위한 진정한 출로를 어떻게 찾을 것인지, 구체적인 제도적 경로는 무엇인지에 더 많은 관심을 갖고 있다. 중국의 발전 경험에 의하면, 정부의 혁신을 통해 효과적인 정치발전 공간이 확대되고, 기존 체제의 한계를 극복할 수 있으며, 새로운 제도적 생장점을 찾고 키울 수 있고, 민주화가 초래하는 문제들을 해결할 수 있다. 그러므로 책임 정치와 민주 제도를 건설하려는 개혁을 지식인들과 일반 대중 모두 기대한다.

종합적으로 말하자면, 현대화된 국가의 거버넌스 체제는 반드시 국가의 통일성과 균등화를 필요로 한다. 제한된 정부, 질서 있는 사회 그 두 가지가 모두 강해야 충분한 제도적 공급이 가능하고, 제도의 집행 효율을 보장하는 거버넌스 체제가 수립될 수 있다.

2) 중국 국가 거버넌스 현대화의 평가 구상

'국가 거버넌스' 시각에서 거버넌스 주체를 요소로 하는 횡적 평가체제 구축

국가발전과 공공 거버넌스를 평가하는 기존의 지표 체계는 평가자의 가치 편향을 기초로 만들었다. 그러한 평가 방식은 거버넌스 상황에 대해 여러 차원에서 객관적이고 전반적인 예측과 평가라기보다는 선입견을 위주로 하는 발가락을 잘라 신발에 맞추는 식의 비교 대조이다. 그 밖에 대부분의 기존 평가 체계는 거버넌스를 단계별로 구분하지 않아 지표의 지향이 모호했으며, 단계도 분명하지 않았다.

〈결정〉은 거버넌스 방식에 대해 다음과 지적했다. "체계적 거버넌스를 견지하고, 당 위원회의 영도를 강화하며, 정부가 주도성을 발휘하고, 사회 각 분야의 참여를 격려 및 지지하며, 정부 거버넌스와 사회의 자기 조절과 주민 자치의 긍정적 상호 작용을 실현한다." 또한 개인, 사회, 국가라는 세 가지 주체를 분명하게 강조했다. 본 평가 체계는 그러한 국가 거버넌스에 대한 시각을 채택하여, 거버넌스의 일반적 목표, 즉 인민의 행복, 사회의 조화, 국가의 부강을 둘러싼 평가 체계를 구축하고자 한다. 평가 체계는 횡적으로 개인-사회-국가 세 단계로 나뉘며, 그 세 단계에서 각각 종적으로 평가 지표를 수립하여 단계별로 관찰하고 평가할 수 있는 지표 체계를 구성하고자 한다.

규범성과 경험성을 결합한 '상한선'과 '하한선'의 종적 평가 체계 설정

일반적으로 국가 거버넌스 평가는 '구성형'과 '설명형' 두 가지의 설계 구상으로 나뉜다. 전자는 국가 거버넌스의 목표와 관련 이론에 대한 인식을 기초로 학리적 추론을 통해 지표를 구성하는 것이다. 그러한 방법은 지표의 학술적 성숙도와 논리의 자기 일치성 수준을 중시하지만, 조작성이 의심받을 수 있고 경험성도 부족하여 비현실적이다. 후자는 거버넌스 경험과 현상을 기초로 하여 관측하고 종합하는 것으로, 경험성과 조작 가능성은 강하지만 지표 구조가 지나치게 방대하고 평가의 목표도 비교적 모호하여 평가에 마땅히 수반되어야 하는 비판성과 수정력이 부족하다.

새로운 거버넌스 평가는 규범적 '구성형 지표'와 경험적인 '설명형 지표'를 결합하여, '상한선'과 '하한선'을 기지고 종적인 평가 지표 체계를 세웠다. 이로써 개인-사회-국가 세 가지 측면에서의 평가 지표가 경험적 의의는 물론, 조작 가능성을 갖추고 있을 뿐만 아니라 학리상의 합리성과 가치상의 정당성을 동시에 구비했다. 그러므로 우리가 설정한 평가 지표의 틀은 개인-사회-국가 세 가지 측면의 평가 지표에 있어서 '상한선'과 '하한선'이 있다. 상한선 지표는 완벽한 거버넌스에 대한 규범적 요구를 가리키며, 하한선은 국가 거버넌스의 경험적 문제와 차이를 취합한 것으로 거버넌스의 가장 기본적인 마지노선을 의미한다.

첫째, 개인적 측면에서의 거버넌스 평가 지표의 설계는 시민 권리를 계속해서 촉진하고 보장하는 것을 중점으로 한다. 지표 체계는 자유권, 민주권, 복지권 세 가지 유형을 가지고 설계하고 검증한다. 그중에서 자유권에는 경제적 자유, 정치적 자유, 언론의 자유가 포함된다. 민주권에는 민주적 선거, 민주적 정책 결정, 민주적 관리, 그리고 민주적 감독이 포함된다. 복지권은 시민의 복지 수준을 가리킨다. 그 세 가지 유형의 권리는 모두 여덟 가지 항목의 권리로 구성되어 있으며, 거버넌스에서 개인적 측면의 마지노선을 구성한다. 예를 들면, 온포(溫飽, 복지권에 포함됨)는 자유와 민주(각각 자유권과 민주권에 포함됨)와 같은 규범적 거버넌스에 대한 요구에도 포함된다. 개인적 측면에서의 평가 지표를 구성할 때, 앞에서 말한 여덟 가지 권리에 대해 상한선과 하한선의 이중적 지표를 설계하여 국가 거버넌스가 개인적 측면에서 실현되는 수준을 정확하게 측정할 수 있다.

둘째, 사회적 측면에서의 거버넌스 평가 체계는 주로 사회의 성장과 협력 정도에 대한 평가이다. 그것은 다음의 몇 가지 측면에서 지표를 설정한다. 사회 충돌 상황, 즉 다양한 사회집단의 모순과 충돌 상황; 사회조직 수준, 즉 사회집단과 자치 조직의 발전 상황; 사회 건설 수준, 즉 공동체의 발전과 공동체의 작용 상황; 사회 자치 능력, 즉 사회의 자주성과 자조 수준이 그것이다. 또한 앞선 네 가지 측면에서의 구체적 평가 지표에는 기본적 사회안정과 안전 수준(사회 충돌 상황이 반영됨)과 같은 거버넌스의 마지노선뿐만 아니라, 사회 자치 정도(나머지 세 측면 모두 반영될 수 있음)와 같은 규범적이며 시범적인 상한선 지표를 포함할 수 있다.

셋째, 국가적 측면에서의 거버넌스 평가 지표 설계는 주로 국가의 부강을 총 목표로 삼아, 통합 정도, 균등화 수준, 혁신 수준, 비용 수준, 저항력 수준, 위험성 수준 등 여섯 가지 측면을 반영한다. 그러므로 지표 체계는 국가의 통일성, 균등화, 혁신성, 비용성, 저항성, 위험성 등 여섯 가지 측면에서 설정된다. 통일성에는 주권 통일의 수준, 치권 통일의 수준, 사법 통일의 수준, 시장 통일의 수준 등 네 가지 측면이 있다. 균등화에는 소득 분배의 균등화, 지역 균등화, 민족 균등화, 도농 발전의 균등화 등 네 가지 측면이 포함된다. 혁신성에는 지식 혁신, 기술 혁신, 관리 혁신 세 가지 측면이 있다. 저항성에는 주로 빈부격차, 지역 격차, 도농 격차, 민족 격차가 포함된다. 위험성은 저항이 내포하고 있는 위험성에 대한 평가이다. 이상 여섯 가지 측면의 22개 항의 내용으로 보면, 국가적 측면에서의 평가 지표는 마지노선적 지표를 갖고 있으면서, 또한 위험성을 내용으로 하는 평가 지표 같은 상한선 지표를 갖고 있다. 그것은 주로 한 국가의 안정 수준을 나타내며, 국가적 측면에서의 '거버넌스'에 대한 기본적 요구를 보여준다. 혁신성과 균등화 지표는 혁신력과 평등의 측면에서 나타나며 상한선 지표에 속한다.

제3장

현대 국가 거버넌스 능력의 구축

청시 程熙, 상하이시위원회당교

중국의 국가 거버넌스 능력 구축은 현대 중국의 부흥 및 각성과 긴밀하게 연결되어 있다. 2018년은 중국 개혁개방 40주년이었다. 40년간 중국에서 발생한 모든 일을 어떻게 평가하는가는 인류 역사에 인상 깊은 한 획을 남길 것이다. 어떤 사람은 개혁개방을 과거 천 년 동안 손꼽을 만한 중대한 역사적 사건 중 하나라면서 그 의미를 유럽의 르네상스, 영국의 산업혁명, 미국의 부상과도 견줄 수 있다고 높이 평가한다. 최근 수십 년간 중국이 이룩한 경제발전은 세계의 주목을 받았다. 불과 35년이란 시간만으로 가난하고 낙후한 농업 대국이 세계에서 중요한 산업국과 제조업의 중심이 된 것이다. 1860년 제2차 아편전쟁 이후 150여 년간 중국은 산업화를 네 차례 시도했다. 첫 번째는 아편전쟁 이후 청 왕조의 유신개혁(維新改革) 시기, 두 번째는 신해혁명(辛亥革命) 이후 중화민국(中華民國)의 노력, 세 번째는 신중국 건립 이후 소련의 산업 모델에 대한 모방과 보완으로 일어났으며, 네 번째가 1978년에 시작된 개혁개방이다. 앞의 세 차례 시도는 일정한 성과를 거두었지만, 결국 산업 강국의 목표를 실현할 수 없었다. 오직 네 번째 노력만이 '중국의 기적'을 이루었다. 개괄적으로 본다면, 앞의 두 차례 산업화 시도는 강력한 국가와 정부의 부재로 인해 실패했고, 세 번째는 중국이 '시장'을 폐기했기 때문에 실패한 것이다.

강력한 국가(효율 있는 정부를 포함하여)와 활성화된 시장은 경제성장의 두 가지 동력이며, 개혁개방 이후 중국 경제 거버넌스를 구성한 두 가지 주요한 내용이다.

국가 거버넌스 능력의 구축은 현대화 과정의 산물이다. 추격을 목표로 하는 '발전국가'는 개혁과 안정이란 이중의 도전에 항상 직면하게 되어 국가 거버넌스 능력을 탐색하게 된다. 초기에 국가 거버넌스 능력은 국가 능력과 비슷했지만, 현재는 '거버넌스'의 내용이 더해졌다. 국가 거버넌스 능력의 구축은 강력한 국가, 능력 있는 집정당, 효율 있는 정부, 활력 있는 사회 등 네 가지가 기능해야 한다.

1. 배경: 발전국가와 전환 위기

1) 추격 관점에서의 발전국가

산업혁명 이후 영국은 세계의 공장이 되었으며, 그들의 혁신 능력과 생산 능력은 세계 1위가 되었다. 이후 다른 국가에도 여러 번의 현대화 '추격'이 있었다. 미국은 제2차 산업혁명을 통해 성공적으로 영국을 추격하여 세계 제1의 경제 강국이 되었다. 19세기 낙후된 러시아와 프로이센은 '추격 전략'을 통해 조기 산업화를 실현했다. 제2차 세계대전 이후 라틴아메리카 국가들은 자국의 경제를 발전시켜 1960년대 말부터 1970년대 초에는 중간소득 국가(Middle income country) 행렬에 들어섰다. 그러나 이들 국가는 국내 정세의 혼란, 산업정책의 불균형, 사회적 갈등의 심화 등의 원인으로 인해 성공적으로 추격을 실현하지 못했다. 20세기 사람들의 주목을 가장 많이 끌었던 것은 일본과 '동아시아의 네 마리 용'으로 불린

한국, 타이완, 홍콩, 싱가포르로 수출지향형 전략을 통해 노동집약형 가공 산업을 중점적으로 발전시켜 단시간에 비약적인 경제발전을 이룬 사실이다. 이들 국가는 성공적으로 산업 업그레이드를 실현하여 선진국의 경제발전 수준에 이르렀고, 이는 '동아시아의 기적'이라고 불렸다. 개혁개방 이후, 중국은 30여 년간 지속적으로 고속 성장을 이루었다. 베트남은 혁신 이후 중국의 발전 모델을 모방했고, 이를 통해 경제가 지속적인 빠른 성장을 이루었다. 이러한 국가와 지역의 경제발전 성공 혹은 추격에 대해 어떻게 해석해야 하는가는 사회과학계에서 하나의 명제가 되었다.

국제학술계는 1980년부터 '발전국가' 개념으로 정치·경제 발전 현상을 설명하고 있다. '발전국가'는 일본과 '동아시아의 네 마리 용'의 성공적인 경험에 대한 연구로부터 나온 개념이다. 이러한 연구에서는 이들 국가의 경제 추격 전략에서 정부가 중요한 역할을 했다고 주장한다.[1] 즉, "발전지향적 정부는 발전에 대한 강한 의지를 가진 엘리트들을 보유하고 있다. 그들은 사회적 역량 혹은 이익집단에 얽매이지 않고 자주적으로 산업 발전의 전략적 고지를 선택하여 멀리 내다볼 수 있는 발전 전략을 제정할 수 있다. 또한 그들은 최종적으로 한정된 자원을 동원하여 산업정책을 통해 관할 지역의 산업 발전과 경제성장을 추진할 수 있다."[2] 이러한 해석은 거센크론(A. Gerschenkron)의 관점에 가깝다. 거센크론은 1962년에 출판된 《역사적 관점에서 본 경제적 후진성》에서 러시아와 프로이센의 성공적인 추격 전략을 설명하며, 추격 국가는 기존 산업화 국가들이 채택하지 않은 새로운 제도와 수단을 채택해야 한다고 주장했다.

---

1   H. Alice, *Asia's Next Giant: South Korea and Late Industrialization*, New York: Oxford University Press, 1989.

2   顧昕, 〈發展主義的發展: 政府主導型發展模式的理論探索〉, 《河北學刊》, 2014年 第3期.

그는 성공적 추격을 위해 시장의 역량이 근본적인 역할을 하기보다는 오히려 조직 혁신이나 정부의 역할이 더 중요하다고 생각했다.[3] '발전국가'는 찰머스 존슨(C. Johnson)의 《통산성과 일본의 기적: 산업정책의 성장(1925-1975)》에서 제기된 개념이다. 이 책의 핵심적 관점은 통산성 혹은 넓은 의미에서 일본 관료 엘리트들의 '산업정책'이 일본 경제의 기적에 매우 중요한 역할을 했다는 것이다.[4] 이 책은 이후 출판된 《아시아의 다음 거인 한국의 후발 공업화》, 《시장 통제: 동아시아 산업화 과정에서의 경제 이론과 정부의 역할》과 더불어 초기 '발전국가' 이론의 초석이 된 저서들이다. 1995년 에반스(P. Evans)의 《배태된 자율성: 국가와 산업 전환》에서는 국가와 시장, 국가와 사회의 관점에서 발전국가는 배태된 자율성을 지닌 특징이 있다고 주장했다. 즉, 관료 기관과 산업 자본 사이의 제도적 유대는 공공 부문과 개인 부문이 목표와 정책적 문제를 두고 지속적으로 협의할 수 있도록 만들어 경제발전의 실천을 추진한다는 것이다.

'발전국가' 이론은 서방 신자유주의에 대항하는 발전 이론으로 여겨졌다. 이 이론의 영향력이 날로 확대된 데에는 두 가지 요인과 연관되어 있다. 첫째, 소련의 쇼크 요법이 사회적 혼란, 심지어 해체를 초래함으로써 사람들은 '계획경제에서 시장경제로의 전환 방식'과 신자유주의 사조가 이러한 상황에서 차지했던 역할을 성찰하게 되었다. 둘째, 제2차 세계대전 이후 경제사회에서는 통계에 대한 수요와 행태주의 혁명(Behavioral revolution)의 대두로 인해 개체와 집단에 대한 실증적 연구가 국가 제도

---

3   Alexander Gerschenkron, *Economic Backwardness in Historical Perspective*, Cambridge, Mass: Belknap Press, 1962, 中譯本 《經濟落後的歷史透視》, 商務印書館, 2009.

4   Chalmers Johnson, *MITI and the Japanese Miracle: The Growth of Industrial Policy, 1925-1975*, Stanford, CA: Stanford University Press, 1982, 中譯本 《通産省與日本奇跡: 産業政策的成長(1925-1975)》, 吉林出版集團有限責任公司, 2010.

분석을 대체했다. 자유주의와 신마르크스주의는 모두 국가를 자율성이 결여된 파생변수로 생각했다. 1985년 출판된《국가로의 회귀》는 국가 회귀학파의 상징이 되었다. 이 책에 참여한 테다 스카치폴은 1979년에 이미《국가와 사회혁명: 프랑스, 러시아, 중국 혁명에 대한 비교 분석》을 출판한 바 있다. 이 책에서 스카치폴은 국가의 자율성을 분석 틀로 사용해 국가가 기본 사회경제적 이익을 쟁탈하기 위해 충돌을 전개한다는 이론을 비판했다.[5] 1987년 출판된《신아시아 산업주의의 정치경제학》은 국가 회귀학파와 발전국가 등 두 부류 학자의 논문을 모았다.[6] 물론 발전국가 이론은 글로벌화의 충격을 지속적으로 받고 있다.

중국학계가 '발전국가' 이론에 주목한 현실적인 배경에는 이 이론을 통해 개혁개방 이후 중국 경제의 빠른 성장을 설명하고자 한 의도가 있다. 중앙정부는 경제정책의 제정에 결정적인 역할을 한다. 중국 5개년 계획의 전환은 중국이 점차 계획과 시장이 상호 보완할 수 있는 길을 찾았다는 것을 보여준다.[7] 선행시범과 시행착오는 중국의 개혁 프로세스에서의 성공적인 경험이다. 이로 인해 경제정책의 기복 변화를 예방할 수 있었다. 하일만(S. Heilmann)은 '분급제(分級制) 실험'이라는 개념을 제기했다. 그는 중국이 독특한 정책 제정 순환 과정을 가지고 있어, 국가 정책을 제정하기 이전에 등급별로 정책 실험을 진행하여 여러 방면에서 잘못을 바로잡을 수 있었다고 주장한다.[8] 이는 정책 결정자와 정책 발의자가 여러

5   Theda Skocpol, *States and Social Revolutions: A Comparative Analysis of France, Russia, and China*, Cambridge University Press, 1979.

6   Frederic C. Deyo(ed.), *The political economy of the new Asian industrialism*, Ithaca and New York: Cornell University Press, 1987.

7   胡鞍鋼・鄢一龍・呂捷, 〈從經濟指令計劃到發展戰略規劃: 中國五年計劃轉型之路 (1953~2009)〉,《中國軟科學》, 2010年 第8期.

8   Sebastian Heilmann, "From Local Experiments to National Policy: The Origins of

가지 형식의 실천과 실험을 통해 필요한 경험·교훈을 학습·습득하여 정책 목표와 정책 도구를 조정하고 변화하는 사회 환경에 반응할 수 있도록 만든다.[9] '발전국가' 이론에서는 중앙정부의 역할 외에 지방 정부의 경제발전 추진 또한 중국 경제성장을 설명하는 가장 직접적 증거로 여긴다. 지방 정부의 경제발전 추진 동력 중 하나는 바로 지방 정부 간의 경쟁 관계에서 나온다. 이와 관련해 가장 영향력 있는 이론은 첸잉이(錢穎一)와 와인개스트(B. Weingast) 등이 제기한 '중국 특색의 재정 연방주의'다. 이 이론은 중앙과 지방의 행정·재정 분권이 지역 간의 경쟁을 조성하여 지방 정부가 투자 유치와 경제성장을 추진하도록 촉진한다는 것이다.[10] 관리들에 대한 개별적 장려 역시 매우 중요하다. 경제성장과 지방 관리의 승진과 관련된 이른바 '토너먼트 체제'는 지방 관리가 승진 기회를 얻기 위해 적극적으로 투자를 유치하고 투자가들에게 좋은 투자 환경을 공급하여 지방 경제성장을 이끌고 승진하기 위해 경쟁하는 체제이다.[11] 승진 기회 외에 지방 정부가 경제발전을 추동할 때 거대한 경제 이익을 취할 수 있는 것 역시 지방 관리에게는 또 다른 동력의 원천이 된다. 향촌 산업화 연구 저서 중 오이(J. Oi)의 '지방 정부의 기업화'는 재정 체제 개혁과 농업의 비집산화가 지방 정부의 적극적인 향촌 산업화를 장려하며, 지방 관리와 중요한 민간 기업 간에 공생 관계가 존재한다고 설명했다.[12] 앤드

China's Distinctive Policy Process," *The China Journal*, No. 59, 2008, p. 1230.

9   王紹光, 〈學習機制與適應能力: 中國農村合作醫療體制變遷的啟示〉, 《中國社會研究》, 2008年 第6期.

10 Qian, Yingyi and Barry R. Weingast, "China's transition to markets: market-preserving federalism, chinese style," *Journal of Policy Reform*, Vol. 1, No. 2, 1996, PP. 149-185.

11 張軍·周黎安, 《爲增長而競長: 中國增長的政治經濟學》, 格致出版社·上海人民出版社, 2008, pp. 1-18.

루 월더(A. Walder)는 '지방 정부는 곧 생산자'라고 주장했다. 그는 '재정
책임제', '재정 분권'이라는 재정 체제 개혁이 지방 정부에 압력을 가하는
동시에 지방 정부가 경제발전으로 큰 재정 수익을 추구하도록 자극했다
고 보았다.[13] 양샨화(楊善華)와 쑤훙(蘇紅)의 '이익추구형 정권 경영자' 역
시 유사한 개념이다.[14] 이후 '토지 재정'에 관한 연구는 지방 정부가 도시
건설에서의 역할과 충동을 지적했다.[15] 중국 경제의 비약적 발전에서 강
한 국가와 강한 정부는 국가 능력 이론의 가장 유력한 현실적 근거가 되
었다. 이것이 바로 현재 국가 거버넌스를 논하는 논문에서 학자들이 국가
능력을 특별히 강조하는 이유이다.

2) 발전 중의 전환 위기: 개혁과 안정

발전은 국가가 전통에서 현대로 전환하는 과정이다. 정치·경제·사회·문
화 등 여러 영역에서 큰 변화가 나타나 국가의 안정에 영향을 주게 된다.
전통과 현대의 이원대립적 전제에서, 발전정치학은 전통 사회에서부터
현대 사회로 전환할 때 경제발전이 사회질서에 일련의 변화를 가져와 정
치적 변화가 초래된다고 주장한다. 변화의 과정에서 정치 구조는 분화되
고 정치조직은 제도화되어 민중의 동원·참여·지지가 더욱 강화되어 민
중이 신민에서 시민이 된다는 것이다. 이와 동시에 사회는 더욱 평등해지
고, 정치 시스템의 행정 능력도 강화된다. 이와 관련해 가장 유명한 것은

---

12 Jean Oi, "Fiscal Reform and the Economic Foundations of Local State Corporatism
in China," *World Politics*, Vol. 45, No. 1, 1992, pp. 99-126.

13 Andrew Walder, "Local Governments as Industrial Firms," *American Journal of
Sociology*, Vol. 101, No. 2, 1995, pp. 263-301.

14 楊善華·蘇紅, 〈從代理型政權經營者到謀利型政權經營者〉, 《社會學研究》, 2002年 第1期.

15 周飛舟, 〈生財有道: 土地開發和轉讓中的政府和農民〉, 《社會學研究》, 2007年 第1期.

립셋이 1959년에 제기한 유명한 명제인 "경제적으로 부유할수록 안정적 민주를 보유할 기회가 더욱 높다"이다. '경제발전이 민주화를 가져올 수 있는가'라는 핵심적 문제는 발전정치학과 비교정치학의 발전을 관통하고 있다. 헌팅턴은 《사회 변화 중의 정치질서》에서 사회경제의 현대화는 민중의 더 높은 정치 참여 요구와 기존 사회질서의 해체를 초래하며, 이러한 정치 참여 요구는 정치 시스템의 불안정을 초래하여 제때에 제도 개혁을 하지 않으면 경제 현대화로 인해 정치질서가 붕괴한다고 지적했다. 오도넬의 《근대화와 관료적 권위주의》는 립셋의 법칙에 대한 비판이 전환 이론의 등장으로 이이지는 토대를 마련했다. 즉, 산업회 초기에 있는 개발도상국은 다음 단계로 나아가면서 더욱 복잡한 산업 제품을 생산하기 위해 막대한 자본의 투입이 필요하게 된다. 정부는 자본을 유치하고 경제를 성장시키기 위해 경제발전 과정에서 제기된 노동자의 권리·민주에 대한 요구를 소홀히 하고 상층부의 엘리트 동맹을 형성하게 된다. 따라서 경제발전이 반드시 민주를 가져오지는 않는다는 것이다. 쉐보르스키는 게임 이론을 사용해 라틴아메리카와 공산주의 국가의 전환 이후 민주와 경제 개혁 문제를 분석했다. 그러나 저자는 보편적인 결론을 얻지는 못했다. 쉐보르스키는 1997년과 2000년의 글과 저서에서 '내생적 민주'와 '외생적 민주'라는 개념을 제시했다. 이른바 '내생적 민주화'는 경제적으로 가난한 나라에서 민주화의 가능성을 높이는 것이며, '외생적 민주화'는 경제발전이 이미 건립된 민주 정권을 유지하도록 하며 쉽게 독재 통치로 바뀌지 않도록 한다는 것이다. 쉐보르스키는 많은 샘플을 통해 통계학적 분석을 진행하여 외생적 민주는 존재하지만 내생적 민주는 존재하지 않는다는 결론을 내렸다. 쉐보르스키의 이러한 결론은 양측의 공격을 받았다. 보익스(C. Boix)와 스톡스(S. Stokes)는 쉐보르스키가 선택한 샘플 범위가 잘못된 결론에 이르게 했다고 주장했다. 샘플 범위를 초기 산업화가 막 시작된 시기까지 확대한다면 내생적 민주화도 성립할 수 있다는 것이다. 엡스타인(L. Epstein) 등은 쉐보르스키의 샘플이 상이한 민주의 측량 방법을 사용했기 때문에 다른 결과가 나왔다고 주장했다. 그들은 경제 발전이 권위주의적 정치 체제의 민주적 전환에 대해서는 높은 예측 능력을 가졌으며, 절대적인 독재가 절대적인 민주로 전환하는 데에는 영향력이 적다고 주장했다. 요컨대 립셋의 명제는 재차 입증되고, 전복되고, 다시 입증되었다.[16]

전환 위기는 중국 경제 고속 성장의 또 다른 부산물이 되었다. 경제성장이 중국 정치에 막대한 영향을 줄지 여부는 학계에 큰 논쟁을 가져왔다. 학자들은 이에 대해 서로 다른 관점을 가지고 있는데, 정리하면 세 가지로 구분할 수 있다. 중국 붕괴론, 중국 지속론, 민주 전환론 등이다. 중국 붕괴론자의 주된 관점은 현재 중국의 정치 체제가 시장화와 글로벌화가 가져온 거버넌스의 도전에 대응하기 어려우며, 많은 관리들의 부패와 사회 빈부격차는 정권의 합법성을 크게 낮출 것이라고 주장했다. 그동안 민중의 지지가 이러한 권위주의 국가를 유지해왔지만, 권위주의 정권의 붕괴가 머지않았다는 것이다.[17] 또한 중국의 '국부적인 개혁' 역시 이미 '전환 함정(Transformation Trap)'[18]에 빠졌다고 보았다. 중국 지속론자들은 기존 정치 체제의 강인성이 크기 때문에 큰 변동이 없을 것이라고 생각한다. 앤드류 나단(A. Nathan)은 이러한 '강인성'을 제도화 건설로 귀결시킨다.[19] 쉬샹린은 현재 중국이 직면한 사회적 위기가 일종의 '전환 위

---

16 劉瑜,〈經濟發展會帶來民主化嗎? 現代化理論的興起, 衰落與復興〉,《中國人民大學學報》, 2011年 第4期.

17 Gordon G. Chang, *The Coming Collapse of China*, New York: Random House, 2001.

18 Pei Minxin, *China's Trapped Transition: The Limits of Developmental Autocracy*, Cambridge: Harvard University Press, 2006.

기'이며, 서구 사회에서 역사적으로 발생한 전환 위기와 대체적으로 유사하다고 주장했다. 또한 중국은 결코 국부적 개혁의 함정에 빠지지 않았으며, 오히려 '위기-체제 개혁-적응'의 추진 모델에서 점진적으로 국가 거버넌스 체제의 전환과 발전을 실현할 수 있다고 보았다. 중국공산당은 점진적인 민주화 형식을 채택해 국가의 거버넌스 능력을 제고할 것이라는 주장이다.[20] 가오바이(高柏)는 '루빅 큐브 국가(the Rubik's Cube States)'라는 개념을 정의하면서 중국식 민주와 민주화 전환 사이의 미묘한 차이를 명확하게 설명했다. 가오바이는 중국공산당이 경제성장을 통해 정치적 연속성을 획득하지만 이와 동시에 민주화를 선택지로 삼는 것은 거부한다고 보았다. 중국공산당은 이러한 목표를 실현하기 위해 다른 유형의 국가 경험을 기꺼이 받아들여 국가 능력을 지속적으로 강화시키면서 여섯 면의 특징을 갖춘 루빅 큐브 국가를 만든다는 것이다. 즉, 권위주의 국가, 신자유주의 국가, 발전국가, 약탈형 국가, 개량 사회주의 국가, 통합주의 국가이다.[21] 민주 전환론자들은 경제발전이 중국 중산계급의 흥기와 교육 보급 등 민주화에 유리한 조건을 조성했고, 이런 요인들이 중국 기존 정치 체제에 끊임없이 압력을 가해 상층부 엘리트들이 민주화 개혁을 추진하도록 한다고 주장했다. 1991년 헨리 로웬(H. Rowen)은 중국이 2015년에 민주국가가 될 것이라고 예측했다. 그는 2015년이 되면 중국의 1인당 평균 소득이 7000달러가 될 것이며, 이에 따른 정치적 자유에 대한 요구도 증가하여 중국이 민주화될 것이라고 전망했다.[22] 1996년 로웬은 수정된 경

19 Andrew J. Nathan, "Authoritarian Resilience," *Journal of Democracy*, Vol. 14, No. 1, 2003, pp. 6-17.

20 徐湘林, 〈中國的轉型危機與國家治理: 歷史比較的視角〉, 《經濟社會體制比較》, 2010年第5期.

21 Gao Bai, "The Rubik's Cube State," *Journal of Democracy*, Vol. 14, No. 1, 2003, pp. 6-17.

제 데이터를 통해 중국의 민주 실현을 그보다 5년 뒤인 2020년으로 예측했다.[23] 브루스 길리(B. Gilley)는 중국의 재무는 이미 민주적 전환을 지지하기에 충분하며, 머지않은 미래에 엘리트 지도자들에 의해 의회 민주제로 전환될 것이라고 말했다.[24] 현시점에서 보자면, 중국 지속론이 다른 관점보다 더 많은 현실적 검증을 받았다. 그러나 다른 두 가지 관점은 현대 중국 정치 연구의 중요한 주제를 던져주었다. 바로 안정과 개혁이다. 전자의 경우, 경제성장으로 인해 많은 사회문제가 생겼고 이러한 사회문제가 사회안정, 심지어 정권에 영향을 주게 된다는 것인데, 이것이 곧 '중국 붕괴론'의 추론이다. 후자는 경제발전이 사회 체제의 변화를 초래하여 개인의 독립성이 강화되고 이와 동시에 많은 사회조직이 생겨나 개인과 조직들이 국가에 더 많은 시민의 권리를 호소하게 된다고 보았는데, 이것이 곧 '민주적 전환'의 추론이다.

국가는 사회문제와 권리에 대한 호소에 대응하기 위해 안정과 개혁의 방식을 취해야 하며, 정부 거버넌스와 사회 거버넌스 과정에서 자체적 능력을 강화해야 한다. 헌팅턴은 《사회 변화 중의 정치질서》에서 사회경제의 현대화가 민중의 더 높은 정치 참여 요구와 기존의 사회질서 해체를 초래한다고 지적했다. 이러한 정치 참여 요구는 정치 시스템을 불안정하게 만드는데, 만약 제때에 제도를 보완하지 않으면 경제 현대화는 정치질서의 붕괴를 초래할 것이라고 주장했다.[25] 사회문제로 인해 많은 사회 분

---

22 Henry S. Rowen, "The Growth of Freedoms in China," *APARC Working Papers*, Stanford University, 1991.

23 Henry S. Rowen, "The Short March: China's Road to Democracy," *National Interest*, No. 45, 1996, pp. 61-70.

24 Bruce Gilley, *China's Democratic Future: How It Will Happen and Where It Will Lead*, New York: Columbia University Press, 2004.

25 〔美〕亨廷頓,《變化社會中的政治秩序》, 王冠華譯, 三聯書店, 1996, pp. 1-3, 73.

쟁이 발생했지만, 정권의 안정에 큰 타격을 주지는 못했다. 이미 많은 정성(定性)적 사례 연구를 통해 기층사회에서 발생한 분쟁은 민중이 여러 경로를 통해 권익을 수호하도록 하며, 이러한 이익에 대한 요구는 정치적 요구와는 다르다는 점이 설명되었다. 만약 정당·정부·사법기관이 이러한 모순들을 제때 효과적으로 해소할 수 없으면, 민중은 다른 경로를 통해 권익 보호를 표출하여 정부가 통제할 수 없는 결과를 초래하게 된다. 즉, 군중시위 사건(群體性事件)이 발생한다. 많은 군중시위 사건은 반드시 정권의 불안정을 초래하게 된다. 정부는 사회 분쟁과 군중시위 사건에 대한 응급관리 능력을 강화해야 한다.[26] 군중시위 사건을 예방·처리하는 메커니즘을 마련하고,[27] 대조정(大調解, 인민·사법·행정 조정 ― 옮긴이) 모델 등 대안적 분쟁 해결 메커니즘을 이용해 사회 모순을 해소하고 신방(信訪) 제도를 보완해야 한다.[28] 중국의 전환 발전에서 중요한 명제는 '어떻게 효과적으로 사회 분쟁을 해결하고 사회안정을 유지하는가'이다. 정부는 단위체제 해체 이후 개체와 사회조직에 대하여 민간 기업 대표의 입당을 활성화하고, 비공유제 기업과 새로운 사회조직에서 당의 지도를 강화하여 각종 사회적 도전에 대응해야 한다.[29] 이로써 중추형 사회조직의 역할을 강화해야 한다. 또한 정부는 정부 서비스의 외주, 민관합작투자사업 등의 방식을 통해 사회와의 공동 거버넌스를 이루어야 한다. 어떻게 사회 분쟁을 해결하고 사회적 역량을 수용하는가는 정부 거버넌스와 사회 거버넌스의 일부분에 불과하다. '어떻게 정부 거버넌스와 사회 거버넌스를 더욱

26 中國行政管理學會課題組,〈政府應急管理機制研究〉,《中國行政管理》, 2005年 第1期.

27 嚴勵,〈論群體性突發事件的特點及預防處置機制〉,《政法學刊》, 2000年 第1期.

28 周永坤,〈信訪與中國糾紛解決機制的路徑選擇〉,《暨南學報》(哲學社會科學版), 2006年 第1期.

29 景躍進,〈轉型, 吸納和滲透: 挑戰環境下執政黨組織技術的嬗變及其問題〉,《中國非營利評論》, 2011年 第1期.

좋게 보완하는가'는 학계에서 일정한 공통된 인식이 형성되었으며, 많은 이론이 축적되어 있다. 이는 중국의 현실적 수요와 관계가 있으며, 국가 거버넌스 능력에도 이론적 기반을 제공해주었다.

2. 국가 능력과 국가 거버넌스 능력의 구성

1) 국가 능력과 국가 거버넌스 능력의 연관성

발전·추격과 전환 위기라는 이중 과제 앞에 학계는 현실적인 경험에 대한 관찰을 바탕으로 국가 능력이란 개념을 제기했다. 국가 능력이란 개념은 여전히 서구 이론에서 기원한다. 현대화 이론에서 헌팅턴은 《사회 변화 중의 정치질서》에서 '국가 능력'이라는 개념을 명확하게 제시하지는 않았지만, 현대화 프로세스에서 "정치안정은 제도화와 참여 사이의 비율에 의존한다. 정치안정을 유지하려면, 정치 참여가 높아질 때 사회 정치 제도의 복합성·자치성·적응성·응집성도 높여야 한다"[30]고 보았다. 헌팅턴은 조직과 절차가 지닌 적응성·복잡성·자치성과 내부 조율성으로 정치 시스템의 제도화 정도를 측정했다. 이것이 국가 능력에 대한 논의의 시작이다. 1970년대 말 '국가 회귀학파'는 국가 능력을 체계적으로 분석하기 시작했다. 스카치폴은 《국가로의 회귀》에서 국가 능력이 국가의 정책 실행과 목표 실현의 능력이라고 지적했다. 스카치폴은 '국가 능력'에 세수의 추출 능력과 군대의 통제력·전투력을 포함시켰다. 미그달은 《강한 사회와 약한 국가》에서 국가와 사회의 관점을 통해 국가 능력을 정의했다.

---

30 [美]亨廷頓, 앞의 책, p. 73.

그에 의하면, 국가 능력은 "국가 지도자가 국가의 계획·정책·행동을 통해 사회 개혁이라는 목표를 실현하는 능력이다. 국가 능력에는 사회 침투, 사회관계의 조정, 자원 추출, 그리고 특정 방식을 통한 자원 배치·운용 등 네 가지 능력이 포함된다"[31]라고 지적했다. 마이클 만은 《국가의 자율적 권력》에서 전제 권력과 기초 권력을 구분했다. 전자는 국가 엘리트들이 시민 사회와의 상시적이고 제도화된 협의를 거치지 않고 독단적으로 일련의 행동을 취할 수 있는 권력을 가리킨다. 후자는 국가가 시민 사회에 실제 침투하여 통치 범위 내에서 집행·결정하는 능력을 가리킨다.[32] 국가의 사율성에 관한 논의는 전제 권력의 범주라고 할 수 있다. 노드링거(E. Nordlinger)는 《민주국가의 자율성》에서 세 가지 국가의 자율성을 연구했다. 그중 첫 번째와 두 번째에서 국가는 권위를 사용하여 사회적 선호를 바꾸거나 혹은 국가적 선호를 사회에 강요하기 때문에 국가의 자율성이 비교적 강하다. 세 번째는 국가적 선호와 사회적 선호가 일치하여 국가가 선전 등의 수단을 사용하여 잠재적인 반대 세력을 약화시킨다.[33] 국가 능력이 경제발전을 추동하는 것은 발전국가의 개념으로 이어졌다. 중국 내 국가 능력에 대한 연구는 왕샤오광과 후안강의 중국 중앙·지방의 세수 분배에 대한 연구에서 시작되었다. 그들은 《중국의 국가 능력 보고》에서 "국가 능력은 국가 자신의 의지·목표를 현실로 전환시키는 능력을 가리킨다"[34]라고 주장했다. 그들은 국가의 재정 추출 능력이 국가의 추출 능력을 나타내며, 구체적으로는 중앙정부의 세수 능력으로 나타난

---

31 〔美〕米格代爾, 《强社會與弱國家》, 張長東等譯, 江蘇人民出版社, 2009, p. 5.

32 M. Mann, "The Autonomous Power of the State: It's Origins, Mechanism and Results," *European Journal of Sociology*, 1984, 25(02), pp. 185-213.

33 Eric Nordlinger, *On the Autonomy of the Democratic State*, Cambridge: Harvard University Press, 1981.

34 王紹光·胡鞍鋼, 앞의 책(1993), p. 6.

<표 3-1> 국가 능력과 거버넌스 능력의 비교

구분	국가 능력	거버넌스 능력
본질과 내용	국가가 정책을 실행하여 목표를 실현하는 능력. 국가가 사회생활이 어떤 질서에 따라 조직되도록 결정하는 능력	국가 제도를 운용하여 사회 각 방면의 사무를 관리하는 능력
분류	서로 다른 정책 영역의 능력: 추출·침투·규제·분배·경제발전 추동 등	개혁·발전·안정, 내정·외교·국방, 치당(治黨)·치국(治國)·치군(治軍)
현대화	제대로 논의되지 못함	사회주의 민주, 법치 중국
다른 능력 간의 관계	관계없음, 상호 보완, 충돌, 다른 요인에 의해 결정됨	논의 없음
제도성 원인 및 변화 발전	역사적 발전, 제도 설계, 사회구조, 상호 권한 부여	제도적·문화적 기초, 발전된 내생성 (endogeneity)

자료: 張長東, 앞의 글, p. 31.

다고 생각했다.

국가 능력과 국가 거버넌스의 중요한 구분은 '거버넌스'에 있다. 국가 능력을 연구하는 저서는 '국가–사회'의 이원적 틀을 사용하더라도 연구 대상은 국가가 주체가 되고 국가 능력은 일반적으로 강(強) 혹은 약(弱)으로 평가된다. 반면 국가 거버넌스의 연구 대상은 국가 내부의 각종 공공업무가 되고, 거버넌스 능력은 일반적으로 유효 혹은 무효로 평가된다. 이 두 가지 능력을 비교 분석한(〈표 3-1〉 참조) 연구에 따르면 국가 능력은 "국가가 정책을 실행하여 목표를 실현하는 능력 또는 국가가 사회 생활을 어떤 질서에 따라 조직되도록 결정하는 능력"이고, 거버넌스 능력은 "국가 제도를 운용하여 사회 각 방면의 사무를 관리하는 능력"[35]이다. '거버넌스' 개념에 대한 서로 다른 이해가 '국가 거버넌스 능력'에 대한 다양한

---

35 張長東, 〈國家治理能力現代化研究: 基於國家能力理論視角〉, 《法學評論》, 2014年 第3期.

해석으로 이어지기도 했다. '거버넌스'의 기본 함의는 관리, 통치와는 다르다. 비록 '거버넌스(governance)'는 '통치(government)'에서 유래했지만, 1990대 이후 '거버넌스'에는 새로운 내용이 끊임없이 부여되었다. '거버넌스'는 관리·행정과 다르다고 여겨지고 있다. 오웬 휴스(O. Hughes)는 '관리'에 대한 프렌치(D. French)와 사워드(H. Saward)의 정의를 인용하여 '관리'가 "어떤 임무를 수행하는 과정·활동 혹은 연구"[36]라고 생각했다. 이러한 정의에서 행정은 관리의 한 부분이다. 행정은 단지 명령에 복종하기 때문에 과정·절차·규정에 부합하는지를 중시하지만, 관리는 정해신 목표를 실현하고 이에 대해 책임시는 것을 중시한다. 중국 학계에서 거버넌스 이론은 수입품이다. 1990년대 중국 학계는 서구의 시민 사회 이론을 도입하기 시작했는데, 거버넌스 이론은 마침 시민 사회 이론과 서로 잘 부합했다. 왕스종(王詩宗)의 결론에 따르면, 중국 내 거버넌스 관련 연구는 네 가지로 분류할 수 있다. 첫째는 거버넌스 이론의 도입과 소개, 둘째는 거버넌스 이론의 중국화 서술, 셋째는 시민 사회, 특히 NGO와 정부 관계의 연구, 넷째는 지방 정부 혁신과 중국 거버넌스이다.[37] 거버넌스에 대한 외국 학자들의 정의에 기초하여 위커핑은 거버넌스와 통치의 차이가 두 가지 있다고 보았다. 첫째는 거버넌스의 권위가 반드시 정부기관은 아니지만, 통치의 권위는 반드시 정부이다. 즉, 통치의 주체는 정부이고, 거버넌스의 주체는 공공기관, 민영 기관, 혹은 관민 협력기관일 수 있다. 둘째, 통치의 권력 운행은 위에서 아래로 향하며, 거버넌스는 위·아래가 상호 작용한다. 위에서 아래로의 과정에서는 항상 정부의 권위가 사

---

36 〔澳〕歐文·E. 休斯,《公共管理導論》, 彭和平等譯, 中國人民大學出版社, 2001, p. 6.

37 王詩宗,《治理論及其中國適用性》, 博士學位論文, 浙江大學公共管理學院, 2009, pp. 128-129.

용되며 행정명령 등의 방식을 통해 집행된다. 위·아래의 상호 작용은 협력·협의·파트너 관계의 형식으로 집행된다.[38] 요컨대 서구 학계의 맥락에서 '거버넌스'는 정부 분권, 사회 자치, 정부와 사회의 다원적 공동 거버넌스(共治)를 의미한다.

중국 현대 정치의 맥락에서 '국가 거버넌스'는 서구 학계의 '거버넌스'와 다르다. 중국의 국가 거버넌스와 거버넌스 현대화는 정부 측의 담론에서 다음과 같이 정의된다. "국가 거버넌스 시스템과 거버넌스 능력은 한 국가의 제도와 제도 수행 능력의 집약적 구현이다. 국가 거버넌스 시스템은 당의 지도 아래 국가 시스템을 관리하는 것이다. 여기에는 경제·정치·문화·사회·생태문명, 당의 건설 등 각 영역체제 메커니즘과 법률·법규 제도가 포함된다. 즉, 긴밀하게 연결되고 상호 조정되는 일련의 국가 제도이다. 국가 거버넌스 능력은 국가 제도를 운용하여 사회 각 영역의 사무를 관리하는 능력이다. 여기에는 개혁·발전·안정, 내정·외교·국방, 치당(治黨)·치국(治國)·치군(治軍) 방면이 포함된다."[39] 중국의 국가 거버넌스 함의에는 다중심의 거버넌스뿐만 아니라 집정당의 국정 운영도 포함된다. 어떤 학자는 중국의 거버넌스가 "마르크스주의 국가이론의 논리를 따른다. 즉, 국가의 기능은 정치 통치와 정치 관리에 의해 유기적으로 구성된다"[40]라고 주장했다. 즉, 국가 거버넌스가 정부관리뿐만 아니라 정치 통치의 내용도 담고 있다는 것이다. 국가 거버넌스 능력은 곧 집정당이 국정 운영을 효과적으로 실현하는 능력이다. 정부 측의 담론을 보면, 제16차 당대회에서는 "당이 인민들을 지도하여 국가를 다스린다(治理)"

---

38 俞可平, 〈治理與善治引論〉, 《馬克思主義與現實》, 1999年 第5期.

39 習近平, 앞의 글(2014年 第1期).

40 王浦劬, 앞의 글(2014年 第3期).

라고 제기했다. 제17차 당대회에서는 "당이 전체 국면을 장악하고 각 측의 지도 핵심 역할을 조정하며, 당의 과학적·민주적 집정과 법에 따른 집정 수준을 제고한다. 이로써 당이 인민을 지도하여 효과적으로 국가를 다스릴 수 있도록 한다"라고 제기했다. 제18차 당대회에서는 "국가 거버넌스와 사회관리에서 법치가 더욱 중요한 역할을 할 수 있도록 한다" 등이 있다. 이러한 중국의 맥락에서 왕푸취 교수는 거버넌스의 "기본 함의는 중국공산당의 지도 아래 인민이 주인이라는 본질적 규정성에 기초하여 인민의 의지와 요구에 따른다. 또한 사회주의 시장경제 발전과 사회 변화의 새로운 역사 조건 아래 과학·민주·의법(依法)·유효성에 따라 지도 방식과 집정 방식을 최적화하고 집정체제 메커니즘과 국가 관리 체제 메커니즘을 최적화하며, 집정 능력을 최적화하여 국가와 사회의 협동과 조화를 실현하고 정치가 장기적으로 안정될 수 있도록 한다"[41]라고 주장했다. 이러한 관점에서 국가 거버넌스 능력은 공공영역의 효과적 거버넌스의 구현이라고 할 수 있다.

2) 국가 거버넌스 능력의 구성과 특징

국가 거버넌스 능력은 개혁·발전·안정, 내정·외교·국방, 치당·치국·치군 등 방면을 포함한다. 이러한 구성에 대한 연구는 국가 거버넌스 능력을 진일보 분석하는 토대가 된다. 만약 정부가 확정한 다섯 가지 현대화의 관점에서 보면, 국가 거버넌스 능력은 정치 영역 거버넌스 능력, 경제 영역 거버넌스 능력, 문화 영역 거버넌스 능력, 사회 영역 거버넌스 능력,

---

41 王浦劬, 〈科學把握'國家治理'的含義〉, 《光明日報》, 2013年 12月 29日, 第7版; 王浦劬, 〈全面準確深入把握全面深化改革的總目標〉, 《中國高校社會科學》, 2014年 第1期.

생태 영역 거버넌스 능력으로 구분할 수 있으며, 영역마다 거버넌스에 대한 수요와 방식은 다르다. 2014년 중앙편역국(中央編譯局)의 비교정치와 경제연구센터(比較政治與經濟研究中心)는 여섯 권의 '국가 거버넌스 현대화' 총서를 출간했다. 이 총서는 《대국 거버넌스》, 《정부 거버넌스》, 《기층 거버넌스》, 《사회 거버넌스》, 《생태 거버넌스》, 《글로벌 거버넌스》로 구성되었다. 이 가운데 《대국 거버넌스》는 글로벌화 이후 미국·러시아·영국·독일·일본·브라질·인도·베트남·이슬람 국가·중국 등의 국가 거버넌스 상황과 외교 전략을 주로 다루었다. 《기층 거버넌스》는 기층 정권의 건설과 공동체(社區) 자치에 중점을 두었다. 《사회 거버넌스》는 지방 거버넌스에서 사회조직의 역할과 기능을 다루었다. 한편, 정치학의 관점에서는 왕푸취 교수가 국가 거버넌스, 정부 거버넌스, 사회 거버넌스 등 세 가지 개념을 논했다. 그는 국가 정치권력의 관점에서 국가 거버넌스를 설명했는데, 정부 거버넌스가 국가 거버넌스의 구체적 시행이며, 행정적 실현이라고 주장했다. 또한 국가 거버넌스가 사회 거버넌스를 포함하며 사회 거버넌스를 규정하고 이끌기 때문에 정부 거버넌스와 사회 거버넌스 간에는 교집합이 있어서 상호 연계된다고 설명했다.[42] 쉬샹린 교수는 비교적 일찍 전환 위기의 관점에서 국가 거버넌스를 연구한 학자이다. 그는 거버넌스가 점진적 개혁에 적응해야 한다고 주장했다. 또한 현대 국가 거버넌스의 구조적 요소에 대중이 인정하는 핵심 가치체계 이데올로기, 권위적 정책 결정체계, 효율적 정부 집행체계, 질서 있는 정치 참여와 양성(良性)적 정치 상호 작용, 적절한 경제성장, 사회복지 보장체계 등이 포함된다고 주장했다.[43] 이후 그는 다시 핵심 가치체계, 권위적 정책 결정체

---

42 王浦劬, 앞의 글(2014年 第3期).

43 徐湘林, 〈中國的轉型危機與國家治理: 歷史比較的視角〉, 陳明明主編, 《復旦政治學評論第

계, 행정 집행체계, 경제발전 체계, 사회보장 체계 및 정치 상호 작용 메커니즘 등 여섯 가지로 정리했다.[44] 이러한 분류는 정치 시스템적 사유와 일정한 관계가 있다. 일부 학자는 '국가 거버넌스 능력'이 인구·영토, 자연자원, 국민총생산(GNP), 국가 세수, 재정 수지, 군사 역량 등 국가 자원의 생산과 추출 능력을 포함할 뿐만 아니라, 정치 과정의 민주화, 경제활동의 시장화, 사회구조의 수평화 등 국가 자원관리와 분배능력의 현대화를 포함하고, 이외에도 사회 전반 교육 수준, 정치사회화 정도, 시민 참여 의식과 능력, 사회적 정체성과 응집력 수준 등 일련의 '소프트' 능력도 포함한다고 보았다.[45]

국가 거버넌스 능력의 특징은 곧 그 규범적 목표이다. 허정커는 국가 거버넌스 능력 현대화에는 민주화·법치화·문명화·과학화를 포함해야 한다고 주장했다. 이 가운데 문명화는 자치·소통·협의·서비스 등의 방식으로 강제·배척을 대체하는 것이다. 과학화는 전문화의 기초에서 다원적 주체들 간에 협력적인 상호 네트워크를 구축하는 것이다. 쉬용은 국가 거버넌스 시스템과 거버넌스 능력 현대화에는 다섯 가지 요소 혹은 기준이 있다고 주장했다. 즉, 제도화·민주화·법치화·고효율화·조정화이다.[46] 또 어떤 학자는 국가 거버넌스 능력에 제도 형성능력, 제도 실시능력, 제도 조절능력, 제도 학습능력과 제도 혁신능력 등 다섯 가지 측면을 포함한다고 주장했다.[47] 어떤 학자는 국가 거버넌스 능력에 적어도 ① 강한 능력, ② 국가·시장·사회의 공치(共治) 및 상호 권한 부여, ③ 능력의 다원화 및

九輯: 中國的轉型危機與國家治理》, 上海人民出版社, 2011, pp. 66-67.

44 徐湘林, 앞의 글(2014年 第10期).

45 鄭言·李猛, 앞의 글.

46 何增科, 앞의 글(2014年 第1期).

47 魏治勛, 〈'善治'視野中的國家治理能力及其現代化〉, 《法學論壇》, 2014年 第2期.

각종 능력 간의 상호 충돌이 아닌 조정(調整) 발전, ④ 제도화와 법치화에 기초함 등 네 가지 특징을 포함한다고 생각한다.[48] 또한 어떤 학자는 국가 거버넌스 능력의 현대화에는 ① 국가 거버넌스 수단 및 방법의 시대화·과학화, ② 국가 거버넌스 행위 및 과정의 절차화·제도화, ③ 거버넌스 결과의 유효성이 포함된다고 생각한다.[49] 위커핑은 한 나라의 거버넌스 시스템의 현대화 여부를 가늠하는 기준은 적어도 다섯 가지라고 주장했다. 첫째는 공공권력 운행의 제도화와 규범화이다. 이러한 것은 정부 거버넌스, 시장 거버넌스, 사회 거버넌스에 완비된 제도와 규범적 공공질서를 요구한다. 둘째는 민주화이다. 공공 거버넌스와 제도는 반드시 주권이 인민에게 있거나 인민이 주인이 되는 것을 보장해야 한다. 모든 공공 정책은 근본적으로 인민의 의지와 인민의 주체적 지위를 구체적으로 반영해야 한다. 셋째는 법치이다. 헌법과 법률은 공공 거버넌스에서 최고 권위를 갖는다. 법률 앞에서는 누구나 평등하다. 어떤 조직·개인이든 법률을 초월하는 권력을 가질 수 없다. 넷째는 효율이다. 국가 거버넌스 시스템은 사회안정과 사회질서를 효과적으로 보호하여 행정 효율 및 경제적 효과·이익 제고에 도움이 되도록 한다. 다섯째는 조정이다. 현대 국가 거버넌스 시스템은 하나의 유기적인 제도 시스템이다. 중앙에서 각 등급별 지방에 이르기까지, 정부 거버넌스에서 사회 거버넌스에 이르기까지, 각종 제도는 하나의 통일된 총체로서 상호 조정되는 밀접한 관계에 있다.[50] 위커핑의 글에는 비록 국가 능력을 직접적으로 논의한 부분은 없지만 국가 거버넌스 시스템의 특징에 대한 내용은 참고할 만하다.

---

48 張長東, 앞의 글.

49 鄭慧·何君安, 〈試論國家治理體系和國家治理能力現代化〉, 《新視野》, 2014年 第3期.

50 俞可平, 앞의 글(2013年 12月 9日, 第17版).

어떻게 국가 거버넌스 능력을 추진해야 하는가? 학자들마다 다른 정책적 제안을 제시한다. 쉬샹린은 국가 거버넌스를 여섯 체계로 분류한 것에 기초하여, 국가 거버넌스 능력을 제고해 계승·개혁 가운데 대중이 인정하고 개방적인 핵심 가치체계를 재건하며, 정치 체제 개혁과 민주법치 건설을 추진하고, 행정 체제 개혁과 서비스형 정부 건설 및 문책(問責) 제도를 추동하며, 사회 협의 메커니즘을 강화하여 각종 민간단체의 발전을 육성·촉진하고, 국가 거시적 조절·통제정책의 정책 결정체제를 마련하여 정부 개입과 시장 운행 간의 관계를 조정하며, 사회 재분배 체제와 사회복지 제도를 완비해야 한다고 수장했다.[51] 허정커는 국가 거버넌스 현대화 추진의 중점 과제는 여섯 가지 방면을 포함한다고 주장했다. 첫째, 권한 이양과 분권을 실시하여 각종 거버넌스 주체들이 국가 거버넌스에서 더 큰 역할을 할 수 있도록 한다. 둘째, 민주 책임제 건설을 지향점으로 삼고 국가 거버넌스 구조를 완성한다. 셋째, 국가 거버넌스 과정에서 네거티브 피드백(negative feedback) 메커니즘을 마련하여 지속가능한 안정성을 실현한다. 넷째, 정책 결정 자문시스템을 발전시키고 숙의 민주를 완성하며 공공 정책 결정을 질적으로 제고시킨다. 다섯째, 직업 정치가, 직업 문관·법관, 직업 변호사를 양성하여 국가 거버넌스의 전문화와 직업화를 추진한다. 여섯째, 핵심 가치체계의 내실화와 보급화를 추동하여 국가 거버넌스 체계의 기초를 다진다.[52]

---

51 徐湘林, 앞의 글(2014年 第10期).
52 何增科, 앞의 글(2014年 第1期).

3. 다차원적 '국가 거버넌스 능력'의 현대화 구축

이미 살펴본 선행연구의 결과를 보면, 학계에서 논의 중인 '국가 거버넌스 능력'은 다중적인 차원하에 있는 것을 알 수 있다. 즉, 국가 거버넌스 체계의 차원, 다중심 '거버넌스' 차원, 국가 능력 차원이다(〈그림 3-1〉 참조). 왕샤오광은 중국의 국가 거버넌스를 세 단계로 구분했다. 첫 번째 단계는 1800~1956년으로서 주로 치국(治國)의 능력을 실현했다. 즉, 하나의 정치 세력이 국가를 통치할 수 있었다. 두 번째 단계는 1956~1990년으로서 주로 정부관리를 실현하여 다른 세력이 참여하지 못하도록 했다. 세 번째 단계는 현재의 국가 거버넌스이다. 즉, 정부가 모든 일을 관리할 수 없으며, 다른 세력이 관리할 수 있도록 하는 것이다.[53] 필자는 이러한 역사적 분류와 현실 정치 현상에는 일치하지 않는 부분이 있다고 생각한다. 그러나 이것이 통치·관리·거버넌스라는 세 가지 중요한 개념과 이상적 유형을 제시했다는 점에서는 의의가 있다고 생각한다. 국가이론과 정

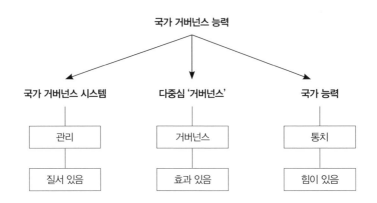

〈그림 3-1〉 국가 거버넌스 능력의 삼중 차원(triple dimensions)

53　王紹光, 〈國家治理與國家能力: 中國的治國理念與制度選擇(上)〉, 《經濟尊刊》, 2014年 第6期.

치발전 이론에 의하면, 중국의 국가발전은 대체로 국가 통치·국가 관리·국가 거버넌스 등 세 가지 이상적 유형으로 추상화할 수 있다. 어떤 학자는 이것을 관제·관리·거버넌스 등 세 가지 상태라고 보았다. 즉, 전통 행정에서 신공공관리로, 신공공관리에서 거버넌스 현대화로 향하는 것이다.[54] 또 어떤 학자는 국가 거버넌스에 국가 통치·국가 관리가 포함된다고 주장했다. 왜냐하면 국가 거버넌스는 다층적 체계이기 때문이다.[55] 또한 어떤 학자는 중국이 건국 이후 전능형 국가 거버넌스 모델과 관제형 정부의 실천, 발전형 국가 거버넌스 모델과 관리형 정부의 실천, 서비스형 정부 능 세 가지 모델을 만들었다고 수장했다.[56] 신중국 건립부터 개혁 개방 이전까지 중국은 주로 국가 통치를 실시했다. 신중국 건립 이후 전통적 사회조직이 점차 와해되자 국가 역량은 지속적으로 사회에 침투해 옛 사회조직의 역할을 대체했다. 향촌(鄕村)을 살펴보면, 국가는 구(區)·향(鄕)·보(保)·갑(甲) 등 4급제를 구(區)·향(鄕) 2급제로 바꾸어 보갑(保甲) 제도를 폐지했다. 또한 향(행정촌)의 정권조직은 기층 공동체(社區)로 침투하여 종족 조직이 살아남기 어렵게 되었다. 도시를 살펴보면, 도시사회에는 시(市)-구(區)-가(街) 3급 인민 정부가 세워졌으며, 반혁명운동이 진압되고 각종 불법 조직이 숙청되었다.[57] 이 시기 집정당의 주된 국정 운영 방식은 정치 동원이었다. 개혁개방 이후, 중국공산당은 더 이상 캠페인식으로 국가를 다스리지 않았다. 이러한 캠페인은 점차 정치 동원, 집중교육 활동, 사회 자체 동원으로 변화했다. 1999년 제9기 전국인민대표대회 제2차 회의에서 헌법수정안이 통과되었고 이로써 "중화인민공화국이 의

---

54 許耀桐·劉棋, 앞의 글.

55 徐勇·呂楠, 앞의 글.

56 邵鵬, 〈國家治理模式演進與國家治理體系構建〉, 《學習與實踐》, 2014年 第1期.

57 李立志, 《變遷與重建: 1949~1956年的中國社會》, 江西人民出版社, 2002. pp. 29-72.

법치국을 실행하여 사회주의 법치 국가를 건설한다"라는 것을 명확히 했다. 또한 '의법치국'이라는 치국방침(治國方略)을 국가 근본대법의 형식으로 확정하게 되었다. 제도화 수준이 지속적으로 향상됨에 따라 사회 동원과 정치 동원의 분리 현상이 나타났다. 특히 지방 정부는 경제발전의 추동 과정에서 중요한 역할을 했고, 집정당의 국정 운영은 점차 지표 심사를 통해 관련 정책을 수행했다. 제18기 3중전회 이후 국가의 관리모델은 점차 국가 거버넌스 시스템 구축과 거버넌스 능력 현대화로 전향하게 되었다. 거버넌스는 관리와 구별되는데, 국가 거버넌스는 공산당, 전국인민대표대회, 정부, 정치협상회의 등 다원화된 주체에 의해 진행된다. 따라서 거버넌스 능력은 여러 종류의 능력을 포함하기도 한다. 집정당의 집정 능력이 다른 거버넌스 주체의 거버넌스 능력과 서로 조화를 이루는 것은 매우 중요하다. 이러한 조율 메커니즘은 지도 방식과 집정 방식의 혁신을 통해 집정당과 다른 정치권력 주체, 집정당과 다른 시민 권리 주체가 서로 조화를 이루게 만든다.

국가 능력의 차원에 있어서 대응되는 것은 통치이며, 추구하는 것은 힘이다. 학계가 초기 애기했던 국가 거버넌스 능력은 국가 능력에 가깝다. 그러나 국가 능력은 국가 거버넌스와는 다르다. 국가 능력과 국가 거버넌스 능력 사이에는 교집합이 있다. 첫째, 국가 능력에는 국가 건설, 즉 제도 건설이 있다. 이 부분은 국가 거버넌스 시스템 범주에 속한다. 둘째, 국가 거버넌스의 중요한 주체는 국가 혹은 정부라고 할 수 있다. 국가와 정부 능력의 강약은 거버넌스의 유효성에 직접적인 영향을 준다. 신중국 건립 이전 국가 능력은 전국을 통치하는 군사적 역량으로 표현됐다. 신중국 건립 이후 중국공산당이 진행한 각종 캠페인 역시 일종의 국가 역량의 전개 양식이었다. 개혁개방 이후 이러한 캠페인은 각종 캠페인식 거버넌스로 전환되었다. 정치·경제·사회·문화·생태 등 여러 영역에서 캠페인식 거버넌스의 모습을 볼 수 있다. 중요한 국가적 정치회의 혹은 기념일 행사가 개최될 때, 예컨대 중국공산당 전국대표대회, 전국인민대표대회, 중국인민정치협상회의, APEC 정상회의, 국경일 50주년 기념 등의 경우, 정부는 사회 안전과 안정업무에 대해 집중적인 거버넌스를 진행한다. 중요한 국제적 행사가 개최될 때, 예컨대 2008년 베이징 올림픽, 2010년 상하이 엑스포, 2010년 광저우 아시안게임의 경우, 정부는 도시환경, 교통질서 등에 대해 집중적인 거버넌스를 진행한다. 갑작스러운 사회적 위기와 재해가 생겼을 때, 예컨대 1998년 대규모 홍수 재해, 2003년 사스, 2008년 원촨(汶川) 대지진의 경우, 정부는 전국을 동원하여 지진과 재난 지원에 힘쓴다. 심각한 안전사고와 환경오염이 생겼을 때, 예컨대 산시(山西)성 탄광 사고, 2007년 타이호(太湖) 녹조 오염 사건 등의 경우, 국가 부문과 지방 정부는 부서 간 특별반을 편성하여 이러한 사건에 대해 전국적 혹은 지역적으로 집중 관리한다. 사회의 고질적인 문제, 예컨대 불법 차량 영업, 식품안전, 매춘·도박·마약, 위조품 등의 경우, 행정부문은 수시로 합동단속을 진행한다. 비교적 덜 발달된 지역에서 경제발전을 실현하려 할 때, 캠페인식으로 기업을 유치하고 대대적으로 철거하고 건설하는 등 행위가 항상 출현한다. 이와 관련된 사례는 적지 않다. 역량을 집중하여 큰일을 치르는 것은 국가 능력과 국가 거버넌스 시스템의 교집합이다. 개혁개방 이후 이러한 캠페인들이 지속될 수 없음은 부인할 수 없는 사실이지만, 중국공산당은 여전히 비교적 강한 정치 동원 능력을 유지하고 있다. 이에 따라 집정당과 정부는 관리에 있어서 캠페인식 거버넌스를 자주 사용한다. 그러나 캠페인식 거버넌스는 비용이 높기 때문에 규범적·제도적 관리가 더욱 좋은 선택이라고 할 수 있다. 이는 바로 현재 중국이 '국가 거버넌스 시스템'을 강조하는 이유이기도 하다. 개혁 이후 보여준 가장 뚜렷한 국가 능력의 변화는 앞에서 언급한 발전국가와 경제 추격이다. 중국은 이 점에서 세계가 주목할 만한 성과를 거두었고 이를 토대로 일부 학자들이 '중국식 모델'을 제기하게 되었다. 국가 거버넌스 시스템 차원에서 호응되는 것은 관리이며, 추구하는 것은 질서이다. 국가 거버넌스 능력에 대한 정부의 해석은 기본적으로 국가 거버넌스 시스템과 연결되어 있다. 국가 거버넌스 능력은 곧 집정당의 국정 운영 제도를 관철시키고 실현하는 능력이다. 왕샤오광의 연구에 따르면, 사유제의 사회주의 개조를 실현한 이후 중국은 계획경제 시기에 진입했다. 이 단계에서 경제·문화 등 각 방면은 모두 정부가 관리했다.[58] 코르나이(J. Kornai)는 이러한 체제를 '고전적 사회주의 체제'라고 묘사했다. 코르나이는 고전적 사회주의 체제는 세 가지에서 기원한다고 생각했다. 마르크스-레닌주의 정당의 무산계급 독재와 정부 측 이데올로기의 지배적 영향, 국가 혹은 국가 소유권에 가까운 지배적 지위, 관료 조율 메커니즘의 주도적 지위이다.[59] 이처럼 계획경제 시기에서는 관리 능력이 매우 중요하다는 것을 알 수 있다. 개혁개방 이후 경제발전과 사회 전환이 관료 조율 메커니즘의 주도적 지위와 국유 소유권의 지배적 지위를 없앴지만, 효과적인 정부관리는 경제발전과 사회 전환이 가져온 무질서 상태를 완화시킬 수 있다. 따라서 전환 위기에서 집정당은 국정 운영의 경험을 매우 강조한다.

다중심 '거버넌스'의 차원에서 호응되는 것은 거버넌스이며, 추구하는 것은 효율이다. 경제발전이 가져온 것은 민주주의 전환의 가능성뿐만이 아니다. 경제발전과 권위주의의 전환·붕괴에 대한 가능성도 있다. 이와 관련된 서구 학자들의 연구들은 이미 앞에서 살펴보았다. 또한 경제발전은 사회적 동원의 어려움, 사회조직 관리의 어려움 등 일련의 체제 메

---

58 王紹光, 앞의 글(2014年 第6期).

59 科爾奈,《社會主義體制: 共産主義政治經濟學》, 中央編譯出版社, 2007, p. 343.

커니즘의 문제를 초래한다. 예컨대 사회조직 관리가 기존 체제의 메커니즘에서 많은 폐단이 드러났는데, '어떻게 사회조직 관리의 문제를 해결하는지'이다. 첫째, 정부와 사회조직이 분리되지 않고, 감독·관리와 경영이 분리되지 않는 현상은 사회조직이 인력·재정·자원에서 행정당국에 의존하게 만들어 사회조직의 독립성과 유연성을 감소시킨다. 둘째, 실제 업무에서 정부당국은 역량을 투입해 전문적인 서비스와 관리를 할 수 없다. 셋째, 어떤 사회조직은 업무 주관기관을 찾지 못해 등록을 하지 못하고, 이로 인해 많은 '풀뿌리' 조직이 생겨났다. 또한 어떤 사회조직은 임의로 기관에 예속되어 권리상의 혼란을 가중시켰다.[60] 이러한 폐단을 초래한 제도적 요인은 바로 이중적 관리 체제이다. 이중적 관리 체제에 대해서는 심도 있는 연구가 이미 많이 이루어져 있다. 행정관리 체제의 폐단을 해결하고 사회조직의 활력을 자극하기 위해 제18기 3중전회에서 통과된 〈전면적 심화 개혁의 몇 가지 중대 문제에 대한 중공 중앙의 결정〉은 "정부와 사회의 관계를 정확하게 처리하여 정부와 사회조직의 분리를 신속하게 실시한다. 이로써 사회조직의 명확한 권한과 책임, 법에 근거한 자치, 역할을 발휘하도록 한다. 사회조직에 적합한 공공 서비스와 사항들은 사회조직이 맡도록 한다"[61]라고 했다. 정부와 사회조직의 분리는 사회조직 관리·개혁에 대한 요구와 추세이다. 어떻게 사회조직을 효과적으로 관리하고 나아가 사회적 활력을 불러일으키는가? 관리를 융통성 없이 하면 안 되겠지만, 방임해도 안 될 것이다. 이때 바로 '거버넌스 메커니즘'이 필요하다. 사회조직에 대한 집정당의 '관리 강화 및 완화(收放)' 메커니

---

60 劉軒, 〈關於'樞紐型'社會組織建設的思考〉,《學習與實踐》, 2012年 第10期.

61 〈中共中央關於全面深化改革若干重大問題的決定〉, 新華網, http://news.xinhuanet.com/mrdx/2013-11/16/e_132892941.htm, 2014年 3月 30日.

즘이 그것이다. 집정당이 능동적으로 사회조직 관리에 대한 행정적 이미지를 완화시켜야 한다. 이것이 바로 '완화(放)'이다. 이와 동시에 집정당이 사회조직에서의 영향력을 강화해야 한다. 이것이 바로 '강화(收)'이다.[62] 예컨대 사회 동원의 어려움으로 말하자면, 현대도시처럼 낯선 사람들의 사회에서 유동성과 개인화의 영향으로 인해 정부가 개인을 동원하는 능력은 약화되고 있다. 특히 오피스 빌딩은 비공유제 경제조직과 새로운 사회조직이 주로 집중되어 있으며, 인력·자본·정보의 중심지이다. 어떻게 오피스 빌딩에서 효과적인 거버넌스를 구현하고, 어떻게 화이트칼라를 대상으로 사회적 동원을 할 수 있는가? 필자는 상하이와 베이징 등 두 곳의 연구조사를 토대로 '서비스식 거버넌스' 메커니즘을 제시했다. 요컨대, 소유제 구조의 변화로 인해 '국가와 사회를 어떻게 조율하느냐'의 문제는 효과적인 거버넌스 실행의 관건이 되었으며, 이 가운데서 많은 거버넌스 메커니즘을 발견할 수 있다.

4. '발전국가'의 중국식 모델

좋은 정책은 시행되지 못하면 단지 신기루에 불과하다. 문건이 실천으로 전환되려면 강력한 집행능력이 필요하다. 한 국가가 변화하는 사회와 경제 상황에서 어려움을 극복하고 전진할 수 있는 것은 국가 거버넌스 능력, 집정당의 조직 능력과 밀접한 관계가 있다. 학계에서는 이러한 능력을 '발전국가' 개념으로 묘사한다. '발전국가' 개념은 국제 학계가 '동아시아의 기적', 즉 20세기 중후반 일본과 '동아시아의 네 마리 용'이 선진

---

62 程熙·張博, 〈樞紐型治理: 中國共産黨對於社會組織的領導〉, 《理論月刊》, 2015年 第10期.

국의 경제 수준을 성공적으로 추격한 데에서 유래한다. 동아시아 국가 및 지역 연구를 보면, 정부가 사회적 역량 혹은 이익집단의 속박을 초월하여 자금·세수·정책 등의 방식으로 관련 산업을 중점 지원하고 지역 산업 발전과 경제성장을 이룩했음을 알 수 있다. 이러한 정부는 발전에 대한 강한 의지, 자율성, 합리적인 경제 관료 기구가 있기 때문에 이를 '발전국가(發展型國家)' 혹은 '발전형 정부(發展型政府)'라고 부른다. 일본의 통산성은 가장 전형적인 사례이다. 중국은 30여 년간 발전을 통해 또 다른 경제 기적을 만들어냈다. 일부 학자들은 이에 대해 '중국식 모델'이 존재한다고 생각했다. 신자유주의의 '워싱턴 컨센서스'와 비교하면, 중국의 경제발전 모델은 아마도 발전국가에 더욱 가깝다. 중국 모델을 연구한《위대한 중국의 공업혁명》이 최근 출간되었다. 이 책은 중국 산업혁명의 성공 비밀을 밝히고 있다. 즉, '중상주의', 아래에서 위로, 간단한 것에서 복잡한 것으로, 농촌에서 도시로, 경공업에서 중공업으로, 정부가 주도한 '시장 창조'에서 순차적 산업 업그레이드로의 발전 전략이 중국 경제의 기적을 만들어냈다.[63]

　개혁개방으로부터 오늘날까지 중국 공업의 기적은 시장과 정부가 함께 일궈낸 결과물이다. 중국식 모델을 '발전국가'로 보는 시각은 정부가 자원의 배치에서 보다 큰 역할을 했기 때문일 수도 있다. 정부와 시장의 관계를 바라볼 때는 사회주의 시장경제를 발전시키려면 시장의 역할은 물론 정부의 역할도 발휘되어야 한다는 변증법적인 접근이 필요하다. 제18기 3중전회에서는 '시장이 자원 배치에 있어서 결정적인 역할을 해야 된다'는 의견이 제기되었다. 이는 과거의 '중국식 모델'과 다르게, 경제 발전 방식의 변화에 도움이 되고, 정부 직능 전환에 도움이 되며, 소극적

63　文一,《偉大的中國工業革命》, 淸華大學出版社, 2016, p. 239.

인 부패 현상 억제에 도움이 되는 것으로 향후 새로운 '중국식 모델'을 만들어낼 것이다. 이러한 새로운 모델은 '발전국가'를 포기하는 것이 아니라 정부의 직능에 더욱 명확한 요구를 제시했다. 즉, 정부의 직책과 역할은 주로 "거시경제의 안정을 유지하고, 공공 서비스를 강화하고 최적화하며, 공평한 경쟁을 보장하고 시장에 대한 관리 감독을 강화하며, 시장질서를 보호하고 지속가능한 발전을 추진하며 공동 번영을 촉진하여 시장의 문제를 보완한다"[64]는 것이다.

구모델과 신모델이 바뀌는 과정에서 강력한 국가, 유능한 집정당, 효율 있는 정부는 매우 중요하다. 아래에서는 중국 특색의 5개년 계획, 중앙 전면심화개혁 영도소조(中央全面深化改革領導小組), 정부의 '행정 간소화(簡政), 권력 이양(放權)'에 대해 각각 설명해보고자 한다.

개혁개방 이후, 중국은 계획경제에서 시장경제로 전환했다. 그러나 중국에서 '계획'은 사라지지 않았으며, 그것을 보여주는 단적인 예가 5개년 계획의 변화다. 5개년 계획은 끊임없이 순환하는 과정이다. 정보수집, 분석연구, 문건초안 작성, 조직의 실시, 계획의 평가에서 수정까지 5년마다 이러한 절차를 반복한다. 1953년 이후 중국의 5개년 계획은 이미 대추진(大推動) 계획 시기, 반통제 계획 시기, 혼합 계획 시기, 지도 계획 시기, 전략 계획 시기 등 5단계를 거쳤다. 또한 경제지령 계획에서 발전전략 계획으로 전환했고, 경제계획에서 전면적 발전계획으로 전환했으며, 미시적 영역에서 거시적 영역으로 전환했고, 경제지표 중심에서 공공 서비스지표 중심으로 전환했다.[65] 2015년 중국은 제13차 5개년 계획 제정에 착수

---

64 《中共中央關於全面深化改革若幹重大問題的決定 輔導讀本》, 人民出版社, 2013, p. 6.

65 胡鞍鋼·鄢一龍·呂捷, 〈中國發展奇跡的重要手段: 以五年計劃轉型為例(從'六五'到'十一五')〉, 《清華大學學報》(哲學社會科學版), 2011年 第1期.

했다. 시진핑 총서기가 조장(組長)을 맡았으며, 리커창(李克强) 총리, 장까오리(張高麗) 부총리가 부조장을 맡았다. 이후 '13.5' 계획 제정이 통과되어 다음 5개년에 대한 중국 경제·사회 발전의 기본, 주요 목표를 명확히 했으며, 처음으로 혁신·조율·녹색·개방·공유라는 발전이념과 상징적인 중요 전략·프로젝트·조치들을 처음으로 제시했다.

영도소조는 중국 정치에서 독특한 조직형식으로서 그 성격은 의사조정기관에 속하며, 그 기능에는 권력 배치·수평적 조정·준(準) 의사결정·정보 수집 및 전달·조직 허브·공급제도 합법성 등을 포함한다. 전면적인 개혁 심화는 복잡한 시스템 공정이기 때문에 몇 개의 부서만으로는 역부족이다. 이때 더욱 높은 층위의 영도 메커니즘이 필요하다. 이에 따라 중앙 전면심화개혁 영도소조를 설립하여 개혁의 총체적인 설계·조정 총괄·전반적인 추진·수행 감독을 책임지도록 했다. 이 영도소조는 시진핑이 직접 조장을 맡았으며, 부조장 3명은 각각 리커창, 류윈산(劉雲山), 장까오리이다. 정·부 조장이 모두 중앙정치국 상무위원이다. 또한 중앙 전면심화개혁위원회 판공실(中央全面深化改革委員會辦公室)의 주임은 왕후닝(王滬寧)이 맡았다. 이처럼 고위층 인사의 포진은 중앙 전면심화개혁 영도소조의 권위와 개혁의 강도를 보여준다. 2014년 1월부터 2017년 2월까지 중앙 전면심화개혁 영도소조는 총 32차례의 회의를 진행했다. 중앙 전면심화개혁 영도소조와 비견되는 조직은 집정당의 경제 쌍엔진을 이루고 있는 중앙 재경 영도소조(中央財經領導小組)이다. 중앙 재경 영도소조의 조장은 원래 총리가 맡았지만, 현재는 시진핑 총서기가 조장을 맡고 있다. 관련 자료에 따르면, 제18차 당대회 이후부터 2016년 말까지 중앙 재경 영도소조는 총 14차례 회의를 진행했다. 이렇게 볼 때, 중앙 전면심화개혁 영도소조의 회의 빈도수가 더욱 높고 참여 인력이 더욱 광범위하며, 조정 강도 역시 높다는 것을 알 수 있다. 세계 각국의 역사를 보면, 개혁에는 항상 저항이 따르고 대가를 필요로 한다. 서구 국가의 삼권분립 또는 다당제 선거체제와 비교해보면, 서방에는 개혁을 진정한 행동으로 옮긴 정치가가 많지 않았다. 결국 마음만 있을 뿐 개혁을 이루지는 못했다. 그러나 중국의 중앙 전면심화개혁 영도소조와 중앙 재경 영도소조는 중국공산당의 독특한 제도적 장점으로서 공감대를 형성하고 강도 높게 개혁을 수행하여 성과를 얻을 수 있었다.

효율적인 정부는 청렴하고 국민에게 봉사하는 정부이다. 세계적으로 유명한 에르난도 데 소토(H. de Soto)는 그의 명저 《자본의 미스터리》에서 다음과 같은 사례를 들었다. 저개발지역의 '자본'은 부족한 것이 아니라 번거로운 절차가 자본의 유동과 신용의 생성을 저해한다는 것이다. 예컨대, 페루에서 그의 연구팀은 작은 기업에 대한 정부 허가를 신청하려고 매일 6시간씩 작업했지만 결국 289일 이후 허가를 받았다. 이 기업은 근로자 1인만으로도 경영이 가능했지만, 법률적인 등록신청에 1231달러를 지출했다. 이는 근로자 최저 월급의 31배에 달한다. 경제활동에 대한 시장 메커니즘의 효율적인 조절 능력을 제고하기 위해서는 미시적 사무에 대한 정부의 관리를 최대한 줄여야 한다.[66] '행정 간소화, 권력 이양'은 정부 직능 전환의 강력한 실천이며, 전능형(全能型) 정부에서 서비스형 정부로 전환되는 중요한 부분이다. 2013년 이후 국무원은 행정 심사·비준 사항 800여 개를 폐지하거나 지방 정부로 권한을 이양했다. 국가 투자 항목은 온라인 심사·비준을 통해 원스톱 서비스를 실시했다. 또한 정부 심사·비준의 투자 항목 리스트를 수정하여 중앙 차원에서의 심사·비준 항목이 76%나 누적 감소했다. 사업자등록은 '선 실행 후 증명'하고 기업 등록은 '3증합일(三證合一: 공상영업허가증, 조직기구번호, 세무등기증을 하나로

---

66 〔秘魯〕赫爾南多·德·索托, 《資本的秘密》, 王曉冬譯, 江蘇人民出版社, 2001, p. 18.

통합)'을 하여 사전 심사·비준 항목의 85%를 사후 심사·비준으로 바꾸었다. 국무원은 권한 리스트, 책임 리스트, 네거티브 리스트 제도를 추진하여 모든 권한을 공개하여 '행정 간소화, 권력 이양'을 촉진하고 정부 운영의 효율을 높였다. 중앙 편제위원회 판공실(中央編制委員會辦公室)의 최근 통계자료에 따르면, 전국 31개 성(省)에서 이미 성급 정부 부서의 권한 리스트를 공개했다. 이 가운데 24개의 성에서 책임 리스트를 공개했으며, 17개 성에서 시·현급 정부 부서의 권한 리스트와 책임 리스트를 공개했다.

경세적 싱장과 정치적 안정은 세계 모든 국가의 목표와 바람이나. 그러나 이 두 가지의 관계가 항상 상호보완적이지는 않다. 이는 발전정치학과 발전경제학 연구에서 중요한 문제 중 하나이다. 헌팅턴의 저서 《사회 변화 중의 정치질서》는 이 분야의 고전이다. 그의 제자 후쿠야마의 최근작인 《정치질서의 기원》에서는 좋은 정치질서의 세 가지 요소로 강한 국가, 법치주의, 책임정부를 들었다. 이러한 이론이 아편전쟁 이후 중화민족의 '구망도존(救亡圖存: 멸망의 위기에서 구하고 생존을 도모함)', 그리고 중국공산당이 신중국 건립 이후 부강함을 추구하고 개혁개방 이후 위급한 국면을 만회했던 역사적 변천을 설명할 수 있는지는 섬세한 연구와 논증이 필요하다. 이보다 더욱 짧은 기간 동안, 즉 제18차 당대회 이후 중국은 경제전환과 개혁이라는 중대한 과제에 직면해 강력한 국가, 유능한 집정당, 효율적인 정부를 이루었다. 이는 향후 '발전국가'로서의 중국 모델에 새로운 실천적 토대를 제공할 것이다.

제4장

중국 국가 거버넌스가 직면한 도전

옌지룽 燕繼榮, 베이징대학교　라이셴진 賴先進, 중공중앙당교

개혁개방 이후 중국은 중요하고 강도 높은 변화를 겪었다. 바로 사회·정치·경제·문화 등 다양한 영역에서 전환이 이루어지고 있는 것이다. 이러한 전환기에 생겨난 독특한 특징들은 중국을 여러 도전에 직면하게 만들었다. 학자들은 이에 대해 다양한 관점을 제시하고 있다. 일부 학자들은 국가 거버넌스의 관점에 입각하여, 전환기 국가의 전환 위기, 즉 경제·사회적 차원에서의 구조적 변화는 조정이 어려운 충돌과 위기를 초래하며, 오직 국가의 효율적인 거버넌스와 개입만이 이러한 충돌과 문제를 해결할 수 있다고 주장한다.[1] 국가 거버넌스의 관점에서 전환기 국가가 직면한 도전을 분석하는 것은 사실 '충돌-대응'의 논리에 따라 전환기에 생겨난 위기를 분석하는 것이다.

많은 경험과 사실을 통해 우리는 전환기에 직면하는 충돌이 작은 문제가 아니라 사회계층의 분화, 이익구조의 재편, 제도체제의 변천 등 중요한 원인으로 인한 구조적 문제라는 것을 잘 알고 있다. 새로운 이익구조는 사회 전환의 기본적인 내용이며, 사회 전환의 기초이다. 일부 학자들은 이러한 인식에 근거하여 제도변천의 관점에서 중국이 전환기에서 직

---

1   徐湘林, 앞의 글(2010年 第5期).

면한 도전을 연구한다. 사회문제의 등장과 국가가 직면한 도전은 제도가 제 역할을 발휘할 수 있는 기회이며, 제도가 도전을 받아들여 제도적 변화를 일으키는 내재적 동력이다.[2] 이러한 관점에서 보면, 전환기 단계에서 중국이 직면한 도전은 더욱 직관적이며 강도가 높다.

우리는 개혁개방 이후 거대한 성과와 함께 일련의 문제, 다시 말해 험난한 제도구축의 과제가 동반한다는 사실을 명확하게 알 수 있다. 즉, 사회발전 수준이 경제발전 수준을 따라가지 못하고, 도농 이원구조가 해결은커녕 더욱 심화되어 농민공이라는 특수한 집단이 등장해 삼원구조까지 생겼다. 또한 시장경제가 점차 개선되고 있음에도 불구하고 여전히 행정체제와 비공식 제도의 역할이 크기 때문에 시장법치 체제의 형성에 지장을 주고 있다. 전환기 중국이 직면한 도전을 제도변화의 관점에서 인식하고자 한다면, 과감한 혁신과 개혁 추진이 필요하다. 또한 상응한 제도를 마련함으로써 발전과정에서의 문제를 해결해야 한다.

1. 글로벌화와 현대화의 도전

1) 글로벌 시대의 관리 문제

글로벌화는 각국의 경제무역 활동에 영향을 끼치며, 사회 거버넌스의 거시적 환경에 변화를 준다. 이는 결국 한 나라의 사회 거버넌스 구도에 영향을 주게 된다. 글로벌화 속에서 사회 거버넌스가 우선적으로 직면한 문제는 인력·자원·기술 등 글로벌화 프로세스로 인해 각국 사회 내부의

---

2 熊躍根, 〈轉型經濟國家的社變遷與制度建構: 理解中國經驗〉, 《社會科學》, 2010年 第4期.

유동성과 경쟁이 심화되어 기존의 속지관리 모델이 도전을 받게 된 점이다.

글로벌화 시대, 그 유동성과 경쟁성

오늘날 세계의 기본 특징인 글로벌화는 자본·물질·인력·정보 등의 요소가 국경을 초월해 유동하는 현상이다. 이러한 요소들의 글로벌화가 심화되고 있는 가운데 세계 각국에는 정치·문화·과학기술·군사·안보·가치관념 등과 같은 다양한 층위와 영역에서 국경을 초월해 유동·융합하는 특징이 나타나고 있다. 따라서 글로벌화의 양상에는 과학기술·경제 이외에도 정치·문화·사상관념·인적교류·국제관계 등 다양한 방면이 포함된다. 각국의 경제·사회 발전에 끼친 글로벌화의 영향은 다양하다. 경제발전에서 보면, 경제 글로벌화, 금융 글로벌화, 무역 글로벌화, 투자 글로벌화는 한 나라 또는 지역에 경제적 번영과 발전을 가져왔다. 사회 거버넌스에서 보면, 글로벌화로 인한 사회의 인적 유동성과 국제간 경쟁은 각국의 사회 거버넌스에 새로운 도전을 초래했다. 전지구적으로 볼 때, 남미에서 북미까지, 남아프리카에서 북아프리카까지, 남아시아에서 북아시아까지, 남유럽에서 북유럽까지, 정부가 여러 형식·내용의 거버넌스 난제에 봉착하는 것은 매우 일반적인 현상이 되었다. 글로벌화 시대인 오늘날세계 각지에는 사회 거버넌스 위기가 발생하고 있으며, 여기에는 명확한 공통 원인이 존재한다.[3] 중요한 원인 중 하나는 글로벌화로 인해 날로 심화되는 사회의 인적 유동성과 국제적 경쟁이다.

21세기 이후, 글로벌화는 3.0단계에 진입했다. 개인이 주역인 글로벌화의 발전으로 인해 사회의 인적 유동성과 국제 경쟁이 심화되었다. 각국

---

3   潘維, 〈社會治理危機: 一個世界性的問題〉, 《北京日報》, 2015年 10月 26日.

의 사회 거버넌스는 글로벌화로 인해 더욱 많은 도전에 직면해야 했다. 경제학자 토머스 프리드먼은 글로벌화를 3단계로 구분했다. 1단계는 글로벌화 1.0시대(1492~1800년)로서 이때 글로벌화의 주요 동력은 국가였다. 2단계는 글로벌화 2.0시대(1820 혹은 1825~2000년)로서 이때 글로벌화의 주요 동력은 기업이었다. 3단계는 글로벌화 3.0시대(2000년 이후)로서 개인이 글로벌화의 주역이 되었다. 글로벌화 3.0시대에는 개인이 국가와 기업을 넘어 글로벌화의 주역이 되었고, 개인은 각자 다른 사람과 경쟁할 수 있는 기회를 갖게 되었다.

글로벌화와 그 발전과정을 보면, 글로빌화와 날로 심화되는 유동성 및 국제경쟁에는 명확한 상관관계가 있다.

첫째, 글로벌화·산업화·정보화로 인해 자본의 유동성은 크게 증가한다. 전 세계적으로 보면, 1961년 선진국의 자본 수출 총액은 1400억 달러이며, 1975년에는 5800억 달러를 넘었다. 2010~2013년 1년 평균 자본유동 규모는 3조 달러에 달한다. 각국은 날로 증가하는 자본유동 문제로 인해 자본유치를 위한 경쟁적인 산업정책을 제정하고 있다. 한편 이러한 자본유동은 개발도상국에게 기회를 가져다주었다. 이들 국가는 경쟁적으로 외국 투자자본 유치를 위한 정책을 내놓았고 이에 따른 제조업의 대전환이 이루어졌다. 결국 선진국에서는 산업 공동화가 일어나 새로운 사회문제가 생겨났다. 반면 개발도상국은 외국 투자자본 유치를 위한 기술·환경·노동 등의 기준 완화로 인해 일련의 문제가 불거졌다. 빠른 유동성은 단지 자본 규모의 기하급수적 성장을 의미하지는 않는다. 이와 더불어 초유의 대규모 자본유동은 국경의 장벽, 전통 산업의 장벽, 문화 차이의 장벽, 나아가 모든 기존 정치권위 형식에도 심각한 도전을 가져왔다.[4]

---

4 위의 글.

둘째, 글로벌화·산업화가 제공한 조건에서 사회 분야 인력의 유동성이 뚜렷하게 증가하고 있다. 글로벌화 환경에서 전국적·전 세계적인 인구의 유출입이 생겨나고 있다. 이러한 인적 유동성은 일종의 지역이나 국가를 넘어서는 인구의 이동이다. 여기에는 인재의 유출입(인재 이동), 인구의 유출입(예컨대 비즈니스 여행과 일반 여행), 노동력의 유출입(예컨대 농민공의 도시 유입)을 포함한다. 전 세계적으로 보면, 해외 이주 인구 수 증가는 인력 유동성의 심화를 보여준다. UN의 자료에 따르면, 2013년 전 세계 해외 이민자 수는 2억 3200만 명으로서 전체 인구의 3.2%에 달한다. 과거 해외 이민자 수는 2000년에 1억 7500만 명이었으며, 1990년에 1억 5400만 명이었다. 대규모 인구의 이동은 국가나 지역의 사회 거버넌스에 새로운 문제와 과제를 안겨주었다. 예컨대 유동인구, 유동인구 범죄, 인구 유동량 관리 등이다. 전 세계적인 인구의 이동 속에서 중국이 당면한 유동인구의 문제는 더욱 복잡하다. 중국의 유동인구에는 여러 가지 유형이 있다. 외국 노동자의 유입, 농촌인구의 도시화, 농촌 노동력의 지역 간 이동, 중국 노동자의 유출 등이다.

이 밖에 글로벌화는 사회의 인적 유동성뿐만 아니라 국제 경쟁을 심화시켰다. 이로 인해 각국 간의 충돌이 더욱 빈번해졌다. 지그문트 바우만(Z. Bauman)은 《포위당한 사회》에서 글로벌화가 공생과 공존의 세계를 만들었다고 지적했다. 글로벌화 속에서 세계는 더욱 좁아졌고, 국가 간의 경쟁은 더욱 치열해졌으며, 국경에서의 충돌은 더욱 빈번해졌다.

속지화 관리에 도전하는 유동성과 경쟁성

전통적 속지화(屬地化) 관리, 도농 분리 관리는 글로벌화 과정에서의 인적 유동으로 인해 도전에 직면하고 있다. 인간은 옛날부터 이동에 대한 갈망이 있었던 것 같다. 그러나 농업사회에 진입한 이후 인간은 땅에 묶여 이동에 대한 생각을 접었다. 인간이 땅에 의존하는 정도가 약해지자 이동하려는 열정이 다시 불붙었다. 역사적으로 보면, 농업사회에서 산업사회로의 이행은 제일 먼저 인간의 이동에서 나타났다. 사람들은 천 년 동안 농작을 했던 땅을 떠나 도시로 향했다. 이러한 무리들의 이동은 산업화·도시화의 물결을 일으켰다. 이로써 현대사회 구축을 위한 각종 인프라가 조성되었다.[5]

날로 증가하는 사회적 인적 유동 문제에 대응하기 위해서는 전통적 속지화 관리를 하고 있는 정부의 사고방식에 변화가 필요하다. 유동성을 척도로 하는 개방된 사회에서 관리형 정부가 실시한 통제지향의 사회관리에 대해 그 타당성에 대한 의문이 제기되고 있다. 민족국가라는 틀을 초월한 인류 공동의 이슈는 '특수한 상황'으로 간주되어 이처럼 통제된 시스템 안에서는 해결할 수 없다. 만약 민족국가라는 틀에서 구축된 통제지향의 사회관리 방식이 관리형 정부가 추구하는 동일한 사유방식·행동 논리에 부합하며, 우리가 글로벌화라는 새로운 공간좌표에서 유동성·개방성을 지닌 세계의 사회관리를 어떻게 수행할까를 고민한다면, 전 세계적 이동이 초래한 차이성의 문제를 충분히 고려할 필요가 있다.[6]

한편, 국가를 단위로 하는 사회관리의 틀로써는 초국적 대규모 인적 유동에 대처할 수 없다. 이로 인해 각국은 글로벌화 시대의 중요한 문제로 대두된 국제 이민에 대응하기 위해 이민정책을 조정하여 국제적 유동인구에 대응하고 있다. 또한 기존의 국내 속지화 행정관리 중심의 관리 틀 역시 국가와 지역 내부의 대규모 인적 유동에 대처할 수 없다. 이 문제를 운영의 측면에서 보면, 유동성이 날로 증가하는 글로벌화 시대의 사회에

---

5   張康之, 〈流動性迅速增强條件下的社會治理〉, 《常州大學學報》, 2016年 第5期.

6   周軍·程倩, 〈全球化, 後工業化對社會治理的挑戰〉, 《黨政研究》, 2014年 第11期.

서 전통적 정부관리 방식은 신분 식별에 어려움이 있어 효과를 거두기 어렵다. 신분 식별은 정부가 전통적으로 사회영역을 관리·통제하는 기초이다. 그러나 글로벌화의 발전에 따라 사회 내부의 유동성이 날로 증가하여 이러한 신분 식별의 기초가 여러 측면에서 타격을 받고 있다. 사회 내부의 유동성이 신분에 타격을 주었거나 유동성이 신분 식별의 어려움을 초래했다. 이로 인해, 설령 신분증 등으로 신분 식별의 문제를 해결할 수 있더라도, 신분에 대한 인정 정도는 신분 식별과 반드시 호응하지는 않았다.[7] 따라서 사회적 존재인 인간의 선험적 조건이 되거나 선험적 규정성이 되었던 신분은 유동성에 의해 타격을 받았다. 또한 빠르게 유동하는 사람들에게 있어서 신분은 그 의미를 상실하게 되었다. 유동성이 비교적 약한 상황에서, 그리고 사회 거버넌스의 제도 안배와 행동 속에서는 유동성의 요인을 간과할 수 있거나 안정적인 정부관리 제도를 구축하여 유동성 요인을 통제할 수 있다.

2) 이중적 현대화의 도전

현대화와 탈현대화는 사회발전의 두 가지 다른 과정으로서 각기 다른 속성과 특징이 있다. 과정으로 보면, 현대화는 산업화와 함께 시작된 과정이다. 이에 반해 탈현대화는 산업 현대화와 구별되거나 대립해 형성된 발전추세다. 목표로 보자면, 현대화의 핵심 목표는 경제성장이며, 탈현대화의 핵심 목표는 개인 행복의 최대화이다. 모든 국가의 현대화 발전과정에는 단계성이 있다. 서로 다른 국가는 서로 다른 현대화 발전 단계에 처한다. 후발 국가인 중국은 현재 현대화와 탈현대화가 겹쳐진 시기에 있다.

---

7   張康之, 앞의 글.

따라서 사회관리의 조건·난이도·과제 등의 영역에서 중국화에 대한 구현이 더욱 요구되고 있다.

중국의 사회 거버넌스는 이중적 현대화라는 도전에 직면해 있다. 정치문화 연구자인 로널드 잉글하트는 《근대화와 탈근대화》에서 현대화와 탈현대화의 개념을 구분했다. 개발도상국으로서 발전의 주된 과제는 현대화이다. 이와 동시에 중국 사회 거버넌스에는 일정 정도 탈현대화 성격의 과제가 주어진다. 이처럼 현대화와 탈현대화는 중국 사회 거버넌스에 새로운 과제와 도전을 제기하고 있다.

현대화 프로세스에서의 사회 거버넌스 리스크

현대 사회의 과학기술 발전과 글로벌화 발전에 따라 인간사회는 '리스크 사회'의 시대로 접어들었다. 1980년대에 독일 사회학자 울리히 벡(U. Beck)은 인간이 위험사회에 진입한다는 예측과 판단을 '리스크 사회(risk society)'라는 개념으로 제시했다. 그는 '리스크'가 결코 '위험(danger)' 혹은 '재난(disaster)'이 아니며, 위험과 재난의 가능성이라고 지적했다. 리스크의 '인위적 성격'은 현대 사회와 전통 사회의 중요한 구분이 된다. 리스크는 발전의 부산물이다.

인간사회가 '리스크 사회'로 진입한 전 세계적 상황에서 경제·사회 발전의 전환기에 놓인 중국 사회에는 각종 모순과 문제가 서로 교차되어 있어 사회문제가 매우 복잡하다. 이로 인해 사회 거버넌스의 리스크가 높아지고 새로운 사회 거버넌스 리스크가 잇따르고 있다. 현대화와 사회 전환은 중국의 사회 거버넌스 리스크 발생과 확산의 기본적 배경이다. 전통적 계층제 사회관리 모델만을 가지고는 '전환기 중국의 사회 거버넌스 리스크'라는 도전에 효과적으로 대응하기는 어렵다. 따라서 장기적인 사회안정을 위해 새로운 사회 거버넌스 모델을 탐색하고 구축할 필요가 있다.

중국 사회의 전환기에서 나타난 리스크를 어떻게 효과적으로 해소하고 다스릴 수 있을까? 이는 중국이 사회 거버넌스 이론과 실천을 제기한 계기가 된다. 현재 사회 전환의 단계에서 중국 사회는 리스크 발생원(예컨대 빈부격차 심화, 계층분화 등)이 많을 뿐만 아니라 기존의 리스크를 증폭시키는 요인들(예컨대 도시화 추진의 가속화로 인한 유동인구 증가 및 빠른 리스크 커뮤니케이션, 사회의 낮은 신뢰도, 사회의 취약한 리스크 대항능력)이 있다. 또한 전통적 거버넌스 주체들은 리스크를 발견하고 식별하며 해소하는 능력이 비교적 약하기 때문에 사회 리스크 관리에 대한 임무수행이 어려울 수밖에 없다.

　　하향식 집중형 사회관리 모델은 사회 리스크를 집중시킨다. 중국의 전통적인 하향식 집중형 사회관리 모델도 사회 리스크를 집중시키는 부정적인 효과가 있다. 오랫동안 중국은 국가와 지방 통치 체제에 의존해왔다. 중국의 전통적 사회관리는 사회적 동원, 사회자원의 통합, 사회행위 규범화 측면에서 강점을 가지고 있다. 이러한 강점은 역량을 집중시켜 큰 일을 수행하고, 어떠한 사회적 문제를 집중 관리하는 데 있어 강한 권위성·통일성·집중성을 지닌다. 그러나 이러한 하향식 집중형 정부의 계층제 사회관리 모델은 오늘날의 사회 거버넌스 리스크 대처에 있어서 부정적인 측면이 강하다. 즉, 전 사회가 당면한 사회 거버넌스 리스크를 집중시켜 사회 거버넌스 리스크와 거버넌스 책임을 분산시키기 어렵게 만들기 때문이다. 그 대표적인 사례는 사회 주체 간에 발생하는 정상적인 분쟁과 충돌이다. 이러한 분쟁과 충돌은 점차 격화되면서 비난의 화살이 종종 지방의 공산당 위원회와 정부로 향하게 되고 결국은 대규모 군중시위로 이어진다. 중국의 사회관리 모델은 일종의 전능형(全能主義) 모델이다. 정부가 모든 것을 관리하고 무한한 권력을 보유하지만, 무한한 책임과 무한한 사회 리스크를 감당해야 한다.

전통적 계층제 사회관리 모델은 전환기 사회 리스크를 근본적으로 해결하기 어렵다. 이론적으로 보면, 전통적 계층제 사회관리 모델이 중국 사회관리 과정에서 장기간 효과를 나타낼 수 있었던 근본적인 원인은 중국의 단위제와 호응했기 때문이다. 개혁개방 이전 중국의 사회관리는 주로 단위제 체제에서 이루어졌다. 사회 각 계층의 사회적 행위는 일일이 조정을 거쳐 구체적인 '단위' 안에서 다시 합쳐진다. 단위는 사회구성원의 사회적 행위에 권리·신분·합법성을 부여하고 그들의 다양한 요구를 충족시키며, 그들의 이익을 대변하고 보호하며, 그들의 행위를 통제한다.[8] 개혁개방 이후 중국의 시장경제 체제 건립과 발전에 따라 많은 사람들이 이미 '단위인(單位人)'에서 '사회인(社會人)'으로 바뀌었다. 현재 단위제는 약화되고 해체되고 있다. 사회관리를 강조하는 전통적 계층제 사회관리 모델은 사회질서 유지의 효과와 역할 측면에서 그 영향력이 약화되고 있다. 구조적 측면에서 보면, 이러한 모델은 중국 사회 거버넌스 체제에서 과도하게 파편화되었고 효율은 낮아졌다.

실천적 측면에서 보면, 사회관리에서 전통적 계층제 사회관리 모델의 실질적 기능은 사회 리스크를 관리하고 통제하는 것이지, 사회 리스크를 원천적으로 해소하고 다스리는 것은 아니다. 전통적 계층제 사회관리 모델의 특징은 다음과 같다. 사회관리 주체에 있어 정부가 절대적·주도적 위치를 차지한다. 또한 사회관리 수단에 있어 그 수단과 방식이 상대적으로 단순하며, 주로 행정수단으로써 사회를 관리하기 때문에 행정관리에 치중한다. 아울러 관리과정에 있어서 정부의 관리행위는 소극적 관리의 경향이 있기 때문에 '위기' 대응으로써 사회문제를 처리하며, 관리를 중심으로 예방과 제어를 결합하며, 사후에 처리하고 사실을 은폐한다. 내용

---

8 李漢林, 〈中國單位現象與城市社區的整合機制〉, 《社會學研究》, 1993年 第5期.

에 있어서는 사회 치안과 분쟁·갈등 및 군중시위 사건 등을 진정시키는 데 중점을 둔다. 결과에 있어서는 사회안정과 사회질서를 맹목적·단편적으로 추구하여, 사회안정 유지비용이 비교적 높으며, 관리 효과 역시 명확하지 않다.[9] 이러한 모델은 효과가 빠른 대증요법형 모델이지 결코 근본적인 문제를 해결하는 모델이 아니다. 어떤 학자는 "리스크 관리는 사실 병을 잡는 역할만 할 수 있다. 사회의 조화로운 발전의 핵심은 국민들이 병나지 않게 하는 것이다"[10]라고 주장했다. 관련 기관에서 실시한 기층간부 조사에 따르면, 기층간부 중 대다수가 사회관리 혁신의 핵심은 마땅히 군중의 권리 보장이 아닌 리스크 관리, 사회안정이어야 한다고 밝혔다.

발전하는 시장경제와 심각해지고 있는 사회 거버넌스 리스크에 대해 중국의 전통적 사회관리 모델은 정부의 관리·통제 강화를 중요시한다. 이로 인해 국가와 사회는 효과적인 상호 작용을 할 수 없게 되었다. 따라서 새로운 제도 공급과 혁신적 안배가 필요하다. 전통적 사회관리 모델은 관리·통제와 행정 등 직접적 관리 수단·도구를 과도하게 중시하여 관·민 갈등을 심화시킨다. 사회적 갈등은 중국 사회 거버넌스에서 가장 큰 리스크이다. 중국의 각종 사회적 갈등 중 '관·민 갈등'은 가장 비중이 크고[11] 영향력이 강하며 파급 영역이 넓다. '관·민 갈등'의 발생 원인은 사회관리에 있어서 과도하게 관리·통제하고 민중의 이익과 요구를 간과한 것과 밀접한 관련이 있다. '관·민 갈등'의 문제가 위에서 아래로 점차 가중되는 현상은 전통적 사회관리 모델이 기층으로 향할수록 관리·통제 방식을

---

9   鬱建興·關爽, 〈從社會管控到社會治理: 當代中國國家與社會關係的新進展〉, 《探索與爭鳴》, 2014年 第12期.

10 薑曉萍, 〈社會治理不應以風險控制為基礎〉, http://news.ifeng.com/exclusive/lecture/special/zhiliyantao/content-5/detail_2013_12/02/31717397_0.shtml, 2016年 11月 12日.

11 吳忠民, 〈當代中國社會'官民矛盾'問題特徵分析〉, 《教學與研究》, 2012年 第3期.

중요시했기 때문이다. 이에 따라 민중들과의 직접적인 분쟁과 충돌이 많이 발생할 수밖에 없다. 사회적 갈등에 대해 어떤 지방은 시비(是非)를 가리지 않고 돈으로 해결하는 방법, 즉 '인민 내부의 갈등을 인민폐로 해결'하고, 또 어떤 지방의 관리는 독단적이고 난폭한 방식으로 압력을 가하고 '사회안정 유지'를 빌미로 불법적인 방식으로 당사자를 제어하는데,[12] 이러한 방법은 관·민 갈등을 심화시키며, 사회 거버넌스에 잠재적 위험을 남기게 된다. 전통적 사회관리 모델은 하향식의 등급별 관리를 강조하기 때문에 민중의 요구가 아래에서 위로 전달되기 어렵고 국가와 사회의 간극이 심화된다. 정부는 행정을 통한 사회관리 방식이 익숙하기 때문에 엄밀하고 고도로 행정화된 사회관리 구조를 구축한다. 이러한 모델은 단기적으로 일정한 효과가 있지만, 장기적으로는 아래에서 위로 향하는 민중의 요구를 간과하고 강성적인 행정 모델로 사회발전의 활력을 억압한다. 행정관리의 모델 속에서 민중의 요구를 위한 효과적이고 원활한 전달 메커니즘은 항상 부재했다. 현실 속에서 입법기관과 대표는 민중의 법정 대변인이지만, 이러한 기관과 대표의 영향력은 한계가 있다. 이로 인해 민중은 자신의 이익과 요구를 대변하는 조직적 대변인이 부족하다. 최근 중국의 사회조직이 증가·발전하고 있고, 이들은 민중의 요구를 잘 전달해야 하지만, 주민위원회·촌(村)위원회·업종협회 등과 같은 민중의 이익과 관련된 사회조직은 점차 행정화로 나아가는 특징을 보이고 있어 효과적으로 민중의 사회적 이익과 요구를 전달할 수 없게 되었다. 이처럼 전통적인 사회관리 모델에서 국가와 사회의 간극은 점차 벌어지고 있어 국가와 사회가 함께 발전할 수 있는 새로운 사회 거버넌스 체제 구축이 시급하다.

---

12 위의 글.

현대화의 도전에 효과적으로 대처했다고 해도 이는 결코 사회 거버넌스의 성공을 의미하지는 않는다. 문제와 골칫거리는 그 뒤에 여전히 남아 있기 때문이다. 기본적인 사실은 사람들이 현대화 변혁으로 바쁠 때 탈현대화 프로세스가 조용히 찾아온다는 점이다. 정부가 '빈곤 구제'를 위해 바쁘게 사람들을 농촌에서 도시로 이주시키고 농민들이 고층건물에 살도록 할 때, 도시 사람들은 소박한 전원생활을 지향한다. 정부가 경제발전에 집중하여 'GDP를 늘리고' 이를 위해 환경과 에너지의 조건을 낮추었을 때, 사람들은 화려하고 고급스러운 생활보다는 '소확행'식의 행복감을 추구하기 시작한다.

이상의 사실들은 두 가지 생산 방식과 사회 방식을 암시한다. 즉, 산업화와 탈산업화의 전환이다. 산업화 사회와 탈산업화 사회는 서로 다른 조직형태이다. 물질적 발전의 수준이 서로 다르기 때문에 사람들의 생각과 지향점도 다르다. 이에 따라 관리에 대한 요구도 다를 수밖에 없다. 어떤 학자는 "산업화가 중대한 문화적 변천 과정을 가져왔고, 이에 따라 관료화·합리화·집권화·세속화를 가져왔다. 탈산업사회의 등장은 두 번째 중대한 문화적 변천 과정을 가져왔다. 새로운 조류는 개인의 자주성과 자기표현의 가치관을 강조하는 방향으로 향하고 있다. …… 현대화라는 산업 단계는 권위의 세속화를 가져왔지만, 탈산업 단계는 권위로부터의 해방을 이끌었다"고 지적했다. 또한 산업 현대화와 관련된 것은 세속적·이성적 가치관의 흥기이다. 이에 따라 권위적인 합법성의 기초는 전통적 종교 신앙에서 세속적·이성적 관념으로 바뀌게 되었다. 이에 반해 탈산업 현대화는 자기표현의 가치관을 수반한다. 따라서 개인의 자주성을 강화하고 권위에서 해방되고자 하는 소망이 생기게 된다.[13]

현실적 변화를 보면, 탈현대화 발전은 전통적 정부관리에 대해 적어도 다음과 같은 타격을 주었다. 첫째, 세무·재정 시스템이 타격을 입었다. 세수(稅收) 재정은 현대 국가 운영의 기본적 보장이 된다. 현대 국가는 흔히 기업을 주된 세금징수 대상으로 삼는 관리 체제를 운영한다. 그러나 탈산업사회는 인터넷에 기반을 둔 개인 맞춤형 생산 방식을 운영하기 때문에 기업을 생산단위로 삼는 전통적 국가 재정·세수 시스템은 타격을 입게 되었다. 대표적인 사례는 정부의 세무담당자가 대형 상가와 대형 마트에서 세금을 거둘 때 이들 대형 상가와 대형 마트가 인터넷 상점과 인터넷 쇼핑으로 인해 잇따라 도산하는 경우다. 둘째, 현대 금융 시스템이 타격을 입있다. 은행업의 발전과 현내 시장의 흥기는 동시에 성부관리의 중요한 수단이 되었다. 그러나 인터넷에 기반을 둔 새로운 거래 시스템과 거래방식은 전통적으로 은행 중개를 중심으로 하는 화폐·신용카드 결제 금융시스템에 타격을 주었다. 이에 따라 금융에 대한 정부의 감독·정책도 난관에 부딪히게 되었다. 셋째, 일상적 사회관리 모델에 타격을 주었다. 정보의 비대칭성으로 인해 공급자와 수요자 양측은 직접 거래가 불가능하고 따라서 중개자와 대리자가 필요했다. 정부관리 부서 역시 필수불가결의 중개자 또는 대리자를 자처해왔다. 탈산업사회는 인터넷 플랫폼에서 공급자·수요자가 직접 거래할 수 있어 정부 혹은 제3의 중개 기관이 불필요하게 되었다. 이로 인해 정부 또는 위탁 기관을 기초로 하는 전통적 사회관리 모델이 타격을 받게 되었다. 대표적인 사례가 바로 세계 대도시의 택시 관리 체계가 온라인 예약 플랫폼으로 인해 타격을 받게 된 경우이다.

　지금은 바야흐로 사회 전환이라는 대변혁의 시대이다. 현대성과 탈현대성은 안정을 가져다주었지만, 동시에 현대화와 탈현대화는 변동과 불

---

13 〔美〕羅納德·英格爾哈特, 앞의 글, pp. 133, 138, 139-140.

안정을 가져다주었다. 현재 중국은 현대화와 탈현대화라는 두 가지 목표와 과정이 '중첩'[14]되어 있다. 이로 인해 사회적 변화는 더욱 복잡한 양상을 보이고, 정부의 관리 역시 더욱 어렵게 되었다. 따라서 중국은 정부의 행정적 지향을 넘어 사회 전환에 의해 방출된 요구에 어떻게 효과적으로 대응할지 그 대안을 모색하는 것이 더욱 시급하다고 말할 수 있다.

2. 시장화의 도전

1) 경제발전 모델 전환이 가져온 도전

시장화의 전환은 한 나라가 현대화로 진입하는 과정에서 빼놓을 수 없는 단계이다. 선진국의 현대화 역사를 보면, 현대화는 시장화와 민주화라는 두 개의 문턱을 넘어야 한다. 이것은 중국이 현대화라는 목표를 실현하려면 두 가지 전환, 즉 경제 전환과 정치 전환을 완성해야 한다는 것을 의미한다. 현대화 프로세스에서 보면, 국가의 통일과 전국적인 정치 권위의 수립은 현대화에서 첫걸음에 불과하다. 마오쩌둥 등 제1대 지도자들은 중국 인민들을 지도하며 강력한 정당이라는 기초적인 사업을 완수했다. 이로써 중국이 현대화의 길을 탐색하는 정치적 토대를 마련해주었다. 덩샤오핑 등 제2대 지도자들은 개혁개방 정책을 통해 중국의 현대화 프로세스를 정식으로 가동시켰다. 이들은 '돌을 더듬어가면서 강을 건너는

---

14 난카이 대학 주광레이(朱光磊) 교수는 '양화첩가(兩化疊加)'라는 말로써 중국 거버넌스의 난제를 개괄했다. 그는 정부 개혁의 목표가 단순한 서비스형 정부가 아니라 건설 관리와 서비스를 모두 중시하는 '관리서비스형 정부'여야 한다고 주장했다. 朱光磊, 〈'兩化疊加'是 治理中國最大難題〉, 《聯合早報》(新加坡), 2016年 8月 22日.

(摸著石頭過河)' 방식을 통해 상술한 두 개의 문턱을 넘는 탐색 과정을 시작했다.

객관적으로 말하면, 중국공산당과 정부는 당초 중국 현대화에서 넘어야 하는 두 개의 문턱에 대해 자각하지 못했다. 1978년, 중국은 경제 체제 개혁을 실시했지만, 사람들은 경제 개혁의 방향이 시장화인지 의식하지 못했다. 중국의 시장화 발전과정의 이론적 형태는 네 가지 단계를 거쳤다. 이처럼 '시장화'라는 큰 돌은 경제 개혁의 탐색 속에서 점차 '더듬어' 낸 것이다.

1992년 중국공산당 제14차 당대회에서는 시장화의 목표를 명확히 하여 2010년 시장화 프로세스 완성을 확정했다. 즉, 중국은 약 30년 동안 계획경제의 시장화 개혁을 완성한다는 것이다. 실제적으로는 초반 20년은 주로 시장경제 시스템을 구축하고, 후반 10년은 시장경제 시스템을 보완하는 것이다. 현재 중국은 사회주의 시장경제 시스템을 초보적으로 완성했다. WTO 가입은 중국이 시장화라는 문턱을 곧 넘게 된다는 것을 보여준다.

시장화와 글로벌화는 중국의 전환기에 기회와 도전을 가져다주었다. 첫째, 경제성장 자체로 보면 중국의 경제성장 방식은 비합리적이며 제도적 건설의 측면에서도 결함이 많다. 국유 기업의 개혁 과정에서 국유 자산이 대규모로 유실되었으며, 현대 관리 체제 개혁에서도 행정기관의 견제가 있었다. 아울러 조방적(粗放的) 생산경영모델은 여전히 개선되지 않았다. 국유 기업은 효과적인 경쟁 부재로 인해 효율성 제고와 혁신의 가속화를 위한 동력을 상실하고, 집약형 생산경영모델을 만들어내지 못했다. 또한 분세제(分稅制)의 영향으로 지방 보호주의가 성행하고 중복건설 문제가 심각해졌으며, 관료나 일반 국민 할 것 없이 모두 부동산 거품에 대해 관심을 갖게 되었다.

둘째, 경제성장은 사회·환경의 희생을 대가로 삼았다. GDP 지상주의적 관료 승진 모델과 후손을 고려하지 않는 발전에 대한 충동으로 중국은 경제발전을 이룩했지만, 동시에 사회와 환경을 잃게 되었다. 경제발전에서 사회적 이익의 재편은 새로운 이익집단과 새로운 이익의 요구를 만들게 되었다. 이러한 것들은 우리에게 새로운 도전을 가져올 것이다.

셋째, 수출주도형 경제는 세계 경제의 영향을 크게 받았다. 세계 경제 블록화 시대의 도래는 한 나라의 경제발전이 자국에만 국한되지 않도록 만들었다. 그 대표적인 사례가 바로 1998년 아시아 금융 위기다. 2008년 이후 새로운 글로벌 금융 위기가 세계를 휩쓸고 있다. 중국의 수출주도형 경제발전 역시 상당한 타격을 입었다. 이처럼 비과학적인 경제성장 방식은 결국 중국 경제발전에 지장을 줄 것이다.

종합하면, 중국 경제는 내부적 불균형과 외부적 불균형의 양상이 드러났다. 내부적 불균형은 주로 투자와 소비의 불균형으로서 과도한 투자와 소비 부족이다. 여기에서 이른바 소비 부족은 소비의 절대량이 부족한 것을 말하는 것이 아니다. 투자의 성장에 비해 상대적으로 부족하다는 것이다. 세계 많은 연구기관의 연구에 따르면, 최근 30년 동안 중국인의 소비 절대 수준의 향상 속도는 세계적으로 선두 자리를 차지하고 있다. 그러나 투자의 성장 속도가 좀 더 빠르기 때문에 GDP에서 차지하는 소비의 비중은 계속 낮아지고 있다. 현재 투자와 소비의 비율은 이미 정상적인 범위를 크게 벗어났다. 국제적으로 볼 때, 소비와 투자의 비율은 대체로 75대 25를 유지하고 있으며, 일부 국가는 이보다 약간 높거나 낮다. 어떤 단계에서 예컨대 산업화 초기, 일부 선진국의 투자 비율은 약간 높을 수도 있다. 중국 '대약진' 시기의 경우, 투자율이 30% 이상이었다. 또한 일본 고속 성장 시기의 경우, 투자 비중이 다소 높았지만, 최고치 역시 35%를 넘지 않았다. 현재 중국의 투자율은 날로 증가하고 있다. 특히 21세기 이후 투자 비율은 기본적으로 45~50%의 수준을 유지하고 있으며, 소비의 비중은 심각하게 낮은 상황이다. 이처럼 마르크스가 분석한 '유기적 구성의 고도화'와 유사한 문제는 생산력 과잉과 최종 수요 부족 등과 같은 경제적 문제뿐만 아니라 지체되는 민중의 생활 수준 향상, 소득격차 심화 등 사회적 문제를 초래했다. 외부적 불균형은 주로 국제무역·국제수지의 흑자와 외환 보유액의 대량 증가로 나타났다. 이러한 상황은 무역 파트너 국가와의 마찰을 심화시키며, 자국의 무역 조건을 악화시킨다. 수출 제품을 헐값에 팔고 여기에 더하여 자국의 자원과 환경을 내어주는 셈이다. 거시경제에서 내부적 불균형과 외부적 불균형은 주로 화폐의 공급과잉으로 나타났다. 화폐의 공급과잉은 부동산·주식·소장품 등 자산의 거품을 만들거나 통화팽창, 즉 소비자 물가지수(CPI)의 빠른 상승을 초래하기 마련이다. 어떤 경우에는 이 두 가지가 모두 나타날 수 있다. 결국 이 문제는 2007년 하반기 수면 위로 올라와 모든 사람이 감지할 수 있는 위험이 되었다.

현재 이러한 곤경에 직면한 중국에 대해 우징롄(吳敬璉)은 체제상의 장애물이 내부적 불균형과 외부적 불균형의 양상을 초래했다고 지적했다.[15] 이러한 장애물은 다음과 같다.

첫째, 각급 정부가 여전히 중요한 자원을 배치하는 권력을 쥐고 있다. 예컨대 신용대출 자원의 경우, 은행 시스템과 금융 시스템 개혁이 제대로 완성되지 않았기 때문에 각급 정부는 여전히 신용대출 지급에 있어서 여전히 큰 영향력을 행사하고 있다. 또한 토지자원의 경우, 토지의 재산권이 명확하지 않기 때문에 여전히 각급 정부의 자율적 재량에 따라 운용되고 있다. 1992년 중국공산당 제14차 당대회에서 시장경제의 개혁 목표를

---

15 吳敬璉,〈中國經濟轉型的困難與出路〉,《中國改革》, 2008年 第2期.

확정할 때 이미 시장경제에 대해 명확히 했다. 이른바 시장경제는 곧 자원 배치에 있어서 시장이 기본적인 역할을 하는 경제이며, 시장의 수급에 의해 결정된 가격이 기능하는 경제라는 것이다. 왜냐하면 이러한 가격은 자원의 희소성 정도를 반영할 수 있기 때문이다. 그러나 현재 일부 중요한 자원은 시장이 아닌 당·정 기관의 의도에 따라 배치된다.

둘째, GDP 성장을 각급 정부의 실적 지표로 삼는 것이다. 이러한 경우는 당·정 기관의 간부 심사뿐만 아니라 사회적 여론에서도 나타난다. 이러한 관념은 정부 시스템에서 생겨나 사회의 각 단위로 계속 퍼지고 있다. 밖에서부터 안에 이르기까지 사회 각 분야에서 이를 조장하며, 그것과 상충하는 모든 인센티브 메커니즘이 효력을 잃도록 만들었다.

셋째, 각급 정부의 재정 상황과 물질 생산의 성장은 긴밀하게 연계되어 있다. 수입과 지출 등 두 가지 측면에서 보더라도 그렇다. 재정적 수입에서 보면, 각급 정부 예산의 주된 수입원은 생산형 부가가치세(增值稅)이다. 생산형 부가가치세와 물질 생산 부문의 발전 속도는 직접적으로 연결되어 있다. 이로 인해 각급 정부는 물질 생산 부서의 확장에 관심을 가질 수밖에 없다.

넷째, 자원 배치에 있어서 시장의 역량이 억압받고 있다. 이는 토지·자본·노동력 등 생산 요소의 가격이 시장에 의해 결정되는 것이 아니라 행정기관 혹은 행정기관의 영향력에 의해 결정되는 것에서 알 수 있다. 행정기관에서 가격을 정할 경우에는 계획경제의 관행대로 가격을 낮추기 마련이다. 생산 요소의 가격을 낮추면 국유 기업의 비용이 낮아지고 이익이 높아지기 때문이다. 이러한 가격의 왜곡은 제품이 자원을 낭비하는 방식으로 생산되도록 만들었다.

2) 경제성장 방식의 전환이 가져온 도전

경제성장 방식의 전환은 경제발전의 질적 개선뿐만 아니라 지속가능한 발전을 실현하는 객관적 조건이며, 경제 글로벌화에 대응하고 중국의 국제 경쟁력 향상에 있어서 반드시 거쳐야 하는 길이다. 1995년 공산당 중앙은 경제성장 방식의 전환이라는 목표를 제기했다. 그러나 기술 혁신, 구조 최적화, 환경 보호, 자원 절약 등 몇 가지 주요 지표로 보면, 중국이 10여 년 동안 겪은 경제성장 방식의 전환 과정은 결코 순탄하지 않았다. 중국에서 조방형 경제성장 방식이 장기간 지속되었던 근본 원인은 제도에 있었다. 즉, 시스템을 뒷받침해주는 효과적인 제도가 없었기 때문이다. 중국 경제성장 방식의 전환에서 제도적 측면의 제약은 이미 기술·구조 등 기타 제한 요인을 넘어섰다. 따라서 제도적 측면에서 중국 경제성장 방식의 전환을 위한 돌파구를 찾아야 한다.[16] 현재 중국은 사회주의 시장경제 체제의 단계에 있다. 시장 메커니즘은 여전히 개선되어야 하며, 경제성장 방식의 전환을 뒷받침하는 제도적 기초는 아직 완비되지 못했다. 경제성장 방식을 전환하려면 제도적 혁신을 중요시해야 하며, 경제성장 방식을 전환하는 데에 유리한 제도적 인프라 구축을 강화해야 한다. 여기에는 생산경영 효율 향상에 유리한 현대적 기업제도, 자원 절약에 유리한 생산 요소 가격 형성 메커니즘, 우승열패 촉진에 유리한 공평 경쟁 메커니즘 등이 포함된다. 이를 통해 기업의 생산경영 행위를 과학기술 발전과 관리 혁신으로 전환시키고 과학발전의 궤도로 진입시켜 경제성장 방식의 집약적 전환을 실현하는 것이다.[17]

16　馬凱,〈轉變經濟增長方式, 實現又好又快發展〉,《中國發展觀察》, 2007年 第4期.

17　劉偉,〈經濟發展和改革性變化與經濟增長方式的歷史性變革〉,《經濟研究》, 2006年 第1期.

경제성장 방식을 전환하려면 적당한 추진 모델을 선택해야 한다. 어떤 학자는 현재 중국의 경제성장 방식 전환의 가장 좋은 선택이 시장증진형 (市場增進型) 모델이라고 지적한 바 있다. 즉, 시장 메커니즘의 유도 작용이 충분히 발휘되고 정부의 적당한 개입이 수반되는 것이다. 여기에는 구체적으로 세 가지 측면을 포함한다. 첫째, 기업 등 시장 주체의 기능이 충분히 발휘되는 것, 둘째, 시장 메커니즘의 자원 배치 기능이 충분히 발휘되는 것, 셋째, 정부의 거시적 조정 기능이 충분히 발휘되는 것이다.[18] 이 세 가지 측면의 내재적 관계로 보면, 정부의 직능전환과 거시적 조정능력은 첫째와 둘째 조건이 발휘되는 데에 직접적 관계가 있다. 만약 정부의 직능에 있어서 월권·권한 남용·직무 유기가 존재하여 시장 메커니즘이 제대로 영향력을 행사하지 못하고 정부가 과도하게 개입한다면, 또한 정부의 역할이 필요한 분야에서 정부가 오히려 아무 일도 하지 않거나 잘못 일하게 된다면, 이러한 것들은 모두 경제성장 방식의 전환에 걸림돌이 될 것이다. 따라서 경제성장 방식 전환의 프로세스에서는 정부 개입의 긍정적인 추진 작용을 중요시해야 한다. 그러나 가장 근본적인 방법은 개혁을 지속적으로 심화시키고, 시장 메커니즘을 육성·보완하며, 시장의 기능을 향상시켜 체제혁신으로써 경제성장 방식의 전환을 추동하는 것이다. 특히 정부 개입과 시장 메커니즘의 조절 범위를 명확히 해야 한다. 이로써 시장 메커니즘과 정부 개입으로 인한 부조화를 해소한다.

경제 체제 개혁과 비교할 때, 중국의 행정관리 체제 개혁의 진도는 상대적으로 지체되어 있다. 중국 개혁의 지속적인 심화에 따라 행정관리 체제 개혁은 다른 개혁에 대해 뚜렷한 견제 작용을 하고 있다. 이에 따라 행정관리 체제 개혁의 가속화는 이미 전면적인 개혁 심화의 핵심이 되

---

18 吳敬璉,《中國增長模式抉擇》, 遠東出版社, 2006, p. 35.

었다.[19] 넓은 의미에서 볼 때, 정부(행정)·기업의 미분리(政企不分: 정부가 출자자인 동시에 관리감독자임―옮긴이), 정부·자본의 미분리(政資不分: 정부가 국유자본의 소유자인 동시에 국유자본 투자의 운영자임―옮긴이)는 근본적으로 해결되지 못했다. 정부와 기업의 행정 관계·자산 연계가 계속 존재하기 때문에 규범적인 현대 기업 제도가 제대로 확립될 수 없고, 기업은 자주적으로 경영하고 스스로 손익을 책임지는 시장의 주체가 되기 어렵다. 또한 행정적 독점과 지역적 봉쇄를 타파하지 못하면, 통일·개방·경쟁·질서의 시장 시스템은 결국 조성되지 못할 것이다. 아울러 정부가 경제적 자원의 배치에서 과도하게 권한을 쥐고 있고 중요한 생산 요소 가격의 결정권을 통제한다면, 생산 요소의 희소성은 적절한 시기에 가격 신호로 전환되지 못하여 경제성장 방식 전환의 내재적 동력이 될 수 없게 된다. 이는 오히려 조방형 경제성장 방식이 지속되도록 하는 것이다. 따라서 향후 우리는 건전한 정부 직책 시스템을 중심으로 행정관리 체제 개혁을 한층 더 추진해야 할 것이다. 시장경제 활동에서 정부의 직책 범위를 합리적으로 정하여 정부가 미시적 경제 운행에 개입하는 것을 감소시켜야 한다. 또한 정부의 사회관리와 공공 서비스 직능을 강화하여 시장이 자원의 배치에서 기본적인 역할을 할 수 있도록 근본적인 보장을 해주어야 한다. 아울러 시장경제의 장점과 사회주의의 우수성을 갖춘 제도 시스템을 구축하여 중국의 경제성장 방식의 전환에 견고한 제도적 기반을 확립해야 한다.[20]

요컨대, 중국의 체제 개혁은 경제성장을 효과적으로 촉진시켰다. 그러나 경제성장 방식의 전환과 발전에서 질적 업그레이드가 제대로 이루어

19 王小魯, 〈中國經濟增長的可持續性與制度變革〉, 《經濟研究》, 2000年 第7期.
20 洪銀興, 〈論經濟增長方式轉變的基本內涵〉, 《管理世界》, 1999年 第4期.

지지 못했으며, 전면적이고 조화로우며 지속가능한 발전을 효과적으로 촉진시키지 못했다. 제19차 당대회에서는 중국의 경제 분야가 여전히 많은 도전에 직면해 있으며 "발전의 불균형·불충분에 대한 두드러진 문제들이 해결되지 못했고 발전의 질과 효과가 여전히 높지 못하며, 혁신 능력이 강하지 못하고 실체 경제 수준이 향상되어야 하며, 생태 환경 보호에 대한 책임은 무겁고 갈 길이 멀다"고 밝혔다. 따라서 현재 중국 체제 메커니즘 혁신의 중요한 과제는 한층 더 개혁을 심화시키고, 중국 특색의 사회주의 시장경제 체제를 개선하는 것이다.

3) 경제성장 방식 전환과 제도적 인프라 구축

시장증진형 모델은 정부의 개입과 시장 메커니즘의 역할이 상호 보완될 수 있도록 만든다. 이러한 모델은 시장 메커니즘의 역할을 강화시키면서 시장의 효력이 미치지 않는 분야에서 정부가 적당하게 개입할 수 있도록 하기 때문에 경제성장 방식 전환의 가속화에 매우 유리하다. 경제 전환 단계에 있는 중국에게 이러한 모델은 더욱 의미가 크고 중요하다고 할 수 있다.

실천적 측면에서 보면, 30여 년간 중국의 개혁과 발전과정에서 사회주의 시장경제 체제는 지속적으로 개선되었고, 경제성장 방식의 전환에서 서비스형의 '작은 정부'가 필요하게 되었다. 정부가 직접 자원을 배치하는 것에서 시장 메커니즘에 '권한'을 이양하는 방향으로 나아가려면 체제 메커니즘이 더욱 큰 역할을 발휘해야 한다. 그러나 체제 메커니즘 개혁은 이익 구도가 조정되고 사회적 갈등이 집중·돌출되는 과정이다. 또한 사회안정에 대한 압력은 체제 메커니즘 개혁에 반작용을 일으키기 때문에 이때 거시경제에 대한 조정 능력이 있는 정부가 필요하다. 요컨대 정부가 효과적으로 거시경제를 조정하고 사회안정을 보장할 수 있어야 기존의 방침을 견지하여 중국 특색의 사회주의 발전의 길을 갈 수 있다.[21]

정부의 개입과 시장 메커니즘의 조정이 기능을 발휘할 수 있을 때 경제성장 방식의 전환을 효과적으로 촉진시킬 수 있다. 어떻게 해야 정부의 개입과 시장 메커니즘의 조율이 그 기능을 발휘할 수 있을까? 이 문제는 다음 세 가지 측면에서 접근해야 한다.

첫째, 정부는 자체적 개혁의 진도를 가속화하고 체제와 메커니즘의 혁신을 추진해야 한다. 이를 위해 발전의 활력을 강화하고 경제성장 방식 전환의 필요성을 강조하며, 재정 체제 개혁을 심화시키고 중앙과 지방의 재산권(財權)과 직권(事權)을 정리한다. 독점 분야를 점차 개방하고 공평 경쟁의 질서를 세운다. 심사·허가 항목, 자원·제품 가격 결정을 줄인다. 또한 중요 산업정책의 제정과 공개를 강화하고 시장 감독에서의 법 집행 능력 건설을 강화한다. 요컨대, 정부는 '전능형' 큰 정부에서 '서비스형' 작은 정부로 전환하는 것이다. 한편, 사회 전환 시기 각 영역의 모순 충돌이 두드러지는 문제에 대해 정부의 집정 능력 건설을 강화하여 사회에 사회사업 서비스를 제공한다.[22]

둘째, 시장 시스템 건설을 가속화해야 한다. 시장 메커니즘은 사회주의 시장경제 체제라는 틀에서 운행되는 메커니즘이다. 공평한 경쟁 시장, 공평한 시장 진입조건, 건전한 가격 형성 메커니즘을 건설하며, 업종협회·법률·회계 자문 등 전문 중개서비스 기관 건설을 강화한다. 자원 배치에 있어서 시장은 기초적 역할을 최대한 수행한다.

셋째, 체제 개혁과 메커니즘 건설을 동시에 조화롭게 추진해야 한다.

---

21 厲無畏·王振,《轉變經濟增長方式研究》, 學林出版社, 2006, p. 71.

22 張卓元,〈轉變經濟增長方式: 政府改革是關鍵〉,《宏觀經濟管理》, 2006年 第10期.

1978년 개혁개방 정책이 실시된 이후, 시장의 미시경제 주체는 거시 체제 개혁보다 앞서 움직이며, 시장의 미시경제 측면은 거시 체제 개혁에 대해 더 높은 요구를 제기했다. 거시경제 체제, 즉 사회주의 시장경제 체제 건설이 상대적으로 지연되자, 경제성장 방식은 근본적인 변화가 이루어지지 못했다. 구체적으로 말하면, 경제성장 방식 전환의 과정에서 시장 메커니즘과 정부 개입의 역할은 차이가 있다. 시장 메커니즘은 주로 자원의 희소 정도가 반영된 가격과 우승열패의 경쟁 메커니즘을 통해, 기업이 선진기술과 과학적 관리 방식을 채택하고 생산경영의 효율성을 제고하도록 장려한다. 정부는 일련의 효과적인 산업정책·조세재정정책을 통해 자원 절약과 자원에 대한 합리적 이용을 기업의 경제 이익과 긴밀하게 연결시킨다. 이로써 기업이 자원을 절약하고 합리적으로 자원을 이용하려는 적극성과 자발성을 불러일으켜 경제성장 방식의 전환을 추진한다.[23] 이 밖에 시장 메커니즘은 자원 배치에 있어서 뒤처지고 맹목적이기 때문에 정부가 자원과 정보 우위를 통해 이를 보완할 수 있다.

물론 경제성장 방식의 전환 과정에서 어떻게 시장 메커니즘과 정부의 개입을 조율하여 그 기능을 발휘하도록 보장할 것인가는 제도 설계상의 난제이다. 데이비드 피어스(D. Pearce)와 제레미 워포드(J. Warford)는 전형적인 개발도상국의 자원 환경 문제에 대한 연구에서 세계의 지속가능한 발전이 제도 설계상의 난제에 직면했다고 주장했다. 특히 시장의 기능과 정부의 기능이 모두 심각하게 작동하지 않는 개발도상국이나 지역이 그렇다고 지적했다.[24] 이 말을 진지하게 고민할 필요가 있다. 향후 발전과

---

23 李廣傑, 〈切實加快經濟增長方式轉變〉, 《山東經濟戰略研究》, 2006年 第3期.
24 〔英〕戴維·皮爾斯·傑瑞米·沃福德, 《世界無末日: 經濟學, 環境與可持續發展》, 張世秋等譯, 中國財政經濟出版社, 1996, pp. 293-294.

정에서 우리는 제도 설계의 문제를 중요시하여 제도 시스템을 개선하고 경제사회의 전면적인 발전을 추진해야 할 것이다.

현재 상황에서 보면, 중국의 경제성장 방식 전환의 핵심은 제도에 있다. 따라서 우리는 제도적 인프라 건설을 지속적으로 강화하여 경제성장 방식 전환에 도움이 되는 체제 환경을 조성해야 한다. 이를 위해 현대 기업의 제도 건설을 추진하여 경제성장 방식 전환의 미시적 주체를 육성해야 한다. 또한 자원의 희소 정도와 시장의 수급 관계를 반영하는 가격 메커니즘을 건립하고 시장경쟁 메커니즘을 강화해야 한다. 이로써 경제성장 방식 선환을 위한 시상의 매개제(carrier)를 완비해야 한다.

미시적 주체의 육성은 경제성장 방식의 전환에서 매우 중요하다. 현재 경제성장 방식 전환을 주로 담당하고 있는 중국의 많은 국유 기업들은 기술·관리 혁신의 주체성이 부족하다. 이것은 중국 경제성장 방식이 전환되기 어려운 근본 원인이다.[25] 따라서 현대 기업 제도 건설을 추진하여 국유 기업의 생산 경영 방식의 내재적 동력을 불러일으켜야 한다. 이를 통해, 경제성장 방식 전환의 진정한 주체적 역량이 되도록 한다.[26] 국유 기업의 회사제(公司制) 및 주식제(股份制)의 개혁 심화를 추진하고 국유 기업 회사 거버넌스 구조를 건전하게 만들며, 기업의 장려 및 제약 메커니즘을 완비하는 등의 방법은 모두 경제성장 방식 전환을 위해 생기와 활력이 넘치는 미시적 주체를 육성할 수 있다.

세계 각국의 발전 경험을 보면, 시장 메커니즘의 완비 정도는 전체 경제의 운행 효율에 직접적인 영향을 준다. 일반적으로 말하면, 시장 메커니즘은 유기적인 완전체이다. 여기에는 가격 메커니즘, 수급 메커니즘,

---

25 生連科, 〈國有企業制度創新對策研究〉, 《合作經濟與科技》, 2006年 第1期.

26 張維迎, 〈西方企業理論的演進與最新進展〉, 《經濟研究》, 1994年 第11期.

경쟁 메커니즘과 리스크 메커니즘 등의 구성요소가 포함된다. 또한 가격 메커니즘과 경쟁 메커니즘은 주로 자원 배치의 역할을 수행한다.

첫째, 생산 요소의 가격 형성 메커니즘을 완성한다. 시장경제 조건에서 가격은 자원의 희소 정도를 반영하는 신호이며, 기업 생산 경영의 정책과 행위에 영향을 주는 메커니즘이다. 따라서 시장의 수급 관계, 자원의 희소 정도, 환경 비용을 반영하는 생산 요소·자원 가격 형성 메커니즘을 마련하는 것은 경제성장 방식의 전환을 촉진하는 중요한 조건이다.[27] 현재 중국의 일반 제품과 서비스의 시장화 비중은 이미 90% 이상을 차지한다. 그러나 자금·노동력·토지·광산 등 생산 요소와 자원의 시장화 정도는 여전히 미흡하다. 특히 이러한 것들의 가격 형성 메커니즘의 개혁은 매우 시급하다. 왜곡된 생산 요소와 자원 가격은 시장의 수급 관계를 어지럽혀 기업이 기술·관리 혁신의 방법으로 발전하도록 하는 것이 아니라 생산 경영 규모를 더욱 확대하도록 만든다. 이는 일정한 의미에서 조방형 경제성장 방식을 지속시키는 원인이라고 할 수 있다. 따라서 생산 요소와 자원 가격의 시장화 개혁을 추진하는 것은 사회주의 시장경제 체제를 완비하고 자원 배치 효율의 객관적 조건을 제고하는 것이며, 중국 경제성장 방식 전환을 촉진하는 절실한 요구이다. 생산 요소와 자원 가격의 개혁을 통해 시장 가격 메커니즘의 조절 기능을 충분히 발휘하고, 자원의 사용 효율을 높이며, 자원―특히 재생 불가능한 자원―에 대한 불합리적 수요를 억제해야 한다. 또한 자원 수급의 첨예한 갈등을 완화·해소하여 자원의 개발과 사용이 시장 메커니즘의 역할 아래 집약화의 길을 걷게 해야 한다. 주목할 만한 것은 생산 요소와 자원 가격 시장화 개혁을 추진하는 과정에서 기업 발전의 필요와 사회의 수용 능력을 총체적으로 고려해

---

27 林毅夫·蘇劍, 〈論我國經濟增長方式的轉換〉, 《管理世界》, 2007年 第11期.

야 하며, 자원 가격 조정의 강도와 시기를 합리적으로 파악하고 총괄·안배하여 단계별로 실현해야 한다.[28]

둘째, 시장 경쟁 메커니즘을 강화한다. 어떤 학자는 시장경제의 힘이 경쟁과 경쟁에서 형성된 경쟁력에서 나온다고 말한다. 또한 시장경제의 대체 불가능성은 경제 주체가 지속적인 혁신을 할 수 있도록 자발성과 진취심을 고취시키는 더 효과적인 제도가 없기 때문이다.[29] 경쟁적인 시장 구조에서는 한 기업이 다른 기업보다 자원을 효과적으로 사용해야만 (예컨대, 동일한 양의 자원으로 더 많은 시장가치를 창출하거나 더 적은 자원으로 동일한 시장가치를 창출함) 생존하고 발전할 수 있다. 즉, 경쟁 메커니즘이 분업 전문화와 기술발전을 추동해 경제 효율의 향상과 경제성장 방식의 전환을 추동하고 있다고 말할 수 있다. 이와 반대로 만약 시장 구조가 비경쟁적이라면, 독점적 지위에 있는 기업은 신규 비용을 소비자에게 떠넘겨 (비용 상승에 대처하는 가장 쉬운 방법) 비용 상승의 부담을 해소한다. 다시 말해, 이러한 기업들은 생산 효율의 혁신·향상에 대해 필요성을 느끼지 못하며, 동기 부여도 되지 않는다. 시장경쟁 메커니즘 강화를 통해, 기술혁신과 관리 혁신에 대한 기업의 자발성을 고취시키는 것이 경제성장 방식 전환의 중요한 방법이라고 할 수 있다.

'경쟁·질서'라는 현대 시장 시스템의 조건과 비교해보면, 중국의 시장 구조는 아직 미비한 상태이다. 특히 독점 업종이 과도하게 많고 독점 정도 역시 과도하게 높으며 대부분 행정 독점이다. 이러한 시장 구조에서 일부 독점 기업은 시장 경쟁이라는 외부 압력이 없기 때문에 조직이 비대하고 실제 업무보다 직원이 과도하게 많으며, 업무 효율이 낮다. 기술 혁

---

28 薑作培, 〈著力創造經濟增長方式轉變的體制條件〉, 《實事求是》, 2006年 第4期.

29 金碚, 〈科學發展與經濟增長方式轉變〉, 《中國工業經濟》, 2006年 第5期.

신과 관리 혁신을 통해 생산 경영의 효율을 제고하려는 적극성과 자발성도 약하다. 때로는 고의로 시장에서 품귀 현상을 만들어 시장의 질서를 어지럽히고 사회 전반적인 복지에 피해를 주기도 한다. 또한 일부 독점 기업은 자신의 독점적 지위로써 가격을 인상시키고 높은 이윤을 챙기며, 소비자의 이익을 침해한다. 이는 분배 효율을 왜곡시키고 소비자의 이익을 침해하며, 국가의 경제발전과 조화로운 사회에 부정적인 영향을 준다.[30]

따라서 중국은 사회주의 시장경제 체제 완성이라는 필요성에서 출발하여 독점 업종의 개혁을 한층 심화시켜야 한다. 시장 경쟁 메커니즘을 강화하고, 시장 경쟁이 자원 배치의 최적화와 자원의 효율적 이용 측면에서 가지고 있는 기본적인 기능과 역할을 충분히 발휘하도록 한다. 효율적인 시장 경쟁을 통해 기업이 기술·관리 혁신을 추진하고 기업과 제품의 우승열패를 촉진하여 경제발전의 효과와 질적 향상을 유도한다.

시장 경쟁 메커니즘을 강화하고 독점 업종의 개혁을 심화하는 것은 반드시 국유 자산의 구조 조정과 연계된다. 따라서 사회주의 시장경제 체제의 조건에 대해 적응·완비하고, 국유 경제의 배치와 구조를 지속적으로 최적화해야 한다. 구체적으로 말하면, 국유 자본이 '적당히 나가기도 하고 적당히 물러서기도 하며(有進有退)' 합리적으로 유동하는 메커니즘을 마련하는 것이다. 이로써 '해야 할 일을 하고, 하지 말아야 할 일을 하지 않도록(有所爲, 又有所不爲)' 한다.

'해야 할 일을 함(有所爲)'이란 국유 자본이 국가 안보와 국민 경제의 명

---

30 맨슈어 올슨(M. Olson)은 《국가의 흥망성쇠》에서 이익집단의 분석 틀을 활용하여 각국의 경제성장률의 차이를 설명했다. 그는 재분배를 목표로 하는 이익집단의 대부분 활동이 독점 지위를 창출 혹은 보호에 힘쓰기 때문에 효율의 손실을 초래한다고 주장했다. 이에 따라 한 나라의 성장률과 이익집단의 활동 수준은 역방향의 발전을 보인다는 결론을 도출했다. [美]曼庫爾·奧爾森, 《國家興衰探源: 經濟增長, 滯漲與社會僵化》, 呂應中等譯, 商務印書館, 1993, p. 52.

맥에 관계된 주요 업종과 핵심 분야에 집중되고, 경쟁 우위의 업종과 미래 주도산업 분야에 집중되며, 국제 경쟁력이 높은 대형 기업·그룹에 집중되고 국유 기업의 주관 산업에 집중되도록 하는 것이다. 이로써 국유 경제의 통제력·영향력·견인력을 강화한다.

'하지 말아야 할 일을 하지 않음(有所不爲)'이란 시장화의 길을 통해 계획적·절차적·선택적으로 국가 안보와 국민 경제의 명맥에 속하지 않는 분야의 국유자본에 대해 자산의 재편성과 우승열패 등의 방식으로 경쟁적·비핵심적 생산 분야에서 물러나는 것이다. 즉, 국유자본은 산업 전망이 어둡고 자원이 거의 고갈되고, 제품이 오래되고, 규모가 비경세적이거나 요소의 조합방식이 불합리한 분야에서 지속적으로 손실을 입게 되는데, 이러한 상태에서 벗어나도록 국유 경제 전략을 적당히 축소하는 것이다. 또한 일부 독점적 분야에서는 시장 진입을 완화해 민간 자본이 경영에 참여하고 그들이 강점을 발휘할 수 있도록 한다. 이로써 사회적 부의 총량을 증가시키고 생산·생활에 대한 국민의 요구를 최대한 만족시킨다.

종합하면, 현대 기업 제도 건설을 추진하고 경제성장 방식 전환의 미시적 주체를 육성하는 것은 매우 중요하다. 그러나 만약 시장 메커니즘이 건전하지 않고 가격 메커니즘·경쟁 메커니즘이 제대로 작동할 수 없다면, 기업은 생산 비용·산출 효과에 대해 '민감하지 않게 된다'. 이에 따라 생산 경영 방식의 전환을 자발적으로 추구하지 않게 된다. 이처럼 경제성장 방식의 전환에서 시장 매개체는 매우 중요하다. 또한 시장경제 시스템에서 가격 메커니즘과 경쟁 메커니즘은 서로 협조·조율하여 기능을 발휘해야 한다. 기업은 시장 가격 신호의 변화에 근거하여 투입 구조·제품 구조를 조정하며, 기술 혁신을 통해 경쟁 우위를 만들어낸다. 다만 시장 가격 신호에 대한 기업의 반응은 경쟁적 시장 구조를 전제로 해야 한다. 만약 시장에 다른 기업과의 경쟁이 없다면 가격 변화는 생산 경영 정책에 영향을 주지 못한다. 즉, 경제성장 방식의 전환을 실현하려면 미시적 주체를 육성하는 동시에 시장 매개체를 완비해야 하며, 한쪽에만 치우쳐서는 안 된다.

요컨대, 경제성장 방식의 전환을 추진하는 과정에서 우리는 기술 혁신을 통한 산출 효과 제고와 자원 소모·오염물 배출 저감에 대해 주목해야 한다. 특히 제도 혁신을 통해 경제성장 방식의 전환을 위한 강력한 제도적 추동력을 마련해야 한다.

3. 사회 전환의 도전

1) 사회 전환이 가져온 도전

현대화 발전과 시장경제 건립에 따라 전통적 사회구조는 여러 측면에서 큰 변화가 있었다. 예컨대 사회 자원의 분배 방식과 획득 방식이다. 사회 권력구조·이익구조·직업구조, 사회 가치관과 사회 평가 등의 측면에서 변화가 나타났다. 이러한 전환은 전통적 사회구조에 큰 도전을 가져다주었다. 그 구체적 양상은 다음 몇 가지로 정리할 수 있다.

첫째, 빠른 사회적 분화이다. ① 정치·사회·경제 등 3대 분야를 포함한 내부의 분화이다. 전환 시기에는 사회적 분업이 세분화된다. 경제 분야와 문화 분야는 점차 정치 분야에서 분화되어 상대적 독립성을 갖게 된다. 이와 동시에 정치 분야 역시 전체 사회를 대표하는 것이 아니라 사회안정과 사회 공평을 유지하는 직책을 수행하면서 자기의 독립성을 획득하게 된다. 이로써 사회가 점차 낮은 분화와 높은 융합의 사회구성 모델에서 벗어나게 된다. ② 지역 간 분화이다. 지역 분화는 주로 사회의 지역별 발전의 불균형에서 나타난다. 특히 동부·서부 지역 간 경제·사회 발전 수준의 격차가 더욱 커지고 있으며, 지역 간 분화가 더욱 심화되고 있다. ③ 계층 간 분화이다. 전환 시기의 사회적 분화에서 가장 심각한 것은 사회 계층구조의 큰 변화이다. 1978년 이후 경제 체제 전환과 현대화 과정의 추진은 중국 사회 계층구조의 구조적 변화를 촉진했다. 루쉐이(陸學藝) 등의 연구에 따르면, 현대 중국에는 이미 10대 사회계층과 5종 사회경제 지위 등급이 형성되었다고 한다.[31] 계층 간 분화는 이익의 분화를 가져와 이미 명확한 형태로 나타나고 있다. ④ 조직의 분화이다. 사회조직 구조는 이원화에서 다원화의 방향으로 발전한다. 선환을 가속화하기 이선, 중국에는 오직 기관·기업·사회단위 등 몇 가지 형태의 사회조직만이 존재했다. 그러나 전환을 가속화한 이후 사회조직 구조는 일원화에서 다원화 방향으로 발전하여 새로운 경제 조직과 민간 조직이 많이 생겨났다. 이러한 조직의 구조 형식은 다양하고 사회 중개 조직을 포함한 각종 새로운 사회조직들이 빠르게 발전하고 있다. 또한 사회조직 간의 이질성은 매우 명확하다. ⑤ 사회주의 시장경제 체제의 건립과 외래문화의 대거 유입은 사람들의 관념에 심각한 분화를 일으켰다. 주류 가치관과 다른, 심지어 어긋나는 가치 관념들이 대거 출현했다.

둘째, 사회적 충돌의 심화이다. 전환을 가속화하는 과정에서 빠른 사회적 분화와 사회의 인적 유동성은 사회가 복잡화·다원화의 방향으로 변화하게 만들었다. 사회가 끊임없이 변동하고 사회적 갈등과 마찰이 크게 증가했다. 많은 잠재적 사회 충돌이 끊임없이 분출되고 있다. 현재 중국의 사회적 충돌은 다음 몇 가지 측면에 집중되어 있다. ① 이익 충돌이다. 사회주의 시장경제 발전이 심화되면서 많은 이익집단과 계층이 생겨났다.

---

31 陸學藝主編,《當代中國社會階層研究報告》, 社會科學文獻出版社, 2002, p. 9.

이러한 집단과 계층들의 이익에 대한 의식이 지속적으로 각성되고 강화되고 있다. 어떤 학자는 "금전을 추구하는 활동에 있어서 이처럼 전 국민이 참여한 맹렬한 기세의 배금주의는 여태껏 없었다. 부(富)에 대한 자랑도 이처럼 도덕 법규를 멸시하는 지경에 이르지 않았으며, …… 물질에 대한 숭배 관념은 이미 중국 사회 각 계층의 의식 깊은 곳에 파고들었다. 교양·문화 수준이 서로 크게 다른 계층들이라도 금전 추구 과정에서 보이는 부도덕한 행위 방식은 본질적으로 대동소이하다"[32]라고 말했다. 사회구조의 전환은 이익 구도의 재편 과정이기 때문에 이익 주체 간의 갈등과 충돌이 불가피하다. 이익 충돌은 현재 중국 사회의 가장 주된 충돌이다. 이익 충돌의 지속적인 격화는 전환 시기 여러 사회문제 발생의 심층적 근원이 된다. ② 구조적 충돌이다. 사회 전환은 전통적 사회구조가 새로운 사회구조로 전환되는 과정이다. 전통적 사회구조는 오랜 역사 발전의 과정에서 고도로 성숙되고 정형화되어 역사적 관성이 강하다. 새로운 사회구조 요소는 발육과 성장 과정에서 전통 구조의 제약과 구속을 받게 마련이다. 이에 따라 전통적 사회구조와 새로운 사회구조 간의 충돌이 불가피하다. 또한 전환을 가속화하는 시기에 중국의 사회구조 전환은 마침 체제 전환과 맞물리게 되었다. 개혁개방 이후 30여 년 동안 기존의 체제는 지속적으로 해체되고 새로운 체제가 건설 과정에 있다. 기존의 체제와 새로운 체제가 병존하는 '쌍궤제(雙軌制)'는 일련의 구조적 충돌을 발생시켰다. 쌍궤제가 오래 지속될수록 이러한 마찰과 충돌로 인한 문제가 더욱 심각해질 것이다. ③ 규범 충돌이다. 현재 사회 전환이 가속화되는 과정에서 전통과 현대, 새로운 구조 요소와 기존 구조 요소가 혼재되고 병존해 있으며, 한쪽이 강화되면 한쪽이 약화된다. 기존의 규범은 여전히 기

---

32 何清漣, 《現代化的陷阱 : 當代中國的經濟社會問題》, 今日中國出版社, 1998, pp. 204-205.

능을 발휘하고 있으며, 새로운 규범은 전반적으로 여전히 규범의 기능을 갖추지 못하고 있다. 따라서 사회 전환이 가속화되는 과정에서 신·구 규범 간의 충돌과 부조화가 나타날 수밖에 없다. 새로운 사회적 규범의 형성이 실제 사회생활보다 뒤처진 상황은 사회적 혼란과 무질서를 심화시켰다.

셋째, 사회의 인적 유동의 가속화이다. 기존 체제의 대다수 사람들에게 있어서 자유롭게 공간을 이동하는 것은 불가능하다. 체제가 전환되면서 가장 주목받는 문제는 우선 대규모 인적 유동이다. 인적 유동의 범위는 이미 국내에서 국가 간으로 확대되고 있다. 통계 자료에 따르면, 중국의 1억여 명이 유동 상태에 있는 것으로 나타났다. 지역 간의 이동을 제외하더라도 사회 전환이 주로 신·구 사회구조의 전환 과정이기 때문에 전환기 중국 사회구성원의 이동은 다른 구조적 사회 유동으로 나타난다. 소유제 간 유동은 공유제 부서 혹은 단위에서 비공유제 부서 또는 단위로의 유동이다. 산업 구조 간 유동은 1차 산업의 노동자에서 2·3차 산업으로 향하는 유동이다. 직업구조 간의 유동은 낮은 소득·낮은 사회적 지위의 직업에서 높은 소득·높은 사회적 지위의 직업으로 향하는 유동이다. 합리적인 사회의 인적 유동은 사회의 활력을 증진시켜 사회 전환을 가속화하는 데 중요한 역할을 한다. 그러나 전환기 사회발전의 불균형으로 인해 중국 사회의 인적 유동은 일방적·자발적·집단적·통제 불능의 경우가 두드러진다. 최근 몇 년간 유동 인구는 사회의 정상적인 수용 범위를 초월했다. 특히 농민공의 도시 유입이 그렇다. 농민공들은 정상적인 사회보장을 받을 수 없는 한편, 사회구성원들은 무질서한 사회의 인적 유동 속에서 사회규범의 효과적인 제약을 받기 어렵게 되고 사회 행위의 통제 불능 정도가 심각해진다. 이는 현재 중국 범죄율이 지속적으로 증가하는 중요한 원인이기도 하다.

넷째, 사회 통합력의 약화이다. 앞의 분석 내용처럼, 이른바 사회 통합은 사회의 다른 요소·부분이 하나의 통일된·조율된 전체로 결합되는 과정과 결과물이다. '사회 일체화' 혹은 '사회 동일성'이라고도 칭하며, 영어로는 'solidarity'라고 번역할 수 있다. 사회가 효과적으로 움직이려면 사회 분화와 사회 통합의 균형·조화가 중요하다. 사회 전환의 가속화 이전의 중국은 낮은 분화와 높은 통합의 사회였다. 국가는 사회에 강제적이고 높은 정도의 정치 통합을 가했다. 이로써 사회의 활력과 자율적 능력을 희생시키는 동시에 일정 정도의 사회안정을 유지했다. 그러나 동시에 사회안정과 사회발전의 효과는 얻지 못했다. 20여 년 동안 중국 사회에는 높은 분화와 낮은 통합의 특징이 나타났다. 사회 분화와 사회 변동이 급속도로 발전하는 동시에 사회 통합력에도 뚜렷한 약화와 정체가 나타났다. 이러한 현상은 다음 몇 가지 측면에서 잘 나타난다.

① 전통 사회의 통합 역량 약화이다. 동질성의 일체화 사회는 이러한 사회 통합을 구현하는 기초가 된다. 전통 사회에서 현대 사회로의 전환은 중국 사회 기존의 동일성에 대한 합리적 존재 근거를 근본적으로 상실하게 만들었다. 산업화·도시화·상품화·사회 인적 유동의 가속화, 그리고 외래문화의 영향으로 인해 전통적 윤리 도덕과 사회 여론은 이미 사회구성원에 대해 강한 구속력을 갖지 못한다. 사회 분화·사회 해체의 가속화는 사회의 이질성을 크게 강화시켰으며, 전통 사회의 통합 메커니즘의 토대를 무너뜨렸다.

② 새로운 통합 메커니즘이 구축되기 전에 국가의 강력한 정치적 통합 능력이 하락했다. 사회 전환이 가속화되기 이전, 사회에 대한 국가의 통합 역량은 집권체제·계획경제·일원화 이데올로기를 기반으로 했으며, 정치 통합 실현을 주요 사명으로 삼았다. 따라서 사회구성원의 사상은 통일되었고, 행동은 일치되었다. 기존 통합 모델이 전환기에서 더 이상 기

능하지 않을 때, 현대 사회주의 시장경제에 적합한 새로운 통합 메커니즘이 아직 효과적으로 구축되지 않았을 때, 사회에 대한 국가의 통합 능력은 떨어지기 마련이다. 현재 국가 통합 능력의 하락은 국가가 '행정 간소화, 권력 이양(簡政放權)'을 하면서 나타나고 있다. 기존의 고도로 독점된 사회 자원이 지방으로 내려가면서 국가의 거시적 통제 능력이 지속적으로 약화되고 있다.

③ 새로운 사회 통합 메커니즘이 단시간에 완비되지 못해 질서 있고 안정적인 작동이 어렵기 때문에 사회 통합과 사회 분화가 교대되는 과정에서 통합의 사각지대가 발생한다. 사회 진환이 가속화된 이후, 사회생활이 날로 복잡화·다원화되어 사회 통합에 대한 새로운 요구가 지속적으로 제기되었다. 또한 과거나 현재나 국가 행정 역량으로는 효과적인 사회 통합을 실현하기 충분하지 않다. 중국 사회는 사회발전 과정에서 사회의 독자 운영, 자기 관리, 자기 소멸과 새로운 이질적 요소의 수용, 지속적인 자기 혁신의 능력을 아직 마련하지 못했다. 사회 전환이 가속화되기 전에는 국가가 모든 것을 책임졌기 때문에 사회는 자기 통합의 메커니즘이 없었다. 시장경제를 실시한 이후 중국 사회의 커다란 분화는 전체 사회가 국가에서 분화되도록 만들었다. 이러한 분화 과정은 마르크스가 말한 '정치 국가'와 '시민 사회'의 분리 과정으로서 사회에 대한 국가의 직접적 관여가 지속적으로 감소하게 된다. 국가가 '손을 놓고' 사회가 '홀로' 운행하는 추세는 사회 통합의 사각지대를 만들었다. 이로 인해 사회에서 무질서 행위가 크게 증가했다. 건전하지 못한 사회 통합 메커니즘은 사회 통합이 사회 분화보다 뒤처지는 것에서도 나타난다. 사회 분화에서 생겨난 많은 이질적 요소는 시장경제를 기초로 하는 사회구조 속에 효과적으로 통합되지 못했다. 사회 통합 메커니즘의 약화는 전환기 사회문제가 대거 발생하는 중요한 제도적 원인이다. 사회 분화의 가속화, 사회 인적 유동의 가

속화, 사회 충돌의 심화, 사회 융합력의 약화는 모두 중국 현대 사회 전환의 필연적인 프로세스이다. 또한 이는 전통 사회에 대한 일종의 해체 능력이다. 만약 이로 인한 사회문제를 잘 관리하지 못하면 사회적 불안을 초래하게 될 것이다.

시장경제 체제 지향의 개혁은 중국이 현대화에 있어서 불가피한 발전 방향이다. 이러한 개혁은 중국 경제가 지속적으로 고속 성장할 수 있는 엔진을 가동시켰다. 시장화와 대외개방은 커다란 경제적 리스크를 가져온 동시에 사회적 리스크를 가져왔다. 전통 체제에서의 사회보장 체제는 그 기능을 잃거나 효과적으로 작동할 수 없게 되었고, 유동 인구도 많이 생겨났다. 이로 인해 서방의 산업화 과정에서 출현했던 각종 사회적 리스크, 예컨대 실업·산업재해·빈곤·노동력 상실인구 부양·질병으로 인한 빈곤 등이 모두 중국에서도 나타났다. 이러한 사회적 리스크는 소수의 사람이 아닌 대부분의 사람에게 위협을 준다. 우리는 시장경제의 발전이 독자적인 논리로 기존 사회를 개조하고 있는 동시에 중국이 신중국 성립 이후 초유의 문제와 도전에 직면하게 했음을 인정해야 한다.

2) 계층제와 전통모델에 대한 사회 전환의 도전

전통적 계층모델 거버넌스는 막스 베버(M. Weber)의 조직사회학 이론을 기초로 하여 단일한 정부 주체에 의해 전개되는 거버넌스 활동이다. 이러한 거버넌스 모델은 이론적으로 보면, 전문화·등급화·규칙화·비인격화 등의 특징이 있다. 중국이나 서구 국가를 막론하고 계층제 거버넌스는 세계 각국의 사회 거버넌스 과정에서 중요한 역할을 하고 있다. 세계적으로 보면, 최근 서구 학계에서는 계층제가 결코 완벽하지 않다는 것을 인식하여 계층제 거버넌스 모델에 대해 성찰·비판하기 시작했다. 중국의 경우,

중국 사회는 여전히 전통 사회에서 현대 사회로 전환하는 시기에 있기 때문에 사회발전에서 전통과 현대적 요인이 서로 공존하고 있다. 전통적 계층제 모델의 거버넌스는 중국에서 전환의 도전에 직면하고 있다.

20세기 후반, 정부에 의존했던 전통적 계층제 거버넌스는 효력을 상실했다. 이처럼 계층제 거버넌스가 효력을 상실한 것은 정부가 공공재 공급에서 효과적으로 대중의 수요를 충족시키지 못했기 때문이다. 또한 공공 자원의 남용과 낭비, 공공기관의 방만함, 경제사회 활동에 대한 정부의 비효율적인 개입 조치 등을 초래했다. 그 구체적인 양상은 다음과 같다. 공공재 제공에서의 저품질·저효율, 정부 및 공무원의 지대추구(rent-seeking) 활동, 정부기관의 확대·팽창과 저능력, 정부의 정책 집행 과정에서의 큰 편차 등이다.

제2차 세계대전 이후 정부는 대부분의 공공재 제공과 공공복지 보장 직무를 감당하게 되었다. 그러나 시장이 자발적으로 공급할 수 없는 제품에 대한 정부의 당연한 직무와 실제 행태 간에 큰 차이가 발생해 국민들의 불만이 생겨났다. 이는 우리가 흔히 말하는 정부가 '심판'이면서 '선수'인 경우다. 정부는 결코 기업처럼 시장과 대중의 요구를 제때 파악할 수 없다. 정부와 공무원은 공공 서비스 제공에 대해 동기 부여를 받지 못한다. 또한 정부는 유일한 서비스 제공자로서 효과적인 경쟁 메커니즘이 없을 뿐만 아니라 감독이나 피드백 메커니즘도 없다. 정부의 '지대추구'에 대해, 오스본(D. Osborne)은 정부와 공무원에게 흔히 나타나는 소극적인 태업, '지대추구' 등 행위의 근본적인 원인이 다음과 같다고 주장했다. 즉, 정치권력이 오랫동안 시민 사회로부터 독립되어 있어 정부와 사회, 정부와 시민 사이에 입법기관, 이익집단 등과 같은 매개자가 존재했다. 이로 인해 이익 전달과 이익 통합의 경로가 가로막혔고, 정부의 직무유기와 부패가 제도의 허점을 제공했다는 것이다.

사회 분업이 심화되면서 정부의 직능과 그 기관이 확대되는 추세이다. 정부 세수가 감소하는 상황에서 정부 자체의 재정 공백도 심각해졌다. 정부가 영리 기관이 된 것은 '정부 기능 상실'의 원인 중 하나이다. 윌리엄 니스카넨(W. Niskanen), 로버트 베이츠(R. Bates) 등 외국 학자들은 '합리적인 경제인'이라는 가설로 다음과 같은 결론을 도출했다. 즉, 정부기관과 공무원의 행위 동기는 공공 이익 혹은 정치인이 세운 정치 목표가 되기 어렵다. 정부의 공공 정책 집행 편차의 문제에 있어서는 주로 정보의 비대칭성, 서비스 대상의 모호성, 집행 환경의 복잡성 등이 원인이다. 이는 제2차 세계대전 후 '현대 자유주의(New Liberalism)'의 문제일 뿐만 아니라 근현대 이후 구축된 대의제 민주주의와 직접적인 관련이 있다.

계층제 모델은 전환 사회의 도전을 받게 되었으며, 전통적 사회관리 모델 역시 점차 거버넌스의 위기와 곤경에 직면하게 되었다.

첫째, 정부의 개입을 주장하는 전통적 관리모델이 이론 발전의 위기에 직면하게 되자 '어떻게 사회의 영향력을 끼칠 수 있는가'는 학계의 보편적인 관심이 되었다. 정부·시장·사회의 세 가지 역량의 성장과 쇠퇴는 서구 선진국, 특히 자본주의 시대에 진입한 유럽 국가들의 관리모델 변혁의 주된 내용이다. 정치경제학 분야의 주요 사조에서 보면, 근대 이후 인간 사회는 대체로 자유방임 시대, 복지국가 시대, 신고전주의 시대를 거쳤다. 형식상으로 보면, 시장경제와 사회 기타 이슈에 대한 정부의 개입도 약한 정도에서 강한 정도로, 강한 정도에서 다시 약한 정도로 향하는 과정을 거쳤다.

자유방임 시대에서 '고전적 자유주의'는 서방국가들의 주된 이데올로기이다. 고전적 자유주의에서 사회계약론자나 공리주의자 모두 최소 정부, 제한적 정부가 국가의 주된 이익 주체라고 강력하게 주장한다. 사회계약론자들은 국가와 정부가 '사회계약'에 의해 탄생되며, 정부기관의 권력은 반드시 엄격한 제한을 받아야 한다고 주장한다. 공리주의자들의 견해는 더욱 급진적이다. 그들은 정부가 시장경제에 개입해서는 안 된다고 생각하며, 제도적 비용이 상대적으로 적은 대의제 정부를 건립하여 개인의 권리와 사회의 권력을 엄격하게 구분해야 한다고 주장한다. 전통적인 역사학의 주장에 따르면, 생산력 발전과 생산 사회화 정도의 향상으로 인해 19세기 말에서 20세기 초 자본주의는 독점자본주의로 발전하게 되었다. 이로써 조직을 독점해 자본주의 생산 관계를 주도하게 되었고, 각 나라에는 생산과 자본의 고도 집적, 세계 영토 분할의 광풍, 국제 카르텔 간의 싸움, 1930년대 전후 세계에 큰 영향을 준 경제 대공황, 제1, 2차 세계대전이 일어났다. 시장 자유방임의 나쁜 결과는 각국이 경제정책에 대한 정부의 참여(케인스주의)를 신속하게 동의하게 되었다. 1940년대 일어났던 '시장의 역할 상실'에 대한 비판 운동은 국가가 경제·사회 발전에서 적극적인 역할을 해야 한다고 주장했다. 자유주의는 이로써 '신자유주의' 혹은 '현대 자유주의'로 전환되었다. 복지국가 제도는 이러한 사조 속에서 발전되었다. 즉, 정부가 사회공공사업의 창출 혹은 지원에 대한 책임을 지고 '요람에서 무덤까지' 보장할 수 있는 사회복지 정책을 수행하는 것이다. 이를 통해 사회경제 생활에 적극 개입하고 사회 갈등을 완화시키고 사회질서와 경제생활의 정상적 운행을 유지하도록 한다. 이는 동시대 소련 등 계획경제 국가의 정부가 '복무자'와 '관리자' 두 가지 직능을 겸한 것과 방법은 다르지만 결과는 같은 것이다.

1970년대 이후 석유 파동, 주요 국가의 재정 위기, 정부 서비스 질에 대한 사회집단의 항의 등의 운동이 여러 곳에서 발생했다. 여기에 신자유주의 경제학, 공공선택 이론, 신공공관리 운동, 신공공 서비스 운동 등 다양한 사조의 잇따른 등장으로 인해 복지국가들은 파산의 길로 향하게 되었다. '정부-사회-시장'의 관계에 다시 변화가 생긴 것이다. 정부는 사회 서비스 제공의 책임에서 벗어났으며, 사회와 시장은 정부의 개입을 거부하고 개인과 사유화를 강조했다. 국제 독점자본주의의 흐름 속에서 '정부-사회-시장' 관계의 재구성을 주장하는 '거버넌스'의 사유가 주요 사상이 되었다.

둘째, 실천적 측면에서 보면, 세계 사회 세력의 부상과 NGO의 신속한 발전은 전통적 관리모델의 새로운 도전이 되었다. 주지하듯이 전통적 대의제 민주정치 체제에서는 오직 이익집단만이 공공사무 관리에 영향을 줄 수 있다. 제2차 세계대전 이후 시민 사회와 사회조직은 정부·시장(영리적 기업)을 제외한 중요한 조직적 역량으로서 정부관리의 과정에 등장했다. 또한 이익 통합, 정책 집행·감독 등의 측면에서 영향력이 날로 커지고 있다. 이러한 NGO는 흔히 제3부문, 비영리조직 혹은 시민 사회 조직 등으로 불린다. 예컨대 초기에 등장한 국제조직〔환경단체, 대중과학(popular science) 단체, 위생보건 단체 등〕, 국내 업종별 협회, 자원봉사 단체, 노동조합, 고등교육 기관, 공익 기구, 민간의 자발적 조직 등이다.

학자인 살라몬(L. Salamon)은 비영리조직 혹은 NGO가 조직성·민간성·비영리성·자치성·자원성 등의 특징이 있다고 주장했다.[33] 공동의 사회적 의제에 대해 동일한 관심과 요구를 가지고 있거나 풍부한 전문 지식을 가진 사람들은 비정부조직을 만들어 정책 집행을 감독한다. 어떤 초국적 NGO 혹은 대형 국내 NGO는 국제적 갈등 혹은 정부·사회의 갈등을 해소하고 양측의 상호 이해를 강화시키며, 정책 실천에 도움을 제공한다. 어떤 대형 NGO는 심지어 자체적으로 사회 서비스 제공의 직능을 감당할 수 있다. 1945년 'UN 헌장' 제71항에서는 '비정부조직(당시는 주로 국제적

---

33 L. Salamon, *Global Civil Society: Dimensions of Nonprofit Sector*(Vol. 2), S. Wojciech Sokolowski and Associates(ed.), Kumarian Press, 2004, pp. 9-10.

NGO)'를 언급한 바 있으며, 1997년 UN 사무총장 코피 아난(K. Annan)이 UN총회에 제출한 업무 보고서에서도 현재 세계 발전에 영향을 주는 다섯 번째 요인으로 '비정부조직'을 언급했다. 학자 구젠광(顧建光)의 통계 자료에 따르면, 1980년대 초 비정부조직에서 일하는 개발도상국 인구는 약 1억 명이며, 이러한 수치는 1990년대 2억 5000만 명에 달했다. 또한 선진국, 예컨대 미국의 NGO 종류는 이미 24종에 달하며, 문화·교육·과학연구·위생보건·생태·주거·안보·종교·상인 단체·자원봉사 등 사회 서비스 분야를 망라한다.[34] 세계 선진국과 일부 개발도상국에서 NGO는 이미 거버넌스 네트워크 중에서 3대 수체 중 하나가 되어 공공 서비스 공급자, 정부 서비스 위탁자, 정책 집행 인도자 기능을 담당하고 있다.

3) 사회 거버넌스에 대한 새로운 사회계층의 새로운 요구

이른바 사회계층은 경제적 지위와 사회적 신분에 따라 구분된 사회 분층이다. 경제 구조의 변화에 따라 사회 분층도 수직 방향의 상승·하강에서 수평 방향의 분화·재편이 일어난다. 일반적으로 개혁개방 이전 중국 사회의 계층 분화는 국가의 제도 속에서 완성되었다. 즉, '단위제'·'호적제'·'행정제'를 통해 사회구성원의 경제적 지위와 사회적 신분을 확정했다. 개혁개방 이후에는 시장경제 체제가 기존의 계획경제 체제를 대신하며 단위제가 해체되었다. 사회구성원들은 보편적으로 이익 추진력을 갖게 되었고, 사회구성원들의 이익 구도가 다양해지며 프리랜서가 대거 출현하게 되었다. 이 밖에 사회의 인적 유동이 가속화되면서 과거 '신분 예

---

34 顧建光, 〈非政府組織的興起及其作用〉, 《上海交通大學學報》(哲學社會科學版), 2003年 第 6期.

속화, 업무 고정화, 거주 불변화의 형세'가 무너졌다.[35] 이는 도농 간·업종 간의 장벽을 낮추어 사회 신계층 출현의 필요조건을 제공해주었다.

2001년 '중국공산당 성립 80주년 축하 대회에서의 연설'에서 장쩌민(江澤民)은 "개혁개방 이후, 중국의 사회계층 구성에 새로운 변화가 일어났다. 민영 과학기술 기업의 창업자와 기술자, 외자기업에 고용된 관리 기술자, 개인 사업자, 사영 기업주, 중개 조직의 종업원, 프리랜서라는 사회계층이 출현했다"[36]라고 말했다. 따라서 민영 과학기술 기업의 창업자와 기술자, 외자기업에 고용된 관리 기술자, 개인 사업자, 사영 기업주, 중개 조직의 종업원, 프리랜서도 현재 중국이 공인하는 6대 신흥 계층이 되었다. 이 6개 부류의 사람들은 모두 변혁 과정에서 생겨난 신흥 사회계층이다. 신사회계층의 출현은 전통적 사회관리 방식이 더 이상 사회질서와 사회발전의 요구를 충족시킬 수 없도록 만들었으며, 사회 거버넌스의 변혁에 새로운 도전을 제기했다.

첫째, 신흥 사회계층의 출현은 정치안정에 영향을 주었다. 신흥 사회계층의 지속적인 성장은 기존 노동자 계급과 농민 계급 내부의 분화에 기인한다. 개혁개방 이후 중국 사회는 급격한 사회 분화를 경험했다. 기존 이익 구도에 중대한 조정이 이루어졌으며, 계층 간 정치·경제 관계에 다양한 변화가 일어나 이익과 모순이 상호 공존했다. 도농 간의 분배 격차, 고소득자와 저소득자 간의 간극은 중국 정치안정에 영향을 주고 있다.

둘째, 신흥 계층의 출현은 사회 거버넌스 비용을 증가시킨다. 단위제 해체에 따라 많은 기존 체제의 구성원들은 개인 사업자, 사영 기업주, 프

---

35 吳忠民, 〈怎樣看待中國現階段社會階層結構的變化? 如何分析社會階層問題?〉, 《中國黨政幹部論壇》, 2001年 第11期.

36 江澤民, 《在慶祝中國共産黨成立八十週年大會上的講話》, 人民出版社, 2001, p. 16.

리랜서 등 신흥 사회계층이 되었다. '단위인(單位人)'이 '사회인'이 되어 기존 단위제에 의존해 해결했던 사회문제는 모두 기층정부로 향하게 되었다. 정부는 종종 흩어져 있는 개인을 직접 대면해야 하기 때문에 사회 거버넌스 비용은 높아진다. 많은 지방 정부들은 이러한 과정에서 수많은 사회적 분쟁과 사회적 갈등이 쌓이게 하여 국민들의 원망을 사게 되었다. 이는 군중시위 사건으로 비화되기 쉽다.

셋째, 신흥 사회계층의 출현은 무질서한 정치 참여를 증가시킨다. 신흥 사회계층은 전반적인 소양이 높아 일반적으로 정치 참여에 대해 높은 열성을 가시고 있다. 그들은 정치적 영향력을 통해 자신들의 경제직 지위를 보호하고 보다 많은 경제적 권익을 보장 또는 쟁취하고자 한다. 그러나 정치 참여에 대한 조직화 정도가 낮아 대부분 개인이 산만한 행위와 단독 행동을 취한다.[37] 그들의 정치 참여 목표는 보다 많은 경제 이익이나 사회적 명예를 얻기 위한 것이기 때문에 공리적 색채가 강하고 정치 참여의 공공성을 쉽게 간과한다.

4) 전통적 사회관리에 대한 새로운 사회심리의 도전

소득격차가 확대되면서 개혁에 대한 회의감과, 이 과정에서 생겨난 박탈감, 관리·부자를 증오하는 사회 심리가 지속적으로 나타나고 있다. 통계자료에 따르면, 중국의 1인당 가구소득 지니계수는 0.46~0.47이다. 이는 국제적으로 인정되는 위험경계선을 넘는 수치이다.[38] 도농 간 차이, 지

---

37 左璐, 〈新社會階層政治參與正確引導〉, 《攀登》, 2007年 第6期.
38 지니계수는 주민의 소득 분배 차이를 종합적으로 고찰하는 중요한 분석지표이다. 지니계수는 0~1 사이의 값인데, 수치가 적을수록 소득 분배가 고른 것이고, 수치가 클수록 소득 분배가 고르지 않은 것이다. 국제적으로 0.4를 빈부 차이의 경계선으로 삼는다.

역 간 차이, 특히 동·서부 지역 간 차이는 소득 분배 격차 확대로 이어진다. 어떤 학자는 지역 간 차이를 심지어 '하나의 중국, 네 개의 세계'라고 묘사한다.[39] 빈부격차는 개혁 속에서 이익에 손해를 입거나 사회적 지위가 하락한 사회집단들이 '불공평'과 좌절 심리를 크게 느끼게 만들었다. 이처럼 발전과정에서 불리한 집단들은 유리한 집단들에 대해 의심하고 분노하며 적대시하고 기존 분배 결과를 수용하지 못한다. 이러한 새로운 사회 심리는 사회 통합, 사회역량 응집을 통해 사회 거버넌스를 수행하려는 데에 큰 도전이다.

사회적 동질감과 신뢰는 사회 거버넌스가 효과적으로 이루어지는 데에 필요한 사회자본이다. 동질감과 신뢰를 잃으면 사회 거버넌스가 불가능해지거나 기능을 상실하게 된다. 사회적 동질감과 신뢰는 거버넌스 실천에서 두 가지 측면으로 나타난다. 첫째, 사회구성원 간의 동질감과 신뢰이다. 둘째, 거버넌스 주체에 대한 사회구성원의 인정과 신뢰이다. 중국의 거버넌스에서 이 두 가지가 일정 정도 약화되었고, 이로 인해 효과적인 거버넌스에 많은 사회적 문제가 생겨났다. 사회구성원 간의 경우, 시장경제가 가져온 소득 수준의 격차와 신분 지위의 분화는 계층 간의 사회 자원 획득·점유 수준에 큰 차이로 나타났다. 따라서 사회구성원 간의 동질감과 신뢰에 큰 격차가 생겨났고 사회계층 내부에 일정한 내집단 선호와 외집단 배척의 경향이 형성되었다. 이러한 동질감의 소집단화는 소집단 밖의 집단·조직·공동체에 대해 냉담하고 심지어 배척하고 소외시킨다.[40] 집단 간의 소집단화는 사회구성원 간에 관념·행위로 충돌할 가능

---

39 胡聯合·胡鞍鋼等,《當代中國社會穩定問題報告》, 紅旗出版社, 2009, p. 233.

40 管傳林,〈社會階層分化和社會變遷過程中的社會治理創新與選擇〉,《河南師大學學報》, 2015年 第4期.

성을 높였으며, 사회적 원심력을 심화시키고 사회적 응집력을 약화시켰다. 이로써 사회 거버넌스에 필요한 공감대 기반이 약화되었다.

사회 거버넌스 차원에서 거버넌스 주체는 다원성을 가지고 있다. 정부·사회조직·기업·사회단체·시민 등 사회역량이 모두 사회 거버넌스의 주체가 될 수 있다. 그러나 실천적 측면에서 보면, 사회 자원을 획득·점유하는 능력에서 차이가 있기 때문에 개혁 과정에서 중·하위층에 있는 많은 사회계층·사회집단은 효과적으로 사회 거버넌스에 참여하기 어렵다. 따라서 사회 거버넌스를 실천할 수 있는 사회적 주체는 주로 정부·기업·사회조직이다. 정부의 경우, 대중들은 현재 중국의 가장 심각한 사회문제를 부정부패라고 생각한다. "국가 간부들은 '개혁의 최대 수혜자'라고 간주되어 사회적 불만 정서의 주된 대상이며, 비난의 대상이다. 사회 하층민일수록 이러한 불만이 더욱 강하다."[41] 기업의 경우, 단위제 해체 과정에서 국유 기업과 집체 기업이 기존에 수행했던 사회적 기능은 사회로 내보내져 사회 거버넌스 기능이 크게 약화되거나 상실되었다. 또한 대형 국유 기업에는 독점·폭리·저효율적 사회 서비스 수준 등의 문제가 있기 때문에 대중들의 신뢰도가 높지 않다. 한편, 외자기업과 사영기업은 개혁개방의 최대 수혜자이다. 심각한 노사 갈등이 존재하며, 정의롭지 못한 부의 획득과 사회책임의 불이행으로 인해 사회구성원들의 신뢰도가 높지 않다. 사회조직의 경우, 사회 거버넌스 중 신흥 주체인 사회조직은 사회 거버넌스에서 필수불가결한 중요 부분이다.

이론적으로 보면, 사회조직은 일정한 사회 공익성을 가진다. 사회적 약자 계층 보호는 많은 사회조직의 목표와 취지가 된다. 그러나 현실적으로 보면, 사회조직은 강력한 정부 주도 아래 육성이 제대로 이루어지지 못

---

41 馮仕政, 《當代中國的社會治理與政治秩序》, 中國人民大學出版社, 2013, pp. 237-239.

했다. 많은 사회조직들은 정부의 사회관리 보조자 신분으로 존재하기 때문에 공익성과 공공성 부분을 발휘하지 못한다. 또한 사회조직은 완비되지 못한 사회적 공공 환경에서 사회적 강자 계층에 휩쓸려 사회 공익성이라는 초심을 잃기 쉽다. 위의 요인들로 인한 사회구성원 간 신뢰와 동질감의 약화는 현재 중국 사회의 공인된 사실이며, 이러한 문제는 중국 사회 거버넌스 발전을 어렵게 만들고 있다.

5) 경제발전 추진과 사회 거버넌스 실현의 갈등

중국은 개발도상국이자 인구 대국으로서, '2개의 100년'이라는 목표와 중화민족의 위대한 부흥의 중국몽을 실현하기 위해 경제 건설을 중심으로 경제발전을 추진해야 한다. 중국의 근대사와 현재 세계의 현실을 볼 때, 경제가 뒤처진다면 수동적이게 되고 다른 나라에게 구속을 받게 된다. 경제가 발전해야 경제 실력과 종합 국력이 향상되고, 국민들의 생활이 개선되며, 국가가 장기적·안정적으로 다스려질 수 있다. 또한 국가가 장기적·안정적으로 다스려지는 것과 사회안정은 경제발전을 담보할 수 있는 전제 조건이다. 경제를 발전시키면서 사회문제도 잘 해결하려면 근본적으로 예방하고 갈등·분쟁의 발생을 줄여 경제사회의 지속가능하고 조화로운 발전을 실현해야 한다. 이는 사회주의 조건에서 정치·경제·문화·사회가 서로 긴밀하게 연계되어 있지만 자체적인 발전 규칙이 있어서 서로가 서로의 조건이 되고 서로의 목적이 되며, 상호 보완되기 때문이다.

중국은 현대화 국가로서 현대화된 경제 건설과 현대화된 사회발전을 이루어야 한다. 이 두 가지 사이에서 '어떻게 균형적인 발전을 실현하는가'는 중국 사회 전환의 과제가 되었다. 이 두 가지의 관계를 적절하게 처리하지 못하면 '경제 중시·사회 경시' 혹은 '경제 경시·사회 중시'라는 건전하지 않은 발전 국면이 쉽게 형성된다. 이 가운데 '경제 중시·사회 경시'는 현재 중국 경제사회 발전에서 해결해야 할 주된 모순이다. 개혁개방 이후 동부 지역은 물론, 중서부 지역도 경제 대발전을 기초로 하여 인프라 구축에서 큰 발전을 이루었으며, 도시 건설도 빠르게 발전했다. 큰 도로, 큰 광장, 높은 빌딩, 대규모 건조물이 웅장하고 아름답게 세워졌다. 그러나 경제 건설의 '하드웨어'는 잘 갖춰졌지만, 사회발전의 '소프트웨어'는 뒤따라가지 못하고 있다. 교육·의료·위생 등 사회 사업은 심각하게 뒤처져 국민들의 불만이 많다.

경제발전과 사회발전 간의 관계를 저리하기 어려운 원인은 경제발선과 사회안정의 비대칭성 때문이다. 경제발전이 반드시 사회안정을 가져오지 않으며, 경제발전은 오히려 사회 불안정을 가져온다. 개혁개방 이후 중국의 경제는 30여 년간 지속적인 발전을 유지해왔으며, 연이은 경제발전 기적을 만들어냈고, 현재 세계 제2위의 경제 대국이 되었다. 이로 인해 발전과정에서 여러 모순과 문제를 축적하여 많은 불안정 요인에 직면하고 있다. 따라서 사회안정과 경제발전은 완전한 의미의 인과관계가 아니며, 안정이 비록 경제발전의 기초지만 경제발전이 사회안정을 가져다주지는 않는다. 또한 사회안정에는 경제발전이라는 원인이 있지만 사회 공평 정의, 민주 법치, 취업 분배, 의료 보험, 교육 등 사회적 요인들과의 관련이 더욱 크다. 따라서 사회안정을 해결하기 위해서는 '경제'라는 수단에만 의존해서는 안되고, 경제·행정·교육·민주·사회 건설 등의 종합적인 거버넌스를 통해야만 효과를 거둘 수 있다. 이 밖에도 사회안정은 영원한 안정이 아닌 특정 역사 단계의 안정을 가리키기 때문에 안정은 상대적인 측면이 있다. 특정 역사 시기의 안정은 사회 모순을 축적하여 불안정을 초래한다. 축적된 모순을 적절하고 제때에 효과적으로 처리하면 사회안정을 유지할 수 있다. 만약 적절하게 처리하지 못한다면, 작게는 군중시위 사건을 일으키고 크게는 정권교체를 일으키게 된다. 따라서 경제발전에 힘쓰는 동시에 사회 모순을 적절히 처리하고 각종 불안정 요인을 제거해야 사회의 안정을 더욱 지속할 수 있다. 이러한 의미에서 경제발전과 사회발전의 관계를 처리하는 것이 중국 사회 거버넌스의 어려운 문제라고 말할 수 있다.

4. 가치 다원화의 도전

전환기 중국에서는 물질 공간·생산 방식·사회구조 등 현실 생활의 환경과 사회관계의 급속한 현대화에 따라 개인의 주체 의식도 점차 각성되고, 개인이 자각적으로 자신과 외부 세계를 구별하며 인간의 생각이 자신의 진실한 감각과 이성의 판단으로 돌아왔다. 또한 이러한 기초에서 자신의 생존 의미에 대해 성찰하고 추구하게 되었다. 이와 동시에 각종 사조와 학설이 중국 곳곳에서 넘쳐나 끊임없이 중국인들의 마음을 흔들어 사람들의 생각은 혼란한 상태에 놓여 있다. 이러한 상황과 맞물려 문화 분야에서는 중국인들의 가치관이 다원화 양상을 보이고 있다. 이러한 양상은 현대 생활의 정상적인 상태라고 말할 수 있지만, 중국 전환이라는 특수한 시기에서는 중국 문화의 기존 구도에 도전이 되었다.

1) 가치 다원화가 주류 이데올로기의 통합 위기를 심화시킨다

간단하게 말해 가치 다원화는 중국인들의 사물·사건에 대해 태도·인식의 차이가 나타났음을 의미한다. 또한 중국인들이 개인의 체험과 향유를 추구하여 더 이상 천편일률적으로 특정 가치 기준에 따라 생활하지 않는다는 것을 의미한다. 가치 다원화의 상황은 분명 사회주의 이데올로기의 통합·조정 효과에 큰 영향을 줄 것이다. 비록 오랜 기간 사회주의 이데올로기는 주류 이데올로기로서 가치 관념 측면에서 중국인들의 가치 지향을 한데 모으고 도덕 행위를 규율하는 중심 역량이었다. 그러나 이것은 중국공산당의 역사적 업적, 계획경제 체제, 상대적으로 폐쇄된 대외 정책, 냉전 시기의 국제 환경 등을 배경으로 할 경우이다. 현재 중국에서 주류 이데올로기는 일부 자체적인 결함으로 인해 가치 다원화 구도에 대응하기 어렵게 되었다. 첫째, 사회주의 이데올로기의 일부 내용이 시대와 동떨어져 있다. 예컨대, 세급 구분의 관념, 계급 혁명의 관념 등이다. 둘째, 정부는 이러한 관념에 대한 강조를 약화시키고 이데올로기에 시대적 의미가 있는 내용을 추가했지만, 모두 정책적 측면이나 정책의 합리성을 논증하기 위한 것이다. 사회의 공유가치 측면에서 시대적 요구에 부합한 것을 만들어내지 못했다. 셋째, 이데올로기의 선전 방식에 있어서 대부분 여전히 기존의 방법을 답습하고 있다. 예컨대 정부 측 매체와 기타 주류 매체를 통해 선전하거나 여러 형식의 토론회, 좌담회, 동원 대회 개최를 통해 이데올로기를 주입하는 방식이다. 그 수법이 경직되고 강경하며 생기와 활력이 부족하다. 이러한 문제는 이데올로기가 다원화 가치관에 대해 효과적인 통합·조정을 할 수 없도록 만든다. 심지어 개인적 체험을 추구하고 권위를 싫어하는 젊은이들에게 외면당하고 있다. 물론 앞의 표제처럼 가치 다원화의 구도는 단지 이데올로기의 통합 위기를 심화시켰을 뿐이다. 즉, 가치 다원화가 이데올로기의 통합 위기를 초래하는 요인 중 하나일 뿐, 그 원인은 매우 복잡하다. 그러나 만약 정부가 시대적 요구에 맞춰 이데올로기에 효과적인 변화를 줄 수 있다면 통합의 효과를 대폭 향상시킬 수 있을 것이다.

주류 이데올로기의 존재 문제에서 알 수 있듯이, 만약 다원적 가치관에 대한 주류 이데올로기의 통합·조정 능력을 향상시키려면 그 내용과 선전 방식에서 변화를 주어야 한다. 내용적 측면에서 전체적인 원칙은 국가 정책 차원에서 이데올로기가 한쪽에 편향된 이익이 아닌 공공의 이익을 구현하는 것이다. 즉, '공평 정의'를 구현해야 가장 폭넓은 국민들의 지지를 얻을 수 있다. 이 밖에도 가장 중요한 부분은 이데올로기가 시대적 요구와 사회발전에 부응하는 공유가치를 발굴해야 한다는 점이다. 이렇게 해야 효과적인 응집력을 만들어낼 수 있다. 한편, 이데올로기의 전파 방식에 있어서 정부는 억지로 주입하는 방식에서 벗어나 국민이 선전 과정에 참여할 수 있도록 만들고 선전 과정에서 상호 작용하고 소통할 수 있도록 해야 한다. 또한 새로운 전파 도구들을 유연하게 활용해야 이데올로기에 대한 국민들의 인식이 심화될 수 있다. 요컨대 가치 다원화의 구도에서 정부는 적당히 얼버무리는 태도를 취해서는 안 된다. 국민들의 요구를 깊이 파악하고 이를 이데올로기에 반영시켜야 이데올로기의 지속적인 활력을 유지할 수 있다. 즉, 주류 이데올로기는 시대와 동떨어지고 기존 방식에 안주하는 것이 아닌 지속적으로 혁신하고 열려 있는 시스템이어야 한다.

2) 가치 다원화는 전통적 가치 관념의 영향력을 약화시킨다

전통 문화는 민족의 자기 정체성을 만들며 다른 민족과 구별되는 민족 고유의 성격을 만든다. 또한 한 민족의 구성원들은 특별한 예의 관념·도덕의식·생활풍습을 통해 그들만의 특별한 사유를 갖게 되어 주위 사물에 대해 동일한 느낌과 생각을 하게 만든다. 외래문화에 대해 한 민족의 구성원들은 비교를 통해 자연스럽게 '우리'라는 의식을 갖게 된다. 이것이 앞에서 말한 민족 정체성이다. 중국의 전통 문화는 유가 사상을 중심으로 하여 불교와 도가 등의 관념이 함께 어우러져 있다. 이러한 전통 문화는 역사적으로 오랜 세월 중국인에게 영향을 주어 중국인들이 다른 민족과 매우 다른 인격을 형성하게 만들었다. 이러한 전통적 가치 관념에서 중요한 부분을 언급하자면, 진야오지(金耀基)의 말처럼, 옛 것을 숭상하고 노인을 공경함, 안으로는 성인의 덕을 쌓고 밖으로는 왕의 도리를 행함(內聖外王), 군자와 다재다능한 사람, 가정과 효도, 도덕과 학문, 농업을 중시하고 상업을 경시함, 조화로움과 예(禮), 평화와 왕도(王道) 등이라고 할 수 있다.[42] 물론 이러한 것들은 현대 중국인들이 수용하기 쉬운 부분이다. 전통적 가치 관념에서 현대 중국인들이 판난하기 어려운 부분에 대해서는 아마도 오랜 실천 과정 속에서 그것들을 보존할지 폐기할지 결정해야 할 것이다. 왜냐하면 많은 문제들이 머릿속의 추리와 판단만으로는 해결되지 않으며, 이와 반대로 사람들이 실천 과정 속에서 점차 자신의 인식을 조정하여 좋은 해결 방안을 도출하기 때문이다.

사실 가치 다원화는 거스를 수 없는 시대정신이다. 왜냐하면 현실적인 사회 환경에서 이미 거스를 수 없는 변화가 일어났기 때문이다. 전통 가치 관념은 주류 이데올로기와 마찬가지로 거스를 수 없다. 그렇지 않으면 대중에게 외면당하기 때문이다. 이에 따라 전통 가치 관념과 주류 이데올로기는 인간에 대한 통찰과 시대발전 추세에 대한 파악의 기초에서 자신을 개조하여 대중들이 자각적으로 수용할 수 있도록 만든다. 다른 한편에서 보면, 가치의 다원화가 반드시 전통 가치 관념을 배척한다고 말할 수는 없다. 왜냐하면 다원화는 단지 가치관이 더 이상 일원적이지 않다는 것을 의미하기 때문이다. 전통 관념 중 어떤 부분이 아름다운 삶에 대한 인간의 기대에 부합한다면 이 부분은 전승될 것이다. 아울러 앞에서 언급

---

42 金耀基, 《從傳統到現代》, 法律出版社, 2010, pp. 13-23.

했듯이, 전통 문화는 한 민족의 특수한 민족의 성격을 만들고 이러한 성격은 이 민족이 특수한 생활방식을 영위하도록 만든다. 전통 문화 중 훌륭한 부분을 의식적으로 보존·전승하는 것은 다른 민족과 구별되고 인간에 알맞은 생활방식을 계속 창조하기 위함이다. 이러한 프로세스는 한 민족의 문화적 창조력을 구현하며, 인류문화 번영에 도움이 될 것이다. 현대화 프로세스는 효율적·합리적 원칙에 따라 각 민족의 생활방식이 단일한 상태로 향하도록 할 것이기 때문이다. 어떤 민족이든 관계없이 모든 인류 집단들은 수동적으로 이러한 프로세스의 속박을 받아서는 안 된다.

3) 가치 다원화가 가져온 가치 공감대 형성의 난제

가치 다원화 시대에서 각종 가치관은 서로 다르며 각기 견지하는 바가 있다. 사람들은 각종 가치관에 대해 무의식적으로 좋고 나쁘다는 평가를 하게 된다. 상이한 가치관을 가진 사람들은 각자 자기 생각대로 행동하고 각자의 목표를 추구하며 스스로 중요하다고 생각하는 의미를 찾는다. 이러한 상황은 우선 사회 진보의 발현이며, 하나의 가치관으로서 모든 사상·행위를 평가하는 상황에 대한 전복이다. 이는 또한 인간성에 대한 회귀이다. 따라서 "그것이 반영하는 사회경제 생활의 다양화와 마찬가지로, 그것은 우선 사회 개방·진보·활력에 대한 표현과 보장이라고 간주되어야 할 것이다".[43]

그러나 다른 측면에서 말하자면, 인간은 각자 요구가 다르고 자기 생각대로 행동하기 때문에 과거 어떤 공동의 신념으로 맺어진 유대 관계가 끊어지고 사람 간에 무관심한 것이 집단 내 보편적 현상이 되었다. 더욱 심

---

43 沈湘平,〈價值共識是否以及何以可能〉,《哲學研究》, 2007年 第2期.

각한 것은 중대한 공공의 사안에 당면했을 때 가치관의 차이로 인해 격렬한 논쟁이 일어난다는 것이다. 논쟁하는 양측은 각자 자기의 주장만을 고집해 하나의 결론을 도출할 수 없다. 국가 정책과 각종 공공사건에 대한 인터넷상의 토론들을 보면 이러한 혼란스러운 상황을 알 수 있다. 이 밖에 가치관의 다원화는 서로의 무관심과 공공문제에 대한 인식 차이를 초래할 뿐만 아니라, 많은 사람들이 가치 다원화 자체를 최고의 가치로 생각하게 하여 도덕 허무주의의 만연을 초래했다. 이러한 사람들에게는 옳고 그름이 중요하지 않다. 그들은 감각적인 쾌감을 얻는 것이 가장 중요하기 때문에 쾌감을 얻을 수 있는 활동은 모두 시도할 수 있다고 생각한다.

가치 다원화가 초래한 문제는 다원적 가치관에서 하나의 공감대를 형성해야 한다는 것이다. 이러한 공감대를 통해 다원적 가치관 간의 긴장 관계를 억제하고 서로 소통과 협의로써 합의를 볼 수 있도록 해야 한다. 여기에는 가치관의 '하나(一)'와 '여럿(多)'이라는 관계의 문제가 연관되어 있다. 이 문제를 해결하기 위해 첫째, 가치관의 다원화 상태를 보장해야 한다. 이것은 기존의 여러 가치관이 서로 지속적으로 비교·대조하고 충돌하고 격려할 수 있도록 해야 하는 동시에 새로운 관념이 지속적으로 생성·발전할 수 있도록 해야 하는 것을 의미한다. 이를 통해 정신적인 삶이 다채롭고 활력 넘치는 상태를 유지하도록 한다. 둘째, '하나'로서의 공감대가 여러 가치관을 효과적으로 제약하여 각종 가치관이 고유의 특징을 유지하는 동시에 극단적인 방향으로 흐르지 않고 다른 가치관과 조화로운 관계를 유지하도록 하는 것이다. 이를 통해 각종 공공 의제가 적절하게 해결되어 공동체의 안정을 보장한다. 이 문제는 사실 다루기가 매우 어렵다. 만약 하나의 공감대가 확정되면 이 공감대 자체가 명확한 배타성을 가지게 되어 가치관상의 전횡을 초래하기 때문이다. 따라서 공감대는 반드시 포용적인 관념이어야 한다. 요컨대 '하나'와 '여럿'은 유기적으로 통일된 관계여야 한다. 사실 위에서 언급한 주류 이데올로기와 전통 가치 관념은 모두 역사적으로 특정 시기에 중국인들의 공감대로서 영향력을 발휘했다. 다만 이러한 것들은 '공감대'로서 자신의 일원적 지위를 과도하게 강조하여 다양한 가치관을 포용하지 못했다. 이로 인해 스스로 경직되고 융통성을 상실하여 그 영향력을 약화시켰다. 그러나 우리는 주류 이데올로기가 여전히 적극적으로 어떤 내용을 조정하고 새로운 내용을 보완하여 시대적 요구와 사회 변화에 부응하고 더 높은 차원에서 중국인의 가치 관념을 결집하고 있음을 알아야 한다. 물론 이 책에서는 주류 이데올로기가 어떻게 조정되어 '공감대'의 지위를 확고히 하는지에 대해 논하지는 않을 것이다. 여기에서는 다만 가치 다원화 구도에서 가치 공감대 형성이라는 일반적인 문제를 다룰 것이다.

앞에서는 가치 다원화와 가치 공감대 간의 일반적 원칙에 대해 언급했다. 그러나 더욱 중요한 것은 '우리에게 필요한 공감대는 무엇인가'이다. 이 밖에 이 책에서 볼 때, 공감대 형성이 합리적 설계에 도달할 수 없다거나 그 설계가 삶에 반드시 적용된다고는 말할 수 없다. 또한 앞에서 지적한 가치 관념들이 서로 충돌하고 합치에 도달할 수 없는 문제들도 이론적 측면에만 존재할 수 있다. 즉, 필자는 앞에서 전통 가치 관념을 언급할 때 관념상으로 해결할 수 없는 문제들이 때로는 실천에서 해결될 수 있다고 말했다. 결국 "사람은 추상적 가치 관념에 의해 조종되는 꼭두각시가 아니다". 그리고 "구체적인 상황에서 개인이나 집단은 자신의 가치를 실현할 때 우선적 고려와 실현 가능성에 대한 고려를 하게 된다. 또한 다른 가치와의 관계 및 구조적인 고려를 한다. 이는 가치실천 형태의 풍부한 가능성을 만들어낸다".[44] 물론 우리는 가치 다원화의 구도에서 '화이부동

---

44 鄭少翀, 〈走出價値多元主義的困境〉, 《福建論壇》, 2007年 第4期.

(和而不同: 서로 다르지만 화합을 이룸)'을 기대한다. 이는 여러 가치 관념이 공존하고 상호 존중하며, 각기 절제하고 서로 작용하며, 서로 자양분을 흡수하는 아름다운 상태일 것이다.

제5장

국가 건설: 현대 국가 제도의 구축

옌지룽燕繼榮, 베이징대학교

국가 거버넌스를 현대화하고 정부의 거버넌스 능력을 향상시키려면 필요한 제도를 보완하고 국가 거버넌스 시스템을 최적화해야 한다. 이를 위해서는 상응하는 제도적 개혁이 필요하다. 중국공산당 제18차 당대회 이후, 중국의 최고 지도부는 반부패 운동의 의미를 여러 차례 강조하고 반부패의 임무를 건전한 권력에 대한 제약과 감독 시스템과 연결시켰다. 제18기 3중전회에서는 개혁의 전면적 심화에 대한 방안을 제정하여 '국가 거버넌스 시스템과 거버넌스 능력의 현대화'를 추진해야 한다고 밝혔다. 제18기 4중전회에서는 전면적인 의법치국(依法治國) 추진을 결정하여 법치 국가, 법치 정부, 법치 사회를 건설해야 한다고 발표했다. 이를 통해 반부패운동을 제도 건설 범위로 편입시킨다고 표명했다. 제19차 당대회 보고서에서는 전면적 소강 사회 건설을 확정짓고 사회주의 현대화 국가의 전면적 건설이라는 새로운 여정을 시작했다. 중국 집정당과 지도부의 정책은 사실 현대 국가 건설·개혁의 문제와 관계되어 있다. 그렇다면 과연 무엇이 현대 국가인가? 현대 국가의 제도 구축은 어떠한 내용을 담고 있는가? 개혁의 근거와 기준은 무엇인가? 이 장에서는 이러한 문제를 네 가지 측면에서 논하고자 한다.

1. 제도 건설: 제도를 통한 국가의 장기적 안정 확보

기존의 학술적 논의에서는 대부분 시장이론, 민주이론, 사회이론을 활용하여 국가의 경제 제도, 정치 제도, 사회 제도의 개혁을 검토하고 많은 연구 성과를 축적했다. 중국에서의 학술적 논의는 종종 '경제 체제', '정치 체제', '사회 체제' 개혁에 초점을 맞추고 있으며, '국가 제도'라는 용어를 잘 사용하지 않는다. 또한 과거 담론체계의 영향을 받아 무심코 '국가'를 '정부'와 동일시하고 '국가 제도'를 '정치 제도' 혹은 '정부 체제'와 동일시한다. 최근 '현대 국가 구축'과 '국가 능력'에 관한 정치학계의 논의, 특히 중국 '국가 거버넌스' 명제의 제기에 있어서는 '국가 제도'를 분석의 개념으로 삼아 개혁의 논의 안에 포함시켜야 한다. 이러한 인식에 기초하여 필자는 국가 제도의 구성과 구축의 기본원리를 논하고 중국 국가 제도 전반의 강점과 약점을 분석하여 다른 분야의 개혁적 사고를 전체 국가 제도 건설의 방향으로 이끌고자 한다.

1) 현대 국가 제도와 제도 구축

현대 정치학 개념에 따르면, 이른바 국가 제도는 일정 지역 내 사람들에 의해 '국가'라는 단위의 공동체 또는 연합체를 구성하여, 공공 업무 처리를 위해 형성된 각종 제도의 통칭이다. 이러한 제도는 오랜 역사적 통합 조정 과정을 통해 형성되며, 일정한 법률이나 기타 권위적 텍스트 형식을 통해 확정된다.

앞에서 설명했듯이, 정치학에서는 국가 기원에 관한 연구가 많다. 이 가운데 인성론의 경우, 아리스토텔레스는 인간을 정치적 동물이며, 천성적으로 무리지어 생활한다고 생각했다. 수요론의 경우, 사회계약론자들은 인간이 연합하여 하나로 뭉치고자 했기 때문에 국가와 정부의 탄생이 촉진되었다고 본다. 사회분화론의 경우, 예컨대 루소는 국가가 인류의 불평등한 발전의 결과라고 생각한다. 마르크스주의자들은 국가는 해소할 수 없는 계급 모순의 결과물이라고 주장한다.

어떤 학설에서든 인류가 연합해온 범위는 역사 발전에 따라 점점 확대되었다. 사람이 적고 나라가 작으면 국가의 일을 처리하기 용이하여 제도를 만들 필요가 없기에, 국가 거버넌스는 '현장 처리' 방식으로 하거나 '수장'이 직접 관리하는 방식을 차용한다. 예컨대 중국 선진(先秦) 시대의 '국군(國君)' 통치 방식이나, 수시로 '국민대회'를 소집하여 집단 토론을 벌이는 경우, 고대 그리스 도시국가인 아테네의 방식이 여기에 속한다. 그러나 국가 간의 전쟁과 합병, 국가 영토의 지속적 확장, 인구의 지속적 증식 등으로 인해 '현장 처리' 방식은 더 이상 국가 업무를 처리하는 데에 적절하지 않았다. 많은 사안에서 사전에 정한 규칙이 필요했다.

이에 따라 국가 제도가 점차 형성되고 법률이라는 방식을 통해 정립되었다. 4000여 년 전 고대 바빌로니아 왕국의 '함무라비 법전', 기원전 5세기 고대 로마인들의 '12동판법', 중국 춘추전국 시대의 '형서'와 기원전 700여 년 전의 '당률소의' 등은 모두 고대 국가 통치 제도화 발전과정의 대표적인 성과물이다.

현대 국가 업무는 모든 것을 망라하고 역할체계가 날로 세분화되어 매우 복잡한 제도 시스템을 형성하고 있다. 이 밖에 현대 국가 업무는 지속적으로 변화하고 있기 때문에 완벽하고 정확하게 국가 제도의 내용을 개괄할 수 없다. 현재 국가 제도의 내용과 분류에 대해서는 아직까지 학계의 권위적인 견해가 정립되지 않았다. 이에 따라 사람들은 각자의 시각과 기준에 따라 국가 제도 구성을 전반적으로 기술할 수 밖에 없다.

국가 업무를 내용과 속성으로 구분하면, 국가 제도의 거시적 측면에서 정치·경제·사회·문화 등 업무 속성에 따라 정치 제도·경제 제도·사회 제도·문화 제도 등으로 나눌 수 있다. 정부는 국가 최대의 대표기관이자 관리기관이므로 정부관리의 범위와 층차로 구분하면, 중앙 관리제도·지방 관리제도·기층 관리제도가 있다. 국가 업무의 전문성에 따라 중시적 측면에서 국가 관리제도를 국가군사 제도·국가구조 제도(국가구성 제도)·정부조직 제도·국가사법 제도·사회조직 제도·사회복지 제도 등으로 구분할 수 있다. 모든 제도 아래에서 공공업무 분류 관리의 필요성에 따라 미시적 측면에서 구체적 관리제도를 제정 또는 형성할 수 있다. 예컨대 경제생활에서의 기업 제도·재정조세 제도·금융 제도 등이 있으며, 정치생활에서의 정당 제도·선거 제도·입법 제도·행정 제도·인사 제도 등이 있다. 또한 사법 분야에서의 재판 제도·소송 제도·변호사 제도·배심원 제도 등이 있으며, 사회생활에서의 시민신분 제도·사회단체 제도·교육 제도·양로 제도·취업 제도·의료위생 제도·주택주거 제도 등이 있다. 각 분야에서 업무를 처리할 때 구체적인 처리 규칙과 절차를 형성하게 된다. 예컨대 정보공개 제도, 민주협의(결정) 제도, 책임 및 문책 제도 등이다.

학파들마다 국가의 제도에 대해 서로 다른 해석을 내놓는다. 역사제도주의자들은 국가의 제도가 한 사회의 장기적 통합의 결과물이라고 생각한다. 집단분석의 이론에서 보면, 국가 제도는 서로 다른 사회세력의 경쟁과 타협의 결과물이다. 계급분석의 관점에서 보면, 국가 제도는 사회에서 우세한 지위에 있는 통치 계급이나 집단이 자신의 통치의지를 사회의 다른 구성원에게 강요하고 이를 국가의 명의로 확립시킨 결과물이다. 어떤 해석이든 관계없이 '입법자'로서의 개인, 개인에 의해 구성된 단체나 조직이 국가 제도의 형성 과정에서 차지하는 역할은 부인할 수 없다. 예컨대 사람들이 흔히 언급·인정하는 미국의 건국자인 조지 워싱턴(G. Washington)과 연방 당원 등이 미국 연방제도에 기여한 사실, 쑨원(孫文)

등이 중화민국에 기여한 사실, 중국공산당 지도자가 현대 중국의 '건국 대업'에 기여한 사실 등이다. 바로 이러한 이유로 인해 '국가 제도의 구축'이라는 의의가 성립될 수 있었고, 국가 제도의 개혁이라는 화두가 논의의 필요성을 얻게 되었다.

비록 국가 제도의 구축과 개혁은 항상 '위대한 입법자'와 밀접한 관계가 있지만, 구성주의(constructivism) 사상은 여전히 격렬한 비판을 받고 있다. 이러한 비판 속에서 사람들은 이미 국가 제도 건설을 단순하게 엔지니어가 설계도에 따라 고층건물을 짓는 과정이라고 생각하지 않는다. 또한 과거의 '무너뜨리고 새로 시작하는' 혁명적 제도 개조방식에 대해 환상을 가지지 않는다. 역사문화적 유산, 기존 제도적 틀의 가용 자원, 국가 안정 발전의 요구, 현실 문제와 해결 방안에 대한 사회 대중의 보편적 인식 등은 국가 제도 개혁에서 반드시 고려해야 하는 요인이 되었다. 이는 점진적 개혁이 제도 개선을 위한 각국의 보편적 방식이 되도록 만들었다. 냉전 종식 이후 국가 간의 개방 정도가 확대되었고, 전통적인 이데올로기의 대립이 점차 약화되었다. 민생의 개선이 점차 국가 실력 경쟁과 제도개혁의 동력이 되고 있다. 국가 간의 협력·교류가 날로 확대·증가함에 따라 국가 제도 간 '차이의 격차'를 가급적 줄이고 '연결'의 정도를 향상시켜야 한다는 요구가 제기되고 있다. 이러한 상황에서 국가 간의 제도적 학습과 참조는 더욱 활발해질 것이다. 이러한 변화는 글로벌화 속에서 나타나는 국가 제도 개혁의 새로운 추세를 반영하고 있다.

이 밖에 국가 제도의 안배는 전반적으로 어떤 시점에서 '국가 의지'의 요구를 구현하고 있다. 만약 우리가 국가발전 전략의 의의를 인정하고 국가발전의 단계적 임무와 목표의 존재를 부정하지 않으면, '국가 제도와 국가 의지의 적절성'이라는 명제를 부인할 수 없다. 일종의 기본 가설로서 국가발전의 특정 시점에 기반을 둔 제도적 설계가 해당 시점의 국가발전 임무와 목표의 완성에 대한 것이라면 적절하다고 할 수 있다. 단계적 임무와 목표의 실현에 따라 국가 제도의 조정과 변화 역시 필수적이다.

현대 사회 진입 이후, 국가 제도의 안배에서 다양한 방안이 제시되고 있다. 형형색색의 레테르와 포장을 없앤다면, 이런 '제품'의 설계 방안은 두 가지 유형으로 구분할 수 있다. 하나는 개인주의에 기초한 방안이고, 다른 하나는 집단주의에 기반을 둔 방안이다. 전자는 개인의 자유를 최대한 보장할 것을 강조한다. 국가와 정부의 직능은 공동체의 안전을 유지하고 제도적 플랫폼을 제공하며, 공평한 재판을 보증하고 기본 공공 서비스의 수준을 보장한다. 후자는 집단의 효과를 최대한 발휘할 것을 강조한다. 국가와 정부에 최대 직능을 부여하여 이처럼 확대된 직능을 통해 국민 경제·사회·문화 사업의 전면적 발전을 유도하고 조직하도록 한다. 전자는 흔히 정부를 자유에 대한 잠재적 위협이라고 생각하여 권력을 분배하고 제한하는 것을 제도적 배치의 주된 원칙으로 삼는다. 후자는 흔히 정부를 자유의 근원이라고 생각한다. 따라서 정부에 권한을 부여하여 정부를 강력하고 효율적으로 만드는 것이 제도적 배치의 주된 고려 사항이다.

위에서 설명한 두 가지 유형의 국가 제도는 심오한 사상적 근원이 있다. 철학에서의 개인과 집단 관계, 정치학에서의 권리와 권력(자유와 권위) 관계, 경제학에서의 시장과 정부 관계 등은 모두 이 두 가지 유형의 국가 제도를 나타내는 다른 표현들이라고 할 수 있다. 이론적으로 보면, 이러한 관계 범주는 상호의존성을 가지며 일정한 내적 긴장이 존재한다.

현실 생활에서 보면, 이러한 관계 문제에서의 극단적 선택과 호응하는 제도적 안배는 대다수 사람들의 외면을 당해 도태되거나 개혁이 불가피하다. 중간 위치의 사상—공평과 효율을 모두 고려하고, 자유와 평등을 모두 고려하며, 발전을 추구하면서 안정을 유지하고, 전문가의 거버넌스를 관철시키면서 대중의 참여를 보장하는 것—이 제도적 배치의 주도적 인 경향이 되었다.

2) 현대 국가 제도의 이상적인 안배

'좋은 정치(良政善治)'는 역사적으로 국가의 이상이었다. 학술 사상사를 보면, 이상국가와 그 제도에 대한 토론의 역사는 유구하다. 고대 그리스 시대 소크라테스의 '지식 통치', 플라톤의 '유토피아'와 '철인왕', 중국 유가의 '내성외왕(內聖外王: 안으로는 성인의 덕을 쌓고 밖으로는 왕의 도리를 행함)', 도가의 '무위이치(無爲而治: 군주의 덕이 지극히 커서 천하가 저절로 잘 다스려짐)', 오늘날의 민주공화체제 등 많은 관점들이 있었다. 이처럼 폭넓은 토론과 논쟁 속에서 사람들은 이상적인 국가 제도의 원칙에 대해 일정한 공감대를 형성했다.

첫째, 이상적인 국가 제도는 혼합형 메커니즘을 제공해야 한다. 다양한 경로를 통해 국가 내 다양한 집단과 계층이 요구 사항을 제기하고 사회에 참여하는 수요를 만족시킬 수 있어야 한다. 고전 정치학자들은 혼합제 형식의 공화체제가 민주제, 귀족제, 군주제의 특징을 융합한 국가의 이상적인 제도 형식이라고 생각한다. 비교적 대표적인 초기 연구 성과로는 로마 역사학자 폴리비우스(Polybius)가 로마 제국의 부상에 대해 설명한 것이 있다. 그는 로마 제국의 흥기가 로마의 혼합제 체제, 즉 공화제 덕분이었다고 주장했다. 이러한 사상은 고대 로마 제국뿐만 아니라 현재 영미 국가들의 제도적 실천에서도 응용되고 있다. 오늘날 혼합체제는 여전히 국가 제도의 이상적인 모델로 여겨지고 있다.

둘째, 이상적인 국가 제도는 합리적인 계층 구조가 있어야 한다. 앞에서 언급했듯이 국가 제도는 완비된 시스템이어야 한다. 이에 따라 제도 건설 역시 체계적인 공정이다. 체계적인 측면에서 보면, 한 국가의 공공 제도는 기초 제도·기본 제도·구체적 제도로 구분할 수 있다. 기초 제도는 건물 건축에서 지반 공사와 같다. 내구성을 추구하고 가급적 한 번의 고생으로 모든 것을 해결하고 영원히 바꾸지 않을 수 있어야 한다. 기본 제도는 건물 구조와 같다. 안정성을 강조하여 수십 년 내지 수백 년 바꾸지 않을 수 있어야 한다. 구체적 제도는 마치 주거 공간의 기능적 분할과 인테리어와 같다. 적합성을 추구하고 필요에 따라 변화한다. 어쩌면 몇 년 아니면 더욱 짧은 시간에 수시로 조정하고 변화해야 한다. 이처럼 세 가지 제도의 기능성과 시효성은 서로 다르다. 기초 제도는 국가 입국(立國)의 근본이므로 영구성을 추구한다. 기본 제도는 국가생활의 기본 틀을 확립하는 것이기 때문에 가급적 영구적 불변성을 추구한다. 구체적 제도는 국가 사무의 관리 세칙을 규정하는 것이기 때문에 시기에 적합한 변화를 추구한다.

국가로 말하자면, 기초 제도의 집중적 구현은 국가 헌법 제도(즉, 국가 구조, 시민의 권리를 보장하는 원칙, 정부의 조직과 시정의 원칙을 규정하고 헌법 지상의 보장 제도를 확립함)이다. 훌륭한 헌법 원칙과 제도는 영구불변해야 한다. 이론적 또는 경험적으로 볼 때, 진정한 영구불변의 제도는 인간의

〈표 5-1〉 국가 제도 체계의 구성

제도 구조	제도 조건	제도 구현
구체적 제도	적합성	정책과 규정
기본 제도	안정성	기본 정치 제도(정부 제도·정당 제도·선거 제도 등) 기본 경제 제도(기업 제도·재정조세 제도·금융 제도 등) 기본 사회 제도(사회조직 제도·사회보장 제도 등)
기초 제도	내구성	헌법과 그 보장 제도(국가구성과 구조 규정, 시민 권리와 그 보장, 정부 조직과 운영, 헌법 지상의 보장제도), 사법 제도

가장 기본적인 요구에 기초해야 한다. 이러한 제도가 확립한 원칙은 반드시 모든 사람(피부색·성별·사회적 속성 등과 관계없이)의 기본 요구를 체현해야 한다. 삶을 유지하고(생명), 두려움에서 벗어나며(안전), 억압받지 않고(자유), 근로소득을 보호하는 것(재산) 등은 모두 모든 사람이 행복한 생활을 추구할 때 반드시 필요한 것이며, 모든 사람이 항상 필요한 것이다. 따라서 헌법 제도는 이러한 기본 요구를 시민의 가장 기본적인 권리로써 규정하고 보호한다. 그리고 모든 개인과 단체·기관이 이를 임의로 바꾸고 훼손할 수 없도록 하며, 그렇지 않으면 사법 권력으로 처벌받을 수 있도록 규정한다. 아울러 헌법 제도는 모든 개인·조직·기관의 권력에 제한을 가하여 사회의 모든 강자들(개인, 조직이 있는 집단이나 기관을 막론함)이 권력을 독점하고 공적 권력을 남용하는 것을 방지한다.

기본 제도는 안정성을 강조하며, 각국이 자국의 역사·문화·국가 발전의 단계적 전략 등의 조건에 근거하여 실정에 맞게 배치하는 것을 허용한다. 마치 건축물에 상이한 지탱 구조(프레임 구조, 아치 구조 또는 트러스 구조)를 설계할 수 있는 것처럼, 각 국가의 기본 제도 역시 고유의 특징을 가질 수 있다. 예컨대 헌법 체제는 공공권력의 위탁-대리 관계를 세웠으며, 이러한 위탁-대리 관계의 주된 구현 방식은 국민 선거이다. 각국은 자국의 특징에 맞게 상이한 선거 제도를 설계 또는 선택할 수 있다.

구체적 제도는 각종 정책성 혹은 절차성의 제도로 구현되며, 사람들이 일상생활에서 흔히 느끼는 표층적이고 직접적인 것이다. 이러한 제도는 수시로 조정·수정할 수 있기 때문에 시대의 요구에 맞지 않는 제도는 바로 폐기해야 한다. 세상의 변화에 맞추어 끊임없이 혁신해야 하며 시대와 더불어 지속적으로 발전해야 한다.

셋째, 이상적인 국가 제도는 견제·균형의 메커니즘을 제공해야 한다. 국가 운영과 발전은 자동차 운전과 마찬가지로 동력 시스템과 제동 시스템이 필요하다. 동력 시스템은 국민 개인, 조직이 있는 정당, 이익집단, 사회조직, 매체, 기업, 학교, 병원 등 이익을 호소하는 각종 사회적 주체 또는 기관으로 이루어진다. 그들은 사회의 상호작용 속에서 지속적으로 요구를 생성하고 만들어낸다. 또한 직·간접적인 방식(의원, 국회, 정부 정책 결정·집행 시스템, 공공여론 플랫폼, 집회·가두시위 등 행동)으로 자신들의 요구를 표현하고 동의(動議)를 제기하며, 이로써 국가의 발전과 변화를 추동한다. 제동 시스템 역시 많은 하위(sub) 시스템으로 구성된다. 현재 각국의 실천 경험으로 보면, 이러한 시스템은 최소 세 개의 하위 시스템을 포함한다. ① 국가 질서와 안전 유지를 책임지는 폭력 시스템(예컨대 군대와 경찰)이다. 이들은 국가 안전과 공공질서에 도전하고 위협하는 행위에 대해 공격과 진압을 가한다. ② 문관(文官) 시스템 또는 '사무관('정무관'에 상대됨)' 시스템이다. 그들은 국가의 공무(公務) 분야를 구성하며, 국가의 일상적 업무를 책임지고 공공 정책의 연속성을 유지한다. 제도화된 직책과 절차를 통해 사회구성원의 '자기 몫이 아닌' 요구와 정무관의 '과격한' 명령을 바로잡는다. ③ 법관·검찰·배심원·변호사 등으로 구성된 국가 법치 시스템이다. 그들은 국가 헌법·법률·제도가 제공하는 플랫폼에서 영향력을 발휘한다. 그들의 역할은 동력 시스템의 '과속' 운행 충동을 억제하며, '법규 위반' 행위에 대해 판정하고 처벌한다.

이상적인 국가 제도는 '동력 시스템'과 '제동 시스템'의 적절한 균형이 필요하다. 국가의 발전과 진보에 대한 지속적인 활력을 보장해야 하며, 양호한 철로 노반과 철로 상황을 유지해야 '탈선' 전복 사고가 나지 않는다. 이러한 의미에서 보면, 이 두 가지 효과적인 시스템을 구축하고 각자의 업무 원리에 근거해 시스템이 효율적으로 운영될 수 있도록 하는 것은 국가 거버넌스 수준을 평가하는 중요한 기준이라고 할 수 있다.

넷째, 이상적인 국가 제도는 엘리트 정치 경쟁과 대중 사회생활이 적

〈표 5-2〉 현대 국가 운영의 2대 시스템

	시스템 구성	시스템 플랫폼
동력 시스템	개인·사회조직·기업·정당·매체 등 각종 사회적 주체들이 각종 방식을 통해 이익을 추구하고 요구를 제기함.	의회 입법 시스템행정 정책 결정 시스템 행정 집행 시스템
제도 시스템	헌법·법률·제도	폭력 시스템 사법 시스템 문관(文官) 시스템

절히 분리된 메커니즘을 제공해야 한다. 또한 정치 경쟁을 제한하고 사회 생활을 보호한다. 중국의 고사성어에 "성문에 불이 나면 연못의 물고기가 재앙을 입는다(고래 싸움에 새우 등 터진다)"라는 말이 있다. 위기가 생기면 당사자뿐만 아니라 다른 사람도 연루된다는 것이다. 이상적인 국가 제도는 '성문의 화재' 발생을 피해야 한다. '성문의 화재'가 일어나도 최소한 '물고기가 재앙을 입지' 않도록 해야 한다. 어떻게 '성문에 불이 나면 연못의 물고기가 재앙을 입는' 위기를 막을 수 있을까? 현대 국가의 경험에 따르면, 구조 분화·권력 분배의 제도적 배치가 기본적인 해결 방안이다. 이를 위해 국가 상층 제도와 하층 제도를 분리하는 것은 국가 제도의 기본 조건이다. 이른바 '상층 제도'는 주로 정치 엘리트들이 국가 상층 구조에서 정치 경쟁을 하고 국가 관리의 규칙을 운영하는 것을 말한다. 여기에는 선거 제도, 입법 제도, 정당 제도, 행정 제도 등이 포함된다. 이른바 '하층 제도'는 일반 국민들이 국가를 공동체로 삼아 일상생활을 영위하도록 하는 규칙이다. 여기에는 ① 포용적 국가구조 제도(중앙집권과 지방자치 관계의 제도적 배치와 관련), ② 일치된 국민권익 제도(전국 통일의 국민신분 제도, 평등한 사회복지 제도·취업 제도·주택 제도·의료 제도·교육 제도 등을 포함), ③ 통일된 국가 법치 제도(법률·사법의 독립성과 권위성을 확립하여

충돌과 논쟁의 사법 제도에 대응함), ④ 다원화된 국가 사회조직 제도(즉, 시민이 사회생활의 커뮤니티·사회단체·공공 서비스에 참여하는 사회화 제도 등)가 있다.

3) 중국 제도의 강점·약점 분석

사람들은 흔히 국가 거버넌스의 목표를 '장기간 나라의 태평과 사회질서·생활의 안정(長治久安)'으로 개괄한다. 그러나 실제 국가 거버넌스 목표에는 높고 낮음이 있다. 이른바 국가 거버넌스의 높은 목표(또는 기준)는 국가의 지속적인 번영을 유지하는 것이다. 이른바 국가 거버넌스의 낮은 목표(또는 기준)는 사실 경제·정치·사회 리스크를 피하여 국가가 국가 위기(예컨대 국내 전쟁, 국가 분열), 경제 위기(예컨대 금융 위기, 재정 위기), 정치 위기(예컨대 쿠데타, 혁명, 봉기), 사회 위기(예컨대 종족 학살, 집단 무력충돌, 사회적 폭동)에 빠지지 않도록 하는 것이다. 국가의 제도적 배치는 '하한선' 기준을 견지해야 하며, 포용성(통일성)·공평성(일치성)·조율성·지속성·유효성 등의 원칙을 충족해야 한다.

한 나라가 일정한 기간에 채택한 제도는 역사와 현실의 여러 요인들이 반영된 결과물이다. 오늘날 중국의 국가 제도는 중국공산당이 역사의 '바통'을 물려받아 이룩한 것이다. 역사적 시각에서 보면, 근대 이후 중국이 직면한 위기는 당초 '당으로써 구국하고(以黨救國)', '당으로써 건국하고(以黨建國)', '당으로써 치국하는(以黨治國)' 제도적 선택 경로를 결정하는 데에 큰 영향을 주었다. 국가발전의 시각에서 보면, 후발 개발도상국인 중국의 경제·사회 발전이라는 사명의 시급성과 '낙후되면 얻어맞는다(落後挨打)'라는 국민의 기억으로 자극된 '추격' 전략은 당초 공산당과 정부가 국가 제도의 주도적 위치를 점하는 데에 큰 영향을 주었다.

현실적 국정의 시각에서 보면, 국민들의 보편적인 빈곤화·무산계급화·몽매화, 그리고 사회의 취약화·낮은 조직화가 당초 권력 지향의 제도 결정에 큰 영향을 주었다. 그러나 60여 년의 발전, 특히 30여 년의 개혁개방 이후 중국의 국가·국민 상황이 크게 변화했다. 국제적 지위 역시 60여 년 전과는 완전히 달라졌다. 오늘날, 국가 거버넌스 시스템과 거버넌스 능력의 현대화라는 개혁 과정에서 두 가지 상황을 충분히 인식해야 한다. ① 약 반세기 동안 중국의 변화는 국가 제도의 개혁과 완비에 자본과 자원을 제공해준다. ② 처음의 제도적 틀과 특징은 오늘날 제도 변혁에서 '경로 의존'의 조건이 될 수밖에 없다.

세상에는 전적으로 좋은 제도도 전적으로 나쁜 제도도 없다. 각 나라의 제도마다 강점과 약점이 있다. 중국의 공산당(黨)·정부(政)·군부(軍)·국민(民)·사회(社)의 고도로 일체화된 제도를 이른바 '당-국가체제(party-state system)'라고 칭한다. 이 체제는 강력한 정당 조직의 지도력과 동원 시스템, 고효율의 정부 집행 시스템, 고도로 집약된 중앙 조율 시스템으로 이루어져 있다. 이러한 제도는 역량의 응집, 국가 전반적 효과의 발휘, 정부의 적극적 행위 촉진, 국가의 집단 의지 실현 등에서 뚜렷한 효과가 있다. 그러나 모든 일에는 양면성이 있다. 이러한 제도에도 약점이 존재하는데, 이는 '사물의 양면'의 특성을 잘 나타내준다.

아래에서는 중국 체제의 집중성, 유효성, 조율성, 연속성 등의 특징으로 간략하게 분석하고자 한다.

① 집중성. 덩샤오핑의 말처럼, 중국 사회주의 제도의 가장 큰 강점은 '역량을 집중하여 큰일을 해낸다'는 것이다. 중국은 큰일을 할 수 있으며, 다른 나라가 해내지 못한 큰일을 많이 해냈다. 이것은 세계가 공인하는 사실이다. '역량을 집중하여 큰일을 해낸다'는 것은 분명 중국의 공산당·정부·군부·국민·사회가 고도로 일체화된 제도와 밀접한 관계가 있다.

중국의 체제는 각 급(級) 당정(黨政)의 주관 부서와 정책 결정 당국이 시정 계획을 순조롭게 진행하는 데에 도움이 된다. 이것은 긍정적인 측면이다. 반면 부정적인 측면은 시정 계획의 좋고 나쁨은 정책 결정자와 지도자 개인의 선호·인식·판단에 크게 좌우된다는 점이다. 어떻게 정책 결정자의 주관적 임의성과 정책의 '궤도 이탈'을 피할 수 있을까? 이것은 아마도 국가 제도 개혁에서 반드시 고려해야 할 문제이다.

② 효율성. 중국의 제도는 예방적 분권과 권한 제한에 대한 고려가 전제되지 않았다. 신뢰적 중앙집권과 권한 부여에 대한 고려가 전제된 것이다. 따라서 정부의 정책 결정·집행에 효율성이 높은 뚜렷한 강점이 있다. 그러나 일부 비평가들의 말처럼, 이런 제도가 높은 효율성·합리성과 결합하면 다행이지만, '삼박결책(三拍決策, 拍腦袋決策·拍胸脯保証·拍屁股走人: 주관적인 판단으로 정책을 결정하고, 가슴을 치며 장담하고, 무책임하게 자리를 떠남)'과 결합하면 큰 불행이 된다. 어떻게 하면 후자와 같은 상황을 피할 수 있을까? 이 문제는 중국 국가 제도 개혁에서 해결해야 할 과제이다.

③ 조율성. 위에서 아래로의 중앙집권 지도체제는 정책자원의 집중적 배치와 사회발전의 불균형 해소에 도움이 된다. 따라서 이론적으로 보면, 중국 제도의 강점은 지역 간 격차를 조정하는 것이다. 사실 이러한 강점은 여러 성과를 나타냈다. 예컨대 지역 조정 과정에서의 '일대일 지원(對口支援)', 지역 발전에서 당정 간부의 다지역(跨區域) 배치 등이다. 이러한 조치들은 다른 나라에서는 상상할 수 없다. 그러나 아쉬운 것은 역사·제도·정책 결정 측면 등의 원인으로 인해 이러한 제도적 강점의 효과가 아직 충분히 드러나지 않았다는 사실이다. 이와 반대로 오히려 공권력의 부패와 밀접한 관계가 있는 부처주의(departmentalism), '포부전진(跑部錢進: 지방 정부가 베이징 주재 사무소의 연줄을 통해 관련 부서에 로비하고 재정이전을 따내는 것)주의'에 자주 시달리고 있다.

④ 연속성. 중국 현대화 국가 건설은 장기적인 과정이다. 이를 위해서는 중국 민중들이 현대적 의식과 사유를 가진 핵심 역량의 영도 아래 오랜 기간 끊임없이 노력해야 한다. 이러한 요구는 제도에서의 '연속성'의 의의를 더욱 부각시킨다. 따라서 국가 제도에서 집정당, 집정 집단, 시정 방침, 정책, 관직의 연속성 유지는 쉽게 이해된다. 그러나 '연속성'을 강조한 체제에서 어떻게 독단적인 정책 결정과 미흡한 혁신〔이른바 '게으른 시정(懶政)'〕, 효과적이지 못한 감독, 특권주의, 파벌정치, 권력 부패 등의 폐단을 극복할지는 또 하나의 난제이다.

이 밖에 상술한 제도 분석과 제도 구축의 원칙에서 평가하면, 중국 국가 제도에는 여전히 '약점'이 존재한다. 이 가운데 가장 분명한 '약점'은 시스템의 '동력'은 충분하지만 '제동'이 부족하다는 것이다. 이 점은 아마도 개발도상국이 '발전형 정부'를 세웠을 때 존재하는 보편적 현상인 듯하다. 또 하나의 '약점'은 국가 상층 제도는 상대적으로 완비되고 기능도 강력하지만, 국가 하층 제도는 취약하고 효과도 불충분하다는 점이다. 이 두 가지 '약점'은 국가 제도가 더욱 당정 '내부 시스템'에 의존하여 기능하도록 만들어서 종종 '외부 시스템'으로서의 사회와 적극적인 호응을 할 수 없게 만든다. 만약 이러한 상황이 개선되지 않는다면, 당정 시스템의 운영에도 문제가 생길 뿐만 아니라 내·외부 시스템이 분리되는 리스크가 발생할 수 있다.

4) 장점은 발휘하고 단점은 피하는(揚長避短) 중국 제도개혁

후쿠야마는《정치질서의 기원》에서 국가·법치·책임제 정부가 현대 국가 거버넌스의 세 가지 차원이라고 주장했다. 즉, 현대 국가 거버넌스는 사실 '정부 능력', '법치', '민주적 책임성' 등 세 가지 요소의 균형적인 발전에 의해 결정된다는 것이다. 전통적 국가에서 '정부 능력'은 부족하지 않을 수 있지만, '법치'와 '민주적 책임성'은 취약할 수 있었다. '법치'와 '민주적 책임성'이 부족한 것은 국가가 '장기간 태평하고 사회질서·생활이 안정적(長治久安)'이지 못하게 되는 원인이다.

중국의 권력구조와 유럽·미국의 자유주의 사상 주도하의 권력구조는 차이가 있다. 유럽·미국의 헌정 체제는 권력 제한을 위해 설계된 일종의 보호형 방지 체제이다. 중국의 당정 체제는 적극적 행동을 촉진하는 체제이다. 따라서 정부 주도의 발전형 체제의 특징을 나타내며 집정당이 하고자 하는 일을 완성하도록 지원할 수 있다. 중국의 체제는 분닝 제도적 강점이 있지만 약점도 있다. 제도적 자신감을 확립하려면 자신의 강점을 분명하게 인식해야 하며, 객관적으로 자신의 약점을 직시하고 적극적으로 극복해야 한다. 특히 방지 메커니즘 부족으로 인해 체계적 붕괴를 초래하는 리스크를 피해야 한다.

중국은 공산당이 집정하는 국가로서 일당(一黨) 영도의 국가 거버넌스 시스템을 운영하고 있다. 현행 헌법 체제에서 인민대표대회 제도, 공산당 영도의 다당협력 제도, 민족구역자치 제도, 기층 자치 제도는 중국의 기본 제도이다. 이는 중국의 특정한 역사적 현실에서 만들어진 제도이다. 또한 중국은 단일제의 국가 구조를 채택했는데, 중앙-성(省)급-지(地)급-현(縣)급-향(鄕)급 등 5개 급의 행정 등급에 따른 분급(分級) 거버넌스를 시행한다. 즉, 중앙 정부는 하청과 속지화 관리를 결합한 방식으로 거버넌스를 운영한다. 만약 후쿠야마의 국가 거버넌스 세 개 요소 이론으로 평가하자면, 중국의 당정 체제는 '정부 능력' 측면에서는 우수하지만 '법치'와 '민주적 책임성'에서는 부족하다. '법치'와 '민주적 책임성'에서 부족하기 때문에 당정 권력이 법률과 민중의 제한을 적게 받는다. 중국 학계에서는 자체적 이론에 근거해 중국 거버넌스 시스템과 거버넌스 방식에 대해 많은 분석과 논평을 제시했다. 이 가운데 유연성·안정성·효율성·집중성 등의 특징은 빠른 경제발전을 위한 조건으로서 인정받았다. 그러나 이로 인한 '재정연방주의'·'압력형 체제'·'동형화(同構化) 관리'·'캠페인식 거버넌스' 등의 현상이 초래한 지방주의, 정치 토너먼트, 단기주의(short-termism)적 행위, 가짜 정보, 정책 왜곡 등은 거버넌스 최적화를 위해 반드시 해결해야 할 문제이다.

민주·법치 건설은 큰 주제이다. 이 주제를 추진하기 위해서는 구체적인 프로세스로 세분화해야 한다. 앞에서 언급한 제도 분석의 틀로 보면, 중국은 기초 제도·기본 제도·구체적 제도 측면에서 개혁이 필요하다. 이것은 또한 '전면적 심화 개혁'이 장기적이며 체계적인 공정이라는 것을 보여준다. 이 과정에서 개혁의 구체적 의제와 일정은 논의가 더 필요하다. 그러나 분명한 것은 제도 건설이 국가 거버넌스의 핵심이며, 권력 분산의 제약이 큰 나라의 과학적·합리적 권력구조와 운행 메커니즘 구축에서 가장 중요한 원칙이라는 점이다.

현대 제도 설계의 주요 과제는 권력이 효과적으로 운행되는 동시에 독점되는 것을 방지하는 것이다. 따라서 '효과'와 '제한'은 국가 제도 개혁의 중요한 목표이다. 현대 국가의 실천 경험에서 보면, 큰 규모의 국가 공동체 거버넌스 시스템, 중간 규모의 지역 또는 지방 거버넌스, 작은 규모의 부서 관리 시스템에서 분권(分權) 제약의 원칙이 보편적으로 적용되고 있다.

미국은 분권 원칙이 가장 철저하게 실행되고 있는 나라다. 즉, 정부를 장악해도 반드시 입법을 장악할 수는 없으며, 행정과 입법을 장악해도 사법과 여론을 반드시 장악할 수는 없다. 중앙 정부를 장악했다고 해서 반드시 지방 정부를 장악할 수 있는 것은 아니며, 정치권력을 장악해도 반드시 경제를 장악하고 교육과 문화를 독점할 수 있는 것은 아니다. 이처럼 철저한 분권 체제는 미국의 독특한 건국 역사, 그리고 사회 엘리트들이 시장질서와 사회 자치 관념을 확신하는 것과 밀접한 관계가 있다. 분권 체제의 효과적인 운영은 또한 법률 지상의 시민 문화를 전제로 삼는다.

물론 '미국식 모델' 역시 한계가 있으며 끊임없이 비판받고 있다. '미국식 모델'도 고정불변일 수 없으며, 끊임없이 개혁되고 있다. 다시 중국의 화제로 돌아오자. 만약 당초 중국의 국가 제도 설계가 분권 제약에 중점을 두지 않았다면, 그 이유는 국가발전의 국가적 상황·단계적 과제와 관계가 있을 것이다. 그렇다면 향후 국가 거버넌스 현대화를 추진하기 위해서는 기존 국가 제도의 기초에서 어떻게 이 원칙을 수행할 수 있는지 고민해야 할 것이나.

분권은 효과적인 조율을 위한 것이지만, 합리적인 제한을 위한 것이기도 하다. 분권의 원칙을 실행하려면, 첫째, '국가 상층 제도'와 '국가 하층 제도'를 구분해야 한다. 또한 이 두 가지를 서로 다른 제도 건설 범주에 포함시켜야 한다. 앞에서 언급했듯이 '국가 상층 제도'는 국가 차원의 공권력 운영 규칙을 규정하는 것이며, 주로 중앙 차원의 정당 제도, 선거 제도, 입법 제도, 행정 제도를 포함한다. '국가 상층 제도'의 건설 과제는 분업 조율, 집중 효율이라는 목표를 실현하여 거버넌스 시스템의 효율성과 합법성을 보장하는 것이다. '국가 하층 제도'는 국가를 구성하는 제도 및 구성원의 일상생활과 관련된 규칙이다. 주로 국가 행정구획 제도(국가 구조와 중앙-지방 관계 제도), 국가사법 제도, 시민신분 제도, 시민권익 제도, 사회조직 제도 등을 포함한다. '국가 하층 제도'의 건설 과제는 공평하고 일치된 원칙을 실현하여 국가의 통일성, 균등화, 시민 보호 등에 대한 효능을 보장하는 것이다.

둘째, 중앙 등급의 정치 제도와 지방 등급의 정치 제도를 구분해야 하며, 이 두 가지를 서로 다른 제도 건설 범주에 포함시켜야 한다. 장기적으로 '중앙집권'과 '지방자치'의 결합을 추구해야 한다. '중앙집권'의 업무 성격·내용··실현 방식과 '지방자치'의 권한과 방식을 명확히 해야 한다. 현실적 측면을 고려하면, '중앙집권'을 유지 또는 강화하는 조건에서 지방 등급과 지방 거버넌스에서 분권의 원칙을 시범적으로 운영하여 지방 당위원회, 인민대표대회, 정치협상회의, 정부가 그 법적 역할을 수행하고 그 법적 직책을 이행하도록 하는 것을 고려할 수 있을 것이다. 특히 사법의 독립성을 유지하는 전제하에 지방 인민대표대회의 제도적 틀에서 정당과 정부의 관계를 바로잡도록 한다.

셋째, 기존 권력구조에서의 '취약'했던 부분을 강화해 '뛰어난' 부분에 대한 진정한 제약을 형성해야 한다. 제도 분석과 제도 구축의 원칙에서 보면, 중국 국가 제도 시스템에 존재하는 명확한 '약점'—① 시스템 '동력'(정책 결정과 집행 시스템의 능력)은 충분하지만 '제동'(보호성의 방어 시스템 능력)이 상대적으로 취약함. ② 국가 상층 제도가 상대적으로 완비되고 기능이 강하지만, 국가 하층 제도가 취약하고 효과가 부족함—에 대해 구조 분화의 원칙을 관철시켜야 한다. 사법 시스템, '문관' 시스템, 사회조직 시스템, 기업조직 시스템, 매체·시민의 독립을 강화하여 각기 적극적인 기능을 발휘하도록 하고 정책 결정과 집행에 효과적인 영향을 주도록 해야 한다.

5) 국가 거버넌스와 제도 개혁

제도 공급은 국가 거버넌스의 효과를 결정하며, 훌륭한 제도 건설은 국가의 '장기간 태평과 사회질서·생활의 안정(長治久安)'을 보장한다. 현행 중국 국가 제도는 중국의 특정 역사적 상황(전통적 국가자원, 국제적 지위, 국가 발전의 과제, 중국공산당의 특성 등)에서 만들어졌다. 또한 국가 통일, 경제발전, 사회발전의 과제를 완성하는 과정에서 집중성·효율성·조율성·연속성 등의 측면에서 강점을 나타냈다.

60여 년간의 발전과정에서, 특히 개혁개방 이후 정치·경제·사회·문화에서 큰 변화가 일어났다. 이에 따라 국가 제도 역시 상응하는 조정이 필요했다. 이러한 필요성에 맞추어 중국공산당 제18기 3중전회에서는 전면적인 개혁 심화, 국가 거버넌스 현대화 추진 방안을 제정하고 "2020년까지 중요 분야와 핵심 부분의 개혁에서 결정적인 성과를 얻고", "완비된 시스템, 과학적 규범, 효과적 운영 제도 시스템을 형성하여 각 측면의 제도가 더욱 성숙하고 완성될 수 있도록 한다"는 개혁 목표를 확정했다. 우리는 국가 제도 개혁을 통해 국가 거버넌스 현대화를 추진하는 것이 국가발전의 조건에 부합한다는 사실을 인정해야 할 것이다.

중국의 국가 제도 개혁은 '유효성'과 '유한성'이라는 양방향으로 발전해야 한다. 현실을 기초로 하고, 문제를 방향으로 삼아 장점을 발휘하고 단점을 방지하는 것이 중국 국가 제도 개혁의 원칙이다. 후쿠야마의 국가 거버넌스 3요소의 관점을 빌리면, '유효성'과 '정부 능력'은 서로 상응하며, '유한성'과 '법치'·'민주 책임성'은 서로 관계가 있다. 국가의 발전을 위해서는 우선 국가(정부)가 거버넌스 능력을 충분히 구비해야 한다. 그러나 국가의 지속적 발전에는 반드시 좋은 거버넌스 방식이 필요하다. 마치 자유방임의 시장 메커니즘이 보호적인 역방향 운동인 것처럼, 정부가 충분한 능력이 있어야 하며 동시에 정부를 제압하는 역량도 있어야 한다. 이러한 제압 역량은 현대 국가에서 정부의 권력(통치자를 포함)을 '새장 안에 가두는' 각종 제도, 즉 '법치'와 '민주 책임성'의 제도로 표현된다. 이에 '법에 근거한 다스림(依法而治)'과 '민주 책임성'은 국가 거버넌스 현대화의 중요한 내용이며, '현대 국가'의 중요한 지표이다. 따라서 중국 국가 제도 개혁의 핵심은 결국 민주 법치의 의제에서 벗어날 수 없다.

2. 민주 건설: 민주에 의한 국가 정체성 구축

민주화는 현대화의 필연적인 요구이며 결과이다. 비교역사학의 연구를 보면, 민주화는 폭넓은 사회적 동원(social mobilization)을 일으켜 기존의 가치 분배 질서에 도전하며 결국에는 전통 질서에 기반을 둔 정부에 도전한다. 이에 따라 체제 내 정치 엘리트들은 항상 민주화를 반대 세력으로 간주하여 억압하고 배척한다.

그러나 19세기 프랑스 사상가 토크빌(C. de Tocqueville)은 유럽의 민주화가 고조될 때 다음과 같이 지적했다. 즉, 민주화는 일종의 세계적 조류이자 추세이며, 민주의 발견은 어떤 개인이나 일부 사람들의 개별적 의지와 개별적 행동의 결과가 아니다. 오히려 유구한 사회 운동의 결과물이다. 11세기부터 귀족이 사회계층 속에서 끊임없이 강등되고 평민들이 끊임없이 상승하는 추세가 분명해졌다. 민주화는 '신분 평등'을 내용으로 하는 사회구조와 관념의 깊이 있는 변혁이었다. 이러한 변혁 가운데 신권(神權)은 점차 쇠락하고, 왕권(王權)은 점차 붕괴되었다. 세습 귀족들은 역사의 무대에서 내려오고 민중들은 정치 무대의 전면에서 사회발전을 주도하고 영향력을 끼치는 간과할 수 없는 역량이 되었다. 따라서 민주의 발전은 필연적인 추세이다. 만약 민주가 봉건 제도를 전복하고 국왕 타도의 투쟁에서 용감하게 전진하고 자산 계급과 돈 있는 사람들 앞에서도 물러선 적이 없다면, 오늘날도 마찬가지로 거스를 수 없을 것이다.[1]

그렇다면 갈 수 있는 길은 오직 하나뿐이다. 그것은 민주로 인도(引導)하는 것이다. 민주로 인도하는 운동과 조류는 사회지도자가 짊어진 역사적 사명이다. "우리 세대에서 사회 지도자들의 우선 과제는 민주에 대해

1　〔法〕托克維爾, 《論美國的民主》, 緒論部分, 董果良譯, 商務印書館, 1988.

안내하는 것이다. 가능하다면 민주에 대한 믿음을 다시 불러일으키고, 민주에 대한 풍속을 정화시키고, 민주의 행동을 규제한다. 세상을 다스리는 과학으로써 점차 대중들의 경험을 대신하여 대중들이 민주의 진정한 이익에 대한 인식으로써 맹목적인 본능을 대신하도록 한다." 민주적 정책이 시간과 장소에 적합하도록 하고 환경과 세상 변화에 따라 수정을 해야 한다.[2]

1) 제도 건설로써 민주에 대한 요구에 대응

오늘날 중국 역시 초기 유럽과 비슷한 처지에 놓인 듯하다. 대중의 정치 참여와 민주에 대한 대중의 요구는 이미 말과 글의 범위를 넘어 구체적 인물·사건·정책, 그리고 특정한 이익의 요구와 연관되어 있으며, '상급 기관에 진정(上訪)', 침묵 시위(靜坐), 항의 시위, '산보(散步) 시위', '군중 시위(群體性事件)', 인터넷 '재판(公審)', '인터넷상에서의 비난(拍磚)' 등의 행위로 진화되었다. 기존 체제와 제도로는 이러한 요구와 감정적인 행위를 효과적으로 해소할 수 없다.

또한 다음과 같은 상황도 배제할 수 없다. 즉, 기존 체제와 제도 안배가 문제의 '근본 원인'이 된 경우, 기존 체제와 제도에 의존해 문제를 해결하려고 할수록 대중과 정부 간의 묵은 원한이 더욱 심화되는 것이다. 이처럼 많은 예측불허의 행동에 직면하게 되자 구체적인 사안별 해결방법과 '소방대(救火隊)'식의 업무 방법으로 인해 정부 정책 결정 부서의 정령(政令)과 지시 문건(批文)이 끊이지 않고 '조기 경고 조치(預警方案)'가 잇따르게 되었다. 그러나 여전히 대응하기 어려운 국면에서 벗어날 수 없다.

---

2   위의 책, p. 8.

정치학 연구의 기본적 결론에 따르면, 참여 요구의 성장과 제도 공급의 부족은 반드시 기본 사회질서의 긴장과 정치적 불안정성을 초래한다.[3] 어떤 학자는 "국민이 잘살게 되면 요구하게 되는 것 중 하나가 민주다"라고 지적한다.[4] 즉, 경제가 발전하면 민주에 대한 요구도 자연히 의제로 오르게 된다. 많은 사람들은 1인당 평균 GDP 1000~3000달러의 발전 단계가 하나의 고비라고 생각한다. 왜냐하면 이 단계에서는 국민들의 경제적 요구와 비경제적 요구가 동시에 터져 나와 기존 체제에 대한 도전이 형성되기 때문이다. 2003년에 중국의 1인당 평균 GDP가 1000달러를 초과했다. 이는 중국이 앞서 말한 중요한 시기에 진입했다는 것을 의미한다. 국민의 경제적 요구와 비경제적 요구가 각종 정치적 요구로 전환되어 사회 발전이 '모순 돌출 시기' 혹은 '모순 다발 시기'로 접어들게 되었다.[5] 이러한 상황은 높은 정부 능력을 요구하게 만들었으며, 집정자의 시정에 어려움을 가중시켰다. 글로벌화가 심화되면서 GDP 성장을 핵심으로 하는 정부 주도의 일방적 돌진형 국가발전 전략은 향후 심각한 한계를 나타낼 것이다. 이는 정치 지도자들이 제때에 목표와 방향을 조정하고 종합적인 조정이 반영된 발전 전략을 제정하고 추진하여 조화로운 사회를 목표로 하는 발전 모델을 실시하도록 만들 것이다. 이러한 모델은 경제발전과 정치 발전의 적정한 균형 유지를 기반으로 제도 건설을 중심으로 하며, 업무 중점을 국가·사회, 정부 역량·민간 역량의 관계에 둘 것이다. 공적 표현, 공공 협의, 공공 선택, 공공 관리의 논리에 따라 '공공 업무 공공 거버넌

---

3 [美]塞繆爾·亨廷頓,《變革社會中的政治秩序》, 李盛平等譯, 華夏出版社, 1988.

4 喬萬尼·薩托利,〈自由民主可以移植嗎?〉, 劉軍寧編,《民主與民主化》, 商務印書館, 1999, p. 151.

5 劉强,〈人均GDP1000~3000美元階段宏觀分配關係的國際比較〉,《經濟研究參考》, 2005年 第58期; 馬靜玉,〈高度重視我國人均GDP1000~3000美元階段的矛盾和問題〉,《理論參考》, 2006年 第5期.

스' 원칙으로 '민주 거버넌스'의 제도적 플랫폼을 조성해야 할 것이다.

민주라는 말을 언급하면, 사람들은 다당(多黨)제 정치, 자유경선, 여론 개방, 군대 국가화, 분권 균형 등을 연상한다. 중국 현실에서 보면, 이러한 시각의 독해는 정치적 공감대를 형성하기 어려워 중국 민주화에 대한 적극적인 탐색을 제약한다. 이처럼 민주화를 구속하는 장애물을 해결하거나 피하여 민주 건설의 새로운 영역을 개척하고, 중국 민주화 프로세스 추진을 위한 실행 가능한 경로를 찾는 것이 향후 중국 정치발전이 당면한 중요한 과제이다.

민주는 일련의 제도배치로, 결국은 시민의 표현과 참여를 보장하는 제도 공급에 있다. 이른바 민주화 건설의 핵심은 제도 공급의 수준을 지속적으로 향상시켜 시민이 표현과 참여의 기회를 소유하고 실현할 수 있도록 보장하는 것이다. 따라서 오늘날 민주는 사실 공공 업무, 공공 거버넌스의 방식(즉, 민주적 거버넌스)을 의미한다. 복합적인 개념으로 민주를 설명하자면, 민주 건설에는 여러 과제와 여러 경로가 있으며, 국민적 공론화 과정(全民公議)·국민투표(公投)·당정(黨政) 지도 간부 공개선발(公選)·공동 결정(公決)·공개 재판(公審, 사실 이러한 것들 또한 반드시 좋은 거버넌스의 형식이라고 말할 수 없음)을 하지 않아도 된다. 그러나 반드시 시민들에게 표현하고 참여할 수 있는 방법을 충분히 제공해야 한다. 미국식 '삼권분립'을 하지 않아도 되지만, 반드시 정부를 제한하고 권력을 제약하는 효과적인 메커니즘이 필요하다.

과거 중국 정치는 '공공성'을 잘 드러내지 않는 것이 특징이었다. '공공 정책 결정'·'공공 관리'·'공공 예산' 등의 개념은 부족했고, '왕이 나라를 세습하는(家天下)' 관념이 전제된 '정부 정책 결정', '정부관리', '정부 예산'의 개념은 많았다. '정부 주도+전능주의'는 이러한 특성을 집중적으로 표현한 것이다. 이러한 특징은 경제발전이 일정 수준에 도달하고 사회적 이익이 다원화되며 대중의 자주 의식이 보편적으로 일어나는 오늘날에는 민중의 표현·참여를 위한 제도 공급 부족으로 점차 '취약점'이 되고 있다. 따라서 미래 중국의 민주 건설은 결국 공공성 결여의 곤경에서 벗어나 대중의 표현·참여 요구에 제도를 마련해야 한다. 이로써 쑨원 선생이 제창한 '천하는 모두가 공유하는 것(天下爲公)'이라는 이상적 목표를 실제로 실현해야 한다.

위에서 살펴본 중국 민주화 건설에 대한 이해를 토대로 집정자에 대한 요구를 더욱 명확하게 말할 수 있다. 쉽게 말하면, '국민을 위해 결정하는 (爲民作主)' 방법에서 변화하여 '공공 플랫폼'을 창출·유지해 국민들의 표현과 요구가 서로 경쟁할 수 있도록 지원하고 그 안에서 공공 이익을 발견하는 것이다. 그렇게 된다면 전능주의 관리에서 부딪히는 난관을 극복할 수 있을 뿐만 아니라 제도 합법성의 자원을 적극 개발하여 관리상의 효과를 개선할 수 있다.

구체적으로 말하면, 민주 건설이란 대중에게 표현·참여의 제도적 경로를 제공하는 것이다. 또한 이러한 제도는 사회적 관리의 기능을 담당하여 거버넌스 효과를 개선하는 기능을 가지고 있다. 특히 현재 중국의 상황에서 민주 건설은 교정 메커니즘(정책과 제도의 '궤도 이탈' 경향을 극복함), 균형 메커니즘〔사회 양극화 억제, 정부가 이익집단의 '포로가 되는 것'을 방지, 부익부 빈익빈의 마태 효과(Matthews effect) 극복〕, 관원(官員)의 격려·문책 메커니즘(정치 시스템 안에서 관원들이 '무임승차'할 수 있는 허점 차단), 부패 거버넌스 메커니즘〔체제 밖의 자원을 이용해 '관원을 다스림(治官)', '정치를 다스림(治政)'의 효과를 얻음〕 등을 만들어 더욱 특별한 의미가 있다.

사회 개방과 국민의 문화 수준이 높아지면서 민심 표현과 시민 참여가 대세가 되었다. 이러한 민주의 흐름에 대응할 수 방법은 바로 민의(民意)의 통로를 원활하게 하고 제도의 공급 수준을 향상시키는 것이다. 따라서 민주화는 설계가 아닌 대응 속에서 얻어진다고 말할 수 있다. 다시 말하면, '민주 모델'의 상이한 버전은 여러 나라가 대중의 참여 요구에 한 걸음씩 대응한 결과이다.

객관적으로 말하면, 중국 정부와 집정당은 민의에 대응할 때 정치적 '공공성' 실현에서 걸음마 단계에 있었다. 따라서 이른바 '중국식 민주'라는 주장은 중국이 이미 또 다른 형태로 완성된 민주 버전의 현실성 (reality)을 가졌다는 것을 의미하지 않는다. 이것은 기껏해야 중국 정부가 대중 참여의 압력을 해소하고 '민주 거버넌스'의 목표를 실현한다는 가능성(possibility)을 의미할 뿐이다. 낡은 것을 고집하지 않고 애써 자별성을 추구하지 않으며, 실용적인 태도를 원칙으로 삼고 현실 문제 해결을 출발점으로 삼으며, 거버넌스 개선을 지향하고 제도 건설을 내용으로 하며, 개혁·혁신으로써 민주의 함의를 더욱 풍부하게 만드는 것이 중국 민주 건설이 나아가야 할 유일한 방향이다.[6]

2) 민주사상의 기원에서 중국 민주의 이론적 자원을 발굴한다

주지하듯이 민주주의의 본래 뜻은 '인민의 통치'이다. 통속적인 표현으로는 바로 '인민이 나라의 주인(人民當家作主)'이다. 이것은 간단해 보이지만, 시행하려면 매우 어렵고 큰 입장 차이를 보인다. 어떻게 해야 '인민의 통치'라고 할 수 있는가? '인민'은 누구인가? '인민'을 어떻게 통치하는가? 과거 정치적 실천에서는 흔히 국가 지도자(한 사람 또는 한 무리의 사람들)가 국가를 관리하고 정책을 제정했다. 공인된 민주국가에서도 예외는 없었다. 그렇다면 이러한 상황에서 '인민이 나라의 주인'인 것은 어떻게 가

---

6 燕繼榮, 〈用什麽來豐富民主意涵〉, 《人民論壇》, 2010年 第25期.

능한가? 만약 '인민이 나라의 주인'이라는 것이 곧 모든 사람(혹은 시민)이 직접 정책 결정에 참여하고 활동을 관리하는 것이라면, 민주는 오직 '소국과민(小國寡民: 작은 나라 적은 국민)'의 상태일 때만 가능하다. 그러나 국토가 넓고 인구가 많은 현대 민족국가에서는 '인민'이 어떻게 나라의 주인 역할을 할 수 있을까? 현대 사회의 업무는 복잡·다양하여 많은 일을 전문 지식과 기술에 의존해 처리해야 한다. 이러한 업무에 대해 인민이 어떻게 결정할 수 있을까? 또한 '인민'은 하나의 집합적 개념이다. 상이한 성별·연령·민족·종교의 인구를 모두 포함한다. 그들은 완전히 다른 이익을 요구할 수 있는데 어떻게 '인민이 나라의 주인'을 구현할 수 있는가? 특히 인민 내부에서 이익 갈등과 충돌이 일어난 상황에서 강한 세력의 '인민'이 '득세하여 난폭해져' 약한 세력의 '인민'을 노예로 삼는 것을 어떻게 방지할 수 있을까?

이러한 난제들에 대해 사람들은 서로 다른 해결 방안을 제시했다. 일각에서는 인민의 직접 참여가 민주의 핵심 이념이기 때문에 현실적 조건의 각종 제약이 '인민이 나라의 주인'이라는 가치 추구의 변경 또는 포기의 이유가 될 수 없다고 강조한다. 오히려 이를 위해 조건을 만들고 직접 민주주의의 기회, 참여인 수, 민주적 관리의 업무가 많아지도록 하는 것이 좋다고 말한다. 만약 시민대회(公民大會)를 개최해 나라의 일을 논의하는 것이 불가능하다면, '국민투표', '간부의 공개 선발'을 민주주의의 주요 방식으로 삼자고 주장한다.[7]

---

7 민주주의 이론에서 '직접민주주의' 혹은 '참여식 민주주의' 이론은 기본적으로 이러한 노선을 견지한다. 〔英〕戴維·赫爾德,《民主的模式》, 導論·第四章, 燕繼榮等譯, 中央編譯出版社, 2008; 何包鋼,《民主理論: 困境和出路》, 法律出版社, 2008, 第三章 참조. 이러한 민주주의적 사유는 미국 사회의 지역회의, 러시아 사회의 정기적인 토지 균분 관행, 프랑스 대혁명에서의 파리코뮌으로 구현되었다. 흔히 '대민주(大民主)' 진영으로 분류되며, 포퓰리즘 경향이 있다고 간주된다.

일각에서는 '인민이 나라의 주인'이라는 것이 본래 비현실적인 구호라고 여긴다. 고대 그리스 아테네에서 이러한 시도가 있었을 뿐 실제로 이 것을 실천한 나라는 하나도 없으며, 다시 '소국과민'의 아테네 시대로 돌아가지 않는 이상 '인민이 나라의 주인'이 되는 것은 절대 불가능하다고 말한다. 하물며 애초에 사람들은 이러한 민주적 실천에 대해 비판하고 회의적이기까지 했다고 주장한다. '인민' 집단의 지혜·이성적 판단·심리적 경향 등의 특징을 고려하고, 정책 결정의 효율·품질, 관리의 전문화, 집단 간의 이익 조정, 장기적인 공공 이익 추구 등의 요소를 고려하면 엘리트 통치(군주통치 혹은 과두통치)의 실효성이 더욱 높아진다는 것이다.[8]

우리가 만약 첫 번째 견해를 '민치(民治)주의', 두 번째 견해를 '엘리트주의'라고 말한다면, 이 두 가지 사이의 세 번째 견해를 '헌정(憲政)주의' 혹은 '대의제(代議制) 민주주의'라고 말할 수 있다. 세 번째 견해에서는 민주주의가 추구하는 것이 사실 시민 자치의 정신이라고 주장한다. 비록 국토가 넓고 인구가 많으며 업무가 다양해 '인민'이 직접 결정하는 것이 거의 불가능하지만 시민 자치의 이념은 포기하면 안 된다는 입장이다. 모든 '인민'이 국가 사무의 논의·관리에서 직접 참여가 어렵고 그것이 반드시 좋은 것만은 아니라면, 가급적 지방 또는 마을 자치를 실현해 '인민'이 생활하는 지역에서 민주적 권리를 행사하도록 하는 것이다. 모든 일에 대해 인민이 투표하고 인민이 직접 관리하는 것이 불가능하다면 그리고 그것이 반드시 좋은 것만은 아니라면, '집사'들을 뽑아 '집안일'을 돌보게 하면 된다. 그들이 마음에 들면 계속 남게 하고 마음에 들지 않으면 계약

---

8 엘리트주의자와 전제주의자들은 대체로 이러한 시각에서 민주를 비판하고 반대한다. 그들이 보기에 민주는 불가능할 뿐만 아니라 반드시 '좋은 것(好東西)'이라고 할 수 없기 때문이다.

에 따라 그만두게 하면 된다. 인민의 민주를 무제한으로 확대시키면 개인의 자유를 위협할 수 있는데, 이때 우리는 '민주'라는 사무를 적정한 범위로 제한시켜 누구도 '민주'의 명의·방식으로 '개인 영역'(시민 자유의 권리)을 침범하지 못하게 하면 된다. 또한 '인민 통치'와 '엘리트 통치'는 각기 장단점이 있다. 이에 대해 우리는 '주권(主權)'과 '치권(治權)'을 분리하고 '주권'을 인민에게 주고, '치권'을 관리 경험·관리 능력이 있는 정치 엘리트에게 주며 대중이 엘리트들의 업적을 평가하여 '인민 통치'와 '엘리트 통치'의 유기적인 결합을 실현한다. 이러한 결합 속에서 '주권재민(主權在民)'의 원칙으로써 통치 합법성의 문제를 해결하고 관리 측면의 권위성을 보장한다. 또한 '엘리트 관리'의 원칙으로써 '민의'의 임의성과 불확실성을 극복하여 관리의 실효성과 과학성을 보장한다. 만약 대의제 민주주의가 '선주(選主) 체제'[9]로 변질되는 경향이 있다면, '심의 민주주의' 또는 '숙의 민주주의'로써 보완한다.[10]

상술한 내용과 분석을 토대로 우리는 근원에서부터 '중국식 민주'의 이론적 자원을 발굴할 수 있다. 첫째, 대의제 민주주의는 현대 민족국가가 민주 정치를 실시하는 기본 원칙이며, 단 하나의 실행 가능한 방식이다. 이것은 당연히 인민대표대회 제도에 기반을 둔 '중국식 민주' 원칙과 방식이 되어야 한다. 대의제 민주주의는 헌법을 기본 틀로 하는 것을 강

9　여기에서는 왕샤오광의 개념을 차용했다. 그의 설명에 따르면, '선주체제(選主體制, electocracy)'는 '결함 있는 민주주의(defective democracy)'이다. 즉, 국민들이 몇 년에 한 번 치르는 카니발과 같은 선거의식에서 새로운 주인을 선출하는 것으로 민주주의가 타락했다는 것이다. 그는 '선주체제'에서 국민들이 정책 결정에 참여할 수 있는 범위·깊이·폭 등이 모두 제한되어 있으며, 여러 자원(금전·지식·외모·집안 배경)을 소유한 자들이 이러한 체제에 가장 적합하고 기회를 선점한다고 주장한다. 王紹光,《民主四講》, 三聯書店, 2008, pp. 243-244.

10　陳家剛,《協商民主與當代中國政治》, 第四章, 中國人民大學出版社, 2009, pp. 88-97; 何包剛,《民主理論: 困境和出路》, 法律出版社, 2008, pp. 243-260.

조하고 정부의 권력을 제한하며, 대중의 행위를 규제하고 시민의 권리를 보장하는 것을 핵심으로 삼는다. 따라서 헌법 지상주의 원칙, 시민 권리 (재산권 포함) 불가침 원칙, 인민주권 원칙, 법치주의 원칙, 권력 제약 원칙, 제한 정부(limited government) 원칙, 사법 독립 원칙 등이 민주 정치의 원칙으로 간주되며, 인민대표대회 제도는 민주 정치의 기본 제도로 여겨져야 한다. 대의제 민주이론은 인민대표대회 제도를 핵심으로 하는 민주화 건설에 이론적 지지 기반을 제공해줄 뿐만 아니라 '중국식 민주'의 길에 기조(基調)를 확정해주었다는 사실을 인정해야 할 것이다.

둘째, 민주의 본래 뜻은 시민의 '선주(選主)'가 아니라 시민의 자주적 관리, 즉 자치이다. '민주 거버넌스'의 개념이 민주의 본래 의미를 더욱 잘 구현할 수 있다. 따라서 '중국식 민주'를 '민주 거버넌스'의 목표로 고정시킨다면 이론적 수준과 설득력을 높일 수 있을 것이다.

셋째, 민주는 시민의 참여의식이 필요할 뿐만 아니라 조직과 제도가 필요하다. 이것은 민주 이론의 기본적인 공감대이다. 민주는 어떤 특정 조직 구조와 조직 방식으로 실현되어야 하며, '민의'는 특정한 조직 절차를 통해 형성되고 특정한 조직 메커니즘을 통해 표현되어야 한다. 시민 참여의 관리에 필요한 조직 구조·조직 방식·조직 절차·조직 메커니즘 등은 법적 방식으로 규정되어야 한다. 또한 시민 참여의 정치적 행위 역시 법적 제약을 받아야 한다. 분명 이러한 사상은 민주화의 길에 방향을 제시했고, 제도화로써 민주화를 실현하는 중국의 민주화 탐색에도 근거를 제시해주었다.

넷째, 법이 '좋은 법', '나쁜 법', '악한 법'으로 구분될 수 있듯이[11] 민주

---

11 고전 정치학자의 분석에 따르면, 법에는 '나쁜 법'과 '악한 법'이 있다. 목적은 좋으나 집행이 효과적이지 못한 법률을 '나쁜 법'으로 부르고, 목적이 바르지 않지만 집행에 효과적

에도 우열이 있다.[12] '좋은 민주'는 반드시 '법치 민주'여야 한다. 여기에서 이른바 '법치 민주'는 헌법과 법률을 준칙으로 삼고 '의법부권(依法賦權: 시민에게 권리를 부여하고 정부에게 권력을 부여함)'의 방식으로써 법에 근거한 정부의 시정(施政)을 보장하여 권력 남용으로 시민의 권리를 침해하는 것을 방지하는 것이다. 또한 '인민주권'의 원칙에 대해 필요한 제약을 가하여 일부 사람들이 '민주'의 명의와 방식으로 다른 사람들에게 '폭정'을 가하는 것을 방지한다. 아울러 공공 관리의 효과와 사회생활의 질서를 보장한다. '법치 민주'는 민주 기원의 사상적 요소로서 점진적이고 질서 있는 '중국식 민주'의 이론적 요소가 되어야 할 것이다.

3) 민주과정의 시각에서 중국 민주의 가능성 확대

정치 담론에서 가장 논쟁이 많은 개념 중 하나가 민주주의라는 사실을 누구도 부인하지 못할 것이다. 민주주의 이론가 사르토리(G. Sartori)는 《민주주의 이론의 재조명》에서 민주관(民主觀)의 혼란은 몇 가지 측면의 오류에서 기인한다고 지적했다. 첫째, 단순화의 오류이다. 민주주의를 최신식 구호로 생각하여 민주주의를 단순하게 '인민주권'으로 이해하는 것이다. 그러나 무엇이 '인민'이고 '인민'이 어떻게 '주권'을 행사하는지에 대해 개념이 명확하지 않다. 둘째, 완전론(perfectionism)의 오류이다. 민주주의를 '직접민주주의'로 규정하여 '인민'과 '엘리트'를 대립시키고 엘

이면 '악한 법'으로 부른다. '악한 법'이 '나쁜 법'보다 더욱 무섭다. 일부 '악한 법'이 기능하지 못하는 것은 좋은 일이며, 일부 '악한 법'이 효과적인 것은 재난이다.

12 왕샤오광은 《민주사강(民主四講)》에서 민주의 장점과 단점을 얘기했다. 그는 "'민주의 흥기'를 논할 때 민주의 질적 문제를 회피해서는 안 된다", "'좋은 민주'와 '나쁜 민주'를 구분하지 않고 수염이고 눈썹이고 한 줌에 잡는 것처럼 '민주의 흥기'를 논하면 별다른 의미가 없다"라고 지적했다. 王紹光, 앞의 책(2008), p. 75.

리트의 역할을 근본적으로 배척한다. 셋째, 과도한 현실주의의 오류이다. 민주주의에 대해 회의적이거나 비판하는 태도로서 민주주의가 근본적으로 불가능하다고 생각한다. 사르토리는 이러한 오류들에 대해 민주주의의 새로운 해석을 제시한다. 그는 민주주의의 내용을 '인민의 통치'와 '인민에 대한 보호'라는 두 가지 측면으로 설정한다. 여기에서 '인민의 통치'는 시민이 선거·투표 등을 통해 민주적 권리를 행사하며, 공공 정책 토론에 참여하고, 정부와 관리에 대해 통제를 가하는 것을 의미한다. '인민에 대한 보호'는 법률·제도·정책을 통해 시민의 권리(자유권, 재산권, 민주권, 사회경제권을 포함)를 보호하는 것을 의미한다. 선자는 개방적인 정치 시스템 확립하여 시민들이 일정한 방식으로 정치 참여를 실현할 수 있도록 하며, 정부와 공공 권력이 인민의 통제를 받는 것을 보장한다. 후자는 정치·경제·사회·문화 분야의 폭넓은 제도적 구조를 확립하여 시민의 자유 권리가 타인·사회·정부의 공공 권력 부문으로부터 침범당하지 않도록 보장한다. 따라서 민주화는 곧 두 가지 측면의 진전을 의미한다. ① 현대 민주 제도를 건립·완비하여 시민의 정치 참여에 대한 제도화 수준을 높이고, 정치 참여 경로를 확대하며, '민(民)'이 효과적으로 '관(官, 정부)'을 통제할 수 있도록 한다. ② 시민의 자유 권리를 명확히 하며 이를 위해 정치·경제·법률·사회 등의 다양한 각도에서 보호 장치를 만든다. 이로써 '관(官)'이 '민(民)'에게 해를 줄 수 없도록 하고, '민(民)'이 '관(官)'을 필요로 할 때 마땅한 응답을 받을 수 있도록 한다.

민주주의는 결과이기도 하지만, 특히 과정이기도 하다. 전자는 '인민이 나라의 주인'이라는 것으로, 후자는 '정치 참여'로 단순화된다. 이 가운데 '선거'는 중요한 참여방식 중 하나로 여겨진다. 어쨌든 민주는 결코 흑백 논리의 문제가 아니다. 다시 말해 한 나라에 있어서 민주는 "있느냐 없느냐의 문제가 아니라 정도의 문제이다".[13] 사실 민주는 다중적인 함의를 가지고 있으며, 민주화에도 여러 경로가 있다. 사르토리의 관점에 따르면, 민주 건설은 두 가지 측면에서 전개할 수 있다. ① '인민의 통치'를 힘써 완비하여 인민의 민주적 권리를 구현한다. ② 시민의 권리를 힘써 보호하여 가급적 시민 개인의 자유 권리가 타인, 사회, 국가·정부의 침해를 받지 않도록 한다. 즉, '중국식 민주'가 만약 ①에서 빠른 공감대를 형성하여 새로운 진전을 이루지 못한다면, 적어도 ②에서는 발전의 여지가 있다.

이상의 관점을 토대로 민주화는 '양자 프로세스(雙邊進程)'라고 볼 수 있다. "한편으로는 국가 권력의 개조와 연관되어 있고, 다른 한편으로는 시민 사회의 재구축과 연관되어 있다."[14] 즉, 한편으로는 공공 권위로서의 국가 권력 시스템을 지속적으로 개혁하고 국가 행위의 합리적 방식과 한계를 모색하여 국가 정책이 더욱 민의에 부합하도록 한다. 또한 다른 한편으로는 자립·자주의 시민 사회를 지속적으로 건설하고 시민 사회 행위의 합리적 방식·한계를 확립하여 각종 비(非)정부 행위를 규제하는 것이다. 정치학의 일반적 분석 원리에 따르면, 한 나라의 정치 시스템은 정부 정치 시스템(즉, 국가와 정부 정치 시스템)과 비정부 정치 시스템(즉, 정당·사회 단체, 개인 시민으로 구성된 시민 사회 정치 시스템)으로 구분된다. 이에 따라 정치 시스템의 민주화 역시 두 가지 측면으로 이해할 수 있다. 정부 정치 시스템에서 보면, 민주화는 정부 체제의 민주화 개조로 나타난다. 비정부 정치 시스템에서 보면, 민주화는 시민 사회의 발전, 시민 정치에 대한 책임감의 증가, 참정·의정(議政) 능력의 향상을 의미한다. 다시 말해 민주화 프로세스를 추진할 때, 우리는 정부 정치 개조만을 주시할 것이

---

13 위의 책, p. 76.
14 〔英〕戴維·赫爾德, 앞의 책(2008), p. 312.

아니라 시민 사회 건설에도 관심을 가지고 주시해야 한다.

민주는 흔히 하나의 과정으로 간주된다. 즉, 불완전하고 성숙되지 않은 상태에서 비교적 완전하고 성숙된 상태에 이르기까지, 상이한 단계에서 정도의 차이가 나타난다. 사르토리가 언급한 '인민의 통치'로 말하자면, 선거 제도의 완비에 힘쓰는 것은 민주화에 대한 노력이라고 할 수 있으며, 정치협의 제도 건설에 힘쓰는 것 역시 민주화에 대한 노력이라고 말할 수 있다. 이와 마찬가지로 공시(公示), 대중 의견·질의 청취(聽証), 의정(議政), 감독, 문책 등의 제도를 힘써 완비하는 것 역시 민주화에 대한 노력이라고 말할 수 있다. 모든 부분의 진전에는 성숙되지 않은 상태에서 성숙한 상태로 발전하는 과정이 있게 된다. 이러한 과정에서 우리는 어느 지점부터 민주 단계로의 진입이라고 말할 수 있는지 단언하기 어렵다. 어떤 사람은 자유선거가 민주의 가장 중요한 지표이기 때문에 민주를 가늠하는 시작점이라고 말한다. 그러나 선거는 직접 선거와 간접 선거, 비례대표제와 다수대표제로 다시 구분할 수 있기 때문에 단순하게 판단하기 어렵다.

만약 민주주의를 하나의 시스템 공정이라고 본다면, 공공 정책 결정의 과정에 근거해 전·중·후 3단계 혹은 3개 부분으로 구분할 수 있다(〈그림 5-1〉 참조).

이러한 과정과 호응하여 민주 형식 역시 세 가지로 구분할 수 있다. ① 자유선거로서의 민주: 민주 선거. 민주 선거는 관리자에 주목하며, 엘리트를 뽑아 공공 정책을 책임지고 제정하고 관리하도록 한다. ② 정책 결

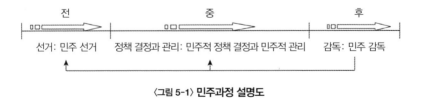

〈그림 5-1〉 민주과정 설명도

정 과정으로서의 민주: 민주 협의. 민주 협의는 관리 과정에 주목하며, 여러 이익 단체가 정책 결정과 관리 과정에 참여할 때 각자의 이익을 충분히 전달하고 토론·협의의 토대에서 공공 정책을 만들거나 공공 정책 결정에 근거를 제공해준다. ③ 정책 결정 평가로서의 민주: 민주 감독. 민주 감독은 관리의 효과에 주목하며, 대중들은 관리자와 그 행위(공공 정책 포함)에 대해 평가·감독한다. 이러한 분석을 통해 우리는 '선거 민주'가 민주화의 중요한 부분이지만, '정책 결정·관리의 민주', '감독의 민주' 역시 마땅히 민주화의 중요한 부분이어야 한다는 사실을 알 수 있다. 즉, 선거로 지도자를 선출하는 것이 민주화의 진전으로 간주되는 것처럼 제도화 경로를 통해 시민이 정책 결정·관리에 참여하도록 끌어들여 '민주 거버넌스'를 실현하고 정보 공개 및 대중의 정부 감독을 허용하는 것 역시 민주화의 진전으로 간주되어야 한다는 것이다.

30년 간 중국의 발전은 정부 혁신을 추동하여 효과적인 정치발전을 확대하고 기본 체제의 제약을 극복하여 새로운 제도의 성장점을 탐색·육성하는 것이 민주화 영역에서 생겨나는 일부 압력을 해소할 수 있다는 것을 보여주었다. 그러나 민주 거버넌스가 점차 중국 대중의 공적 화제가 되고 있으며, 책임 정치와 민주 제도 건설 추진을 위한 개혁이 지식인과 일반 대중 공통의 소망이 되고 있는 것 역시 주목해야 한다. 또한 부정부패 관리, '라틴아메리카화' 방지·해소, 통제 위기 극복 등의 시급한 과제는 체계적으로 '민주 메커니즘을 도입하는' 선택을 더욱 두드러지게 의사일정에 올려놓았다. 이러한 상황에서는 당초 경제 개혁의 실험 때처럼 구체적으로 정치 개혁의 절차를 제정하고 '민주 거버넌스'의 원칙을 견지하며 실험 속에서 단계적으로 실천하고 잰걸음으로 전진하는 것이 '서구식 민주주의 버전'의 한계를 초월하고 극복하는 데에 보다 지혜로운 선택일 것이다.

4) 민주주의의 질적 관점에서 중국 민주의 질적 향상

민주주의는 가족 통치·군인 독재·과두 통치와 대비되는 정치 시스템과 제도라고 간주되고 있다. 또한 흔히 임기 제도·선거 제도·숙의 제도·정책 변론 등과 연관되어 있다. 교육의 보편화, 공공 분야의 확대, 시민의 권리 의식이 강화되면서, 민주 체제와 민주적 실천이 서로 다른 정도로 각국에서 응용되고 있다. 그러나 각국의 역사적 기초·전통적 관념·사회적 구조·사회적 세력의 차이로 인해 민주주의 실천은 각국에서 상이한 방식으로 이루어지고 있으며, 효과 역시 큰 차이를 보인다. 어떤 나라는 민주주의가 잘 작동하고 '긍정적 효과'가 두드러져 '좋은 민주주의'의 특징을 드러낸다. 그러나 어떤 나라의 특정 시기에서는 민주주의가 잘 작동하지 않고 '병적인 상태'의 특징과 '부정적 효과'를 드러낸다. 이때 '민주주의의 질'에 대한 문제가 나타난다. 중국 국가 거버넌스 현대화에서는 반드시 민주 건설에서 새로운 성과를 얻어야 하며, 민주 건설의 질적 향상을 이루어야 한다.

학계의 논의에 따르면, '민주주의의 질'을 제시하여 '좋은 민주주의' 또는 '양질의 민주주의' 개념을 규정하는 것은 결코 민주주의의 가치를 부정하는 것이 아니라 민주주의를 실현하기 위한 것이다. 그렇다면 '좋은 민주주의' 또는 '양질의 민주주의'는 어떤 효과를 가지고 있을까? 민주주의의 질을 어떻게 평가할 수 있을까? 중국 개혁의 전망에 근거해 '좋은 민주주의' 또는 '양질의 민주주의'를 가늠하는 기준과 평가 지표를 제시해보고자 한다.

학계에서 민주주의의 평가 기준과 민주주의 성과의 평가 지표는 서로 완전히 일치하지 않는 두 가지 별개의 문제이다. 민주주의의 기준은 첫 번째 문제에 대한 것이고, 민주주의 성과의 평가 지표는 두 번째 문제에 대한 것이다. 미국 정치학자 로버트 달(R. Dahl)은 《민주주의》에서 첫 번째 문제를 민주주의의 기원, 이상적인 민주주의, 현실적인 민주주의, 민주주의의 조건, 민주주의의 전망 등의 측면에서 알기 쉽게 설명했다. 이로써 20세기 후기 세계의 민주주의 발전 프로세스를 이해하는 데에 훌륭한 설명을 제공해주었다.

로버트 달은 이상적인 민주주의의 기준을 다섯 가지로 정리했다. ① 효과적인 참여, ② 평등한 투표, ③ 관련 내용에 대한 충분한 이해, ④ 의사일정에 대한 최종 통제, ⑤ 성인의 시민 자격 등이다. 로버트 달은 조직의 규모가 공공 관리에서 채택한 제도 모델 결정에 큰 영향을 주며, 인간 사회가 민족국가로 발전하여 더 이상 소도시(市鎭) 규모의 회의가 가능하지 않을 때 민주주의는 선거를 통한 대표에 의해 실현되어야 한다고 생각했다. 그는 현대의 대규모 민주 정부를 '다원적 민주주의'라고 부르고 '다원적 민주주의'가 정치생활의 범위를 확대하고 참여 요구를 강화하는 일종의 현실적 대응이라고 주장했다. 따라서 '다원적 민주주의'는 민족국가 규모에서 실시하는 민주적 통치이며, 이를 위해서는 다음과 같은 조건이 필요하다고 말했다. 자유·공정·빈번한 선거, 표현의 자유, 여러 종류의 독립된 정보 출처 확보, 독립된 사회단체, 포괄적인 시민 신분 등이다. 이러한 조건을 전제로 그는 국가 지도자가 아무리 듣기 좋게 선전해도 앞에서 언급했던 민주주의에 필요한 제도가 구비되어야만 민주주의 국가가 될 수 있다고 단언한다.

만약 로버트 달의 연구가 초기 학계의 사유를 대표한다면, 《이코노미스트》 잡지의 연구와 평가는 최근의 학술적 연구 성과를 반영한다. 최근 영국의 잡지 《이코노미스트》는 '민주주의 지수'라는 개념을 제기하고 세계 각국의 민주주의 상황에 대한 평가를 시도했다. 167개 국가(또는 지역)의 민주화 상황에 대해 다섯 가지 측면의 평가 지표를 가지고 '민주주의 지수'를 만들었다. 다섯 가지 측면의 지표는 각각 선거 절차·다양성, 정부 운영, 정치 참여, 정치문화·시민 자유 등이다. 이 연구에서 설계된 '민주주의 지수 값'에 근거하면 각 나라들은 정치 체제별로 네 종류로 구분된다. 즉, ① 성숙한 민주 국가(Full democracy, 8~10점), ② 초보적 민주 국가(Flawed democracy, 6~7.9점), ③ 과도적 정치 제체(Hybrid regime, 4~5.9점), ④ 전제적 정치 체제(Authoritarian, 4점 이하)이다. 2008년 민주주의 지수 보고서에 따르면, 스웨덴이 9.8점으로 1위를 차지했고, 북한이 0.86점으로 최하위를 차지했다. 2011년의 순위에서는 노르웨이·아이슬란드·덴마크가 각각 1~3위를 차지했고, 아시아에서 오직 일본과 한국이 성숙한 민주주의에 속했다. 정치적 전환 이후의 튀니지는 53등급 오른 92위를 차지해 순위 상승 폭이 컸다.

최신 연구로는 영국 옥스퍼드 대학교 스타인 링겐(S. Ringen)의 민주주의 지표에 관한 논의가 있다. 링겐은 그의 신작《민주주의는 무엇을 위한 것인가》에서 '정치 체제 연구 프로젝트(The Polity Project)'의 평가 지표를 제시했다. ① 효과적인 정치 체제의 성립 여부(효과적인 중앙 정치 권위 성립 및 지속 여부), ② 정치 제도의 공개성(민주 제도) 또는 폐쇄성(독재 제도), ③ 정치 체제의 지속 기간(지난 정권 이후의 연수), ④ 행정권력 교체의 제도화 정도, ⑤ 행정 인원 채용에서의 경쟁 정도, ⑥ 행정 수장의 독립성과 행정 수장에 대한 제한은 어떠한가, ⑦ 정치적 표현의 제도 구조는 어떠한가, ⑧ 정치 참여의 적극성은 어떠한가 등이다.[15] 이 여덟 가지 지표에 근거하고 전문가 평가 방법을 사용하여 정권은 +10(가장 민주적)에서 -10(가장 비민주적)으로 구분된다.

링겐은 민주적 실천에 대해 성찰하면서 다음과 같이 제안했다. 즉, "민

---

15 〔英〕斯坦·林根,《民主是做什麼用的: 論自由與德政》, 孫建中譯, 新華出版社, 2012, p. 34.

주주의를 일종의 절차와 방법이 아닌 권력구조로 규정해야 한다는 것이다. 우리가 하나의 정치 체제가 민주적 정치 체제라고 했을 때, 그 시민은 안전하고 제도화된 방식으로써 공동체의 정책 결정에 대해 최후 통제권을 행사할 수 있는 것이다."[16] 현실적으로 보면, 민주주의의 본질은 아마도 선거·표결에 있지 않고 여러 정당의 교체에도 있지 않으며, 오히려 국민이 통치자에 대해 효과적인 통제를 실현하는 데에 있을 수 있다. 선거·표결·정당 교체 등 과거 민주 정치에서 필수불가결한 요소들은 '통치자 통제'라는 목적을 실현하는 수단에 불과한 것이다.

링겐의 연구는 '민주주의가 진정으로 원하는 것은 무엇인가?', '민주주의는 무엇을 위한 것인가?'에 대해 우리에게 두 가지를 알려준다. 첫째, 권력 독점을 철저히 막는다. 둘째, 민의가 정부의 정책 결정에 영향을 줄 수 있는 통로를 보존한다. 현대 사회에서 사람들은 경제권력·정치권력·문화권력 등 어떤 권력이든 막론하고 독점은 좋지 않다고 의식하게 되었다. 따라서 권력 독점을 반대하고 철저히 막는 것은 모든 우수한 제도가 추구하는 것이다. 이 때문에 사람들은 '민주 제도'를 사용하여 정치에서 '수백 년간 독보적인' 국면을 방지하고자 한다. 아울러 어떤 사회도 민의가 소통되는 통로가 있어야 한다. 이를 통해 상층과 하층이 제때에 소통될 수 있도록 유지하여 정부와 관원(정책 결정자)들이 민의의 적당한 영향과 통제를 받도록 해야 한다. 이 때문에 사람들은 '민주 제도'를 사용하여 정부가 국민에 대해 책임지고 국민들의 통제를 받는 것을 확실히 하고자 한다. 따라서 권력 독점의 정도(또는 자유(freedom)), 그리고 정부 정책 결정이 민의의 영향을 받는 정도(또는 덕정(moral government))로써 충분히 민주주의의 성과를 가늠할 수 있다.

---

16 위의 책, p. 34.

사람들은 항상 민주주의가 더욱 큰 성과를 가져다주기를 희망한다. 특히 격렬한 국제 경쟁에서 민주주의 체제가 정책 결정·집행 효율, 관리·서비스 품질, 경제발전, 심지어 군사 실력 등 측면에서도 비민주주의 체제를 초월하는 전반적인 수확을 가져다주기를 기대한다. 이 때문에 사람들은 '좋은 민주주의(good democracy)' 개념을 제기하여 민주주의 성과의 개선을 추동하고자 한다.

래리 다이아몬드와 레오나르도 모리노(L. Morlino)는《민주주의의 품질에 관한 개설》에서 민주주의가 다음과 같은 내용을 의미한다고 주장했다. ① 보편적인 성인 시민의 선거권, ② 반복되고 사유로우며 경쟁적인 공정 선거, ③ 1개 이상의 정식 정당, ④ 다원적인 정보 출처 등이다. 그러나 '고품질의 민주주의', 즉 '좋은 민주주의'는 정규적·합법적 안정 메커니즘의 작동을 통해 시민에게 충분한 자유·정치 평등·공공 정책 및 정책 제정자에 대한 통제권을 부여하는 것을 의미한다. "이러한 정권은 거버넌스(결과적 의미에서의 품질)에 대한 시민들의 기대를 충족시킨다. 또한 시민·협회·단체들이 폭넓은 자유와 정치 평등(내용적 의미에서의 품질)을 허용한다. 아울러 이러한 정권은 일종의 분위기를 제공하는데, 이러한 분위기에서 전 시민들은 선거 메커니즘 등을 통해 정부의 성과를 평가할 수 있으며, 정부기관과 관원들은 서로 법률·헌법상의 책임을 보장한다(절차적 의미에서의 품질)."[17] 이상의 몇 가지를 고려하고 절대 객관적인 방법으로 민주주의 품질에 대한 측량의 틀을 설계할 수 없는 상태에서 다이아몬드와 모리노는 민주주의 품질 변화의 여덟 가지 차원을 대략적으로 확립했다. 즉, ① 법치, ② 참여, ③ 경쟁, ④ 수직적 책임성, ⑤ 수평적 책임성,

---

17 〔美〕拉裏·戴蒙德·裏奧納多·莫裏諾, 〈關於民主質量的概述〉, 張麗娟譯, 何斌校, 《民主》, 2004年 第4期.

⑥ 시민과 정치 자유에 대한 존중, ⑦ 정치 평등, ⑧ 대응성 등이다.

많은 연구에서 알 수 있듯이, '좋은 민주주의'가 시민들을 완전히 만족시키지는 못한다. 정부가 민주주의 품질의 각 차원에서 좋은 성적을 얻었을지라도 여전히 많은 사람들을 만족시키지 못할 수 있다. 그 원인은 다음과 같다. 첫째, 시민이 반드시 정책의 의의를 완전히 이해한다고 할 수 없다. 둘째, 많은 정보가 미증유의 속도로 시민에게 도달한다. 이러한 정보들은 사람들의 시선을 뺏기 위해 서로 경쟁한다. 이에 따라 대중 매체들은 파문을 일으키고 부정적으로 폭로하는 뉴스를 추구하는 경향이 있다. 이로 인해 민주주의의 실수가 이전보다 더 나쁜 영향을 끼치는 것처럼 보이게 되었다. 셋째, 사회적 이익이 고도로 분화되어 정부가 모든 이익과 관심의 초점에 대해 반응할 수 없다. 또한 민주주의는 경쟁과 선택이다. 실패한 사람은 분명 만족할 수 없다.[18]

민주주의의 품질에 대한 논의는 매우 중요한 의의를 가진다. 경험적 측면에서 보면, 1990년대 '냉전'이 종식되었을 때 후쿠야마는 자유민주주의는 인류 역사의 종결이라고 말했다. 최근 20년 동안 민주화는 한층 더 이루어져 아시아 지역에서 새로운 민주 국가가 생겨났다. 북아프리카와 중동 지역에서도 '재스민 혁명'이 일어나 튀니지·이집트·리비아에서 민주화의 불꽃이 타올랐다. 한편, 2008년 미국 금융위기는 구미 세계를 경제와 재정의 위기—이것은 '민주주의적 경제 위기'로도 간주됨—속으로 몰아넣어 민주주의에 대한 성찰이 생겨났다. 이러한 사례는 '민주주의 정신은 추구할 가치가 있지만 민주주의의 성과는 이상적이지 못하다'는 것을 설명해주는 듯하다. '민주주의 품질' 개념은 이러한 현상에 대한 이론적 해석이라고 말할 수 있다. 즉, 같은 민주주의 사회이지만, 민주주의의

---

18 위의 글.

질적 수준에 차이가 있다는 것이다.

가치적 측면에서 말하면, 민주주의 품질 개념의 제기는 결코 민주주의 가치와 정치발전의 방향을 부정하는 것이 아니다. 그러나 사람들에게 각 나라가 '어떤 민주주의를 원하는가?'라는 질문에 첫 가치적 선택을 해야 한다는 것을 일깨워준다. 민주주의 품질 또는 민주주의 성과에 대한 논의는 실제 다음과 같은 결론에 수긍한다. 첫째, 민주적 전환을 실현한 국가가 민주주의를 더욱 확고히 하고 포괄적이고 오래 지속되는 합법성을 얻으려면 개혁을 통해 민주주의 품질을 개선해야 한다. 둘째, 오래된 민주주의 국가가 내중들이 실망하고 불만스럽게 여기는 문제를 해결하려면 역시 개혁을 통해 민주주의 성과를 개선해야 한다. 기술적 측면에서 보면, 민주주의 품질에 대한 측량은 민주주의를 이해하는 새로운 시각과 방법으로 제공해주었다. 지표로써 민주주의 품질을 판단하기 때문에 각 나라의 민주주의를 비교할 수 있도록 하며, 명확하고 이해하기 편리하여 상호 학습과 자국의 민주주의 개혁을 추진하는 데에 경로를 제공해준다.

중국 학자의 시각에서 보면, 민주주의 품질과 민주주의 성과는 더욱 받아들이기 쉬운 화제이다. 사실 중국학계는 '중국식 민주주의' 구축을 위해 이론적 근거를 찾고 있다. 중국 정부 측은 대체로 '절차적 민주주의'와 '실질적 민주주의'를 구분하는 데에 익숙하며, '중국식 민주주의'가 민주주의의 결과를 더욱 중요시한다고 강조한다. 이러한 현실적 고려에 기초하여, 중국 학자들은 일반적으로 오래된 민주주의 국가의 특징─예컨대 자유경선, 다당 정치, 분권 견제 등─을 민주화의 유일한 '통용 지표'로 규정하는 것에 동의하지 않는다. 그들은 '좋은 거버넌스'가 정치 개혁의 목표이며, 민주주의는 '좋은 거버넌스'를 위한 중요한 수단에 불과하다고 주장한다.

정치학 연구에 따르면, 사회질서는 제도화 수준의 결과물이다.[19] 즉,

제도 공급은 거버넌스 성과의 핵심요소이다. '좋은 거버넌스'는 법치와 좋은 제도를 기초로 삼는다. 이러한 법치와 제도는 반드시 정부·사회, 엘리트·대중, 통치자·피통치자 간의 적절한 균형을 유지해야 한다. 엘리트 정치와 평민 정치의 균형을 유지하여 엘리트 집단이 지도력을 유지하고 평민 집단이 영향을 유지할 수 있도록 하는 것이 가장 이상적인 정치적 상태이다. 이러한 현실주의적 민주주의 관념은 중국 민주주의 건설 이론 구축에 기초가 되어야 한다. 정책 결정 엘리트와 일반 대중의 균형은 중국 민주주의 건설의 총제적인 방향이 되어야 한다.

이 밖에 중국의 어떤 학자는 민주주의의 본래 뜻이 시민의 '선주(選主, electocracy)'가 아니라 시민의 자주적 관리(자치)이기 때문에 '민주주의 거버넌스'라는 개념이 민주주의의 실질을 더욱 잘 드러낼 수 있다고 생각한다. 따라서 '민주주의 거버넌스'가 중국 민주주의 건설의 핵심 개념이 되어야 한다.

민주주의는 "유무(有無)의 문제가 아니라 정도의 문제이다".[20] 민주주의는 흔히 하나의 과정으로 간주되기도 한다. 즉, 불완전·비성숙한 단계에서 비교적 완전·성숙한 단계에 이르는 과정에서 각기 정도의 차이가 있다. 만약 민주주의 건설을 일련의 시스템 공정으로 본다면, 우리는 공공 정책 결정의 과정에 근거해 이러한 공정을 전·중·후 등 세 개 단계와 네 가지 임무로 구분할 수 있다. 즉, 선거: 민주적 선거, 정책 결정·관리: 민주적 정책 결정·민주적 관리, 감독: 민주적 감독이다. 이와 대응하여 세 가지 민주 형식으로도 구분할 수 있다. ① 자유선거로서의 민주: 민주적 선거이다. 민주적 선거는 관리자에 주목하며, 엘리트를 선거로 뽑아 공공

---

19 〔美〕塞繆爾·亨廷頓, 앞의 책(2008), p. 10.
20 王紹光, 앞의 책(2008), p. 76.

정책 결정과 집행을 담당하도록 한다. ② 정책 결정 과정으로서의 민주: 민주적 협의(協商)이다. 민주적 협의는 관리 과정에 주목하며, 여러 이익 단체가 정책 결정과 관리 과정에 참여할 때 각자의 이익을 충분히 전달하고 토론과 협의를 거쳐 공공 정책을 생성시키거나 공공 정책 결정을 위한 근거를 제공한다. ③ 정책 결정 평가로서의 민주: 민주적 감독이다. 민주적 감독은 관리 효과에 주목하며, 대중은 관리자와 그 행위자(공공 정책 포함)에 대해 평가와 감독을 실시한다. 이에 따라 중국의 민주 건설은 앞의 세 가지 측면에서 전개되어야 할 것이다.

한편, 중국 학자들은 '민주 성치는 마땅히 어떤 성과를 나타내야 하는 가?'에 대해서 다음과 같은 관점에 더욱 동의한다. 만약 신생 민주국가가 권위주의 체제로의 회귀를 피하고 권위주의 체제를 극복하려면, 민주주의가 선거민주주의에서 자유민주주의로 이행해야 한다. 만약 민주적 거버넌스가 잘 되지 않고 낮은 품질을 보인다면, 민주주의는 확고해지기 어렵다. 이는 마치 다이아몬드의 말과 같다. 즉, "민주적 구조를 존속시키고자 하고 그것이 존속시킬 가치가 있다면 빈껍데기로 두어서는 안 된다. 그것에 실질적 내용, 좋은 품격, 실제 의의를 갖추어야 한다. 그것은 점차 국민들의 소리를 들어야 하며, 국민들의 참여를 받아들이고 항의를 허용하며, 국민들을 보호하고 그들의 필요에 반응해야 한다". "만약 민주 체제가 범죄와 부패를 통제하지 않고, 경제성장 실현, 경제상의 불평등 완화, 정의·자유 보장 등의 측면에서 더 나은 역할을 하지 못한다면 사람들은 언젠가는 믿음을 잃고 다른 비민주적 대안체제를 겨안을(또는 허용할) 것이다."[21]

그렇다면 중국 학자들은 민주주의의 성과에 대해 어떤 기대를 할까?

---

21 〔美〕拉爾·戴蒙德, 《民主的精神》, 張大軍譯, 群言出版社, 2013, pp. 346-348.

'좋은 민주주의'는 대략 '좋은 정치 체제'에 해당한다. '좋은 정치 체제'는 '좋은 정부' 아래 사회의 '좋은 거버넌스'를 실현하는 것을 의미한다. 위 커핑은 일찍이 중국 거버넌스 평가 지표 체계 연구를 주재하여 12가지 방면의 지표를 제시했다. 즉, 시민 참여, 인권·시민권, 당내 민주, 법치, 합법성, 사회 공정성, 사회안정, 정무(政務) 공개, 행정 효과, 정부 책임, 공공 서비스, 청렴성 등이다. 이 연구에서 중국 정치 상황에 대한 중국 학자들의 고려가 어느 정도 반영되었음을 인정해야 한다.

중국의 실천적 필요에서 보면, 이상적인 민주 정치는 법치상의 진보, 경제발전, 정치 자유, 성적 우수 인재 선발, 시민 참여, 사회복지, 정부 효능 등의 측면에서 긍정적인 역할을 발휘하고 훌륭한 기량을 보여야 한다. 따라서 법치 수준, 경제발전, 정치 자유, 우수 인재 선발, 시민 참여, 사회복지, 정부 효능 등은 민주주의 품질을 평가하고 가늠하는 중요한 요소다. 그러나 이것은 민주주의 거버넌스 품질 평가의 일곱 가지 측면일 뿐 구체적인 지표는 진일보된 논의가 필요하다. 중국의 경험과 사람들이 기대하는 개혁의 방향에서 볼 때, 이러한 지표들은 〈표 5-3〉의 내용을 포함해야 한다.

분명한 것은 어떠한 지표 체계도 완벽할 수는 없다는 사실이다. 민주주의 품질의 측량은 '좋은 민주주의'의 실현을 추진하거나, 민주주의의 품질(양질의 민주주의)을 개선하기 위함이다. 〈표 5-3〉의 측량 지표와 관련해 우리는 다음의 문제에 대해서도 논의를 더 발전시킬 필요가 있다.

첫째, 민주주의 품질의 평가는 '좋은 민주주의'의 개념을 사용해야 하는가? 아니면 '질 높은 민주주의'의 개념을 따라야 하는가? 문자적인 의미로 보면, '좋음'은 '나쁨'에 상대되는 말이기 때문에 사람들은 '좋은 민주주의'에 상대되는 용어로 흔히 '나쁜 민주주의'를 연상하는데, 이는 여러 가지 다른 해석을 야기할 수 있다. '높음'은 '낮음'에 상대되는 말이기

〈표 5-3〉 민주주의 질적 평가 지표 설계

〈표 5-3〉 민주주의 질적 평가 지표 설계

1급 지표	2급 지표	3급 지표
법치 수준	사법 독립성 정당 행위의 합법화 정부 행위의 합법성	법관의 지위 정당 지도자 행위의 유한성 정부 행정이 법에 근거하는 정도
경제발전	경제성장 경제발전의 균형 정도	기술 혁신성 국민소득 성장 정도 빈부격차의 통제 정도 도·농간 공공 서비스의 균등성 지역경제 발전의 차이 정도
정치 자유	언론 자유의 정도 정치적 관용의 정도	매체에 대한 관리·통제 방식 이견(異見)을 가진 인사에 대한 대우
우수인재 선발	인재 선발의 개방성 인재 선발의 공평성	인재 선발 방식 인재 비축과 사용의 합리성 인재 육성의 연속성
시민 참여	선거의 자유 정도 정치적 숙의(協商) 정도 사회 단체조직의 영향력	후보자 지명과 차액(差額) 정도(경쟁성) 중요 정책 결정의 개방 정도 정책 결정에서 사회조직의 역할
사회복지	시민 기본복지 보장제도 특수 계층의 복지보장 정도	의료·주택·교육·실업 구제 보장 정도 사회 취약계층에 대한 대우
정부 효능	정부의 대응성 정부 정책 결정의 투명성 정부 직원의 청렴도	정부 서비스의 신속·편의성 기본정보 공개 정도 정부 부패 행위의 유형·정도 정부 서비스에 대한 시민의 만족도

때문에 '질 높은 민주주의'의 상대되는 용어는 '질 낮은 민주주의'이다. '질 높은 민주주의'는 "민주주의가 좋은 것이지만 더욱 좋은 것을 희망한다"는 점을 강조한다. 둘째, 민주주의 품질에 대한 측량은 계량적 방법을 사용하여 과학성·객관성의 요구를 충족시킬 수 있다. 그러나 민주주의 품질(좋고 나쁨) 지표의 취사선택은 가치 지향적 측면이 있다. 왜 어떤 지표는 선택하고 어떤 지표는 선택하지 않는가? 이에 대해서는 이론적인 논증이 더욱 필요하다. 셋째, 민주주의 지표의 취사선택 이후, 각 지표

의 가중치 역시 고려해야 할 문제이다. 모든 지표의 가중치가 동일한지, 아니면 다른 가중치를 정할 것인지, 어떻게 정할 것인지, 서로 다른 국가에 어떻게 채점할 것인지, 누가 채점할 것인지 등이다. 넷째, 만약 민주주의 품질의 지표가 정치와 행정의 요인만을 포함한다면 민주주의 품질의 지표는 로버트 달이 강조한 절차적 민주주의와 매우 가깝다. 만약 민주주의 품질 지표의 취사선택이 경제와 사회 등 측면의 내용을 포함한다면 실질적인 민주주의의 정의에 가깝다. 이것 역시 일련의 문제를 초래한다. 왜냐하면 이 지표들은 민주주의 정치의 전제일 뿐만 아니라 민주주의 제도의 결과라고 말할 수 있기 때문이다. 민주주의 제도와 이러한 지표의 인과관계는 어떻게 확정지어야 하는가? 다섯째, 전통적으로 '비(非)민주' 국가로 규정된 국가에 대해 민주주의 품질 측량을 진행할 수 있는가? 만약 가능하다면, 전통적으로 민주주의 국가와 비민주주의 국가로 구분하는 경계를 모호하게 만드는 것이 아닌가? 또는 민주주의에 대한 전통적인 정의를 수정해야 하지 않는가?

이 밖에도 비교정치의 관점에서 아시아 민주주의는 어떤 것인가? 아시아 국가는 민주주의를 위해 무엇을 기여할 수 있는가? 이러한 문제 역시 깊이 생각해볼 필요가 있다. 현재 중국의 정치적 실천으로 볼 때, 아시아 민주주의의 가능한 개척 방향은 ① 슘페터식(Schumpeter's model)의 민주주의가 아닌 엘리트 민주주의(elite democracy), ② 정당 정치를 초월한 숙의 민주주의(deliberative democracy), ③ 정부 능력에 많은 여지를 주는 효율적 민주주의(efficient democracy)이다. 중국의 국가 거버넌스 현대화를 보다 원대한 목적에서 말하자면, 사회적 민주 정치 건설을 실현하고 민주 건설을 통해 시민의 권익을 보장하며 사회발전을 추동하고 국가의 부강을 실현하는 것이다.

3. 법치 건설: 법치로써 국가 질서 구축

1) 법치의 중요성

'전면적인 의법치국(依法治國)'은 중국공산당 제18기 4중전회의 중요한 성과이다. 상술한 것처럼 국가 건설은 각 요소, 각 부문의 협력과 전체적인 조화가 필요하다. 만약 꼭 비유해야 한다면 자동차의 예가 가장 적합하다. 국가발전은 자동차 운전 같아서 동력 시스템과 제동 시스템이 필요하다. 동력 시스템은 시민 개인, 조직이 있는 징딩, 이익집단, 사회조직, 기업, 학교, 병원 등 각종 사회적 역할로 구성된다. 그들은 사회활동에서 지속적으로 요구를 생성시키며 직접 또는 간접적인 방식으로 요구를 표현한다. 각종 동의(動議)를 제시하여 전면적으로 국가의 발전과 변화를 추동한다. 제동 시스템의 유형은 더욱 다원적이다. ① 국가 질서 유지를 책임지는 군대와 경찰 시스템이다. ② 문관(文官) 시스템 혹은 '사무관' 시스템으로서 국가의 공무(公務) 부문을 구성하고 공공 정책의 연속성 유지를 책임진다. ③ 또 하나의 중요한 제동 시스템은 법관, 검찰관, 배심원단, 변호사 등의 역할로 구성된 국가 법치 시스템이다. 그들은 국가 헌법·법률·제도가 제공하는 플랫폼에서 움직인다. 그들의 책임은 '속도위반' 운전을 하려는 충동을 해소하는 것이다. 불법 행위에 대해 판결하고 처벌한다. 동력 시스템과 제동 시스템은 국가의 운영을 함께 유지한다. 이 두 시스템은 국가의 빠른 발전·번영을 보장하는 한편 잘못된 방향성을 방지하고 시스템이 작동과정에서 오류가 없도록 하며, 빠른 발전과 동시에 안정적으로 유지하도록 한다.

국가 거버넌스는 곧 '동력 시스템'과 '제동 시스템'의 균형이다. 양자의 균형을 잘 조절하는지 여부는 국가 거버넌스 수준을 평가하는 중요한 기준이 된다. 법치는 '제동 시스템'의 기능으로서 작동한다. 우선 법치의 역할은 국가의 발전을 위해 필요한 궤도를 제공하는 것이다. 모든 '동력 시스템', 예컨대 정당 정치, 이익집단은 모두 정해진 궤도에 들어와 운행되어야 국가 동력 엔진의 안정적인 작동을 보장할 수 있다. 그다음으로 법치는 수단으로서 사회 갈등과 충돌에 대해 최종 판결을 제공할 수 있다. 다원화된 사회 주체들로 인해 이익 충돌이 발생하기 마련이다. 각 측의 이익에 충돌이 생겼을 때 법원은 최종 판결자가 된다. 개인의 이익과 공공의 이익을 막론하고 누군가의 이익이 침해당했을 때는 법원·검찰원(檢察院)이 헌법과 법률에 근거해 공정하게 판결한다. 법치의 중요한 역할은 사회문제와 정치문제를 사법문제로 전환하여 군사문제(예컨대 결투, 내전 등)가 되지 않도록 하는 것이다. 사회문제가 군사문제로 전환되는 것을 방지하는 것은 국가 현대화의 중요한 구현이다. 이러한 관점에서 보면, 법치는 국가 거버넌스 현대화의 중요한 내용과 상징이다.

정치학에서 의법치국은 현대 국가의 중요한 특징과 기본 원칙이다. 역사적으로 볼 때, '인치(人治)'의 사례는 많다. '인치'는 전통적 거버넌스 방식에 속하여 현대 국가 거버넌스 방식과 비교된다. 제18기 3중전회에서는 '법치'의 역할을 전면적으로 인정했다. 이 점은 정치학에서의 현대 국가 거버넌스 기준에 부합한다. 법에 근거한 거버넌스는 국가의 법제 건설을 추진하며 국가 거버넌스 현대화 시스템 구축의 기초가 된다.

2) 국가 거버넌스 방식의 변화

현대 국가의 거버넌스 방식은 근거 없이 생겨난 것이 아니며, 고정불변한 것도 아니다. 이는 전통적 거버넌스 방식을 계승·발전하여 형성된 것이다. 전통 국가와 현대 국가는 서로 거버넌스 방식에 있어 상이하다. 현대 국가의 거버넌스 방식은 전통 국가의 거버넌스 방식에서 변화된 것이며, 이미 명확해지고 있다. 전통적 측면에서의 거버넌스 방식은 '하늘을 대신하여 정의를 행한다(替天行道)'는 것으로 통치자가 하늘의 뜻에 순응하는 것이었다. 그러나 현대 국가는 다르다. 현대 거버넌스 방식은 통치의 합법성을 강조하여 통치자는 법률과 규칙에 따라 일을 처리한다. 전통적 거버넌스 방식의 권력 계승은 세습제를 채택한다면, 현대 거버넌스는 선거와 임기제를 채택한다. 전통적 환경에서 통치자는 '왕'이기 때문에 사람들은 오직 혁명으로 저항할 수 있다. 그러나 현대적 환경에서는 시민들이 여러 빙식을 사용하여 국가 공무원을 감독할 수 있다.

전통과 현대 거버넌스 방식의 차이는 여러 영역에서 나타난다. 전통 국가와 현대 국가를 구분하는 중요한 표식과 경계선은 바로 통치자가 정해진 법률의 제약을 받는지 여부이다. 전통 거버넌스 방식에서 통치자는 법률의 제약을 받지 않는다. 황제의 결정은 '하늘을 대신하여 정의를 행하는 것'이다. 그러나 현대 거버넌스 방식에서는 한 나라의 지도자 역시 정해진 국가 법률 시스템의 제약을 받는다. 이러한 중요한 구분은 현대 거버넌스 방식에서 '온 세상은 국민의 것(天下爲公)'이라는 사상을 구현했다. 국가는 한 개인, 한 가족 혹은 한 당파의 것이 아니며, 법률 앞에서는 모두가 평등하고, 누구도 법률 위에 군림할 수 없는 것이다. 과거 중국의 사대부들은 집안일, 나라의 일, 천하의 일에 모든 관심을 가져야 함을 강조했다. 그러나 현대 지식인들은 집안일이 함부로 나라의 일이 되지 않아야 함을 강조한다. 한 나라가 완비된 법치를 시행하여 개인·가족·정당의 일이 국가 거버넌스의 근간을 쉽게 흔들지 못하게 한다면, 이 나라의 거버넌스는 현대화를 향해 큰 걸음을 내딛은 것이다.

의법치국을 실현하는 것은 국가 현대화 과정의 중요한 절차이다. 의법치국의 기본 전제는 법률 시스템을 완비하는 것이며, 완비된 법률 시스템의 근간은 좋은 법을 세우는 것이다. '어떻게 좋은 법을 생성시켜 국가가 세운 법이 시민의 의지를 체현할 수 있도록 할지'는 입법자들이 고려해야 할 문제이다. 입법을 하려면 준수해야 할 여러 기준이 있다. 즉, 강자와 약자의 권리를 평등하게 대하고, 법률이 강자의 의지가 되지 않도록 하며, 모든 시민이 법률을 평등하게 준수하고 자각적으로 복종하도록 보장하는 것 등이다. 의법치국은 중앙위원회 전체회의의 주제로서 중국 발전에 방향성을 제시해주고 있다. 또한 의법치국은 향후 장기간 진지하게 연구해야 할 내용이 될 가능성이 크다. 법치가 정말로 효과적으로 작동되기까지 중국이 가야 할 길은 아직 멀다. 법치의 봄은 이미 찾아왔지만, 그것은 법치의 씨앗이 봄에 뿌려졌다는 뜻일 뿐이다. 수확의 계절인 가을까지는 아직 멀었다. 가을에 풍성한 열매를 거두어 국가 거버넌스의 현대화를 실현하려면 여러 방면의 노력이 더욱 필요하다. 정성으로 재배하여 말라죽지 않고 변종되지 않도록 해야 할 뿐만 아니라 튼튼하게 자라도록 해야한다.

3) 법치 건설과 국가 거버넌스

'전면적인 의법치국'은 중국공산당 제18기 4중전회의 중요한 결정이지만, 이때 처음 제기된 것은 아니다. 의법치국은 현대 정치학에서 인정하는 중요한 기준이다. 과거와 비교할 때, 제18기 4중전회의 결정은 명확한 특징이 있다. 우선 '의법치국'이 처음으로 중앙위원회 전체회의의 주제가 된 것이다. 개발도상국인 중국에서 경제발전은 가장 중요한 과제이다. 따라서 기존의 중앙위원회 전체회의가 주로 '경제 건설 중심'을 개혁의 목표와 과제로 설정한 것은 매우 당연한 일이었다. 과거에는 물자의 부족과 따뜻하고 배부른 생활이 사람들의 유일하고 중요한 관심사였지만, 지금은 더 이상 아니다. 이제 국가 건설은 새로운 단계―기존의 성과를 보존하고 더욱 큰 발전을 쟁취하는 것―에 진입해야 한다. 무엇이 '더욱 큰 발전'인가? 그것은 국가 미래 발전의 제도적 장애물을 해소하는 것이다. 최근 몇 년 동안 '의법치국'에 관한 중국공산당 중앙의 법률 문건이 점점 많아지고 있으며, '의법치국'에 대한 이해도 점점 깊어지고 있다. 이번에는 더욱이 '의법치국'을 중앙위원회 전체회의의 주제로 삼았다. 이는 집정자 관념의 변화과정에서 획기적인 의미가 있는 것이다.

그다음으로, 제18기 4중전회의 주제인 '의법치국'은 제18기 3중전회에서 제기된 전면적인 개혁 심화, 국가 거버넌스 현대화 추진의 기초에서 제기된 것이다. 국가 거버넌스 방식은 여러 가지가 있다. 전통적 사회는 '인치(人治)'에 의존하여 청렴한 관료와 현명한 군주의 등장에 기대를 걸었다. '인치'를 통해 역사적으로 국가가 번영한 사례도 있다. 그러나 번영은 지속되지 못하고 흔히 '사람이 떠나가면 인정도 사라지는(人走茶涼)' 어려움에 빠지게 되었다. 또한 국가가 쉽게 멀리 '궤도 이탈'을 하도록 만들었다. 현대 사회는 '법치'에 의존한다. 완비된 법률과 사법 시스템은 모든 사회구성원의 행위에 규범과 제약을 가할 수 있으며, 집정자의 행위에도 규범과 제약을 가할 수 있다. 공산당 중앙이 제18기 3중전회 결정을 토대로 제18기 4중전회에서 '의법치국'을 제시한 것은 논리적으로 일맥상통한다. 이러한 논리는 현대 정치의 기본 원칙을 존중하고 인정한 것이라고 말할 수 있다.

마지막으로, '의법치국'은 중국 개혁의 다음 방향을 가리켜준다. 앞의 분석 내용에서 언급한 바와 같이, 국가발전은 동력 시스템과 제동 시스템의 협력이 필요하다. 현대 중국의 상황에서 볼 때, 중국의 동력은 상대적으로 충분하여 흔히 가속 페달을 끝까지 밟는다. 그러나 브레이크 패드가 얇아 제동 시스템이 잘 작동되지 않는다. 심지어 제동 시스템 역시 동력 시스템의 기능을 할 때가 있다. 개혁개방이 진행된 지 이미 30여 년이 지났지만, 현재의 개혁 역시 여전히 많은 중요한 기로에 놓여 있다. 개혁의 방향은 조정해야 하고, 업무의 중심점도 옮겨야 하며, 국가의 운영 상태도 변화되어야 한다. 이러한 역사적 전환점에서 '의법치국'을 제기한 것은 개혁의 다음 방향을 제시하여 사회 각 분야의 업무가 재조정되고 자리를 잡는 기회가 되었다. '의법치국'이라는 원칙의 수립은 현대 정치의 기본 원칙에 부합한다. 또한 세계적인 안목이 있으며, 국가 거버넌스 현대화에도 도움이 된다.

국가 거버넌스 현대화는 제18기 3중전회에서 제시된 중요한 방향이다. 국가 거버넌스 현대화의 기준과 관련해 국가는 하나의 공동체라고 말할 수 있다. 국제관계의 관점에서 보면, 현대 국가는 일정한 영토에서 독립된 통치권을 행사하며, 상호평등, 국제협정의 권리를 공동 준수한다. 정치학의 관점에서 보면, 현대 국가는 여기에 또 다른 함의가 더해진다. 즉, 현대 거버넌스 방식을 운용해 통치하는 공동체이어야 한다는 점이다. 현대 거버넌스 방식은 상이한 이익 단체가 공동으로 국가를 협치하여 공동으로 법률을 제정하고 승인받으며, 점차 주권과 치권이 분리되어, 주권이 국민들에게 속하고 치권이 국민에 의해 선출된 관리에게 속하는 것을 말한다. 민주 선거의 능력주의 정부가 법에 근거해 다스린다. 즉, '유한책임제'이며 전통적 가족 통치, 세습정치의 방식과는 근본적으로 다르다. 따라서 결론적으로 민주 법치가 국가 건설의 방향이다.

4. 분권 개혁: 분권 개혁을 통한 지방과 사회의 활성화

현재 중국 국가 거버넌스는 계속 분권을 해야 할까? 아니면 적절한 집권을 해야 할까? 이에 대해 일률적으로 답할 수 없다. 마땅히 구체적인 상황에 따라 집권해야 할 때 집권하고 분권해야 할 때 분권해야 한다. 일반적인 연구 결과는 일의 성격과 범위에 따라 어떤 분야의 어떤 일은 집중화된 관리를 하고, 어떤 분야의 어떤 일은 분권화 처리가 필요한지 명확히 해야 한다는 것이다. 그러나 고도로 권력이 집중된 단일제 국가구조 체제에서 중국의 정치발전은 과거 '권한 이양(放權)-권한 회수(收權)'를 반복하는 특징이 있었다.

그러나 객관적으로 보면, 이러한 분권 개혁은 국가 권력의 '파편화' 경향을 초래하기도 했다. 오늘날 중국 정부는 국가 거버넌스 현대화를 제창하고 있다. 그렇다면 국가 거버넌스 현대화의 시각에 기초한 개혁은 분권과 집권의 관계를 어떻게 처리해야 하는가? 분권화 개혁을 지속적으로 추진해야 하는가? 아니면 다시 집권화의 길로 나아가야 하는가?

1) 분권과 분권화 개혁

분권과 집권은 상대적 개념이다. 하나의 효과적인 조직은 필요한 집권을 유지해 조직의 통일성과 대외적 행동에 대한 일치성을 확보할 뿐만 아니라, 충분한 분권으로써 조직의 적응성과 대내적 행동의 자주성을 유지한다. 그러나 현실 생활에서는 확장의 필요로 인해 조직의 집권은 자연적인 추세가 되었고, 분권은 더욱 귀하게 되었다. 이에 따라 집권과 분권의 관계를 논의할 때 분권화는 일종의 특별한 주제가 되었다. 일반적으로 분권은 하나의 조직이 하층 조직의 자발성·창의성을 위해 관리·의사결정권을 산하 조직에 이양하는 과정이다. 이러한 과정에서 최고 지도층은 전체 국면의 이익과 중요 문제에 관계된 소수의 의사결정권을 집중적으로 통제한다. 학계의 논의에서 분권은 흔히 국가 내부의 권력구조에서 중앙·

지방의 관계와 관련되며, 일반적으로 지방분권(또는 지방자치)과 연관이 있다. 지방분권은 중앙집권에 비교되며 법에 근거해 중앙 정부와 지방 정부에 의해 국가 권력이 별도로 행사되는 제도를 가리킨다.

정치학적 맥락에서 분권은 일반적으로 네 가지 상황에서 사용된다. 첫째, 정치 분권이다. 즉, 다른 당파, 다른 사회 세력이 서로 정권을 나누는 것인데, 흔히 정당 분권과 계급 분권으로 나타난다. 이것이 현대 제도에서 구현되는 형식은 주로 의회 제도와 정당 제도이다. 둘째, 정부 분권(수평적 분권 또는 기능성 분권)이다. 즉, 흔히 말하는 입법·사법·행정 등 세 가지 권력 시스템이 상호 독립되고 상호 제약하는 정부 체제이다. 셋째, 지방분권(수직적 분권 또는 구조적 분권)이다. 흔히 말하는 일국의 헌법·법률이 규정한 중앙 정부와 지방 정부의 직권 분리 제도 안배로서 지방자치 제도로 구현된다. 이러한 제도가 실현되는 형식은 주로 연방제와 민주 단일제이다. 넷째는 행정 분권이다. 즉, 상급 행정기관 또는 행정 수장이 하급 기관 또는 책임자에게 충분한 자주권을 부여하여 독립적 의사결정·관리를 실현하도록 하는 체제이다. 상이한 조직 목표와 관리 요구에 따라 각 조직은 상이한 집권-분권 모델을 채택할 수 있다. 어떤 사람은 이처럼 상이한 모델을 피라미드(또는 반(半)피라미드)형 모델, 거미줄형 모델과 네트워크형 모델로 개괄한다.

일반적인 연구들은 집권에서 분권으로 변화하는 것이 인류의 조직 관리 변화의 추세라고 주장한다. 이러한 결론은 장기적·총체적 역사에서 관찰할 때만 의미가 있다. 또한 어떤 조직, 예컨대 글로벌화·네트워크화 배경하의 기업 조직에 더욱 알맞을 것이다. 그러나 국가와 정부 조직으로 말하자면, 이러한 변화 추세는 명확하지 않은 듯하다. 사실 어떤 조직모델이라도 집권과 분권의 균형을 실현하는 것은 영원불변한 주제이다.

주지하듯이 분권제는 여러 장점이 있다. 예컨대 하급 기관·인원이 자신의 지혜와 재능을 충분히 발휘하여 관리 혁신을 이룰 수 있다. 또한 하급 기관과 인원이 각지의 구체적인 실정에 맞게 상급 기관의 명령을 철저히 수행할 수 있다. 아울러 하급 기관과 인원이 현실에 기반하여 현지의 장점과 강세를 충분히 활용하고, 상이한 상황에 근거해 현지 문제를 자율적으로 처리할 수 있다. 그러나 분권제의 단점 역시 간과할 수 없다. 예컨대 하급 기관·인원이 독립하여 자기주장대로 일을 처리하기 쉽기 때문에 각 측의 갈등과 충돌을 야기하고 조직의 효율에 지장을 주게 된다. 또한 하급 기관·인원이 집단 이기주의 입장에 기초해 전체 이익에 불리한 행농을 하기 쉽기 때문에 부서주의(部門主義, departmentalism), 업종 이기주의, 지방주의를 초래하게 된다. 이러한 단점은 각 조직에서 가장 흔하게 나타나며, 항상 조직의 협동과 통일성에 영향을 준다.

간단하게 말하면, 이른바 분권화 개혁은 상대적으로 집권화된 조직이 산하 기관 또는 부서·조직 구성원에게 권력을 이양하여 조직의 통일성과 자율성의 균형적 상태를 이루려는 노력이다. 그렇다면 어떻게 집권과 분권의 균형적 상태를 유지하는가? 다시 말해 어떻게 분권화의 노력이 적응성·유연성·혁신성을 충족시키는 동시에 지방주의·부서주의·업종 이기주의의 수렁에 빠지지 않도록 할 수 있는가? 기업조직·사회조직·정치조직·국가 정권조직이 서로 다른 유형에 속하기 때문에 그 조직 성격과 메커니즘도 큰 차이가 있다. 따라서 앞에서 언급한 문제의 해답은 오직 분류·고찰의 기초에서 설명될 수밖에 없다. 이 책에서는 중국 정부의 분권화 개혁을 검토의 대상으로 삼으며, 중국 정부의 경험에 근거해 분권화 효과의 최대화를 어떻게 실현하는지에 대해 살펴보고자 한다.

2) 중국의 분권화 개혁

국가를 조직의 단위로 삼을 때, 어떻게 해야 분권화 개혁이 최대의 효과를 얻을 수 있는가? 이것이 중국의 맥락에서 문제의식이다. 사실 중국의 분권화 개혁의 여지와 의의는 다른 나라에 비해 더욱 크다고 할 수 있다.

주지하듯이 중국공산당은 1949년 정권을 수립한 이후 고도로 집권화된 국가 관리 체제를 형성했다. 사람들이 흔히 당-국가 체제(party-state system)라고 부르는 이러한 고도의 집권화 관리 체제는 세 가지 영역의 집권 특징을 가진다. 첫째, 정당의 집권화이다. 조직 구조는 피라미드 모양을 나타내며 정당 조직이 국가의 권력(입법·사법·행정·군대)을 높은 수준에서 통제한다. 둘째, 중앙집권화이다. 비록 31개 성(省), 자치구, 직할시가 지방 정부(아래 시·현·향 3급 정부가 설치됨)에 속하지만, 지방 권력 시스템은 중앙 권력 시스템의 복제와 연장에 다름없다. 중앙 정부는 인사·재정·물자 등 영역에서 절대적인 지배권을 가지고 있으며, 심지어 지방 업무 처리에 관여할 때도 의사결정권을 가지고 있다. 셋째, 국가 집권화이다. 국가와 사회의 관계에 있어서 권력기관과 공공 부문은 국가의 명의로 정치·경제·사회·문화 등 각 분야의 주요 업무를 집중적으로 통제한다. 또한 교육·주택·의료위생·사회보장 등의 민생 관련 항목에서는 주로 공영(公營) 부문과 공권(公權) 부분이 주도한다. 민영 기업·민간 조직 등 사회적 역량은 다만 '보충'적일 뿐이다.

중앙 정권 집중계획은 이처럼 고도로 집권화된 관리 체제와 어울리는 주요한 방법이다. 계획체제에서 국가계획위원회는 국가발전 '5개년 계획'에 대해 초안을 작성하고 제정한다. 각지의 각급 정부는 '5개년 계획'에 근거해 급(級)별로 임무와 지표를 안배한다. 중대한 사항의 경우에는 중앙 정부가 별도로 계획단열(計劃單列) 도시를 지정하는데, 이는 중앙 정권이 내부 관리를 실현하는 기본 방법이다. 이 과정에서 지도자 개인의 선호와 개인 의지의 문제, 정부 통계와 계산의 문제, 집행 능력의 문제, 외부 환경 변화의 문제, 예측 불가능한 돌발적 자연 사건과 인위적 재해 등으로 인해 통일된 계획 관리에 많은 허점이 드러나게 되었고, 이로 인해 자원 낭비와 전반적인 효과의 저하를 초래했다. 또한 지방과 사회의 적극성·자주성을 크게 제한해 전체 국가의 생산 활력을 부족하게 만들었다. 《삼국연의》에 "천하의 대세는 나뉜 상태가 오래되면 합쳐지고 합쳐진 지 오래되면 나뉜다"라는 유명한 말이 있다. 이 말은 또한 관리학에서의 기본 이치를 반영해준다. 즉, 집권화의 폐단이 두드러질 때 분권화의 과정이 시작되고, 분권화가 초래한 문제가 두드러질 때 다시 집권화의 요구가 나타난다. 1978년 개혁개방 정책이 사실상 중국 분권화 개혁 프로세스를 가동시켰다.

개혁개방 30여 년은 중국의 전환·변혁이 가장 두드러진 시기이다. 어떤 연구에서는 중국 발전의 성과가 주로 분권화 개혁 덕분이라고 주장한다. 즉, '경제 건설을 중심'으로 한 분권화 개혁이 지방 정부와 민간 역량의 활력을 발산시키고 지방 정권과 민간 자본의 적극성을 불러일으켰다는 것이다. 중국 국가 거버넌스 구조는 지역 원칙에 따라 구축된 다단계, 다(多)지역의 구조이다. 기존 구조에서 분권화 개혁을 실행하는 것은 30여 년간 개혁의 주제 중 하나였다. 개혁의 과정은 1970년대 말에 시작했으며, 대략 네 개의 경로와 상징적 과정을 거쳤다.

첫째, 농촌 연산승포책임제(聯産承包責任制) 추진을 통해 농촌의 생산력을 해방시켰다. 중국공산당은 정부 수립 이후 중국 농민의 자연경제 생산 방식을 종결하고 농민의 조직을 원했다. 이에 '인민공사(人民公社)'라는 조직 형식을 채택하여 농민이 집단 생산하고 통일적으로 분배받는 집중관리모델을 확립했다. 그러나 이러한 모델은 농업 생산자의 적극성을 불러일으키지 못했다. 오히려 평균주의 '한솥밥(大鍋飯)'으로 인해 농업 생산 능력이 배부르고 따뜻한 생활 수준에 미치지 못하게 되었다. 농민은 오랜 기간 중국의 빈곤 계층이 되었다. 1978년 중국공산당 11기 3중전회 이후, 정부는 인민공사 제도하의 평균주의와 농민의 경영자주권 부족 상황을 개선하기 위해 농촌에 가정 연산승포책임제를 보편적으로 실시했다. 1982년 제정된 새로운 헌법에서는 농촌에 향(鄕) 정부와 대중적 자치 조직인 촌민(村民)위원회 설치를 규정했다. 이때 정사합일(政社合一)과 집체(集體) 통일 경영을 특징으로 하는 인민공사가 해체되었다. 1984년 말, 전국의 농촌은 '사(社)'에서 '향(鄕)'으로의 전환이 완료되었다. 가정 연산 승포책임제는 중국의 8억 농민을 해방시켰고, 그들이 자신의 노동을 통해 집안을 일으켜 부유하게 되는 꿈을 실현할 수 있도록 했다.

둘째, 1978년부터 중국 정부는 정치 체제 개혁을 통해 중앙과 지방의 관계를 조정해야 했다. 1980년부터 재정 분권 개혁을 시작하여 '분가하여 각자 식사함(分灶吃飯)'으로 불리는 재정수입 분담체제를 실행했다. 1980년 이전 중국의 재정은 '사회주의 한솥밥(社會主義大鍋飯)' 제도를 실행해 중앙 재정이 수입과 지출을 총괄했다. 건설 예산은 국가 계획위원회가 통괄하여 제정한 후 각 성(省)이 집행하도록 하달하며, 이에 상응하는 자금을 중앙 재정부가 하달한다. 이러한 체제는 지방의 예비 재정을 매우 적게 만들어 세수 원칙상 100%를 국고에 납입해야 한다. 따라서 지방 정부는 적극성을 잃고 중앙 정부가 계획 방안을 내려보내기만을 기다린다. 지방 정부의 적극성을 불러일으키기 위해 중국 정부는 중앙과 지방이 재정상의 '도급(承包)' 협의를 체결하는 방법을 사용해 수입·지출의 구분을 기초로 하는 분급청부제도(分級包幹)와 자체 균형(自求平衡)의 재정 관계를 형성했다. '분가하여 각자 식사함'의 제도는 지방 정부의 경제 동력을 크게 불러일으켰지만 중앙의 새정 능력은 위축시켰다. '분가하여 각자 식사함'은 일종의 재정청부제이다. 이러한 제도에서 지방 정부는 더욱 잘살기 위해 '두 손을 동시에 움켜잡아야(兩手抓)' 한다. 한 손은 세금이 높고 이익이 많은 지방 기업을 움켜잡고, 다른 한 손은 시장의 폐쇄성을 움켜잡아야 한다. 이로 인해 결국 지역 분할, 중복 건설, 지방주의 심화를 초래했다. 동시에 지방 정부는 온갖 방법을 동원해 중앙으로부터 부당 이익과 혜택을 받고자 했다. 한편으로는 '포부전진(跑部錢進: 지방 정부가 베이징 주재 사무소의 연줄을 통해 관련 부서에 로비하고 재정 이전을 얻어내는 것)'하고, 다른 한편으로는 '재정 자금의 외부 유통(財政資金體外循環)'을 대대적으로 하는 등 각종 방법이 모두 매우 창의적이었다. 반대로 중앙의 재정은 어려워져 수동적으로 대응했다. 어떤 연구에서는 1993년 중앙의 재정 수입이 전국 재정 수입에서 차지하는 비중은 22%에 불과하여, 선진국의 50~70%보다 크게 낮다고 주장했다. 중앙 재정이 빠듯하여 재정 정책을 이용해 거시경제를 조정하려 했지만 항상 마음만 있을 뿐 여력이 없었다. 따라서 어쩔 수 없이 지방이 도움을 청하여 지방이 기여하도록 해야했다. 일부 재정 능력이 강한 지방 정부는 튼튼한 재력에 기대 항상 중앙 정부와 흥정을 한다. 잘못을 바로잡고 중앙의 재정 능력을 확보하기 위해 1994년부터 '분가하여 각자 식사함' 제도에 대한 업그레이드 개혁을 실시하여 현재의 중앙-지방 분세(分稅) 체제를 실행했다. 분세제의 핵심은 분세(分稅), 분징(分徵), 분관(分管)이며, 이전지불(轉移支付) 제도를 설립하는 것이다. 분세는 '케이크 자르기'와 같다. '케이크'를 세 조각으로 나누어 한 조각은 중앙이 소유하고, 한 조각은 지방이 얻으며, 나머지 한 조각은 양측이 공유한다. 이에 따라 세종(稅種)은 중앙세·지방세·중앙지방 공유세로 구분된다. 관세·소비세 등은 중앙세이고, 경제발전과 직접 관련이 있는 부가가치세·기업소득세·자원세·증권거래세 등은 공유세이며 나머지는 지방세이다. 1994년 이전 재정 수입에서 중앙은 30%, 지방이

70%를 가졌다. 1994년 이후 중앙 재정 수입은 50% 이상이 되었다. 이러한 분세제는 중앙 정부의 재정을 급속히 성장시켰지만, '나라는 강하지만 국민은 부유하지 못한(國强民不富)' 새로운 문제를 초래했다. 이 문제에 대한 해결은 신임 정부 재정개혁의 과제가 되었다.

셋째, 경제특구 시범제도를 통해 정책 혁신의 돌파구를 탐색했다. 1980년 중국은 네 개의 경제특구—선전(深圳)·주하이(珠海)·산터우(汕頭)·샤먼(廈門)—를 설치했다. 이러한 경제특구는 세제 혜택 외에 유리한 제도와 정책 환경, 보다 많은 경제발전의 자주권을 누렸다. 여기에는 도입사업 승인권(引進項目審批權)·외화 관리·은행 신용대출·노동 고용·인력의 출입국 방면 등의 우대 정책이 포함된다. 현재 경제특구정책은 이미 국부 지역 시범단계에서 보편적인 추진 단계로 나아가고 있다.

넷째, 기업 개혁을 통해 경제 주체의 자주적 활력을 활성화했다. 시장화 개혁 과정에서 중국 정부는 개인 경제와 민영 기업의 발전을 장려하고 사회의 생산력을 방출했다. 이와 동시에 국유 기업에 활력을 불어넣고자 했다. 1978년 말부터 중국 정부는 기업 개혁을 추진했으며, 이러한 개혁은 2단계로 구분할 수 있다. 1단계 1978~1992년에는 주로 방권양리(放權讓利: 기업에게 자주권을 주고 이익을 양보함)로써 기업의 자주적 경영권을 확대시켰다. 2단계 1993년 이후에는 현대 기업 제도 건립을 명확히 하고, 물·전력·공중교통·담배·석유·천연가스·전신(電信)·철로 운송·은행 등을 국유 기업이 주도하도록 유지하면서 기업의 시장화 개선을 탐색하고 국유 자산의 감독을 강화했다.

2013년 중국공산당 제18기 3중전회에서 〈전면적 심화 개혁의 몇 가지 중대 문제에 대한 중공 중앙의 결정〉이 통과되었다. 이때 전면적인 개혁 심화의 총 목표는 "중국특색사회주의 제도를 완성·발전시키고, 국가 거버넌스 시스템의 거버넌스 능력의 현대화를 추진한다"였다. 또한 이에 관한 구체적인 시간표를 제시했다. 즉, "2020년까지 중요 분야와 핵심 부분의 개혁에서 결정적인 성과를 얻고", "시스템 완비·과학적 규범·효과적인 제도 시스템을 이루어 각 방면의 제도가 더욱 성숙되고 완성되도록 한다". 15개 분야의 60개 구체적 개혁을 통해 국가 거버넌스 시스템과 국가 거버넌스 능력의 현대화를 단계적으로 실현하고자 했다. 많은 관찰자들은 이 회의에서 통과된 개혁 심화에 대한 결정이 사실 신임 정부의 시정 강령이며, 중국 미래에 획기적인 의의가 있다고 말했다.

비록 신임 정부의 '전면적인 개혁 심화'를 분권화 개혁[사실 '전면적인 개혁 심화'가 통일된 국가 거버넌스 능력을 더욱 강조하고 개혁방안에 대한 중앙 정부의 '정층설계(頂層設計)'를 더욱 강조하며, 중앙집중관리를 더욱 강조한다]라고 정의할 수 없지만, 개혁에 대한 설계 역시 '분권해야 한다면 분권한다'는 원칙이 철저하게 반영되어 있다. 예컨대, 제18기 3중전회의 결정에서는 통일·개방, 경쟁·질서의 시장체제를 건설하기 위해 시장이 자원 배치에 있어서 결정적인 역할을 하도록 제시했다. 또한 제18기 3중전회에서는 분권화 개혁과 관련해 다음과 같은 내용을 제시했다. ① 재정 세수 체제 개혁을 실행하여 중앙과 지방의 재정 권한(財權)·사무 권한(事權) 책임을 진일보하게 정돈해야 한다. ② 정부의 직능을 전환하여 행정적 심사·비준 사항을 축소 또는 권한 이양하여 기업과 사회에 더욱 큰 자유를 주어야 한다. ③ 사회 거버넌스 방식을 개선하고 사회조직의 활력을 불러일으킨다. 이러한 개혁 내용들은 중국의 분권화 개혁이 곧 새로운 단계에 진입했음을 나타내준다.

3) 분권 개혁과 거버넌스 변혁

고도로 집권화된 조직과 관리 시스템에서 보면 분권화는 분명 개혁의 방향이다. 그러나 분권화에는 서로 다른 방향과 정도가 있으며, 이것이 분권화 개혁의 성과를 결정한다. 약 30년 간 중국 개혁의 경험은 분권화 개혁이 세 가지 다른 방향으로 전개되고 거버넌스 변혁의 노력과 결합된다는 것을 보여준다.

첫째, 정부에서 시장·사회로의 권한 분산(分權)이다. 중국 경제 시장화 개혁의 과정은 사실 정부가 시장을 향해 권한을 분산시킨 것이다. 이러한 과정은 중국 경제의 발전을 촉진시켰다. 어떤 학자는 비국유 경제의 빠른 발전은 중국의 경제 개혁이 성공할 수 있었던 원인이며, 국유 경제의 발전은 정부가 시장·사회에 권한을 분산시킨 결과라고 지적한 바 있다. 오늘날 시장·사회를 향한 중국 정부의 분권 과정은 아직 완성되지 않았다. 국유 독점부문과 행정 심사·비준이 많이 존재하는 사실은 중국의 분권화 개혁에서 해야 할 일이 많다는 것을 나타내준다. 리커창 총리 주재로 국무원은 행정 심사·비준을 대폭 축소시키고 있다. 정부 측 정보에 따르면, 리커창 총리가 정무를 주관한 지 1년여 만에 행정 심사·비준 사항을 폐지하고 권한을 이양한 것만 일곱 차례 총 632개 항목에 달한다.

정부가 사회에 권한을 분산시키는 것은 중국 분권화 개혁의 내용 중 하나이다. 그 목적은 정부와 사회가 새로운 관계를 구축하고 사회의 자치 능력을 육성하며, 정부의 '부담을 줄이고' 궁극적으로 '전능형 정부'를 개조하는 것이다. 이러한 목표를 실현하려면 적어도 세 가지 방면의 노력이 필요하다. ① 새로운 사회조직을 양성하고, ② 기존 사회조직을 개혁하며, ③ 공공사무에 대한 사회의 참여를 실현하는 것이다.

둘째, 정부 내부의 분권화이다. 시장화 개혁이 추진되면서 중국 정부의 내부에서도 분권화 개혁이 이루어지고 있다. 재정금융 시스템을 예로 들면, 1978년 1월, 중국인민은행과 재정부는 정식으로 업무를 분리했다. 중국인민은행 본부 내 기구는 14개 사국(司局)으로 복원되었으며, 1978년 말 중국인민은행의 통일체제가 전면적으로 복원되었다. 이후 각종 전문 은행이 설립되었고, 보험사가 중국인민은행에서 분리되어 따로 설립되었 다. 이후 증권감독관리위원회·은행업감독관리위원회가 중국인민은행에 서 분리되었다. 중국 정부 내부의 분권화는 재산권·재정 세무·금융·기 업·사회보장·시장관리통제 등 부분과 관련되어 있다. 주요 목적은 전문 적인 분업화의 기초에서 정부 기능의 유기적 조합을 실현하는 것이다. 상 술한 중국 정부의 노력은 시장경제의 인프라 건설이라고 불린다. 그 내용 은 주로 분세제를 기초로 하는 재정·세수 연방제 기관의 분설(分設), 금융 시스템 중 정책성 개발은행·상업은행·비은행 금융기관의 분설과 금융업 무기관 및 금융감독기관의 분리, 정부·기업 관계에서 기업과 주관 행정 부서의 단절 등이다.

셋째, 중앙에서 지방으로의 권한 분산이다. 상술한 것처럼 중국 정부의 분권화 개혁의 주요 내용은 중앙에서 지방으로 권한을 분산시켜 지방의 적극성을 불러일으키는 것이다. 이 가운데 가장 중요한 것은 중앙과 지방 의 재정 분권을 실현하여 중앙과 지방의 분세제도를 수립하는 것이다. 이 러한 분세제도는 재정연방제라고도 불린다. 재정연방제에서 중앙 정부는 많은 경제관리 권력을 지방에 이양할 뿐만 아니라 지방에 일정한 자주적 의사결정권을 주고 많은 재정 권력을 지방에 이양하여 중앙과 지방이 재 정수입을 공유하도록 한다. 지방 재정수입이 많을수록 지방에 미리 남겨 지는 수입이 많아진다. 이러한 독려는 지방 정부관리가 강한 열정과 의욕 을 가지고 지방 경제성장을 추진할 수 있도록 한다.

중앙에서 지방으로의 권한 분산은 재정·세수 연방제 외에도 중앙이 일 부 행정 심사·비준을 지방에 이양한 것에도 나타난다. 아울러 현(縣)급 정부의 자주성과 활력을 북돋기 위해 중국 정부는 성이 현을 직접 관리하 는 제도를 시범 운영하고 있다. 2002년부터 저장(浙江)·광둥(廣東)·허난

(河南)·랴오닝(遼寧)·후베이(湖北) 등의 성에서는 이미 재정상 현을 직접 관리는 시범 구역이 생겼다. 이곳들은 성이 직접 현을 관리하는 선도적 시범 구역으로 볼 수 있다.

전체적으로 볼 때, 분권화 개혁은 중국 경제에 거대한 이익을 창출해 주었다. 그 긍정적인 공헌은 다음과 같다. ① 중국 개혁 전략의 일부분으로서 중앙 정부 부서에서 오는 개혁에 대한 저항을 극복하는 데에 도움이 되었다. ② 지방이 혁신시범구역을 추진하도록 허용하여 큰 리스크·큰 잘못을 방지할 수 있었다. ③ '증량개혁(增量改革: 새로 증가하는 부분에 대한 개혁)'을 추진하는 데 도움을 주어 개혁 정책의 연속성을 확보했다. 그러나 우리는 분권화 역시 많은 문제를 초래했다는 사실을 알아야 한다. 그 중 가장 큰 문제가 지방 보호와 시장분할이다.

분권화 개혁의 목적은 하급 조직·구성원에게 더 많은 자주성·독립성을 주어 조직 전체 이익의 개선을 촉진하는 것이다. 그러나 분권화 개혁의 전제 조건은 조직의 통일성을 훼손하지 않는 것이다. 한 나라에 있어서 통일화·균등화를 실현하는 것은 가장 중요한 임무이다. 한 나라 안에서 교통을 통일하고, 화폐를 통일하며, 시장을 통일하고, 사법을 통일하며, 규칙을 통일하고, 관리기준을 통일하며, 시민의 신분과 권익을 통일하여 공공 서비스의 균등화와 자본요소의 자유로운 이동을 실현하는 것은 국가 건설과 국가 거버넌스의 이상적인 목표이다. 이러한 기준에서 볼 때, 분권화 개혁의 정당한 경계는 이러한 목표의 달성에 도움이 되는 데에 있어야 한다. 최소한 이러한 목표의 실현을 방해하거나 훼손해서는 안 된다.

중국 분권화 개혁이 지방·사회·기업, 심지어 개인에게도 큰 활력을 불어넣은 것은 분명한 사실이다. 그러나 이러한 분권화는 행정 지역 혹은 업종부문을 단위로 하기 때문에 지방주의, 부서주의, 시장분할 등을 초래했다. 많은 연구에서 중국 지방보호주의의 생성과 행정 분권은 직접적인 관련이 있다고 밝혔다. 중국의 정(正)·반(反) 두 가지 방면의 경험에서도 분권화 개혁은 반드시 통일성·균등화를 촉진하는 제도변혁과 더불어 진행되어야 하는 것을 보여준다.

분권화 개혁의 효과를 극대화하는 문제에 대해 어떤 학자는 과도한 분권화가 지방 보호주의의 출현을 자극했다고 주장한다.[22] 또 어떤 학자는 지방 시장분할은 경제 체제 전환 과정에서 나타나는 현상이며, 행정성 분권화가 이러한 현상을 초래한 심층적 체제의 원인이라고 말한다.[23] 또한 어떤 학자는 지방 보호와 시장분할을 초래한 주된 원인이 분권식 개혁에서 중공업 우선 발전의 추격전략 논리가 확대되었기 때문이라고 생각한다.[24]

분권화의 합리적인 경계를 탐구해야 할 필요가 있다. 상술한 바와 같이 분권에는 네 가지 유형이 있다. 즉, 정치 분권, 정부 분권(수평 분권 혹은 기능적 분권), 지방 분권(수직 분권 혹은 구조적 분권), 행정 분권이다. 개혁개방 이후 중국 정부는 지속적으로 정부·시장, 정부·사회, 정부·기업, 정부·정부 간의 관계를 조정해왔다. 이로써 고도로 집권화된 관리 체제에 분권화 개조를 추진했다. 전체적으로 보면, 이러한 개조는 정부의 관리·통제를 감소 혹은 이완시켰으며, 지방·기업·사회·개인의 활력을 발산시켜 중국의 경제발전을 촉진시켰다. '만능형 정부' 개조, 민간에게 더욱 큰 자유와 자치공간을 주는 목표에 대해 말하자면, 중국의 분권화 개혁이 갈 길은 아직 멀고 그 임무는 완성되지 못했다. 따라서 이러한 방향

---

22 陸銘·陳釗, 《中國區域經濟發展中的市場整合與工業集聚》, 上海人民出版社, 2005.

23 陳東琪·銀溫泉, 《打破地方市場分割》, 中國計劃出版社, 2002.

24 林毅夫·劉培林, 《地方保護和市場分割: 從發展戰略的角度考察》, 北京大學中國經濟研究中心 工作論文, No.C2004015, 2004年 10月.

을 향해 지속적으로 나아가야 할 것이다.

그러나 오늘날 중국은 지방주의·부서주의·업종 이기주의·과두주의·특권주의가 독점, 권력 남용, 부패 등의 방식을 통해 국가 이익과 국가 권력을 절단·분할·통제하는 문제에 직면해 있다. 이러한 문제는 중국의 국가 기본 건설이라는 임무가 아직 완성되지 못했음을 보여준다. 이러한 임무의 가장 중요한 내용이 바로 국가의 통일성과 공공 서비스의 균등화이다.

이처럼 분권화의 목표는 사실 '권력 케이크'를 새롭게 나누는 것이 아니라 거버넌스 변혁이다. 중국 개혁의 실천은 분권화 개혁이 기업·사회·시민의 이익을 최대화하고자 했으며, 분권화 개혁이 통일성과 균등화를 촉진하는 제도 변혁과 더불어 진행되어야 한다는 사실을 보여준다. 만약 이 두 가지 경험이 분권화 효과를 최대화하는 원칙이라면 이는 사실 정치학의 옛 명제―자유와 권위의 관계―를 재현한 것이다. 국가발전의 활력이 부족한 문제를 해결해야 하며, 부서 이기주의·지방보호·과두 분할의 문제 역시 해결해야 한다. 중국은 중앙집권체제를 유지하는 상황에서 자유와 권위를 조화시키고, 집권·분권의 관계에서는 '시간차' 공격―선 '통제(統)' 후 '해제(放)', '해제' 후 다시 '통제', '통제' 후 다시 '해제'하면서 항상 '통제하면 침체되고 해제하면 혼란한(一統就死, 一放就亂)' 기현상에서 벗어나지 못함―을 해야 한다. 오늘날 신임 공산당 중앙은 '국가 거버넌스 현대화'라는 개념을 제시했다. 이 개념이 어떻게 해석되고 정의되는지와 관계없이 사회에 더욱 많은 자유와 자치(해제할 것은 해제함)를 주고, 국가가 교통·시장·규칙·정보·권익·기준 등의 방면에서 통일·균등(통제할 것은 통제함)을 실현하는 것이 국가 건설의 필수불가결한 내용일 것이다.

제6장

당정 건설: 현대 국가 거버넌스의 영도역량 구축

청시 程熙, 상하이시위원회당교

당과 정부, 군과 민간, 학계, 그리고 동서남북 어디에서나 당은 모든 것을 영도한다. 중국공산당의 영도는 중국특색사회주의의 가장 본질적인 특성이자 중국특색사회주의 제도의 가장 큰 장점이다. 제19차 당대회 보고에서 시진핑 총서기는 "당이 모든 사업의 지도를 견지해야 한다"고 재차 천명했고, 이를 신시대에 중국특색사회주의를 견지하고 발전시킬 기본 방침 중 첫 번째로 규정했다.

중국공산당은 현대 국가 거버넌스 체계의 제도화 과정에서 중요한 역할을 한다. 자오위펑(趙宇峰)과 린상리(林尙立)는 중국이 당의 영도 제도와 국가 제도가 공존하는 정치 체계를 구축했기 때문에 중국의 국가 거버넌스 체계 역시 반드시 당의 영도, 의법치국과 인민이 주인이라는 3대 요소가 유기적으로 통일되어야 한다고 인식했다.[1] 일부 학자들은 당의 건설이 국가 거버넌스 체계와 거버넌스 역량의 발전을 결정한다고 인식했다.[2] 현대화는 지난한 과정으로, 집권당은 이 과정에서 줄곧 현대화의 도전을 받

---

1 趙玉峰·林尙立, 〈國家制度與國家治理: 中國的邏輯〉, 《中國行政管理》, 2015年 第5期.
2 鄭長沖, 〈國家治理體系和治理能力現代化與黨的建設制度發展〉, 《江西社會科學》, 2015年 第4期.

을 수밖에 없으며 정치 참여의 확대에 어떻게 대응할지, 정치 경쟁과 공공 이익의 관계를 어떻게 처리할지, 국가 재정 확보와 공공재 제공에서 어떻게 균형을 이룰지와 같은 현대화의 3대 명제에 직면한다.[3] 국가의 현대화를 위해서는 지도자가 현대화에 대한 이념을 갖추어야 한다. 민주와 효율은 현대화의 중요한 두 가지 척도이다. 국가의 정치 제도에 대한 평가는 민주적인지 효율적인지에 의해 결정되며 국가 지도층이 법에 의거하여 질서 있게 교체되는지를 본다. 또한 모든 인민이 법에 의거하여 국가 사무와 사회 사무를 관리하는지, 경제 및 문화 사업을 관리하는지에 의해 결정된다. 인민들이 스스럼없이 이익에 대한 요구를 표현하는지, 사회 각계가 국가의 정치 생활에 효율적으로 참여할 수 있는지도 중요하다. 국가의 정책 결정이 과학적이고 민주적으로 실현되는지, 집권당이 헌법과 법률에 의거하여 국가 사무에 대한 영도를 실현하는지, 권력의 운용에서 효율적인 제약과 감독이 가능한지도 고려된다. 시진핑 총서기는 전국인민대표대회 창설 60주년 행사에서 상술한 여덟 가지 기준을 제기했다. 현대화 과정에서 집권당이 이 기준들을 이행하기 위해서는 국가 통치 방식을 끊임없이 개선하고 개혁해야 할 뿐만 아니라 혁명 시대부터 이어진 우수한 전통을 공고히 해야 한다. 순응과 공고화는 집권당의 지도체제가 현대화 과정에서 확보해야 하는 상호보완적인 척도이다.

당과 국가기구의 개혁은 정당 건설의 가장 새로운 성과이다. 중국공산당 제19기 3중 전회에서 〈당과 국가기구 개혁 심화에 관한 중국공산당 중앙의 결정〉과 〈당과 국가기구의 개혁 심화 방안〉이 통과되면서, 당의 영

---

3 쿤(P. Kuhn)은 청나라의 정치참여 발전과 국가권력 강화 사이의 갈등, 정치경쟁의 전개와 공공이익 수호 사이의 갈등, 국가의 재정흡수 역량과 지방의 사회재정 수요 사이의 갈등을 통해 현대 국가의 현대화 과정에서 생성되는 긴장감을 분석했다. 孔飛力, 앞의 책(2013); 陳兼·陸之宏, 〈孔飛力與'中國現代國家的起源'〉, 《開放時代》 2012年 第7期 참조.

도가 이 제도에서 더욱 발휘될 수 있게 되었다. 당의 영도는 당과 국가기구가 효율적인 집행력을 견지하는지에 따라 결정된다. 이번 기구개혁은 중대한 사업에 대한 당의 영도 체제 및 메커니즘 구축, 동급 조직 중 당 조직의 영도 지위 강화, 당과 국가기구의 총괄적인 설립, 당의 기율 감사 체제와 국가의 감찰체제 개혁 추진 등 방식을 통해 진행되며 당의 영도를 더욱 공고하게 할 수 있다.

1. 정당 규제·조정의 개념과 모델

정당의 규제·조정(Regulate and Control)은 집권당이 국가기구에 대한 통제와 운영을 통해 경제, 정치, 법률, 행정 등의 수단을 종합적으로 운용하고, 조직 환경의 변화에 따라 국가 업무와 사회 업무를 조정 및 관리하는 행위이다.[4] 일부 학자들은 정당의 규제·조정을 '조직화된 통제', 즉 "당의 조직 네트워크와 정부의 조직체계를 통해 조직을 구성하고 조직 네트워크에 침투하는 과정에서 집권당의 주도적인 권력 조직 네트워크를 끊임없이 확립하고 개선함으로써 사회 자체가 고도로 조직화되고 최종적으로 조직을 통해 국가 거버넌스의 목적을 실현하는 사회통제 형태"라고 인식하기도 한다.[5] 정당의 규제·조정은 정당이 집권행위를 통제함으로써 집권역량을 강화하는 방식 중 하나이다. 정당의 규제·조정과 정당의 기능은 깊이 연계되어 있다. 정당의 기능은 이익의 표출, 엘리트 채용, 정

---

4 이 개념은 저우슈전(周淑真)의 정당의 집권역량에 대한 정의를 참고했다. 周淑真, 《政黨政治學》, 人民出版社, 2011, p. 215.
5 唐皇鳳, 〈組織化調整: 社會轉型的中國經驗〉, 《江漢論壇》, 2012年 第1期.

권 장악, 정치적 동원과 정치 사회화, 정치적 소통 등이 포함된다.[6] 정당의 통제는 집권당이 이러한 기능을 어떻게 조정함으로써 집권역량을 더욱 제고할 것인지에 대해 논의한다. 정당의 규제·조정은 통제와 상호 변증적인 관계이다. 통제역량을 갖춘 집권자만이 정치적인 권위와 자원을 통해 조정이 가능하지만 효율적인 조정은 오히려 정당의 영향력과 통제력을 증대한다.

정당의 규제·조정 역량은 사회적 전환의 도전을 받는다. 사회적 전환이 동반하는 문제들은 모든 국가들이 현대화 과정에서 직면하는 도전이다. 폴라니는 《거대한 전환》에서 영국의 산업혁명이 경세, 사회에 가셔온 심각한 부작용을 분석했다. 사회적 전환 중 정당의 규제·조정 역량을 어떻게 유지하고 심지어 제고할지에 대해 정당을 연구하는 학자들은 정당의 전환이라는 개념을 제시했다. 현대정치학적 의의에서의 정당은 자본주의 사회가 발전하는 과정에서의 특정한 역사적 단계에 나타난 산물이다. 서방의 정당은 18세기 후반에 엘리트로 구성된 당에 속하며, 이는 새로운 자산 계급이 기존의 봉건귀족과 투쟁 및 타협하는 특정한 사회적 환경에서 발생한 산물이다. 따라서 정당에 관한 첫 번째 논쟁은 정당이 소수의 권익을 대표하는지, 아니면 공공의 이익을 대표하는지에 대한 논쟁이었다.[7] 19세기 말부터 20세기 초까지 선거권의 확대에 따라 정당은 표를 얻기 위해 대중을 위한 당으로 점차 전환되었다. 이때 정당과 민주의 관계는 초기 정당 연구의 중요한 명제였다.[8] 현대적 정당의 탄생과 정당

6 王長江, 《政黨政治原理》, 中央黨校出版社, 2009, pp. 55-57; 何增科, 〈政黨的轉型和現代化〉, 《當代世界與社會主義》, 2003年 第2期.

7 G. 薩托利, 《政黨與政黨體制》, 王明進譯, 商務印書館, 2006.

8 M. Ostrogorski, *Democracy and the Organization of Political Parties*, NY: Macmillan, 1902; 羅伯特·米歇爾斯, 《寡頭統治鐵律: 現代民主制度中的政黨社會學》, 任軍峰等譯, 天津人民出版社, 2002.

정치의 발전, 제2차 세계대전의 발발, 그리고 식민지 국민들의 각성과 민족해방운동, 독립운동이 세차게 몰아치며 아시아, 아프리카, 남미 등지에서 새로운 독립 국가들이 수립되었다. 정당의 흥망성쇠에 관한 역사적 경험과 교훈 연구, 각기 다른 유형의 정당의 집권 방식에 관한 연구, 각기 다른 국가의 정당 체제에 관한 연구는 정당 이론이 관심을 갖는 중요한 문제였다.[9] 20세기 중반, 서방의 정당은 대중의 당에서 호환적인 당으로 전환되었고, 후자는 유권자와의 관계를 단절했다. 개발도상국 역시 현대화 과정에서 도전에 직면했다. 사회적 전환이 동반한 도전에 대응하기 위해 헌팅턴은 정당이 현대화 발전에서 중요한 역할을 해야 한다고 강조하는 동시에, "조직과 프로세스의 적응성이 강할수록 제도화 수준이 높다고 인식했다. 반대로 적응력이 약할수록 제도화 수준은 낮다".[10] 1980년대부터 서방의 정당은 호환적인 당에서 독점적인 당으로 전환했고, 당은 더 이상 당원의 재정적인 지원과 인적 지원에 의지하지 않게 되었다. 오히려 국가의 보조금에 의지해 정치 활동을 할 수 있었다. 서방 학계가 정당 조직의 변화, 정당의 쇠퇴, 정당의 전환에 관한 연구에 관심을 갖기 시작하면서 학자들은 '적응력(adaptation)'을 통해 정당이 외부환경의 변화에 어떻게 대응하는지를 연구했다.[11] 서방 정당의 적응력에 관한 연구에서는 정당이 의석을 유지하기 위해 전략과 구조를 어떻게 변화시켰는지에 많

---

9 於鴻君, 〈黨, 政黨, 政黨政治, 政黨政治研究及其他〉, 《當代世界政黨情勢》, 黨建讀物出版社, 2013, pp. 3-18.

10 薩繆爾·亨廷頓, 《變化社會中的政治秩序》, 王冠華譯, 三聯書店, 1996, pp. 11-12.

11 Peter Mair, *Party System Change: Approach and Interpretations*, Oxford: Clarendon Press, 1997, pp. 11-12; 陳崎, 《衰落還是轉型: 當代西方政黨的發展變化研究》, 中國傳媒大學出版社, 2010; 王勇兵, 〈西方政黨變革與轉型理論初探〉, 《經濟社會體制比較》, 2004年 第6期; 周建勇, 〈當代西方政黨轉型理論探析〉, 《復旦政治學評論》(第七輯), 上海人民出版社, 2009, pp. 176-191.

은 관심이 집중되었다.[12]

1950년대부터 1970년대까지 냉전으로 인해 서방 학계의 사회주의국가에 대한 연구는 공산국가의 체제에 관한 연구에 집중되었다. 옌젠(閻健)은 해외 학자들의 중국공산당에 관한 연구가 크게 세 단계로 분류될 수 있다고 정리했다. 첫 번째 단계는 1952년부터 1965년으로, 독재주의의 시각에서 중국공산당을 분석하며 중국공산당이 절대적인 통제역량을 갖추고 있다고 인식했다. 두 번째 단계는 1966년부터 1978년으로, 해외 학자들은 '문화대혁명'을 통해 당의 내부에 존재하는 갈등과 충돌이 발견되고, 이로 인해 질내적인 동세가 '희석'되었다고 인식했다. 세 번째 단계는 개혁개방 이후로, 중국 사회의 자주성이 증대될수록 중국공산당의 통제가 배척되었다고 인식했다.[13] 1980년대와 1990년대 후반, 서방 정치학계의 주류 패러다임은 '국가-사회' 관계에 관한 연구로 전환되었다. 중국 정치에 관한 연구의 초점은 중국공산당의 시민 사회 전환, 기층선거 등으로 옮겨졌다. 21세기에 들어선 이후, 서방 학계가 관심을 갖는 연구는 중국의 정치발전에서 중국공산당 및 중국공산당의 변화가 갖는 역할로 전환되었다. 2002년, 덴마크 코펜하겐 대학에서 개최된 '정당의 귀환: 중국은 어떻게 통치되는가?'라는 주제의 국제학술대회에서 중국공산당이 재차 중국 정치의 연구 대상이 되었다는 점이 명확하게 제기되었다.[14] 서방

---

12 Richard S. Katz and Peter Mair(eds.), *How Parties Organize: Change and Adaptation in Party Organizations in Western Democracies*, London: Thousand Oaks, Calif.: Sage Publications, 1994; Steven Levitsky, "Organization and Labor-Based Party Adaptation: The Transformation of Argentine Peronism in Comparative Perspective," *World Politics*, 2001(1), p. 29; Katrina Burgess and Steven Levitsky, "Explaining Populist Party Adaptation in Latin America Environmental and Organizational Determinants of Party Change in Argentina, Mexico, Peru, and Venezuela," *Comparative Political Studies*, 2003(36), p. 881.

13 閻健,《中國共產黨轉型與中國的變遷: 海外學者視角評述》, 中央編譯出版社, 2013, p. 73.

학계는 중국공산당의 '회복탄력성(resilience)'을 점차 연구하기 시작했다. '탄력성'은 네이선(A. Nathan)의 논문에서 처음 제기되었다. 네이선의 '탄력성'은 중국공산당의 제도화 부분에 치중되어 있으며, 지도자 교체에서의 제도화, 정치적 업적이 아닌 파벌 관계에 치중한 간부 선발, 전문화 추세, 정치 참여의 제도화 등 네 가지를 지적했다.[15] 헤일맨(S. Heilmann)과 페리(P. Perry)도 '정치적 탄력성(Political Resilience)'이라는 개념을 제기하며 정치체계의 내란 통제, 기존 핵심 기능, 구조, 피드백 및 공감대를 유지하는 역량을 의미한다고 밝혔다.[16] 적응력과 탄력성은 변증법적 통일의 개념이다. 중국공산당의 적응력은 한계가 있으며, 그 근본적인 목적은 체제의 탄력성을 증대시키기 위함이다.

중국공산당의 정당 변화에 관한 연구에서 학계는 중국공산당의 '적응력(adaption)'을 활용하여 중국공산당의 조직변화를 연구하기 시작했다. 이러한 연구는 중국공산당이 조직 이데올로기, 구조 등의 변화를 통해 어떻게 사회적 전환에 적응하는지를 살펴보는 데 목적이 있다. 개혁개방 이후 사회적 이익과 사상이 다원화되면서 정치, 경제와 사회 분야에서 중국공산당의 통제가 약화되었고, 중국공산당의 통제력이 '위축(atrophy)'되는 상황이 나타났다.[17] 기존 연구는 중국공산당이 이러한 '위축'에서 어떻게 긍정적으로 '적응'하고, 이러한 변화에 어떻게 대응하는지를 고찰했

---

14 Kjeld Erik Brodsgaard and Zehng Yongnian(eds.), *Bringing the Party back in: How China is Governed*, Singapore: Eastern Universities Press, 2004.

15 Andrew J. Nathan, 앞의 글, pp. 6-17.

16 Sebastian Heilmann and Elizabeth J. Perry, "Embracing Uncertainty: Guerrilla Policy Style and Adaptive Governance in China", in Heilmann and Perry(eds.), *Mao's Invisible Hand: The Political Foundations of Adaptive Governance in China*, Cambridge, Mass: Harvard University Press, Zov, p. 8.

17 Andrew G. Walder, "The Decline of Communist Power: Elements of a Theory of Institutional Change," *Theory and Society*, Vol. 23, No. 2, April, 1994, pp. 297-323.

다. 이러한 이론이 가진 선입견은 '충격-응답'과 유사하다. 중국공산당은 각종 분석 틀에서 수동적인 역할을 한다. 이러한 연구에는 적응력과 탄력성이라는 두 가지 대립되는 핵심 개념이 있다. 샴보(D. Shambaugh)는 개혁개방 이후 중국공산당의 이데올로기와 조직 변화를 통해 중국공산당이 어떻게 적응하는지를 서술했다. 그러나 그의 저서에는 이러한 적응력이 얼마나 중국공산당의 위축에 대응하는지를 명확하게 밝혀내지 못했다.[18] 셰위에(謝嶽)는 정당의 적응력을 '사회적 변화가 발생할 때 정당이 사회의 변화에 따라 적시에 조정하는 능력'이라고 정의했다. 또한 정당의 적응력을 가늠하는 중요한 지표를 이데올로기의 적응력이라고 인식했다.[19] 헤일맨과 페리는 2011년 발표한 논문에서 '적응력(adaptability)'을 조직이 의식적 혹은 무의식적인 행위를 통해 탄력성을 한층 높이는 능력으로 규정했다.[20] 딕슨(B. Dickson)은 적응력을 사회의 각기 다른 요구와 이익에 대한 집권당의 대응력이자 집권에서 민주로 전환하는 과정이라고 정의했다. 딕슨은 집권당의 적응력을 효율적 적응력과 반응적 적응력으로 분류했다. 효율적 적응력은 집권당 목표의 전환 혹은 조정에 기인한다. 지도자가 교체된 후, 새로운 지도자는 정책적 선호도에 의거하여 새로운 정책을 공포한다. 이때 집권당은 조직개혁을 추진하여 이데올로기, 정책과 조직을 매칭함으로써 결국 집권 효율을 제고한다. 반응적 적응력은 국내와 환경의 압박에 대한 집권당의 대응으로, 사회적 요구의 변화에 의거하여 자체적으로 조직 환경이 반응한다.[21] 두 가지 적응력의 유형은 〈그림

---

18 [美]沈大偉,《中國共産黨: 收縮與調試》, 呂增奎·王新穎譯, 中央編譯出版社, 2011.

19 謝嶽·丁東鋒,〈試論中國共産黨的現代政治轉型〉,《上海交通大學學報》(哲學社會科學版), 2006年 第1期, p. 20.

20 Sebastian Heilmann and Elizabeth J. Perry, 앞의 글, p. 8.

21 Bruce J. Dickson, *Democratization in China and Taiwan: The Adaptability of Leninist Parties*, Oxford University Press, 1997.

6-1〉을 통해 확인할 수 있다. 이 중 효율적 적응력은 관료체계의 저항에 직면할 수 있고, 해외의 적대적인 구도 변화에 의해 실패할 수 있다. 반응적 적응력은 당내 강경파 엘리트의 저항에 부딪힐 수 있고, 동시에 해외의 적대적인 구도 변화에 의해 중단될 수 있다.

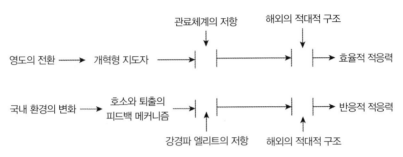

〈그림 6-1〉 효율적 적응력과 반응적 적응력[22]

기존의 적응력에 관한 연구는 중국공산당이 조직 환경의 변화에 대한 압박에 직면할 때 조직의 이데올로기, 합법성, 제도 건설, 조직건설 등에서 어떻게 상응하는 변화를 하는지,[23] 그리고 중국공산당이 다른 국가 및 사회와 어떻게 상호 작용을 하는지, 변화된 환경에서 집권방식을 어떻게 변화시키는지, 영도역량을 어떻게 구축하는지 등을 포함한 중국공산당 조직 내부 연구에 편중되어 있다. 소수만이 정당의 규제·조정에 관한 연구를 진행했다. 탄롱(譚融)은 적응력의 변화에서 집권당이 새로운 형태의 소통 네트워크를 구축한다고 주장했다. 이러한 소통 네트워크에는 집

---

22 위의 책, p. 32.
23 呂增奎主編, 《執政的轉型: 海外學者論中國共產黨的建設》, 中央編譯出版社, 2011; 葉麒麟, 〈政黨國家轉型的內在邏輯: 改革開放以來中國共產黨的適應性研究〉, 《中共天津市委黨校學報》, 2010年 第3期; 楊雲珍, 〈政黨適應性: 理論回潮與中國共產黨的實踐〉, 《中國社會科學報》, 2011年 7月 21日 第7版; 吳曉林·薑永熹, 〈政黨轉型與嵌入式政治整合政策的調整: 對中國共產黨章程修改修訂的曆史考察〉, 《中共天津市委黨校學報》, 2013年 第6期.

권당과 참여당 사이의 정당 체계 소통 네트워크 및 사회 소통·교류 채널을 원활하게 하는 사회체계 소통 네트워크가 포함된다.[24] 징웨진(景躍進)은 '전환', '흡수', '침투'와 같은 세 가지 조직 기술을 통해 중국공산당의 맞춤형 대응을 탐구했다. 기업가 계층의 입당(흡수)은 정당 조직의 적응에 속하며 기층의 발전을 통한 민주(전환)와 비공유제 기업 및 새로운 사회조직의 당 창설은 정당과 사회의 관계까지 관련되어 있다.[25] 저우젠용(周建勇)은 중국공산당의 전환을 분석하면서 조직 규모와 구성, 이데올로기의 변화에 대한 관찰 이외에도 기층조직 건설에서 나타난 중국공산당의 새로운 변화를 연구했다.[26] 적응에 관한 기존의 연구는 중국공산낭이 피동적인 역할로 변화에 대응한다는 점에 초점을 맞추고 있다. 그러나 정당의 규제·조정은 정당이 더욱 적극적이고 주도적인 역할을 할 뿐만 아니라 국가, 사회와 상호 작용을 한다. 또한 제도 변천과 정치 참여 요구에 대해 선택적인 통제를 한다. 따라서 우리는 정당의 규제·조정을 통해 중국공산당의 정치 적응력 연구를 보완할 필요가 있다.

정당의 규제·조정 연구에는 정당의 적응력이 포함되어야만 완벽한 분석체계를 구축할 수 있다. 애플턴(A. Appleton)과 워드(D. Ward)는 통일된 분석 틀로 두 가지를 결합했다. 이들은 정당 행위의 변화가 환경의 변화에 기인하며, 조직 내부의 간섭이 과도한 역할을 한다고 인식했다. 이러한 외부환경의 도전에는 세 가지 자극요인이 있다. 첫 번째는 성과와 효과에 대한 자극으로, 결과와 예상의 차이가 비교적 크다. 두 번째는 정기적 자극으로, 정당이 견뎌야 하는 상시적인 압박이다. 세 번째는 우연한

24 譚融, 〈現時期中國政黨制度的適應性變革〉, 《天津大學學報》(社會科學版), 2010年 第3期.

25 景躍進, 〈轉型, 吸納和滲透: 挑戰環境下執政黨組織技術的嬗變及其問題〉, 《中國非營利評論》, 2011年 第1期.

26 周建勇, 〈中國共產黨轉型研究: 政黨-社會關係視角〉, 《上海行政學院學報》, 2011年 第4期.

자극으로, 지도자의 갑작스러운 사망 등이 있다. 외부환경의 자극과 조직 변화 사이에는 파벌 상황, 제도화 수준, 파편화 수준 등을 포함한 간섭요인이 있다. 애플턴과 워드는 성과 및 효과에 대한 자극이 강할수록 조직의 변화가 크고, 당내 파벌과 제도화 역량이 조직의 변화를 약화시키며, 파편화 수준이 조직이 변화를 증대한다고 인식했다.

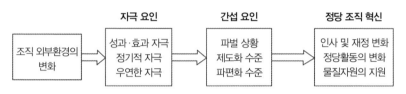

자극 요인	간섭 요인	정당 조직 혁신

| 조직 외부환경의 변화 | 성과·효과 자극
정기적 자극
우연한 자극 | 파벌 상황
제도화 수준
파편화 수준 | 인사 및 재정 변화
정당활동의 변화
물질자원의 지원 |

〈그림 6-2〉 애플턴과 워드의 정당 적응 모델[27]

상술한 모델에 의하면, 한편으로는 조직의 환경변화가 조직의 변화를 유도하고 조직의 변화가 조직행위의 변화에 영향을 미친다. 사회의 전환과 정부의 전환은 정당의 외부환경에 변화를 초래하고 이로 인해 정당 역시 그에 따라 변화한다. 정당의 집권역량과 합법성을 제고하기 위해 정당 조직은 조직의 개방성을 확대하고 당내 민주를 진행한다. 중국공산당은 정당 조직의 변화에 의거하여 정당과 국가, 정당과 사회의 관계를 끊임없이 조정해왔다. 다른 한편으로는 조직에 큰 변동이 발생하지 않는 상황에서 집권당 역시 지도 방식과 집권방식을 통해 정당의 행위를 주도적으로 개선함으로써 새로운 조직 환경에 적응하고, 조직의 탄성과 체제의 탄성을 유지하는 목적을 실현한다. 정당 활동은 정당의 규제·조정의 매개체이다. 소위 정당 활동은 정당이 자신의 목적을 실현하기 위해 채택한 수

---

27 A. M. Appleton and D. S. Ward, "Party Response to Environmental Change: A Model of Organizational Innovation," *Party Politics*, 1997, p. 347.

단, 방법, 형태의 총칭이자, 당 내외 다양한 자원을 동원하고 이용해 자신의 목표를 달성하기 위한 조직적이고 집단적인 행위 모델이다.[28]

2. 정당 규제·조정과 중국공산당의 영도 체제

정당의 규제·조정은 권력의 시각에서 국가와 사회에 대한 정당의 통제역량과 집권방식으로 연구할 수 있다. 서방 학자들은 중국공산당에 대한 연구에서 국가와 사회의 동세에 내한 레닌주의 정당 연구에 치중했나. 독재주의이론에서 서방 학자들은 중국공산당을 조직적으로 엄격하고 권력이 집중된 '조직'이며, 당의 고위급 지도자가 이러한 조직을 조종한다고 가정한다. 이러한 이론은 동시대의 소련 연구에 큰 영향을 받았고, 서방 학자들의 현대 중국에 관한 연구에도 심각한 영향을 미쳤다. 중국 학자들은 오히려 중국공산당의 집권역량, 집권방식 등의 개념을 사용하여 정당의 규제·조정을 탐구했다. 리쥔루(李君如)은 신중국 성립 이전의 제한적인 집권, 신중국 성립 이후 전면적인 집권 초기의 경험, 사회주의 조건에서의 집권 등 각기 다른 시기 중국공산당의 집권 논리에 대해 연구했다.[29] 조직 환경과 목표 변화에 의거하여 중국공산당의 집권방식 변화를 연구한 학자도 있다.[30] 대다수 학자들은 혁명당에서 집권당으로의 전환을 통해 중국공산당의 집권 논리의 변화를 연구했다. 스타이펑(石泰峰)과 장형

---

28 高新民,《中國共產黨活動方式研究》, 浙江人民出版社, 2006, 第10頁; 關於政黨活動的研究另
    見程熙,《組織製度化: 中國共產黨的政黨活動和中國政治發展初探》,《當代中國政治研究報告》
    (第12輯), 社會科學文獻出版社, 2014.

29 李君如,〈要重視中國共產黨執政史的研究〉,《中共黨史研究》, 2003年 第4期.

30 楊紹華,〈中國共產黨執政方式的歷史考察〉,《中共黨史研究》, 2005年 第6期.

산(張恒山)은 법에 의한 행정이 중국공산당이 법치 국가를 건설하고 당의 지도 방식과 집권방식을 새롭게 변화시키는 데 적합했다고 강조했다.[31] 후웨이(胡偉)는 과학적 집권, 민주적 집권, 법에 의거한 집권이 내포한 함의를 기반으로 중국공산당이 '정합형 정당'에서 '대표형 정당'으로 전환했다고 주장했다.[32] 왕창장(王長江)은 소련공산당 모델, 손중산의 당 건설 사상과 중국의 전통적인 정치문화가 중국공산당의 집권방식에 영향을 미친 3대 요소라고 지적했다. 왕창장은 개혁개방에 따라 중국공산당은 당의 집권 합법성, 당의 역량, 당의 활동방식, 당과 국가 권력의 관계, 당과 사회관계 등 다섯 가지 방면에서 개혁을 진행했다는 견해를 밝혔다.[33]

정당, 국가와 사회 사이에는 몇 가지 복합적인 관계가 있다. 왕구이시우(王貴秀)는 중국공산당의 당정관계에 대해 네 가지 모델을 제시했다. 첫 번째는 당이 국가의 상위에 위치한 모델로, 당정은 분리될 수 없으며 당이 정부를 대표하고 당이 국가를 통치한다. 두 번째는 당이 국가에 포함된 모델로, 당은 정부에 융화되고 당이 국가의 집권에 포함된다. 세 번째는 당이 국가와 사회의 중간에 위치한 모델로, 당은 국가와 사회의 교량 역할을 한다. 네 번째는 당이 사회에 포함된 모델로, 당과 국가가 분리되어 있다. 역사적으로 볼 때, 신중국 성립 이후 중국공산당은 국가의 정권을 전면적으로 장악했다. 사회주의 개조가 마무리된 이후, 중국공산당은 국가와 사회에 대해 강력한 통제역량을 갖추었다. 그러나 '문화대혁명'이 폭발하며 국가기구가 효력을 잃게 되고, 사회에 대한 정당의 통제 역시 한동안 이루어지지 않았다. 개혁개방 이후 정당은 국가와 사회의 관계를

---

31 石泰峰·張恆山, 〈論中國共產黨依法執政〉, 《中國社會科學》, 2003年 第1期.

32 胡偉, 〈中國共產黨執政方式的轉變: 邏輯與選擇〉, 《浙江社會科學》, 2005年 第2期.

33 王長江, 〈中國共產黨: 從革命黨向執政黨的轉變〉, 《中國治理評論》, 2012年 第1期.

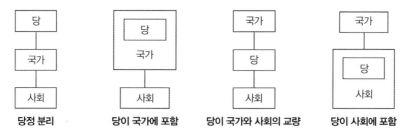

당		당		국가		국가
국가		국가		당		당
사회		사회		사회		사회
당정 분리		**당이 국가에 포함**		**당이 국가와 사회의 교량**		**당이 사회에 포함**

〈그림 6-3〉 당정 관계의 4대 모델[34]

끊임없이 조정했다. 필자는 현대 국가와 사회의 관계가 점차 계약적인 관계로 진환되고 있다고 인식한다. 정부는 법에 의한 행정을 통해 납세자들에게 공공 서비스를 제공한다. 중국공산당은 국가와 교집합인 동시에 사회와도 교집합이다. 집권당이 국가를 통치하고 사회를 영도한다. 집권당은 정당의 규제·조정을 통해 국가와 사회 사이의 장력을 완충한다.

정당은 국가의 규제·조정에서 중국공산당이 어떻게 집권을 하는가에 관심을 갖는다. 중국공산당의 집권은 중국공산당이 국가를 대표해 국가의 권력을 행사하고 당의 통치 주장을 관철하며 전국의 정치·경제·사회 업무를 처리하고 인민의 이익을 모색하고 실현하는 활동이다. 중국공산당의 집권에 관한 중국 내 학계의 연구는 집권당과 국가 건설의 관계에 치우친 경향이 있다. 린샹리는 중국의 성장을 연구하며 정당의 위상과 역할을 반드시 중시해야 한다고 밝혔다. 중국공산당과 국가 건설의 관계는 중국현대화 발전의 궤도와 국가 성장의 논리를 결정한다.[35] 차오하이쥔(曺海軍)은 국가의 자주성과 역량이라는 두 가지 개념에서 출발해, 60년 동안의 국가 건설 과정에서 정당의 역할을 연구했고, '당이 국가를 영도'

---

34 王貴秀, 〈理順黨政關系, 實現依法執政: 對建設憲政, 完善人大制度的政治哲學思考〉, 《人大研究》, 2005年 第4期.

35 林尚立, 〈國家建設: 中國共産黨的探索與實踐〉, 《毛澤東鄧小平理論硏》, 2008年 第1期.

하는 정치형태를 제시했다.[36] 왕젠화(王建華)는 신해혁명 이후 창당된 '일부' 정당, 국민당과 공산당의 국가 건설을 비교하여 국가 건설이 중국정당의 성장을 촉진했고, 정당이 현대 국가 건설의 주체라는 명제를 밝혀냈다.[37] 국가 건설 목표의 변화로부터 중국공산당의 집권 변화를 고찰한 학자도 있다.[38] 중국학자들이 집권당과 국가의 관계라는 거시적인 명제에 관심을 갖는 것과 비교해, 해외 학자들은 당정관계의 연구에서 당과 관료기구, 전국인민대표대회, 사법부의 관계에 관심을 가졌다. 해외 학자들의 당정관계에 관한 연구는 공산주의 국가 특유의 '홍(紅)'과 '전(專)' 현상에 뿌리를 두고 있다. 혁명정신인 '홍'과 이성적인 관료인 '전'을 결합하여 당의 순수성을 어떻게 유지하고 일상적인 통치를 진행했는지에 관심을 갖는다는 의미이다. 중국 정치 엘리트에 관한 수많은 해외 연구 역시 이러한 분석 틀을 기반으로 한다. 유사하게, 해외 학자들이 행정, 입법, 사법 등 분야에서 정당의 역할을 논할 때, 여전히 중국공산당의 '홍'과 '전' 사이의 긴장을 분석하는 데 치중하고 있다. 개혁개방 이후 중앙의 권력이 지방으로 이양되면서 케네스 리버설은 '파편화된 권위주의'를 제기했다. 정부에 대한 당의 관리 감독이 점차 어려워지고 각기 다른 부처가 특정 자원에 대한 통제권을 장악하면서 중앙의 지도력이 부득이하게 각 부처와 '흥정'을 할 수밖에 없게 되었고, 이로 인해 '파편화된 권위주의'가 나타났다고 주장했다.[39] 정스핑(鄭世平)은 관료체계가 발전함에 따라 당 권력에 도

---

36 曹海軍, 〈中國共産黨與國家建設: 國家建設理論視角下的中國經驗〉,《中南大學學報》(社會科學版), 2010年 第6期.

37 王建華, 〈政黨與現代國家建設的內在邏輯: 一項基於中國情境的歷史考察和理論分析〉,《復旦學報》(社會科學版), 2010年 第2期.

38 沈傳亮, 〈中國共産黨的國家建設目標歷史演進分析〉,《當代中國史研究》, 2011年 第3期.

39 Kenneth Lieberthal and Michel Oksenberg, *Policy Making in China: Leaders, Structures, and Processes*, Princeton: Princeton University Press, 1988, pp. 136-137.

전할 수 있다는 사실을 회피할 수 없기 때문에 당도 관료체제를 압박하거나 타파하고자 한다고 인식했다.[40] 수잔 셔크는 당과 정부 사이에 일종의 권력 위탁 관계가 존재한다고 인식했다. 당은 권력을 정부에 위임하고 정부가 당을 대표해 권력을 행사한다는 것이다.[41] 당이 간부의 임용과 해임에 대한 통제를 강화함으로써 중앙의 권력이 소멸되는 상황을 억제한다고 인식하는 학자도 있다.[42] 관료의 선발과 임용, 보직 변경 및 임기 단축모두 지방 간부가 당 중앙에 복종하는 수준을 강화한다. 마찬가지로, 랑드리(P. Landry)는 중국의 '분권화 권위주의'를 지적하며 집권당이 분권을위한 제도를 설계하는 동시에 지방 관료에 대한 정당의 통제 역량을 유지한다고 인식했다.[43]

중국공산당은 사회에 대한 규제·조정에서 중국공산당이 어떻게 영도할 것인지에 관심을 갖는다. 중국공산당의 영도는 중국공산당이 사회의정치, 경제, 문화 등 분야에서 인민, 대중과 기타 추종자를 인도, 조직, 인솔하여 당이 제시한 가치관, 노선, 정책을 실현하기 위해 함께 분투하는활동이다. 중국공산당의 영도에 관한 중국 내 학계의 연구는 기층 당 조직과 사회 및 사회 네트워크의 관계에 집중되어 있다. 거시적인 측면에서 국가와 사회에 대해 정당에 존재하는 정치적 착근성, 사회적 착근성과

---

40 Shiping Zheng, *Party vs. State in Post-1949 China: The Institutional Dilemma*, Cambridge, New York: Canbridge University Press, 1997, p. 255.

41 Susan Shirk, *The Political Logic of Economic Reform in China*, Berkeley: University of California Press, 1993, p. 55.

42 Yasheng Huang, *Inflation and Investment Controls in China: The Political Economy of Central-local Relations during the Reform Era*, Cambridge University Press, 1996.

43 Pierre Landry, *Decentralized Authoritarianism in China: The Communist Party's Control of Local Elites in the Post-Mao Era*, New York: Canbridge University Press, 2008.

문화적 착근성을 제기했다.[44] 이후 사회조직과 중국공산당의 조직 착근성에 관한 연구에서, 뤄펑은 정당이 인지, 적용 범위, 운영과 공진이라는 네 가지 방면에서 정당의 조직 착근성을 실현하는지를 제시했다.[45] 리우종홍(劉宗洪)은 사회 건설의 시작에서 기층 당 조직의 역할이 발휘되고, 사회 조직과 긍정적인 상호 작용이 나타난다고 인식했다.[46] 조직의 범위, 공무원, 노년층 당원, 이익 중재 등의 시각에서 중국공산당 기층 당 조직이 어떻게 새롭게 커뮤니티에 진입하는지를 탐구한 연구도 진행되었다.[47] 일부 학자들은 정당과 사회 네트워크의 관계에서 정당이 사회를 이끄는 지도력에 대해 깊이 있게 연구하여 만약 정당이 비교적 양호한 네트워크 위상을 점유하고 효율적인 소통 방식을 운용한다면 비교적 적은 비용으로 당의 목표를 실현할 수 있다고 인식했다.[48] 해외 학자들은 오히려 기층 선거, 시민 사회, 사회 항쟁 등과 같은 정치적 사회현상에 주목하며 중국공산당의 사회에 대한 통제 약화 여부에 더욱 관심을 가졌다. 서방 학자들이 제기한 이론의 주요 전제는 현대화 이론과 정치발전 이론이다. 이러한 이론은 시민 사회의 성장(기층 민주 선거, 시민 조직의 생성, 집단적 항쟁 사례의 증가 등)이 중국공산당의 권위에 도전하며 사회에 대한 통제를 약화시킨다고 인식한다. 일부 서방 학자들은 사회의 성장이 집권당을 서구형 민주로의 전환을 촉진시킬 것이라고 예상했다. 천안(陳安)은 향촌의 당

---

44 羅峰, 《嵌入, 整合與政黨權威的重塑: 對中國執政黨國家和社會關係的考察》, 上海人民出版社, 2009.

45 羅峰, 〈社會組織的發展與執政黨的組織嵌入: 政黨權威重塑的社會視角〉, 《中共浙江省委黨校學報》, 2009年 第4期.

46 劉宗洪, 〈公民社會視閾中的區域化大黨建研究〉, 《探索》, 2011年 第4期.

47 陳家喜·黃衛平, 〈把組織嵌入社會: 對深圳市南山區社區黨建的考察〉, 《馬克思主義與現實》, 2007年 第6期.

48 程熙, 〈嵌入式治理: 社會網絡中的執政黨領導力及其實現〉, 《中共浙江省委黨校學報》, 2014年 第1期.

조직부터 시작하여 개혁개방의 탈집체화로 인해 향촌 간부가 일반 주민들에게 경제자원을 분배하는 권위의 하락을 초래했다고 주장했다. 수많은 청년층 농민들이 도시로 이동하면서 향촌조직의 통제가 약화되는 상황이 더욱 가속화되었다.[49] 농업세의 취소로 인해 기층정부에 국가공동화(Hollow State)의 현상이 나타났다는 학자도 있다.[50] 기층 당 조직의 영향력이 하락하는 동시에, 민족·사회단체는 점점 더 중요한 역할을 하게 되었다. 차이샤오리(蔡曉莉)는 민족단체가 마을에서 비공식적인 조직 자원이지만 간부들이 공공재를 제공하는 행위와 방침에 두드러진 영향력을 행사한다고 인식했다.[51] 화이트(G. White)는 저장성 샤오산(蕭山)의 기층 사회단체를 관찰한 결과, 경제 개혁이 추진됨에 따라 국가와 신생 민간단체 사이에서 권력 전이가 서서히 진행되고 있다는 사실을 발견했다. 비록 이러한 민간단체가 강력한 독립성을 가지고 있지는 않지만 일정한 자주적 공간을 확보하고 있었다. 이후 화이트는 하호추디(郝秋笛), 샹샤오웬(尚曉媛) 등과 함께 경제 개혁이 공회, 부녀자연합회, 상회 및 도시와 농촌 기층조직에 미치는 변화를 분석하여 중국 사회단체의 발전에서 준시민 사회의 조직화 특성이 나타난다는 결과를 도출했다.[52]

---

49 An Chen, "The Failure of Organizational Control: Changing Party Power in the Chinese Country-side," *Politics & Society*, Vol. 35, No. 1, 2007, pp. 145-179.

50 Smith Graeme, "The Hollow State: Rural Governance in China," *The China Quarterly*, Vol. 203, 2010, pp. 601-618.

51 Tsai Lily, "Cadres, Temple and Lineage Institutions, and Governance in Rural China," *The China Journal*, Vol. 48, 2002.

52 Gordon White, "Prospects for Civil Society in China: A Case Study of Xiaoshan City," *Australian Journal of Chinese Affairs*, Vol. 29, 1993; Gordon White, Jude Howell and Xiaoyuan Shang(eds.), *In Search of Civil Society: Market Reform and Social Change in Contemporary China*, New York: Oxford University Press, 1996.

3. 중국공산당 영도 체제의 독특한 우위와 공고화

중국공산당이 영도 체제를 공고히 하기 위해서는 정당의 독특한 우위를 발휘해야 한다. 오랜 기간 동안 분투하여 당이 형성한 독특한 우위는 전면적으로, 이론적 우위, 정치적 우위, 조직적 우위, 제도적 우위, 대중과 밀접하게 연계된 우위 등이 포함된다. 이러한 우위는 당이 마르크스주의의 중국화를 견지하고 중국화 이론의 성과로 무장함으로써 독립적이고 자주적이며 스스로 사업 발전의 새로운 국면을 창출할 수 있게 보장한다. 또한 당의 원대한 이상과 구체적인 역사 단계에서 투쟁한 강령의 통일을 견지함으로써 시대를 앞서 중국 사회가 올바른 방향으로 전진할 수 있게 선도하는 것을 보장한다. 이와 함께 당이 중국 노동자 계급과 인민, 중화민족의 선진적인 사람들, 전국의 각 분야에서 덕과 지식을 겸비한 우수한 인재가 모임으로써 그들이 대중의 선봉대가 될 수 있도록 보장한다. 당이 민주집중제 원칙에 의거하여 엄격한 조직체계와 강력한 규율을 확립함으로써 민주적이고 집중적이며 단결된 강력한 투쟁력을 갖출 수 있도록 보장한다. 중화민족의 위대한 부흥인 '중국몽'은 중국 인민이 공통적으로 지향하는 아름다운 청사진이며, 중국공산당은 역사적으로 '중국몽'을 실현하기 위한 '정층 설계(top level design)'를 담당함으로써 생기와 활력이 충만한 마르크스주의 정당이라는 독특한 우위를 보여 왔다. 당이 독특한 우위를 발휘하는 것은 '개혁의 전면적인 심화 추진', '의법치국의 전면 추진', '전면적이고 엄격한 당 관리(從嚴治黨)', '중국몽'을 실현할 수 있다는 자신감과 동력 증대 등에서 중요한 의의를 갖는다.

당의 이론적 우위 발휘는 마르크스주의 중국화 추진과 중국화의 이론적 성과로 당 전체를 무장하도록 견지하는 것이다. 또한 과학적 이론과 혁명정신을 이용해 당원과 간부의 교육, 단결 및 격려를 견지함으로써

'중국몽'을 실현하기 위한 이론적 기반이다. 실천 중에는 이론과 실제의 관계, 이론과 실천의 결합, 학습이론과 운용이론의 결합을 견지해야 한다. 중국의 기본적인 국내정세와 세계의 발전추세를 장악하고, 당과 정부 사업의 각 역사적 발전단계의 특성을 심도 있게 연구하며, 인민들이 혁명, 건설, 개혁의 과정에서 해결해야 하는 중대한 문제의 해결 경험을 당이 적시에 총결함으로써 새로운 이론을 만들고 발전시켜야 한다. 동시에, 과학이론을 사용하여 객관적 세계와 주관적 세계의 개선을 지도하고 사업의 원칙성, 계통성, 예견성, 창조성을 증대해야 한다.

당의 정치적 우위 발휘는 당의 원대한 이상과 구체적인 역사 단계에서 투쟁한 목표의 통일을 견지하는 것이다. 시대를 앞서 중국 사회가 올바른 방향으로 전진할 수 있게 선도하고, 독립적이고 자주적이며 자력갱생의 투쟁 정신을 견지하며, 강력한 기율을 정립 및 집행함으로써 '중국몽'을 실현하기 위한 정치적 보장을 제공한다. 숭고한 정치이론과 정치신념 및 이로 인해 생성된 결코 굽히지 않는 혁명 의지를 견지하는 것이 당의 거대한 정치적 우위이다. 덩샤오핑은 "과거 우리 당이 어떻게 약화되었는지, 어떠한 어려움에 직면했는지에 관계없이 우리는 마르크스주의와 공산주의의 신념을 가지고 있기 때문에 강력한 전투력을 견지해야 한다. 공통된 이상이 있고, 강력한 기율이 있다. 과거와 현재, 미래에 관계없이 이것이 우리가 가진 진정한 우위이다"[53]라고 언급했다. 고달픈 투쟁과 근검한 국가 성립은 신중국이 당을 창설할 때 확정된 중요한 건국 방침이자 당의 정치적 우위가 발현된 것이다. 중국은 인구가 많고 기초가 약하기 때문에 당의 성격과 취지에 의해 결정되어왔다. 당원은 근검과 고난을 영광으로 생각하고 낭비와 사치를 수치스럽게 생각하는 양호한 기풍을 견

---

53 《鄧小平文選》第三卷, 人民出版社, 1995, 第144頁.

지하며 고달픈 투쟁과 근검한 국가 성립이라는 당과 국가의 소중한 유산을 잃어버리지 않아야 한다.

당의 조직적 우위 발휘는 당이 중국 노동자 계급과 인민, 중화민족의 선진적인 사람들과 전국의 각 분야에서 덕과 지식을 겸비한 우수한 인재를 집중시키고, 과학적으로 엄격한 조직체계를 구축하며, 강력한 조직적 동원력을 확보함으로써 '중국몽'을 실현하기 위해 조직적으로 보장하는 것이다. 마르크스주의 정당의 역량 응집과 운용은 과학적인 조직에 있다. 당은 마르크스주의 당 창설 원칙에 의거하여 중앙조직, 지방조직, 기층조직으로 구성된 과학적으로 엄격한 조직체계를 구축함으로써 당 전체를 일체화하고 공동의 목표를 실현하기 위해 투쟁했다. 2016년 12월 31일까지, 당은 45만여 개의 기층조직, 8900만여 명의 당원을 갖춘 거대한 정당이 되었고, 전국의 수많은 우수한 인재를 수용하여 강력하고 조직적인 동원력을 확보했다. 이것이 거대한 조직 자원이자 조직적 우위이다. 수준 높고 책임감이 강하며 시련을 경험한 간부부대의 조직, 특히 당 중간급·고위 간부 육성 및 트레이닝, 중국특색사회주의 노선으로의 전진 견지, 새로운 상황에 대한 연구와 새로운 문제의 해결에 능숙하고 유능하며 활력이 충만한 각급 지도층과 정치적으로 확고하고 진정한 실력을 갖추었으며 실적이 두드러지고 대중이 인정하는 간부의 적시 선발 및 합리적인 활용을 통해 이들이 자신의 지혜와 명석함을 충분히 발휘할 수 있도록 해야 한다. 당 기층조직을 공고화하고 강화함으로써 발전을 추동하고 인심을 응집하며 조화를 촉진하는 강력한 전투 요새로 만들어야 한다. 당 기층조직의 설립을 조정 및 최적화하고 기층조직 체계를 건전하게 하며 기층조직의 포괄 범위를 확대해야 한다. 또한 당원에 대한 교육과 관리를 강화 및 개선하고 당원들이 당의 교지를 견지할 수 있도록 교육 및 선도해야 한다.

당의 제도적 우위 발휘는 당이 민주를 기반으로 한 집중과 집중적으로 지도한 민주의 결합을 견지하고 당의 단결된 활력을 형성 및 유지함으로써 '중국몽'을 실현하기 위해 제도적으로 보장하는 것이다. 첫째, 민주집중제는 당의 근본적인 조직제도이자 영도제도로, 당내 정치생활, 당내 관계에 대한 기본적인 원칙이 정확하게 규범화되어 당 전체 동지와 인민의 이익과 염원을 반영 및 구체화한다. 또한 당의 노선, 방침, 정책이 과학적이고 합리적이며 효과적인 제도로 정확하게 제정되고 집행될 수 있도록 보장한다. 이것이 당의 가장 큰 제도적 우위이다. 둘째, 당내 민주는 당의 생명으로 당상의 규성에 의거하여 당내 생활에서 모든 당원의 평등을 실현하고 당내 업무를 공동으로 참여, 논의, 결정 및 관리하는 것이 핵심이다. 당장과 당내 규정에서 당원에게 부여된 알 권리, 참여권, 선거권과 감독권 등 다양한 민주적 권리를 이행함으로써 수많은 당원이 당내 생활에서 주체적인 역할을 발휘할 수 있도록 해야 한다. 셋째, 집중과 통일은 당내 역량의 응집과 행동의 일치를 보장한다. 민주를 기반으로 집중하고, 정확한 방침과 정책을 수립하며, 당 전체의 통일된 의지가 형성될 때 비로소 당의 창조성, 의지, 전투력이 증대되고 국가통일, 민족단결과 사회안정이 보장될 수 있으며 개혁개방과 사회주의 현대화 건설이 순조롭게 진행될 수 있다. 넷째, 당장을 근본으로 하고 민주집중제를 핵심으로 하여 당의 영도제도를 견지 및 개선하고 당의 영도방식과 집권방식을 개혁 및 개선하며 당 사무의 공개를 적극적이고 타당하게 추진해야 한다. 또한 당대표대회 제도와 당내 선거 제도를 완비하고 당내 민주적인 정책 결정 메커니즘을 완비하며 민주집중제 원칙에 위배되는 개인의 독단적인 행위와 기강이 해이해지는 현상을 극복해야 한다.

당의 대중과 긴밀한 우위는 인민을 위해 성심성의껏 봉사해야 한다는 근본적인 교지를 견지하는 것이다. 또한 대중을 위한 사업노선을 견지하고 당의 모든 사업이 인민의 의지, 이익과 요구를 반영함으로써 중국몽의 실현이 대중을 기반으로 해야 함을 보장하는 것이다. 인민은 당 역량의 원천이자 승리의 밑바탕이다. 인민의 지지가 없으면 당은 생존하거나 발전할 수 없으며 아무것도 이룰 수 없다. 대중과의 긴밀한 관계는 당의 가진 최대의 우위이다. 첫째, 영도 간부는 맑은 정신을 유지해야 한다. 정치의식, 전반적인 정세에 대한 의식, 책임의식, 위기의식을 강화하고, 자체적인 정화를 증진하며, 자아혁신과 자아발전 역량을 제고함으로써 당이 대중과 긴밀하게 연결된 우위를 충분히 발휘하고 '4대 검증'을 견지해야 한다. 둘째, 인민을 위해 성심성의껏 봉사해야 한다는 근본적인 교지를 견지하는 것은 당이 인민의 지지를 얻을 수 있는 근본적인 원인으로, 당이 대중과 긴밀하게 연결된 우위를 발휘하기 위해 매우 중요하다. 인민의 이익을 최우선으로 하고, 최대한 많은 인민의 근본적인 이익을 실현, 수호 및 발전시키는 것을 모든 사업의 출발점이자 종착역으로 간주해야 하며, 인민의 이익을 최선을 다해 모색해야 한다. 셋째, 당의 대중노선은 당의 사상노선, 정치노선과 조직노선의 실현을 위한 근본적인 사업노선으로, 당의 모든 사업에서 관철해야 한다. 영도 간부는 사업의 중심을 아래에 놓고, 실상과 기층, 대중에 깊이 들어가 대중의 목소리를 성실하게 듣고 대중의 염원을 반영해야 한다. 또한 대중의 어려움에 관심을 가지고 대중을 스승으로 삼아 대중에게 대안을 물음으로써 대중의 실상에서 지혜를 얻고 새로운 정세에서 대중을 위한 사업 역량을 제고해야 한다.

4. 집권당의 영도와 4대 기본제도의 관계

1) 집권당의 영도와 인민대표대회 제도의 관계

집권당과 인민대표대회의 관계의 본질은 권력 관계로, 즉 영도권과 입법권 등 인민대표대회 권력의 관계이며 당권과 국권, 당권과 민권의 관계라고 할 수 있다. 궈다오휘(郭道輝)는 당의 인민대표대회 영도에는 몇 가지 형식이 있으며 사상정치적인 영도 권위가 나타나는 것으로 분류할 수 있다고 인식했다. 이러한 당의 영도는 집권당의 정치권력이 국가권력이 아니거나 혹은 정당의 권리 혹은 '잠재적 권력'이 국가의 권력으로 전환된 것으로, 인민대표대회의 당 조직과 당원의 입장에서 보면 당의 영도권이 직접적인 권력이 될 수 있다.[54] 차이딩젠(蔡定劍)은 인민대표대회와 중국 공산당의 관계에 대해 법률제도의 측면에서 인민대표대회가 가장 높다고 보았다. 당은 헌법과 법률을 반드시 준수해야 하며, 인민대표대회는 헌법과 법률의 감독을 시행할 권리가 있기 때문에 정당이 헌법과 법률을 위반한 행위에 대해 추궁할 권리가 있다고 요약했다. 국가의 정치 체제에서 인민대표대회는 당의 영도를 받고 당의 영도를 수용해야만 한다.[55] 주광레이(朱光磊)는 당조직과 인민대표대회의 관계를 당의 전국인민대표대회에 대한 업무는 정치적인 영도의 시행이고, 당은 헌법과 법률의 범위 내에서 활동하는데 이 중 핵심은 당의 영도지위와 역할이라는 한마디로 규정했다.[56] 역사적인 시각에서 집권당과 인민대표대회의 관계 변화를 연구

---

54 郭道暉, 〈權威, 權力還是權利: 對黨與人大關係的法理思考〉, 《法學研究》, 1994年 第1期.

55 蔡定劍, 《中國人民代表大會制度》, 法律出版社, 2003, 第31頁.

56 朱光磊, 《當代中國政府過程》, 天津人民出版社, 2008, 第46頁.

한 학자도 있다. 이들은 이러한 변화를 양자 관계가 끊임없이 규범화되는 과정이라는 사실을 발견했다.[57] 셰칭쿠이(謝慶奎)는 공산당과 인민대표대회의 관계를 다음과 같은 세 단계로 분류했다. 첫 번째는 건설과 파괴를 중시하는 단계(1954~1964), 두 번째는 심각한 파괴 단계(1965~1975), 세 번째는 회복과 발전의 단계(1976~2001)이다. 린보하이(林伯海)는 집권당과 인민대표대회의 관계 변천을 세 단계로 요약했다. 첫 번째는 신중국 성립부터 1957년까지로, 집권당과 인민대표대회의 관계를 탐구하고 적응하는 단계이다. 두 번째는 1950년대 후반부터 '문화대혁명' 시기로, 집권당과 인민대표대회의 관계가 어긋나는 단계이다. 세 번째는 당의 11기 3중전회 이후로, 집권당과 인민대표대회의 관계가 정상화되는 단계이다.[58] 하오신푸(郝欣富)는 중국에서 집권당과 국가의 최고입법기관의 관계를 세 단계로 분류했다. 첫 번째는 11기 3중전회 이전의 정책이 법률을 대체하는 시기이고, 두 번째는 개혁개방 이후 정책과 법률이 결합되는 시기이며, 세 번째는 15차 당대회 이후 당의 영도하에 의법치국이 시행되는 시기이다.[59] 학계에서는 집권당과 인민대표대회의 관계 규범화에 대한 연구를 여전히 중시한다. 오늘날 학계에서는 이러한 원칙에 대해 통일된 공감대가 있다. 집권당과 인민대표대회의 관계 규범화에는 당의 영도 강화 및 개선이 포함되며 집권당이 솔선하여 인민대표대회가 제정한 법률과 통과된 결의를 존중하고 준수해야 하며, 당의 영도, 인민의 주인됨이 의법치국과 유기적으로 통일되어야 한다. 궈딩핑(郭定平)은 집권당과 국가 권력기관의 관계를 바로잡기 위해서는 다음과 같은 부분이 반드시 견

---

57 謝慶奎,《當代中國政府與政治》, 高等教育出版社, 2003, 第37頁.

58 林伯海,〈新中國成立以來執政黨與人大關係的變遷與發展〉,《西南交通大學學報》(社會科學版), 2009年 第5期.

59 郝欣富,〈從比較研究中看我國的黨政關係〉,《中共浙江省委黨校學報》2004年 第5期.

지되어야 한다고 주장했다. 첫째는 당의 영도가 강화 및 개선되어야 하고, 두 번째는 각급 인민대표대회 및 상무위원회가 공산당의 영도를 자각적으로 받아들여야 하며, 세 번째는 집권당이 인민대표대회가 제정한 법률과 통과된 결의를 솔선하여 존중하고 준수해야 한다. 네 번째는 집권당의 각급 조직과 당원 간부는 인민대표대회의 헌법 및 법률에 관한 감독을 반드시 받아들여야 하며, 다섯 번째는 집권당이 인민을 영도하여 인민대표대회 제도를 정비하고 완벽하게 만들어야 한다.[60] 셰칭쿠이는 집권당과 인민대표대회의 관계 정립을 위한 첫 걸음은 당의 영도가 정치영도, 조직영도, 사상영도를 진정으로 이행하는 것이라고 지적했다. 두 번째는 인민대표대회의 당 조직은 감독과 보장의 역할만 수행하는 것이고, 세 번째는 전국 각급 인민대표대회 및 상무위원회의 각 사업을 전력으로 지지하는 것이다. 네 번째는 헌법을 준수하고 인민대표대회와 이들의 선택을 존중하는 것이며, 다섯 번째는 장기적으로 효율적인 조정 및 협상 메커니즘의 구축을 모색하는 것이다.[61]

집권당의 인민대표대회 제도에 대한 영도 체제는 정책제정, 민주 참여와 의법치국이라는 세 가지 방면에서 나타난다. 이 세 가지 측면에서 중국공산당의 영도를 통해 중국몽을 실현할 수 있다.

첫째, 집권당은 전체적인 국면 장악과 각계와의 조화에서 핵심적인 역할을 영도해야 하고, 인민대표대회 제도를 통해 당의 노선, 방침, 정책이 국가의 사업에 전면적으로 관철되고 효율적으로 집행되는 것을 보장해야 한다. 집권당은 국가정권기관이 헌법과 법률에 의거하여 적극적이고 주도적이며 독립적이고 책임감 있게 협조적으로 사업을 할 수 있도록 지

60　郭定平, 《政黨與政府》, 浙江人民出版社, 1998, 第104-106頁.
61　謝慶奎, 〈人民代表大會制度與憲政體制的接軌〉, 《人大研究》, 2016年 第1期.

지하고 보장해야 한다는 의미이다. 구체적으로 표현하면, 당은 국가의 발전 정세를 항상 분석하고 파악하며 적시에 정치적 방향과 원칙을 제시해야 한다. 중국공산당 중앙은 전국적인 중대한 문제를, 지방의 당 조직은 지방의 중대한 문제를 결정해야 한다. 전국 혹은 지방 인민대표대회의 심의가 통과되면 이는 국가의 의지로 전환된다. 당 조직은 덕과 지식을 겸비한 인재를 양성하고 발견해야 한다. 각급 국가정권기관의 중요한 간부를 선발하기 위해 인민대표대회에 추천해야 한다. 당 조직은 인민대표대회 기간 중 당 조직과 당원에 지시하고 감독하며, 이들이 충실하게 인민을 대표하고 있는지를 요구해야 한다. 또한 비공산당 인사와의 협력을 추구해야 한다. 당 조직은 먼저 자신의 당원에게 인민대표대회 제도를 전선하고 당원이 인민대표대회의 사업을 선도하여 지지할 수 있도록 요구함으로써 인민대표대회의 권위를 유지해야 한다. 각급 인민대표대회와 상무위원회는 중국공산당 조직의 영도를 자각적으로 따라야 하고, 인민대표대회 및 상무위원회 산하 당 조직은 중대한 문제에서 상급 당 조직에게 반드시 먼저 보고해야 한다.

둘째, 집권당은 인민 민주의 확대를 통해 민주제도를 건전하게 하고 민주의 형태를 풍부하게 하며 민주적인 채널을 확장해야 한다. 또한 각 계층, 각 분야에서 시민의 질서 있는 정치참여를 확대하고 더욱 광범위하고 충분하며 건전한 인민 민주로 발전시켜야 한다. 그러나 민주와 함께 집중도 중시해야 한다. 즉, 민주집중제 원칙을 견지해야 한다. 국가의 각 사업에서 당의 대중노선을 관철하고 대중과의 관계를 긴밀하게 해야 한다. 인민의 목소리를 듣고, 인민의 기대에 보답하며, 인민이 가장 관심을 가지고 가장 직접적이며 가장 현실적인 이익 문제를 끊임없이 해결하기 위해 가능한 한 많은 인민의 지혜와 역량을 결집시켜야 한다. 각급 인민대표대회는 모두 민주적인 선거에 의해 탄생했기 때문에 인민을 책임지고 인민의 감독을 받는다. 각급 국가행정기관, 심사기관, 감찰기관은 인민대표대회에 의해 설립되었기 때문에 인민대표대회를 책임지고 인민대표대회의 감독을 받는다. 국가기관의 정책 결정권, 집행권, 감독권 시행은 합리적인 배분이자 상호 조화로운 메커니즘이다. 중앙의 통일된 영도하에, 지방은 주도성과 적극성을 충분히 표현함으로써 국가의 통일되고 효율이 높은 조직이 각 사업을 추진함을 보장해야 한다.

셋째, 집권당은 의법치국을 당이 인민을 영도하고 국가를 통치하는 기본적인 방침으로 간주하고, 법치를 국가 통치의 기본적인 방식으로 간주하며 법치 중국 건설을 향해 나아가고 있다. 인민대표대회 제도는 중국의 가장 기본적인 정치 제도이다. 인민대표대회의 권위는 법률적으로 가장 높은 권위이다. 따라서 중국공산당은 인민의 법률 제정을 영도하고 법률을 준수하는 본보기가 되어야 한다. 실제로 국가의 법률 준수는 본질적으로 당의 주장과 방침을 준수하는 것과 일치한다. 의법치국의 시행은 당과 인민대표대회 관계의 중대한 변화를 상징하고, 이는 양자 관계의 규범화, 제도화, 법치화 실현을 필연적으로 요구한다. 법률과 제도를 통해 집권당과 인민대표대회의 기능을 분류하고 사업을 연계하는 것은 조정 가능한 규정이다.

2) 집권당의 영도와 정치협상제도의 관계

중국에서는 민주를 실현하는 방식이 다르다는 점에 의해 민주를 선거 민주와 협상 민주로 분류한다. "인민이 선거나 투표를 행사하는 권리와 인민 내부에서 선거나 투표 전에 충분한 협상을 진행하여 공동의 문제에 가능한 일치된 의견을 얻는 것이 중국 사회주의 민주의 두 가지 중요한 형식이다." 이러한 분류 체계에는 선명한 중국 특색이 있다. 이는 먼저 중국의 정치형태가 의심할 여지없이 민주정치의 정신을 나타낸다는 것을 의미하며, 중국의 민주정치가 세계 민주정치의 시행에 중요한 구성 부분이 된다는 점이다. 동시에, 중국의 민주정치는 서방과 차이가 있다는 사실을 의미한다. 중국의 민주정치는 단순하게 다른 국가의 정치 모델을 답습하거나 모방한 것이 아니라 중국의 구체적인 정세와 특정한 발전단계에서 출발하여 전반적이고 진정성을 갖춘 인민 민주제도로 발전한 것이다. 선거 민주와 협상 민주의 구분에서, 협상 민주는 중국 사회주의 민주정치 특유의 형태와 독특한 우위를 의미한다. 과거 민주 정치가 탐구한 경험에 대한 결산이자 향후 민주정치의 발전을 위한 전향적인 지침이라 할 수 있다.

제18기 3중전회에서 통과된 〈전면적 심화 개혁의 몇 가지 중대 문제에 대한 중공 중앙의 결정〉에는 "건전한 민주제도를 더욱 중시하고, 민주형식을 풍부하게 하며 각계각층에서 시민의 질서 있는 정치참여를 확대함으로써 중국 사회주의 정치 제도의 우위를 충분히 발휘해야 한다"고 명시되어 있다. 동시에 〈결정〉에는 "협상 민주는 중국 사회주의 민주정치 특유의 형식이자 독특한 우위이며, 당의 대중노선이 정치 분야에서 중요하게 나타나는 것이다. 당의 영도하에 경제사회의 발전을 위한 중대한 문제와 대중과 밀접한 이익과 관련된 실질적인 문제를 내용으로 사회 전체에서 광범위한 협상을 전개하고 정책의 결정 전이나 결정 중간에 협상을 견지해야 한다"고 명시되어 있다.

집권당의 정치협상제도에 대한 영도는 정치협상회의 당 조직, 협조하는 각계 등 두 가지 방면에서 나타난다. 이 두 가지 측면에서 중국공산당의 영도를 통해 중국몽을 실현할 수 있다.

첫째, 정치협상회의 당 조직은 당의 파견기관으로서 정치협상회의 조직에서 영도의 핵심적인 역할을 해야 한다. 정치협상회의 당 조직은 〈중국공산당의 인민 정치협상사업 강화에 관한 의견〉과 관련된 규정에 의거하여 인민의 정치협상을 위해 파견된 기관의 핵심적인 역할과 당이 인민의 정치협상을 영도하는 중요한 책임을 부담해야 한다. 당의 기본 이론, 기본 노선, 기본 강령, 기본 경험을 관철해야 하고, 인민의 정치협상과 관련된 집권당의 방침과 정책을 관철해야 하며, 당 위원회의 중대한 결정과 사업 배정을 인민의 정치협상 전 과정에서 적시에 정확하게 관철해야 한다. 정치협상회의에 참여하는 각 민주당, 인민단체와 각 민족 및 각계 인사가 스스로 당의 영도를 받을 수 있도록 추진함으로써 당의 주장이 각 민주당, 인민단체와 각 민족 및 각계 인사의 공감대를 얻을 수 있도록 한다. 당 위원회의 통일된 포석과 정치협상회의 장정(章程)의 규정에 의거하여 당 위원회의 관련 부처와 협의하여 임기 만료에 따른 인력 교체 시기에 관련 인사의 배치, 정치협상위원회 위원 인선, 상무위원회 인선 및 임기 중 위원 조정 등과 관련된 문제를 연구해야 한다. 정치협상회의 위원 가운데 중국공산당원과 정치협상기관 내 중국공산당원은 당 조직에서 파견하여 인민의 정치협상 업무를 수행하기 때문에 높은 정치적 책임감을 가지고 자신을 수양하며 역량을 증진해야 한다. 또한 당의 방침과 정책을 적극적으로 관철하고 솔선하여 정치협상회의의 장정을 준수하며 당의 통일전선과 정치협상회의의 우수한 전통을 계승해야 한다. 당 외부인사와 광범위하고 심도 있는 교류를 지속하고 협력의 규범, 민주 진작의 규범, 청렴결백의 규범이 되기 위해 노력해야 한다. 이것이 당원과 위원의 책임이자 의무이다.

둘째, 집권당 당위원회는 '전반적인 국면을 파악하고 각계각층과 협조'하는 역할을 수행하며 각계각층이 정치협상에 적극적으로 참여하도록 동원해야 한다. 정치협상회의 장정의 규정에 의하면, "중국인민정치협상회의 전국위원회와 지방위원회는 중국공산당, 인민대표대회 상무위원회,

인민정부, 민주당파, 인민단체의 제의에 따라 각 당파 및 단체의 책임자와 각 민족 및 각계 인사의 대표가 참여하는 회의로, 협상을 진행하거나 또는 상급 단위에 중요한 문제에 대한 협상 제기를 건의할 수 있다". 이는 당위원회, 인민대표대회, 정부, 민주당파, 인민대표, 각계 정협위원 등이 모두 협상의 주체라는 점을 의미한다. 따라서 당위원회는 '전반적인 국면을 파악하고 각계각층과 협조'하는 역할을 수행해야 한다. 장정에 의거하여 당위원회, 인민대표대회, 정부, 각 민주당파, 인민단체를 협상의 주체에 포함하고 중대한 정책 결정 사항에서 협상 계획에 의거하여 정치협상회의에서의 협상 제안을 조정하며 각계각층이 정치협상에 적극적으로 참여하고 지지할 수 있도록 조정함으로써 인민정치협상의 정치적 협상을 공동으로 추진해야 한다.

3) 집권당의 영도와 민족구역제도의 관계

민족문제와 민족업무는 조국 통일과 변경지역의 공고화에 매우 중요하다. 또한 민족의 단결과 사회의 안정, 국가의 장기적인 안정과 중화민족의 번영과도 매우 밀접한 관계가 있다. 통일된 다민족국가는 중국의 기본적인 상황이다. 민족단결과 국가통일의 수호는 각 민족의 가장 큰 이익이며, 각 민족의 지혜와 역량을 최대한 응집할 때 두 개의 백년 목표와 중화민족의 위대한 부흥인 중국몽의 실현에 도움이 될 수 있다. 중국의 특색으로 민족문제를 해결하는 올바른 노선에 기본적으로 내재된 함의를 견지하기 위해 파악할 필요가 있는 기본적인 요구는 당의 영도, 중국특색 사회주의 노선, 조국 통일 수호, 각 민족의 평등, 민족구역자치제도의 개선, 각 민족의 단결된 분투와 공동의 번영 및 발전, 중화민족 공동체의 사상기반 공고화, 의법치국 등을 견지하는 것이다. 오늘날 중국의 민족사업에서 나타나는 단계적 특성, 예를 들어 개혁개방과 사회주의 시장경제 체제가 동반한 기회와 도전의 공존, 소수 민족과 민족구역 시장경제의 느린 발전 속도 및 경쟁력 약화, 민족구역 경제의 발전 추세 가속화와 낮은 발전 수준의 공존, 동부지역과 전국의 현저한 발전 격차, 민족구역 사이의 발전 수준 차이 등을 포함한 특성을 정확하게 파악해야 한다. 이와 함께 민족구역에 대한 정부의 지원이 지속적으로 확대되는 상황과 민족구역의 기본적인 공공 서비스 역량이 여전히 취약한 상황이 공존하고 역사적인 부채로 인해 일부 대중의 생산 및 생활 조건이 비교적 낙후된 문제도 있다. 또한 민족 간 교류 추세의 증가와 민족 간 갈등 및 분쟁이 증대하는 상황이 공존하며 민족 관계에 영향을 미치는 요인이 더욱 복잡해졌다. 민족 분열, 종교적 대립, 폭력적 투쟁이 두드러지게 증가하고 일부 지역에서 테러가 빈번하게 발생하기도 한다. 이러한 새로운 정세에서 민족사업의 지도 사상을 더욱 명확하게 함으로써 중화민족의 위대한 부흥인 중국몽의 실현을 위해 함께 노력해야 한다.

집권당은 민족구역제도의 영도에서 국가 통일, 공동 번영, 간부 선발과 문화 건설을 구현해야 한다. 상술한 네 가지 측면에서 중국공산당의 영도를 통해 중국몽을 실현할 수 있다.

첫째, 집권당은 애국주의의 깃발을 높이 들고 조국 통일과 사회안정을 수호해야 한다. 각 민족의 의식화와 경각심을 제고하기 위해 교육해야 하고, 자신의 눈을 보호하는 것과 같이 조국 통일과 사회안정을 수호하도록 해야 한다. 적대적인 세력이 조국 통일과 사회안정을 파괴하려는 음모와 활동에 대해 결연하게 투쟁해야 한다. 민족구역에서 사회적 갈등과 돌발적인 사건을 처리할 때 두 가지 각기 다른 특성의 갈등을 엄격하게 구분해야 한다. 가장 많은 대중의 신뢰와 단결이 중요하다는 점에 입각하여 소수의 범죄자에 대해서는 법에 의거 처벌함으로써 법률의 엄격함을 준수하고 법 앞에 만인이 평등하다는 점을 견지해야 한다. 이를 통해 집권당은 평등, 단결, 상호보완의 새로운 사회주의 민족 관계를 견지하고 발전시킬 필요가 있다. 56개 민족의 규모와 사회발전 정도로 구분하지 않고 모두가 헌법에 명시된 평등한 권리를 향유해야 한다. 각 민족은 평등하고 화목하며 상호보완적인 관계이다. 대(大) 한족주의에 반대해야 할 뿐만 아니라 지역 민족주의도 반대해야 한다. 한족은 소수 민족과 떨어질 수 없고, 소수 민족도 한족과 떨어질 수 없으며, 각 소수 민족 사이에도 떨어질 수 없다는 사상을 견고하게 확립해야 한다. 소수 민족의 평등한 권리, 언어와 문자, 풍속과 관습을 존중해야 한다. 민족 관계에 영향을 미치는 문제를 적시에 발견하여 해결해야 하고, 민족 정책과 민족 감정에 위배되는 사건의 발생을 억제해야 하며, 민족을 분열시키는 파괴 행위를 척결해야 한다.

둘째, 집권당은 맞춤형 지원 등의 방식을 통해 민족구역의 경제발전, 사회진보와 대중 생활의 개선 등을 가속화함으로써 각 민족의 공동 번영을 촉진해야 한다. 국가의 보조와 소수 민족의 자력갱생이 결합되어야 하고, 국가의 소수 민족구역에서의 자원 개발과 소수 민족의 발전 및 구체적인 이익이 결합되어야 하며, 소수 민족구역의 자원 우위와 연해 및 내륙의 경제가 발전된 지역의 인재, 자금, 기술적 우위가 결합되어야 하고, 경제발전과 지적개발이 결합되어야 한다.

셋째, 집권당은 소수 민족 간부를 대대적으로 양성하고 선발해야 한다. 조국 통일과 민족 단결을 수호하고, 자기 민족과 밀접하게 연계되며, 덕과 역량을 겸비하고, '4화(四化)'의 기준에 부합하는 소수 민족 간부 부대를 양성하기 위해 노력해야 한다. 또한 소수 민족 간부의 확대에 지속적으로 관심을 가지고 구조 개선과 소양 제고에도 관심을 가져야 한다.

넷째, 집권당은 소수 민족의 문화 건설을 중시해야 한다. 소수 민족이

자기 민족의 우수한 문화를 계승 및 발전시킬 수 있도록 하고, 이를 기반으로 다른 민족의 선진적인 문화를 긍정적으로 받아들일 수 있도록 해야 한다. 시대의 발전과 사회의 진보에 따라 새로운 지식을 흡수하고 새로운 가치관을 확립함으로써 소수 민족의 문화적·과학적 소양을 제고해야 한다. 소수 민족의 언어와 문자를 존중하고, 각 민족이 자신의 언어와 문자를 발전시키고 사용하는 자유를 보장해야 한다. 또한 소수 민족의 풍속과 관습, 종교와 신앙을 존중해야 한다. 소수 민족의 풍속과 관습을 존중하는 것은 소수 민족을 존중하고 민족 평등의 원칙을 준수한다는 의미이다. 동시에 소수 민족이 자신의 풍속과 관습을 개혁히는 자유를 존중해야 한다. 물론 이러한 개혁은 반드시 소수 민족에 의해 결정되고 이행되어야 한다. 어떠한 외부세력도 강제하거나 대체할 수 없다.

4) 집권당의 영도와 기층자치제도의 관계

중국 기층자치제도의 건설과 시행 활동은 당과 정부의 주도하에 진행된다. 이는 중국 사회주의 민족정치의 커다란 특징 중 하나이자 사회주의 민주정치의 발전에서의 커다란 정치적 우위이다. 당의 영도를 견지하는 것은 기층자치가 올바른 정치 방향을 견지한다는 의미인 동시에, 계획적이고 단계적이며 안정적인 발전을 기본적으로 보장한다는 것이다. 기층 당 조직은 영도의 핵심적인 역할을 해야 한다. 현실에서, 기층자치제도는 중국 인민 민주의 발전문제를 비교적 양호하게 해결했다. 수많은 대중이 광범위하게 참여하는 민주정치의 건설과 건전한 발전은 사회의 진보를 추동하는 거대한 역량이 되어왔다. 기층 당 조직은 당의 영도에서 더욱 핵심적인 역할을 해야 한다. 이러한 핵심적인 역할과 당원이 선봉대가 되는 모습은 기층자치의 핵심이자 기반이 된다. 경제·사회 발전의 요구에 부합하기 위해 기층 당 조직의 영도 방식과 메커니즘은 끊임없이 개선되어야 한다.

집권당의 기층자치제도에 대한 영도는 기층 당 조직의 조정자 역할, 우수한 당원의 육성, 대중의 자주적인 봉사 선도, 당이 대중을 대표하고 연계하는 역량 등에서 나타난다. 상술한 네 가지 측면에서 중국공산당의 영도를 통해 중국몽을 실현할 수 있다.

첫째, 집권당은 당 조직이 봉사를 조정하는 역할을 충분히 발휘하여 각종 인력, 재물과 자원이 대중에게 돌아갈 수 있도록 선도해야 한다. 예를 들어, 기층 당 조직은 정부가 제공하는 공공 봉사의 선도 및 총괄, 소비자의 권익 보호를 주요 내용으로 하는 시장 봉사, 대중자치조직이 제공하는 사회봉사, 개개인의 시민이 자발적으로 제공하는 봉사, 기업가와 종교조직이 자발적으로 제공하는 자선 봉사, 상호보완적이거나 자아만족을 특징으로 하는 대중들의 자주적인 봉사를 조정해야 한다. 기층 당 조직이 운영하는 자원이 많고 채널이 다양할수록 봉사가 더욱 쉽게 결합될 수 있다.

둘째, 집권당은 우수한 자원봉사자 가운데 당원을 육성하는 역량을 확대해야 한다. 사회 건설이 비교적 성숙한 국가는 시민의 자발적인 봉사를 대대적으로 제창하며, 이를 격려하고 등록하는 제도를 확립하고 있다. 시민이 제공하는 자발적인 봉사 기록은 진학, 취업, 진급, 표창 등에서 중요한 근거가 된다. 봉사 형식 가운데 자발적인 봉사는 중국에서 이제 막 시작되었기 때문에, 전국적으로 연계된 자원봉사등록제도가 확립되어야 한다. 모든 개인이 봉사자가 될 수도 있고, 봉사의 대상이 될 수 있다. 향후 우수한 자원자 중 당원으로 육성하는 역량을 확대하고 봉사의 달인들을 '봉사형' 당원으로 유인해야 한다. 당원이 사회에 대한 애정만 있으면 대중에게 감정을 가지고 결국 당에 충성심을 가지게 된다.

셋째, 집권당은 개방적인 참여를 통해 대중의 자발적인 봉사를 선도해야 한다. 대중의 자치 수준을 제고하기 위해서는 먼저 대중의 자발적인 봉사 역량을 증진해야 한다. 만약 대중 스스로가 가진 봉사 자원과 역량이 부족하면 사회의 갈등 발생 시 당과 정부에 도움을 요청하게 된다. 기층에서 개방적인 참여 분위기가 형성되고, 주민들의 상호보완적인 봉사와 자발적인 봉사가 확대되면 심각한 재난이 발생한 이후에도 '국가의 원조를 기다리거나 의지하고 요구하는' 나태한 사고가 사라지게 될 뿐만 아니라 정부를 돕고 사회를 보조하며 이재민을 돕는 새로운 지원 국면이 형성될 수 있다.

넷째, 집권당은 당 대표, 전국인민대표가 역할을 발휘하는 플랫폼이 되어 대표들이 대중에게 봉사하는 역량을 제고시켜야 한다. 오늘날 일부 지방에서는 당 위원회 위원과 당 대표가 연결되고, 당 대표와 당원이 연결되며, 당원과 대중이 연결되는 모델을 모색하고 있다. 이러한 모델은 지속적으로 확산되어야 한다. 향후 인민대표대회가 대중에게 봉사하는 역량을 확대하고 규범화해야 한다. 인민대표대회 사무실을 설립하여 행정 수장이 인민대표와 연결되고, 인민대표가 일반 대중과 연결되거나 인민대표와 당 대표가 상호 연결하는 등의 구체적인 방법을 모색함으로써 당의 민주적인 집권 우위가 충분히 발휘되도록 해야 한다.

제7장

정부 건설: 권한은 제한적이지만 효율적인 정부

옌지룽燕繼榮, 베이징대학교

최근 경제학에서의 연구성과들은 국가와 정부에 관한 전통적인 정치학 이론을 더욱 풍성하게 해주었다. 제도경제학자인 더글라스 노스(Donglass North)는 이른바 '국가의 역설'이 존재한다는 사실을 논증했는데, "국가의 존재가 경제성장의 핵심이지만 인류를 쇠퇴하게 하는 근원이 된다"는 것이다. 세계은행 전문가들 역시 각국 정부에 관한 발전보고서에서 노스와 유사한 관점으로 "정부는 한 국가의 경제·사회 발전 및 이러한 발전의 지속에 매우 중요한 역할을 한다. 집단적인 목표를 추구하는 과정에서 정부가 개혁의 잠재력을 추동하고 조정하는 데 미치는 영향은 비교할 수 없을 정도로 크다. 이러한 역량이 긍정적으로 발휘되면 그 국가의 경제는 나날이 발전하지만, 만약 반대의 상황이라면 발전이 중단될 수 있다"[1]는 견해를 제시했다.

　세계은행의 발전보고서와 '노스의 역설'은 우리에게 두 가지 중요한 함의를 제시하고 있다. 첫째, 정부는 고전자유주의자들이 생각하는 도둑을 잡는 '야경꾼'의 역할에 국한되는 것이 아니라 경제성장에 핵심적인 역할을 한다는 것이다. 정부는 가장 기본적인 사회질서를 보장할 뿐만 아니라

1　〔美〕道格拉斯·諾思, 앞의 책, p. 20.

사회의 경제발전을 적극적으로 추동하는 역할을 한다. 따라서 이러한 논점은 "경제에 내재된 규율이 자발적으로 경제발전을 촉진한다"는 관점을 부정한다. 둘째, 정부는 인간이 경제를 쇠퇴시키는 주요 경로가 될 수 있으며, 한 국가의 경제가 쇠퇴하는 원인은 바로 정부 자체에 있다는 것이다. 세계은행 발전보고서와 '노스의 역설'은 또 다른 중요한 결론, 즉 "경제발전의 과정에서 정부는 주도적인 역할을 하고, 이러한 주도적인 역할에는 순기능과 부작용이 공존할 수 있다"는 결론을 도출하고 있다. 동시에 이러한 결론은 우리에게 국가와 정부를 중시하라고 경고한다. 정부는 사회의 전환과 경제발전 과정에서 적극적인 역할을 수행해야 하고, 정부의 부정적인 영향을 억지 및 예방해야 한다. 좋은 정부와 좋은 관료가 제공하는 좋은 정치(良政善治)는 반드시 '입헌정치' 제도의 보장을 전제로 하며, '제한적인 정부'는 바로 입헌정치 제도의 핵심적인 이념이다.[2]

1. 정부 통제에서 공공 거버넌스로

국가와 사회관계의 변화를 관찰해보면 정부 기능의 비교적 명확한 변화 과정을 확인할 수 있다.[3] 첫 번째 단계는 18세기부터 1930년대이다. 이 단계에서의 정부 기능은 '야경꾼'으로, 그 이론적 성과는 자유주의 사상가들이 제기한 '제한정부이론'으로 모아졌다. 이들은 시장경제가 가장 효율적인 경제 제도이고, 시장의 '보이지 않는 손'에 의해 개인의 이익과 공

2　한 연구에 의하면, 헌정의 중심 내용은 '정부의 제한'이다. 즉, 국가를 통제하고, 정부를 제한하고, 관리를 규제하는 것이다. 燕繼榮, 〈憲政的要義就是'限政'〉, 《學習時報》, 2010年 第11期 참조.

3　何煒, 〈西方政府職能論的源流分析〉, 《南京社會科學》, 1999年 第7期.

공의 이익이 자연적으로 조화롭게 실현된다고 인식했다. 또한 시장이 가장 공정한 제도이기 때문에 정부는 경제를 자유롭게 방임해야 한다는 입장을 유지했다. 이들의 시각에서 보면, 정부는 관리를 잘해야 하지만 관리는 반드시 적어야 하며, 세 가지 기능만을 담당하면 충분하다. 하나는 개인의 안전을 보장하여 다른 사람의 침해를 받지 못하게 하는 것이고, 다른 하나는 국가의 안정을 수호하여 외세의 침략을 받지 못하게 하는 것이며, 마지막 하나는 아무도 하기 원하지 않는 공공 인프라와 공공사업을 건설 및 유지하는 것이다. 그리고 이 밖의 다른 업무는 모두 정부가 관리해서는 안 되는 일이었다.

두 번째 단계는 1930년대부터 1960년대이다. 이 시기에는 자본의 집중과 생산의 독과점이 나타났고, 시장 메커니즘만으로는 충분한 일자리확보와 경제발전의 목표를 실현할 가능성이 크지 않았다. 사람들은 이를 '시장 실패(market failure)'라 불렀다. 이 문제를 해결하기 위해 케인스(J. Keynes)는 '정부개입이론'을 제기하며, '보이지 않는 손' 자체에 소득수준의 심각한 차이, 경제의 외부효과 및 독점 현상 등 수많은 폐단이 존재한다고 밝혔다. 케인스는 이러한 폐단을 시장 내부로부터 극복할 수 없으며 정부의 개입을 통해서만 해결될 수 있다고 주장했다. 따라서 정부는 재정정책과 통화 정책의 원활한 운영을 통해 시장에 적극적으로 개입해야 하고, 필요한 시기에 적자재정을 시행하여 경제발전을 진작하고 인민의 복지를 증진해야 한다. 이러한 이론을 기반으로 '복지국가'의 정부 정책이 유행했다.

세 번째 단계는 1970년대부터 1980년대이다. 정부의 적극적인 개입은 정부 기능의 과도한 확장과 기구의 팽창을 초래했고, 시장자원의 분배 및 조정 역할이 왜곡되며 소위 '정부 실패' 현상이 나타났다. 이 문제를 해결하기 위해 정부 기능이론에서 공공선택이론이 등장했다. 이 이론은 '국가의 신화'를 허물어뜨렸는데, 즉 '합리적인 경제인'이라는 가설에 의거하여 국가가 개인과 동일한 두 가지 취약성을 지닌다는 점을 역설했다. 첫째, 국가의 개입은 개인과 마찬가지로 오류를 범할 수 있으며, 둘째, 국가 기관의 집행자가 공공의 이익이 아닌 자신의 이익을 추구할 가능성이 있다는 것이다.[4] 따라서 공공선택이론은 시장의 가치를 재차 강조하며 시장의 결함이 문제를 정부에게 맡겨 처리해야 하는 충분한 이유가 되지 못한다고 인식했다. 정부 내부의 문제가 반복되고 완벽하게 근절되지 못한다면, 이를 해결하는 가장 좋은 방법은 정부의 독점적인 지위를 타파하고 정부가 하지 말아야 하는 행위와 바람직하지 못한 행위를 시장에 맡겨 완성케 하는 것으로, 경쟁을 도입할 수 있는 분야에서 사적 기관의 진입과 정부와의 경쟁을 허용하고, 이를 통해 공공 부문의 생산과 대중의 복지를 개선하는 것이다. 따라서 정부 기능은 시장질서의 수호와 정상적인 운영으로 규정해야 한다. 이에 따라 정부 기능에 있어 고전자유주의의 회귀를 야기했다.

'시장 실패'와 '정부 실패'라는 복합적인 시련을 겪은 후, 정부 기능은 시장이 기본적인 역할을 발휘할 수 있는 유리한 조건을 창출하는 것으로 정립되었다. 즉, 효과적인 공공 정책을 통해 시장의 운영을 지원하지만, 시장 메커니즘을 통해 해결하지 못하는 자원 분배 문제에서는 정부 개입의 필요성을 인정하는 방향으로 나아가게 된 것이다.

1990년대, 전 세계적인 '정부 실패'의 위기에 대응하는 과정에서 정부 기능과 관련된 새로운 이론이 제기되었다. 이러한 이론에는 기업가 정신으로 정부기능을 재정립하는 '신(新)공공관리이론', 시민에 대한 서비스를 핵심으로 하는 '신공공서비스이론'이나 공공 부문과 민간 부문의 협력

---

4   李强,《自由主義》, 中國社會科學出版社, 1998, p. 133.

강화를 주장하는 '거버넌스 이론'이 포함된다. 이 세 가지 이론은 오늘날 사회에 새로운 정부 이론을 정립하는 기반이 되었다.

1) 신공공관리와 '서비스 시장화'

신공공관리이론은 공공행정의 전통적인 규범과 기업의 관리방법을 융합한 것으로, 신테일러주의(New Taylorism), 민주행정이론 및 관리과학과 관련된 요소를 많이 발견할 수 있다. 신공공관리이론의 주요 관점은 다음과 같다. 먼저 공공부문과 민간부문의 관리는 본질적인 차이가 없으며 공통의 관리이론을 가진다. 다음으로 민간 기업의 관리는 업적 및 고객만족도에서 정부부문보다 우위에 있으며, 민간부문의 관리이념과 구체적인 관리방법을 정부가 응용하는 것은 정부기능의 재정립을 위해 반드시 필요한 노선이다. 따라서 신공공관리이론의 방향성은 공공 서비스 방식의 시장화로 요약할 수 있다. 여기에는 세 가지가 포함된다. 첫째, 정책 결정과 집행의 분리이다. 정부의 주요 임무는 '조타수(정책 결정)'의 역할이지 '항해사(집행)'는 아니다. 둘째, 공공 서비스의 독점을 타파하고 공공 서비스 공급자의 다원화와 경쟁 발전을 실현해야 한다. 셋째, 공공 서비스의 소비자는 다양한 공급자 사이에서 선택할 권리가 있고, 선택한 자원을 사용할 권리가 있다.[5] 다시 말해, 신공공관리이론은 공공 서비스의 제공 방식에서 시장을 기반으로 하고, 계약과 임차, 공공부문과 민간부문의 협력, 사용자의 비용지불과 바우처 제도 등 구체적인 형식을 통해 공공부문의 사유화 목표를 점차적으로 실현하는 것이다. 아울러 '고객이 왕'이라

---

5 吳群芳,〈公共選擇理論與'公共服務市場化': 西方行政改革的理論背景〉,《北京科技大學學報》 (社會科學版), 2000年 第1期.

는 이념을 공공 서비스에 도입하여, 시장 수요에 근거하여 공공 서비스가 산출될 수 있도록 효율적으로 통제할 수 있다.

　신공공관리이론은 정부의 변화를 요구하며, 공공 서비스 부문의 관료제 구조를 겨냥하고 있다. 전통적인 관료제에서 관료들은 규정대로만 업무를 처리하고 규율을 강조했기 때문에 행정이 경직되고 행정 효율의 제고를 저해하는 문제가 초래되었다. 이에 신공공관리이론은 공공부문의 수많은 불필요한 규정과 제도를 폐지함으로써 행정 절차를 간소화하고 행정인력의 업무처리 역량을 제고해야 한다고 주장하며, 관료기구 내부의 동력이 상실되고 효율적인 관리 감독 주체가 부재한 문제에 대해서도 정부 부문에 '기업가 정신'을 도입해 관료기구 자체의 내부 환경을 개선하고 기타 감독 주체의 설립을 통해 정부가 외부의 감독과 지도를 받아야 한다고 인식한다. 관료제의 피라미드식 구조는 조직 구조와 관리방식의 권력집중을 과도하게 강조하며 행정의 효율성에 영향을 미친다. 이에 대해 신공공관리이론은 기층행정기구에 충분한 권한을 부여하여 기층행정기구가 사회의 수요에 적합한 독립적인 정책 결정을 할 수 있어야 한다고 본다. 오스번(D. Osborne)과 개블러((T. Gaebler)는 정부 개혁의 목표가 '기업가 정부'의 건설이라고 규정하고 있으며, 구체적으로 정부는 다음과 같이 '거듭나야' 한다고 주장한다.

① 촉진적 정부: 사공보다는 조타수

② 지역사회가 주도하는 정부: 서비스 제공보다는 권한 부여

③ 경쟁적 정부: 서비스 제공에 경쟁 도입

④ 사명 지향적 정부: 규칙 중심 조직의 개혁

⑤ 성과 지향적 정부: 투입이 아닌 성과와 연계한 예산 배분

⑥ 고객지향적 정부: 관료제가 아닌 고객 요구의 충족

⑦ 기업가적 정부: 지출보다는 수익 창출

⑧ 미래에 대비하는 정부: 치료보다 예방

⑨ 분권적 정부: 위계조직에서 참여와 팀워크

⑩ 시장 지향적 정부: 시장 기구를 통한 변화 촉진[6]

2) 신공공서비스와 '시민 중심'

1990년대에 신공공관리이론이 성행할 때, 영국, 미국, 호주 등 국가에서는 정부 개혁이 필요하다는 주장이 고조되었으나 이론적인 결함 역시 눈에 띄게 나타났다. 시민을 고객으로 보고 고객만족도를 정부 서비스가 추구해야 하는 목표로 간주하는 것은 비록 정부 행위를 제약하는 데 효과적이었지만, 시장 메커니즘의 도입으로 인해 가치중립적이며 효율을 최우선으로 하는 관리주의가 성행하게 되어, 공공 정신과 공공 서비스의 관념이 약화되고 심지어 시민이 주인이라는 위상에 부정적인 영향을 미쳤다. 이러한 문제들은 정부개혁이론 연구자들의 심도 있는 논쟁을 야기했다.[7]

미국의 저명한 공공행정학자인 덴하트(R. Denhardt)로 대표되는 공공행정학자들은 신공공관리이론에 대한 성찰을 기반으로 '신공공서비스이론'을 제시했다. 신공공서비스이론은 '시민 우선'을 강조하며 '고객 만족' 원칙과 '시민 만족' 원칙을 구분해야 한다고 보는데, 이는 공공이익 관념에 기초하고 있으며, 또한 공공행정인원이 시민을 위한 봉사에 전력을 다

---

6 [美]戴維·奧斯本·特德·蓋布勒, 《改革政府: 企業家精神如何改革著公共部門》, 周敎仁等譯, 上海譯文出版社, 2006.

7 張成福, 〈公共行政的管理主義: 反思與批判〉, 《中國人民大學學報》, 2001年 第1期; 雷志宇, 〈'新公共管理'模式的內在沖突與矛盾〉, 《東南學報》, 2002年 第5期; 韓成頌, 〈論服務型政府的倫理品格〉, 《南京政治學院學報》, 2008年 第4期.

하게끔 하는 데 근본목적을 둔다.[8] 신공공서비스이론에서 보면, 정부의 기능은 '조타수'도, '항해사'도 아닌 '봉사자'이다. 공공 이익은 목표이지 부산물이 아니다. 공무원은 시민을 위해 봉사하지, 고객을 위해 봉사하지 않는다. 또한 공무원의 책임은 헌법과 법률, 커뮤니티의 가치관, 정치적 규범, 직업적 표준 및 시민의 이익을 중시하는 데 있는 것이지 시장에 관심을 가지는 데 있지 않다. 그리고 시민의 권리와 공공 서비스는 기업가 정신보다 더욱 중요하다.[9]

요컨대, 신공공관리이론에 대한 정부 서비스의 공공성과 서비스성이 경시된다는 인식이 존재하는 가운데, 신공공서비스이론은 민주가치와 공공 이익을 위한 궤도를 되돌렸을 뿐만 아니라 서비스형 정부의 구축을 위해 중요한 사상적 자원을 제공했다.

3) 거버넌스, 정부와 민간의 협력 및 공동관리

신공공관리이론이 정부와 인민, 정부와 사회의 관계를 모호하게 하며 현대 민주제도가 제창한 헌정주의와 공공정신이 손상되었다. 거버넌스 이론은 이러한 시대적 요구에 의해 나타나 정부 기능의 제한성을 재차 강조했고, 정부와 대중, 사회단체가 국가를 공동으로 통치하는 모델을 구축하려 했다.

거버넌스는 각종 공적 혹은 사적 개인과 기관이 그 공동의 업무를 관리하기 위해 사용하는 수많은 방법을 종합한 것이다. 학자들의 관점을 종합

---

8 〔美〕羅伯特·B. 登哈特,《公共組織理論》(第3版), 扶松茂·丁力譯, 中國人民大學出版社, 2003, p. 207.

9 〔美〕珍妮特·V. 登哈特·羅伯特·B. 登哈特,《新公共服務: 服務, 而不是掌舵》, 丁煌譯, 中國人民大學出版社, 2004, pp. 7-9.

해 보면, 거버넌스는 규칙이나 활동이 아니라 하나의 과정이다. 거버넌스 과정의 기반은 통제가 아니라 조화이며, 공공부문은 물론 민간부문까지 관련되어 있다. 또한 거버넌스는 공식적인 제도가 아니라 지속적인 상호 작용이다.[10]

이론적인 측면에서 볼 때, 거버넌스 이론의 주장은 다음과 같이 요약할 수 있다. 첫째, 거버넌스 주체의 다원화이다. 이는 정부가 한 국가의 범위 내에서 유일한 권력의 중심이 아니며, 각종 기구(사회와 민간의 기구 포함)가 대중의 인정을 받으면 사회 권력의 중심이 될 수 있다는 의미이다. 둘째, 거버넌스 과정의 상호 작용이다. 국가와 사회의 협력 과정에서 공공 기구와 민간기구 사이의 경계와 책임 구분을 더 이상 강조할 필요가 없다. 국가 기능의 전문성과 배타성을 더 이상 견지하지 않고 국가와 사회 조직 사이의 상호 의존적인 관계를 강조한다. 셋째, 거버넌스 대상의 참여성이다. 관리대상의 참여를 강조하고 관리체계 내에서 하위조직의 네트워크 구축을 위해 노력하며, 체계 내부의 조직성과 자주성을 강화한다. 넷째, 거버넌스 수단의 다양화이다. 정부가 사회의 기능을 완성할 때, 기존의 수단을 채택하는 것 이외에도 새로운 방식과 조치를 제창하고 관리의 효율을 끊임없이 제고한다.[11]

거버넌스 이론은 중국의 서비스형 정부 건설에 풍부한 이론적 자원을 제공했다. 거버넌스 이론은 공공 서비스의 사회화로 요약할 수 있다. 즉, 공공 서비스의 주체를 확대하여 정부가 부담할 수 없는 공공 사무를 비정부기구에 이전하여 처리하게 함으로써 사회의 공공재 생산을 최적화

---

10 "Report of the Commission on Global Governance: Our Global Neighborhood" (From eco-logic, January/February, 1996), http://www.sovereignty.net/p/gov/gganalysis.htm.

11 李瑞·鄭娟, 〈芻論服務型政府的理論基礎〉, 《公共管理》, 2006年 第10期.

한다. 실제 행정 모델로서 정부 거버넌스의 기본적인 함의는 시민 사회의 요구에 부합하는 행정이념일 뿐만 아니라 새로운 시대적 조건에서 정부 행정의 방식과 방법으로 간주된다. 행정관리 이념으로서의 거버넌스는 정부가 반드시 시민 사회의 운영 주체 다원화에 적응해야 한다고 요구한다. 전통적인 모델에서 통제를 특징으로 하고 명령을 핵심으로 하는 행정관리 개념을 바꿔, 분담을 특징으로 하고 협동을 핵심으로 하는 거버넌스 이념을 점차 수립해야 한다. 행정의 방식이자 방법으로서의 거버넌스는 거버넌스 주체의 다원화, 거버넌스 대상의 확대, 거버넌스 메커니즘의 협력화 등의 내용을 포함해야 한다.[12] 거버넌스 주체의 다원화는 거버넌스의 시행 혹은 참여 주체가 정부 부문은 물론 국가와 지방의 다양한 비정부 혹은 비영리조직, 정부 혹은 비정부 사이의 국제기구, 각종 사회 단체, 심지어 민간부문 등 다원화된 주체가 포함되어야 한다는 점을 의미한다. 거버넌스 대상의 확대는 거버넌스에 영향을 미치는 분야의 확대를 의미하며 그 범위는 국가 정권의 통치, 공공사무의 관리와 서비스, 공공부문의 자체적인 관리, 각종 사회조직과 단체의 관리 등이 포함된다. 거버넌스 메커니즘의 협력화는 거버넌스가 시장원칙, 공공이익과 상호 공감대를 기반으로 적극적으로 협력의 가능성과 방법을 모색해야 한다는 것을 의미한다.[13]

중국의 '서비스형 정부 건설'이라는 목표는 시민이 중심이 되는 정부를 구축하는 것으로, 시민의 이익과 의지가 정부 사업의 가장 중요한 가치가 된다. 시민의 이익과 의지가 모든 공공관리에서 결정적인 역할을 확보하기 위해 공공 정책이 시민의 의지를 반영하고 공공 정책의 제정과 집행에

---

12 騰世華, 〈公共治理理論及其引發的變革〉, 《國家行政學院學報》, 2003年 第1期.

13 張建, 〈從管理走向治理: 當代中國行政範式轉換問題研究〉, 《浙江社會科學》, 2006年 第4期.

서 시민이 참여해야 하며, 시민의 만족도가 정부의 업적을 평가하는 최종적인 기준이 되어야 한다.

2. 전환기의 중국 정부와 거버넌스

1) 역사적 유산과 중국의 국내정세

중국은 점진적인 사회 전환을 통해 격렬한 사회적 충돌을 예방하고 변화 과정에서 사회의 안정을 유지할 수 있었다. 구소련이나 동유럽 국가들의 강제적이고 혼란스러운 '충격요법'이 동반한 여러 문제들로 미루어 볼 때, 점진적인 사회 전환은 인간이 초래할 수 있는 중대한 실수를 피할 수 있었을 뿐만 아니라, 개혁이 초래한 부정적인 영향을 적시에 수정할 수 있었다. 그러나 점진적인 개혁은 가격의 이원화, 세대교체의 이원화, 기타 공식적 제도 및 비공식적 제도의 이원화 등 다양한 이원화를 초래했다. 이원화 자체는 하나의 갈등이며, 그 안에서 발생하는 충돌과 문제는 쉽게 피할 수 없다. 또한 사회 전환의 순조로운 이행에 심각한 영향을 미치고 제약한다.

중국은 면적이 넓지만 경제사회 발전은 매우 불균형하며, 이러한 불균형이 초래한 사회 전환의 압력은 각 지방마다 다르다. 이러한 불균형 현상은 '세 가지 시대'가 함께 있고, '세 가지 사회'가 공존한다고 요약할 수 있다. '세 가지 시대'는 농업화 시대, 공업화 시대, 정보화 시대를 의미한다. 중국의 변경에 위치한 성(省)의 일부 지역은 기본적으로 농업화 시대에 있다. 물론 대다수 지역이 공업화 시대에 있으며 GDP에서 공업이 차지하는 비중이 절반 이상이다. 또한 일부 발전한 지역의 정보화 수준은 이미 선진국에 근접해 있다.

중국 사회형태의 불균형은 '세 가지 사회'의 공존을 초래했다. 이 '세 가지 사회'는 '저개발 사회', '개발 중인 사회', '선진 사회'로 분류할 수 있다. 농업을 위주로 하는 일부 지역의 경제는 상당히 낙후되어 있다. 따라서 일정한 지표를 세계와 비교한다면 가장 낙후된 지역에 포함된다. 반면 소수의 지역은 경제 수준이 상당히 높아 선진국과 같은 세계적인 수준에 도달했다. 물론 대다수의 경제는 여전히 개발도상국의 수준이기 때문에 중국은 전반적으로 개발도상국이라고 할 수 있다.

중국 사회의 불균형한 발전과 권력이 집중된 성지 체제는 매우 밀접한 관계가 있다. 권력이 집중된 정치 체제는 지역 간 이전을 주도하여 지역의 격차를 보완할 수 있다. 그러나 권력이 집중된 정치 체제는 공공 정책의 단일화를 초래하며 사회발전의 다양성에서 갈등을 야기한다. 또한 각 지역의 특성에 의거하여 사회 거버넌스를 진행하는 데 영향을 미친다. 중국 사회발전의 불균형은 사회 전환에 복잡함과 다양성이 수반되게끔 한다. 각기 다른 발전 수준을 가진 지역이 지닌 사회 전환의 임무와 목표는 완전히 다르다. 따라서 중국의 사회 전환 과정에서 지방 정부가 역할을 충분히 발휘하는 것은 역사적인 추세에 부합한다.

중국의 사회 전환에서는 정부관리와 민간경제가 비대칭적으로 발전하는 현상이 여전히 존재한다. 정부관리가 비교적 약한 일부 지역의 경제발전은 오히려 상대적으로 빠르다. '원저우(溫州) 모델'이 바로 중국의 개혁개방 과정에서 급격하게 발전한 전형적인 사례이다.[14] 공업이 발전된 지역과 같이 경제 기반이 비교적 양호한 일부 지역은 개혁개방 과정에서 급

---

14 陳國權·麻曉莉, 〈地方政府創新與民營經濟發展: 溫州制度變遷的軌跡與分析〉, 《中國行政管理》, 2004年 第6期.

격하게 성장하지 못했다. 이러한 현상은 사실 우연이 아니다. 계획경제 체제에서 정부의 관리 수준이 높을수록 민간경제의 발전을 억제했기 때문이다. 따라서 불합리한 체제하에서 약한 정부가 반드시 좋다고는 할 수 없다. 나아가, 법치가 불완전한 상황에서 정부 관료는 아무것도 하지 않는다. 이유가 있어서 아무것도 하지 않는 것이든, 아니면 능력이 없어서 하지 않는 것이든 간에, 관료들의 이러한 형태가 사회발전에 꼭 좋지 않다고만은 할 수 없으며, 오히려 사회발전을 위한 공간을 더욱 확대하고 시장경제와 권력이 집중된 정치 체제 간 갈등을 완화했다.

중국의 사회 전환이 불균형하다는 특징이 있다고 하더라도 전반적으로 보면 여전히 현저한 발전 추세가 나타난다. 이러한 추세에 대해 학자들은 다음과 같이 개괄한다. 즉, 권력 사회에서 능력 사회로, 인치 사회에서 법치 사회로, 인정(人情) 사회에서 이성(理性) 사회로, 의존적인 사회에서 자립적인 사회로, 신분 사회에서 실력 사회로, 선천적인 능력을 중시하는 사회에서 후천적인 노력을 중시하는 사회로, 일원화된 사회에서 다양화된 사회로, 인간에게 의존하는 사회에서 물질에 의존하는 사회로, 정태적인 사회에서 동태적인 사회로, '국가' 사회에서 '시민' 사회로 나아가고 있다는 것이다.[15]

2) 사회 전환과 지방 정부

중국은 거대한 사회로, 오랫동안 위로부터 아래로 내려오는 권력이 상당히 집중된 정치 구도를 형성해왔다. 그러나 지방 정부의 역할을 결코 경시할 수 없다. 사회 전환 과정에서 각급 지방 정부는 매우 특수한 역할을

---

15 韓慶祥, 〈當代中國的社會轉型〉, 《現代哲學》, 2002年 第3期.

했다. 개혁개방 이후, 중국정치는 '문화대혁명' 기간의 '계급투쟁 강령'에서 '경제건설 중심'으로 전환했고, 지방 정부는 새로운 정치적 업적을 추동하며 전략적 전환을 실현했다. 지방 정부는 주도적이고 전면적으로 경제활동에 개입하며 경제건설을 적극 추동하는 역할을 함으로써 중국 경제발전의 가장 큰 행위자가 되었다. 그러나 사회 전환의 과정에서 지방 정부의 역할은 상당히 복잡했다. 지방 정부의 이익은 정부의 공공성을 왜곡했고, 정부가 사회와 경제의 발전을 추진하는 동시에 일부 관료들은 개인 혹은 조직의 이익을 모색했다. 이로 인해 사회발전의 방향이 오도되었고, 공공의 이익이 심각한 손해를 입었다. 많은 학자들이 중국의 사회 전환 과정에서 지방 정부의 역할에 대해 연구한 결과, 다음과 같은 형식을 발견할 수 있었다.[16]

지방 조합주의 정부

중국 지방 정부의 조합주의(corporatism) 경향을 비교적 일찍이 체계적으로 연구한 학자는 다이무전(戴慕珍)이다. "경제발전 과정에서 지방 정부는 수많은 기업적 특성을 가지고 있었고 관료들은 이사회 구성원과 같이 행동했다. 이러한 정부와 경제가 결합한 새로운 제도형식을 지방 조합주의라고 정의한다. 여기에서 지방 조합주의는 지방 정부가 그 관할구역 내 각 경제사업단위와 협조하는 것이 마치 다양한 경영에 종사하는 사업회사와 같다는 의미이다."[17] 지방 조합주의 정부는 네 가지 방법으로 기업의 경영에 개입한다. 첫째, 공장 관리이다. 지방 정부는 기업이 개인에게 하

---

16 丘海雄·徐建牛,〈市場轉型過程中地方政府角色研究述評〉,《社會學研究》, 2004年 第4期.

17 戴慕珍,〈中國地方政府公司化的制度化基礎〉, 甘陽·崔之元編,《中國改革的政治經濟學》, 牛津大學出版社, 1997, p. 101.

도급하거나 임대하는 것을 사유화라고 생각하지 않으며 이는 정부가 기업을 간섭하고 통제하는 데 유리하다. 도급제는 집체기업의 일상적인 경영관리권을 하부로 이양하지만 최종적인 결정권은 여전히 정부의 손 안에 있다. 둘째, 자원 분배이다. 지방 정부는 중앙이 지방에 조달한 계획 내 가격의 물자와 현지에서 보유한 희소자원을 장악하고 선택적으로 분배한다. 셋째는 행정 서비스이다. 기업의 영업허가증, 제품합격증, 상품의 수상, 감세 기회 등 일상적인 서비스의 지원이 포함된다. 지방 정부 관할 내 모든 기구와 조직은 중점 기업을 육성하는 특수한 서비스에 동원되고, 심지어 기업의 행정을 직접 지원한다. 넷째, 투자와 대출이다. 투자와 대출 등급에 대한 통제는 지방 정부가 경제발전을 선도하는 가장 효율적인 레버리지 중 하나이다. 이 방법은 주로 기업에 대출담보를 제공하거나 대출등급을 평가하고, 혹은 현지에 성립된 반(牛)민간 기업의 신용기관 등을 지원하는 형태로 운용된다. 다이무진은 지방 정부가 지방 조합주의 정부로의 전환을 촉진하는 배경에는 두 가지 원인이 있다고 지적했다. 하나는 재정 체제의 개혁이고, 다른 하나는 농업의 비집체화이다. '재정 분권화'의 재정 체제 개혁은 지방 정부가 현지 경제를 발전시키기 위한 적극성을 고취시켰고, 농업의 비집체화는 공업의 발전이 지방 정부의 경제 발전을 추동하는 최우선 전략이 되게 했다. 이 두 가지 제도는 지방 정부가 적극적으로 지방경제의 발전을 촉진하게 만들면서 지방 정부가 '기업가'의 역할을 하게 되었다.

'시장행위자' 정부

일부 학자들은 지방 정부가 중국의 사회 전환에서 시장행위자의 역할을 했다고 인식한다. 첫째, 시장화의 촉진자 역할이다. 중국은 시장화 속도가 비교적 빠른 지역으로, 효율적인 지방 정부에 의해 시장화가 추진된다.

둘째, 제도 연계자의 역할이다. 지방 정부는 불완전한 계획과 불완전한 시장을 연계한다. 셋째, 메커니즘 조정자 역할이다. 지방 정부는 중앙정부의 거시적인 조정에 대해 시장화 세부 조정을 진행한다. 넷째, 제도혁신자 역할이다. 시장경제 체제를 건설하는 과정에서 지방 정부는 사회 메커니즘, 법률 제도와 정부의 자체적인 제도적 혁신을 진행했다. 사회 전환기에 지방 정부의 행위는 '시장성'을 갖추었고, 더욱 정확하게 말하면 기업 행위의 특성을 가지고 있었다. 먼저, 시장 메커니즘이 불완전한 단계에서 지방 정부는 일정한 범위 내에서 시장 메커니즘이 수행해야 하는 역할을 수행했다. 다음으로, 외지기업과 경쟁하는 현지 기업을 지원했다. 마지막으로 정부가 현지 기업이 이익을 최대화하기 위해 취하는 각종 행위를 보호했다.[18]

종합상사 정부

일부 학자들은 중국의 사회 전환 중 시행된 '재정 책임제'와 '재정 분권화'의 재정 체제 개혁이 지방 정부에 압박을 가하는 동시에, 지방 정부가 경제발전을 모색해 비교적 커다란 재정적 이익을 확보하는 것을 자극했다고 인식한다. 이는 지방 정부의 역할과 행위의 변화를 초래했고, 지방 관료들은 공유제 기업을 시장에서 이익을 추구하는 기업처럼 관리하게 되었으며, 그들은 스스로 시장 지향적인 대리인이자 행위자가 되었다. 정부와 기업의 관계는 공장 혹은 기업 내부의 구조와 유사하다. 즉, 정부는 소유자로서 기업과 유사하며 기업의 관리자는 공장장 혹은 작업현장의 주임과 유사하다. 이러한 특성은 향진에서 더욱 두드러지게 나타난다. 향진 정부가 설립한 기업은 완전히 정부의 통제를 받는다. 일부 학자들은 현지

---

18 洪銀興, 〈經濟轉型階段的市場秩序建設〉, 《經濟理論與經濟管理》, 2005年 第1期.

조사 결과, "1980년대 향촌의 공업기업은 모두 현지 정부가 통제하고 지방 관료가 실질적으로 경영인의 임용과 보수, 기업의 설립과 폐쇄, 자본의 조달과 생산 라인의 작동 및 시장 전략의 결정 등의 과정에 깊이 관여했으며, 이는 특히 경제활동이 현지범위를 벗어날 때에 두드러졌다."[19]는 결론을 제시했다. 따라서 '촌진(村鎭) 정부가 곧 기업'이라는 관점을 제기한 학자들도 있었다.

1980년대 이후의 재정 체제 개혁은 향진 정부가 자신의 이익을 추구하는 동기와 행동공간을 가질 수 있게 만들었다. 향진 정부는 국가이익의 대리인이자 자신의 이익을 추구하는 행위자라는 복합적인 역할을 수행했다. 일부 향진 정부의 행위는 실제로 기업과 다를 바 없었고, 공업화 수준이 비교적 높은 지역에서는 더욱 그러했다. 일부 향진 정부는 경영활동에 직접적으로 참여했다. 이들의 목적은 국가의 지령을 완성하기 위해서가 아니며 커뮤니티의 복지를 위해서도 아니었다. 오직 향진 정부라는 이익집단의 이익을 충족하기 위해서였다. 일부 향진 정부는 이사회와 같은 조직모델을 갖추고 기업화 방식을 통해 구성원을 관리했으며, 이러한 향진 정부는 경제성장 속도를 구성원을 평가하는 기준으로 삼았다. 최대의 이익을 얻기 위해 이들은 수중의 권력을 활용해 이용 가능한 자원을 쟁취했다. 일부 향진 기업은 공공관리사무의 집행을 자신의 주업으로 생각하지 않고, 경제활동을 자신의 주업으로 삼기도 했다. 향진 기업의 이사회로서 향진 정부는 행정 권력에 기대어 경영하고, 거대한 권력 네트워크를 조직하여 더 많은 자원을 착취하고 더 많은 자산을 통제했다.

중국의 각급 정부는 의심할 여지없이 경제건설형 정부의 역할을 수행한다. 중국의 사회 전환 과정에서 정부는 중요한 역할을 발휘하고 개혁의

---

19 Andrew Walder, 앞의 글.

추진자이자 기획자, 시행자와 같은 다양한 역할을 수행한다. 이러한 정부 관리 모델은 개혁개방 초기, 계획경제 시기에서 시장경제로 전환하는 과정에서 더욱 합리성을 가지게 되었으며 거대한 경제성과는 이러한 관리 모델의 합리성을 뒷받침했다. 그러나 시장경제 체제가 확립되고 경제의 세계화가 나날이 발전함에 따라 경제건설형 정부와 현대적인 시장경제 체제 사이의 갈등이 더욱 두드러졌다. 시장경제는 정부관리 체제의 개혁을 호소하며 시장경제에 부합하는 제한적인 정부의 건설을 요구했다.

3) 전체주의: 전통적인 정부 거버넌스의 유산

'전체주의(totalism)' 개념을 사용하여 중국 정부 거버넌스의 특성을 규정할 수도 있다. 개혁개방 이후 중국은 시장 메커니즘을 대대적으로 도입하고 관리의 사회화를 실현하기 위해 노력함으로써 중국 당정체계의 정책 결정 방식과 거버넌스 모델을 전환시켰다. 그러나 현실을 관찰해보면, 정부 주도적인 전체주의가 여전히 오늘날 중국 사회관리 모델에 가장 적합한 방법이라고 할 수 있다. 중국의 전체주의 거버넌스 모델의 특징은 〈그림 7-1〉을 통해 파악할 수 있다.

만약 중국 정부의 관리 상황을 실제로 관찰해본다면, 전체주의 거버넌스 모델의 〈표 7-1〉과 같은 특성을 더욱 잘 이해할 수 있을 것이다.

전체주의 거버넌스 모델에서 정부는 통상적으로 '가장'과 같은 역할을 한다. 따라서 중국에서 발생한 다음과 같은 사례들은 전혀 이상하지 않다. 정보 개방이 문제를 일으킬 것이란 우려로 인해 '불조심·도둑조심·기자 조심'이란 말이 성행하거나, 부부가 음란 영상을 보는 것이 좋지 못한 결과를 가져오기 때문에 경찰이 방문해서 음란물을 몰수한다. 핸드폰이 좋지 못한 정보를 수신하기 때문에 당신을 대신하여 핸드폰을 '종료'시키

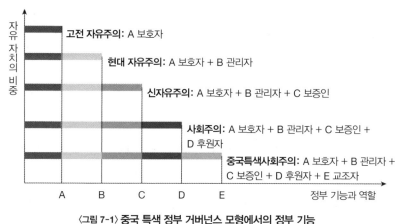

〈그림 7-1〉 중국 특색 정부 거버넌스 모형에서의 정부 기능

〈표 7-1〉 전체주의 거버넌스 모델의 특성

유형	특성
집중형 관리	질서정연한 사회 실현, 정부관리 목표와 일치된 방향성
교도관형 관리	정부가 정보 비대칭성을 조성하거나 이용하여 사회 통제를 시도
초읽기형 관리	군령장과 폭력적인 법 집행이 정부관리에서 일상적인 수단
봉쇄형 관리	항의할 수 없는 관리를 추구, 사회적 항의를 용납하지 않음
운동형 관리	돌격식의 종합적인 이용, 관리 및 보호가 일상적

고, 인터넷이 매우 '음란하고 폭력적'이기 때문에 당신을 도와 컴퓨터에 '그린댐(green dam)' 프로그램을 설치한다.

하지만 전체주의적 정부관리는 통상적으로 힘이 모자라 뜻대로 진행되지 않는 상황이나 관리원가의 상승, 자기 무덤을 파는 문제 등에 직면하게 된다. 수많은 사례들에서 오늘날 중국 정부(특히 지방 정부)가 다음과 같은 어려움에 처해 있다는 사실을 확인할 수 있다. 정부가 사회업무를 독점하고 행정비용의 증가속도가 GDP 증가속도의 두 배에 가까운 상황이 나타났으며,[20] 정부가 사회의 갈등에 깊이 개입하는 과정에서 비난의 목소리는 결국 정부를 향하게 되었다.[21]

4) 행정 주도와 삼권 불균형

입헌정치는 독단적이고 자의적인 통치행위에 대한 반작용으로, "정치가 법률화된 이념이나 이상적인 상태로 운영되게 하는 것이다. 입헌정치는 모든 정부의 권력 행사가 헌법이 정한 규칙을 따르고 헌법의 제약을 받도록 요구한다".[22] 따라서 입헌정치가 정부에 기본적으로 요구하는 것은 '법에 의한 행정', 즉 정부가 제멋대로 행동하지 않고, 그 행위는 반드시 헌법과 법률의 구속을 받아야 한다는 점이다.

헌법은 국가(정부) 권력에 대한 제약이며, 입헌정치는 "가장 오래되고 가장 견고하며 가장 지속적인 본질"[23]로 인식된다. 입헌정치에는 수많은 원칙이 포함되어 있다.[24] 이 중 법치는 가장 핵심적인 원칙이다. 따라서 입헌정치는 법치 정신을 구현하는 것이다. 서방의 입헌정치 역사를 보면, 법률을 운용하고 성문헌법 혹은 법률적 방식을 통해 국가 권력을 통제하며 시민 개인의 권리 보호가 입헌정치 제도를 설계한 가장 기본적인 사고

---

20 胡聯合·何勝紅, 〈我國行政成本演變態勢的實證研究(1978-2006)〉, 《公共行政評論》, 2009年第5期.

21 燕繼榮, 〈群體性事件頻發的政治學思考〉, 《中國社會科學(內部文件)》, 2009年 第6期.

22 張千帆, 《憲法學導論》, 法律出版社, 2004, p. 11.

23 〔美〕C. H. 麥基文, 《憲政古今》, 翟小波譯, 貴州出版社, 2004, p. 16.

24 지금까지 헌법 지상 원칙, 시민 권리(재산권 포함)의 불가침 원칙, 인민주권 원칙, 법치주의 원칙, 견제균형 원칙, 제한 정부 원칙 등이 민주 헌정의 기본 원칙으로 여겨지고 있으며, 대의제 정부 제도, 보통선거 제도, 경쟁적 정당 제도, 선거와 임명이 결합된 인사 제도 그리고 광범위한 사회감독 제도 등은 민주헌정의 핵심 제도로 생각되고 있다. 錢福臣, 《憲政哲學問題要論》, 法律出版社, 2006; 宋玉波, 《民主政制比較研究》, 法律出版社, 2000 참조.

라는 사실을 확인할 수 있다.[25] 따라서 입법기관이 중심이 되고 법률이 주도하는 것이 입헌정치 체제에서의 정치가 가진 주된 특징이 된다.

그러나 중국은 오랫동안 행정 주도적인 국가였다. 더 정확하게 말하자면 입법 권력과 사법 권력이 행정 권력과 성공적으로 분리된 경험이 없는 국가이다. 역사상 '가족과 국가가 일체화'된 왕조의 통치는 공화 정신과 법치 정신의 확립을 어렵게 했을 뿐만 아니라 '법에 의한 집권'이라는 관념의 생성을 심각하게 저해했다. 수천 년 동안 정치의 지혜는 어떻게 백성을 통치할 것인지에 활용되었다. 역대 왕조의 통치자들은 인민을 통치하기 위해 법률을 선포하고 규칙을 제정했다. 물론 각급 관료에 초점을 맞춘 규정과 제도가 있었으나 최고 통치자에 대해서는 사회로부터 비롯된 제도적인 제약을 거의 찾아볼 수 없다.

근대 이후, 중국의 비교우위는 점차 사라졌고, 이에 중국인들은 서방세계를 중시하고 서방의 제도에 관심을 갖기 시작했다. 또한 서방의 '국가', '정부', '인민' 등과 같은 개념을 통해 중국 사회를 평가하고, 새로운 제도 모델을 설계했다. 청나라 말기의 정관응(鄭觀應)은 《성세위언》의 서문에서 최초로 제헌을 주장했다. 1908년 9월, 청나라는 '흠정헌법대강'을 반포하며 헌법이라는 용어를 정부의 공식 용어로 사용했다.[26] 중국이 성문헌법 혹은 법률을 통해 정부의 권력을 제약하거나 통제한다는 개념으로 확립하기 시작했다면 입헌정치를 위한 중국의 노력은 100여 년에 불과한 셈이다.

내우외환 속 백 년의 역사에서 '후발'적이고 '외생'적인 제도 형성 과정은 끊임없이 간섭을 받아왔다. 엘리트 집단의 낙후된 의식은 객관적으

---

25 [美]斯科特·戈登,《控制國家: 西方憲政的曆史》, 應奇等譯, 江蘇人民出版社, 2001.
26 吳家麟主編,《憲法學》, 中央廣播電視大學出版社, 1991, p. 16.

로 행정 주도적인 추세를 강화했다. 무장으로 정권을 탈취한 군사화된 혁명방식은 지도자, 정당, 정부의 위상과 역할을 더욱 두드러지게 했다. 신중국 성립 이후, 고도로 계획된 사회경제 체제와 관리 모델은 행정 주도적인 정치 전통을 더욱 제도화했다. '문화대혁명' 기간 동안, 집권당의 지속적인 혁명을 신봉하는 '좌'편향적인 노선과 정책 및 지도자 개인의 의지는 법률을 능가하며 국가의 법률 체계를 심각하게 파괴했다. 이로 인해 국가의 입법과 사법행위는 지도자 개인의 의지와 정당의 의지를 핵심으로 하는 '행정'체계의 하위에 위치하게 되었다.

개혁개방 이후, 중국의 차세대 지노자들은 정치법률 질서의 재건을 위해 노력했다. 이들은 정치 체제를 완비하고 입법체계와 사법체계를 복원했다. 지난 30여 년 동안 중국 정부는 법제화 방면에서 중대한 진전을 이뤄냈다.[27] 이러한 결론은 다음과 같은 중요한 수치와 사실을 통해 입증된다. 첫째, 법률 체제 완비의 측면에서, 지난 30여 년 동안 250여 개의 새로운 법률이 통과되며 완벽한 법률 체계가 창조되었다. 둘째, 사법안건 수량의 측면에서, 1980년, 사법 체제가 '문화대혁명'으로 파괴된 이후 회복될 당시, 중국법원은 80만 건의 소송을 접수했지만 2006년에는 소송 건수가 10배 증가했다. 이는 사회에서 법률의 위상이 전환되었음을 반영한다. 셋째, 법관과 감찰관 구성의 측면에서, 1980년대 중반 이전까지 중국의 법관과 감찰관은 대부분 퇴역한 군인으로 구성되었고, 정규적인 교육을 받는 이는 매우 적었다. 그러나 1980년대 중반부터 국가는 대학 졸업생으로 법관과 감찰관을 충당했고, 1990년대 말에는 법학석사 학위가 고위법관이 되는 전제조건이 되었다. 넷째, 법관과 감찰관의 수준이 높아지

---

27 중국 법제 건설의 역사적 회고 및 진보에 대해서는 다음을 참조함. 郭道暉, 〈50年來我國法制建設之反思〉, 《百年潮》, 2005年 第6期.

며 변호사의 위상도 변화했다. 1980년대 말 이전까지 모든 변호사는 공무원이었고, 개업 변호사는 존재하지 않았다. 그러나 지금은 12만 명의 변호사가 자격증을 취득했고, 1만 2000개의 법률사무소가 운영되고 있다. 개인 변호사의 증가는 모든 사법체제를 더욱 전문화하는 계기가 되었다. 다섯째, 법률이 시민의 권리를 보호하고 정부 및 관료의 행위를 제약한다는 측면에서 볼 때, 중국은 이미 "시민이 정부의 잘못된 행위로 받을 수 있는 침해를 보호한다"는 목적을 가진 법률을 제정했다. 1989년 통과된 행정소송법은 시민이 정부를 고소할 수 있게 했고, 이 법률이 반포된 첫해에만 정부에 1만 3000건의 소송이 제기되었다. 현재, 매년 정부를 상대로 하는 소송이 15만 건에 이르며, 승리한 소송에 대해서는 언론에서 찬사를 보내고 있다.[28] 1994년 반포된 국가배상법은 정부의 잘못이 정정될 수 있다는 의미이고, 2005년 반포된 공무원법은 관료 행위의 높은 수준을 확정했다. 2007년 3월, 광범위한 논쟁을 일으킨 물권법이 인민대표대회의 심사를 통과했다. 이는 법률이 시민의 재산권을 보호한다는 측면에서 매우 기념비적인 의의를 가지고 있다.

그러나 이러한 일련의 진전과 현대적인 입헌 민주의 요구 사이에는 여전히 꽤 큰 격차가 존재한다. 헌법은 기본적인 정치법률 구조를 제공했지만 법률 규칙과 현실에서의 암묵적 관행 사이의 격차는 여전히 크다. '의법치국'과 '의법행정'의 원칙을 제창하지만 이를 보장하는 헌법심사제도는 여전히 확립되어 있지 않다. 민의를 대변하는 기관인 입법기구인 인민대표대회는 법률 체계의 완비에서 중요한 역할을 하지만 그 위상과 기능은 헌법의 규정 및 현대정치에서 제시하는 요구와 일치하지 않으며, 정부 행위를 심의 및 제약하는 기능을 제대로 발휘할 수 없다. 또한 사법체계

---

28 〔美〕約翰·桑頓, '遠在天邊, 近在眼前 : 中國的民主前景, '中國選擧與治理網 首發.

의 정상적인 운영은 시민을 위한 법률적 지원을 기본적으로 보장하지만 책임 체제, 인력의 소양 등의 원인으로 인해 사법독립의 원칙이 도전을 받고 있다.

'인민주권'은 현대정치의 기본적인 이념으로, 이 이념은 입법, 행정, 사법의 권력 관계 구조에서 드러난다. 입법, 행정과 사법 체계에서 '의회지상', '의법행정', '사법독립'은 삼권 관계를 규정하는 기본적인 원칙이자 현대 국가의 헌정 체제에서 기본적인 권력구조이다. 실질적인 최고 권력 주체의 통치하에서 '행정'에 대한 간섭을 주도하여 입법, 사법, 행정의 3대 체계가 불균형을 이루는 것이 중국 법치 선설에서 식년한 가장 큰 문제이다. "중국의 주요 도전은 완성된 법률 체계가 없다는 것이 아니라 지면상의 법률과 구체적인 시행 사이의 한계이다. 특히 지방에서의 문제와 정치적으로 민감한 문제에서는 더욱 그렇다."[29] 사람들은 "법이 있어도 의존하지 않고, 법을 집행해도 엄격하지 않다"는 표현으로 중국의 법치를 평가한다. 이론과 법리적으로 볼 때 인민대표대회가 가장 높고, 사법부는 독립되어 있지만, 실제로는 인맥 관계, 행정 간섭과 집권당 체계로부터 오는 지휘 등이 입법과 사법 과정에 매우 커다란 영향을 미치고, 특히 사법의 독립성과 공정성에 영향을 미쳐 대중의 불신을 초래했다. 법 집행기관의 신뢰 부족은 대중들의 가두 항쟁, 집단 사건과 민원 확대 등의 중요한 원인이 된다.

행정 주도 체제가 자원을 집중시키고 집단의 의지를 효율적으로 시행하는 데 일정한 우위를 가지고 있다는 점을 부인할 수 없다. 그러나 장기적으로 볼 때, 이는 제도가 구조적인 균형을 안배하는 기본적인 원칙에 위배되며 수많은 우려를 남길 수 있다. "행정 주도적인 정치 전통은 국가

---

29 위의 글.

와 사회가 일체화된 사회구조와 행정화된 법률 형태를 조성한다. 이러한 정치 전통은 권리와 권력이 상호 제어하는 것이 아니라 권력이 권리를 지배하게 만든다. 따라서 법률은 행정권으로 시민의 권리를 보장하는 법치의 기능을 제어하지 못할 뿐만 아니라 시민의 권리를 침해하는 도구가 될 수 있다. 사회 전체에서 행정권에 대한 의존은 시민의 권리 의식과 자주의식의 결함을 초래한다."[30] 사법이 완벽하게 독립되지 못했기 때문에 법률은 종종 집권자의 행위를 제약하는 기능을 상실할 뿐만 아니라 시민의 권리를 보장하고 구제하는 역량을 상실하게 된다. 법률이 행정 권력의 앞에서 취약한 모습을 나타내면 사람들은 법률의 도움이나 구제를 받기를 원하는 것이 아니라 권세의 비호를 받기를 원하게 된다. 따라서 "상부에 보고할 것을 하늘에 빌고, 뇌물로 인해 권력이 타락하는 것이 전형적인 사회 심리와 행위 모델이 된다. 법률에 기능적으로 결함이 있으면 사람들은 자주적인 의식이 결여되고, 자신의 노력과 지혜에 의거하여 자주적으로 자신의 합법적인 권리를 보호할 수 없게 된다. 이로 인해 부득이하게 행정 권력의 간섭에 의존하게 되지만 행정기관이 관여하는지 혹은 행정 관료가 청렴한지 여부를 시민은 알 길이 없어 완전히 수동적인 상황에 직면한다. 사람들은 행정 권력 앞에서 무력하거나 막연할 수밖에 없고, 권력의 지배를 받게 되며 행정 권력이 불공정하게 행사되더라도 근본적으로 대항할 역량이 없다."[31]

입법, 행정, 사법의 관계가 균형을 잃으면 인민대표대회의 실질적인 역할과 법리의 규정에 거리가 나타난다. 법리의 시각에서 볼 때, 인민대표대회는 민의기관이자 입법기관으로서 최고 권력기관이다. 인민대표대회

---

30 周祖成, 〈論行政主導對我國走向法治的影響〉, 《社會主義研究》, 2002年 第6期.
31 위의 글.

는 입법 제안, 사법 심사, 인사 임용, 정책 자문, 예산 심의 등의 수단과 방법을 통해 다른 권력기관의 행위를 통제하고 감독한다. 여기에는 당의 정치 활동도 포함된다. 그러나 실제로 인민대표대회의 역할은 완벽하게 발휘되지 않는다. 인민대표대회의 입법업무에 중대한 진전이 있었고, 중국 법률 체계가 탁월한 성과를 냈다는 점을 인정하지만, 헌법 및 사법의 심의, 정부에 대한 문책, 정책 자문과 예산 심의 등에서 마땅히 해야 할 역할을 모두 수행할 수 없었고, 민의기관으로서 다른 권력기관의 역할을 균형적으로 제약하지 못한다는 사실을 부정할 수는 없다.

권력이 불균형한 구조에서 사법체계 운영이 미성숙하다는 점은 매우 중요한 문제이자 오늘날 중국의 법치 건설에 가장 큰 제약요인이다. 따라서 입법기관의 위상이 강화되더라도, 인민대표대회는 민의기관이자 법리상의 최고 권력기관으로서 일정한 대표성과 광범위함을 가지며 일상적인 활동(중대한 입법 활동) 역시 각기 다른 수준에서 대중의 감독을 받는다. 인민대표대회는 중국의 입법체계가 발전하는 과정에서 중국 법률 체계의 개선에 확실히 중요한 공헌을 했다. 사실 중국은 이미 비교적 완벽한 법률 체계를 구축했다. 그러나 엄격한 법 집행을 통한 사법행위는 여전히 부족하다. 다시 말해 문제는 법률의 불안정성에 있는 것이 아니라 무력한 법률 집행에 있다.

무력한 법률 집행은 두 가지 방면에서 나타난다. 하나는 사법체계가 독립적인 위상을 갖지 못해 사법 활동이 정치계통, 예를 들어 행정체계와 당의 간섭을 받거나 심지어 사법기관이 당정 권력기관 혹은 지도자 개인이 법률을 조종하는 도구로 활용될 수 있다는 점이다. 최근 여론이 광범위하게 관심을 가진 '말로 인해 처벌을 받은' 안건이 전형적인 사례이다. 다른 하나는 다양한 원인으로 인해 사법체계 내부에서 '법치'가 결여된 행위가 '감독'을 받지 못하면서 사법의 공정성이 보장되지 않게 된다는 점이다. 수많은 안건에서 법원의 위법행위, 법관의 부당한 판결과 형량, 사법의 불공정성, 법관과 감찰관의 부패 등은 중국의 사법권이 이행되는 과정에서 수많은 문제점으로 나타났다.

결론적으로, 인민대표대회의 위상 강화로 입법 제안, 사법 심사, 인사 임용, 정책 자문, 예산 심의 등의 역할을 발휘하여, 정부 행위를 통제하는 중요한 기구가 될 수 있게 해야 한다. 또한 사법부의 독립성과 공정성을 확보하여 사법기관이 정부 및 모든 권력 주체를 제약하고 시민의 권리를 보장하는 중요한 기구가 되도록 해야 한다. 입법, 사법과 행정 체계의 기본적인 균형을 실현하는 것이 바로 중국이 법치 건설을 완성하기 위한 기본적인 임무이다.

3. 서비스형 정부 건설

중앙이 정부의 기능을 전환하고, 서비스형 정부를 건설한 이후 서비스형 정부가 중요한 연구 대상이 되었다. 이 분야는 관련된 연구도 많고 연구의 시각도 다양하다. 그러나 대다수 연구는 서비스형 정부의 함의, 특징, 이론적 근거와 현실적 의의 등을 증명하는 데 그치고 있다.

새로운 정부는 서비스형 정부 건설을 방향으로 하는 정치 개혁 방면에서 확실하게 노력했고, 문책 제도의 실질적인 추진, 행정심사 제도의 개혁, 공청회 및 공시제의 시행, 전자정부 제도의 확대 등과 같은 많은 성과를 창출했다. 그러나 정치학계의 연구 결과, 제도는 매우 완만하게 발전하고 있고, 제도 구축의 측면에서 보면 10년 단위로 이루어진다는 문제가 나타났다. 상술한 중국 정부의 노력이 실질적으로 효과를 보기 위해서는 여전히 시간이 필요하다. 긍정적인 부분은, 서비스형 정부 개혁의 방향이 올바르고 지속적으로 추진할 필요성이 드러났다는 점이다. 그러나 이를 진정으로 시행하고 확대할 때의 어려움은 매우 크다. 정부가 더욱 세심한 작업을 진행할 필요도 있지만 다양한 제도적 제약요인을 고려하여 총체적으로 계획하고 장기적인 개혁 전략과 방안을 제정해야 한다.

1) 서비스형 정부는 시대적 구호인가, 아니면 전략적 목표인가?

중국의 경제발전 성과에 대해 전 세계가 놀라고 있다. 그러나 정치발전을 그렇게 이야기하는 사람은 매우 드물다. 이는 정치 개혁이 여전히 모색 중이고, 정치발전의 맥락에 대해 더욱 명확한 설명이 요구되기 때문이다. 다른 한편으로, 정치발전에 대한 이해와 평가에 각기 다른 시각이 있기 때문이기도 하다. 사람들은 습관적으로 민주화라는 지표를 통해 중국의 정치발전을 평가하고 가늠한다. 그러나 정치발전에 관한 연구를 통해 민주화는 정치발전을 평가하는 수많은 지표 중 하나일 뿐이라는 사실이 밝혀졌다. 다시 말해, 한 국가의 정치발전 수준을 가늠하는 지표는 거대한 종합체계이며, 민주는 그 방면에서 하나의 지표에 불과하다. 이로 인해 중국의 정치발전에서 특별한 성과가 없다는 인식 혹은 성과를 저평가하는 관점이 존재한다. 실제로 정치발전의 종합지표 중 하나인 민주화만을 고려해 중국의 정치발전을 평가하곤 하지만, 민주화에 대한 이해 역시 일반적으로 통용되는 고정적인 지표, 예를 들어 다당제, 보통선거제, 언론의 자유 등도 각각 한계가 있다.

결론적으로, 시장화나 민주화에 관계없이 개혁의 목적은 양호한 사회 관리 체제를 형성하여 양호한 사회 거버넌스를 실현하는 것이다. 양호한 사회 거버넌스를 실현하기 위해서는 근본적으로 두 가지 문제, 즉 '정치'와 '치정(治政)'을 해결해야 한다. 정치학 연구에서는 질서 있고 양호한 사회에 대해 '공공영역'과 '민간영역'을 합리적으로 구분한 사회라고 규정한다. 공공사무에 속하는 사안은 공공 사무의 관리 범위에 포함되고, 공공 권력(정부) 부문의 법률적, 행정적, 정책적 수단을 활용해 해결한다. 민간사무에 속하는 사안은 개인 혹은 개인 간(개인 사이 혹은 조직이나 협회 사이) 협상, 거래 등의 방식을 통해 자발적으로 해결한다. 따라서 질서 있고 양호한 정치사회는 국가, 사회, 개인의 경계를 합리적으로 구분하는 것을 기반으로 각기 다른 영역에서, 각기 다른 대상에 대해, 각기 다른 '통치' 원칙과 수단을 시행하여 '통제와 자치'를 확립하는 합리적인 모델이다.

'민간영역'에 대한 관리는 '사회 거버넌스' 혹은 '거버넌스 사회'라고 불리며 '정치'의 범위에 속한다. 공공영역의 관리는 '정치 거버넌스' 혹은 '거버넌스 정치'로 범주를 정할 수 있으며 '치정'의 범위에 속한다. 전자는 '치민(治民)'을 강조하고, 후자는 '치관(治官)'을 강조한다. 전자의 목적은 시민의 행위와 사회조직의 행위를 규범화하고 시민의 권익을 보호하며 '폭민정치'를 억제하는 것이다. 반면 후자의 목적은 정부(관료 포함)의 행위를 규범화하고 공공 권력을 억제하며 폭정을 예방하는 것이다. 실제로 중국의 개혁은 이 두 가지 노선을 탐색하면서 점진적으로 발전했고, 중국의 정치발전 역시 이 두 가지 방면의 노력을 통해 지속적으로 진보했다.

정치 개혁의 시각에서 볼 때, 서비스형 정부는 정치 모델의 근본적인 전환을 의미한다. 대중에 대한 통치를 핵심으로 하는 정치 모델이 대중에 대한 서비스를 핵심으로 하는 정치 모델로 전환되었다. 전자는 '치민'을 중시하며 대중을 제한했지만 후자는 '치관'을 중시하며 정부의 권력을 제한했다. 이러한 전환은 '통제국가'를 내용으로 하는 민주정치의 발전 방향과 맥을 같이 한다.

중국의 경제 개혁은 사회주의 시장경제 건설을 지향한다. 그러나 중국의 정치 개혁이 서비스형 정부 건설을 종국적으로 지향하는지 여부는 조금 더 논의할 필요가 있다. 그러나 어찌되었든 서비스형 정부 건설은 최소한 중국 정치발전의 전략적 목표이자 임무로 봐야 한다. 그 이유는 중국의 실질적인 발전 노선에도 부합할 뿐만 아니라, 중국의 실질적인 상황을 고려하여 이를 전략적 목표로써 시장화를 지향하는 경제 개혁과 동일한 위치에 놓게 되면, 서비스형 정부를 지향하는 정부 개혁의 추진을 통해 중국정치 체제의 개혁을 추진하고 중국의 정치발전을 촉진할 수 있기 때문이다.

이 밖에도 서비스형 정부의 건설은 국제적인 추세에도 부합한다. 우리는 서비스형 정부라는 개념이 이번 정부에서 유행하는 미시적인 구호로만 활용되기를 원하지 않으며, 거대한 담론이 되기를 원한다. 서비스형 정부의 건설을 전략적 임무로 책정하기 위해서는 거시적인 측면에서 모든 정치 체제와 정부 구조가 연계된 장기적인 계획이 필요하다. 또한 정부 운용모델의 전환과 관련된 제도의 수립, 보다 미시적으로는 '책임 있는 정부' 행위 및 정책 결정과 연관된 구체적인 임무와 목표를 확립해야 한다.

2) 정부 혁신: '이미지 공정(工程)' 또는 체계 공정

서비스형 정부는 현대 정부의 발전 방향을 대표하며, 1980년대 이후 전 세계적으로 주요 국가의 공공 관리에서 중요한 내용이 되었다. 서비스형 정부는 사회 거버넌스 모델의 근본적인 전환을 의미한다.

정치학에서는 일반적으로 이념, 제도, 행위의 측면에서 한 국가 혹은 한 정부의 상황을 고찰하고 평가한다. 상대적으로 전통적인 정부의 입장에서 보면, 서비스형 정부는 정부 이념, 제도와 행위 방식의 전면적인 혁신을 의미한다.

　우리는 습관적으로 '정치적인(치민, 통제, 복종)' 사고와 행위를 한다. 서비스형 정부의 건설을 제기하기 위해 우리는 또 다른 '습관'을 길러야 한다. 바로 '치정(治政)'적 사고 및 행위이다. 이러한 치정적인 사고와 행위의 핵심은 '치관'이며, '통제＋자치＋자유'의 거버넌스 모델을 통해 시행함으로써 '복종'이 아닌 '서비스'를 강조해야 한다. 따라서 이러한 이론의 혁신과 관념의 전환이 반드시 필요하다.

　서비스형 정부는 전통적인 관료제의 사회관리형 정부 이념을 배제하고 정부부문과 사회부문(민간부문과 소위 제3의 부문)이 협력하는 사회 거버넌스 이념과 공공 서비스형 정부 이념을 확립해야 한다. 이 방면에서 우선 개념을 명확히 할 필요가 있다. 일반적으로 '민주' 사상은 서비스형 정부의 이론적 기반이다. 그러나 필자는 그렇게 생각하지 않는다. 서비스형 정부의 이론적 기반은 '민주＋법치＋거버넌스'라고 생각하며 이는 인민이 주인, 법에 의한 치정, 공공관리와 통치라는 통치이념으로 나타난다.

　서비스형 정부 건설에는 정부의 역할과 위상의 재정립이 필요하며, 이를 기반으로 제도의 혁신을 실현해야 한다. 제도혁신의 과정에서 공공 이익을 수호하는 입장을 엄수하고 국제적으로도 효율적인 책임 제도, 공시 제도, 공청회 제도, 감독 제도를 전면 확대해야 한다.

　구체적인 정부의 행위 차원에서는, 다음과 같은 분야에서의 사업이 필요하다. 첫째, 성실한 정부가 실제로 존재하여 이미지 메이킹 및 선동식 관리를 단절함으로써 실질적인 업무를 수행해야 한다. 정부가 사업을 진행할 때 체계적인 계획이 필요하고 효율적인 자본 집행이 필요하며 책임 관념과 명확한 문책 메커니즘이 필요하다.

　정부의 행위를 검토한 결과, 다음과 같은 상황 혹은 문제를 발견할 수 있었다. 하나는 정부가 하기를 원하지만 (능력이 없어) 하지 못하는 상황이다.

다른 하나는 정부가 사회 구성원의 잘못된 행동을 (아무것도 하지 않거나 시기를 놓쳐) 방관하는 상황이다. 마지막으로 정부가 스스로 잘못된 행위(대중과 이익을 다투거나 규범을 상실)를 하는 상황이다. 이러한 문제는 정부에 대한 대중의 인식, 평가에 영향을 미치고, 정부의 이미지에도 영향을 미친다. 상술한 문제를 해소하기 위해서는 '치정' 역량을 확대하거나 정부의 기능을 공공 서비스 방면으로 전환해야 한다. 나아가, 진정으로 완벽한 정부 예산 모델을 제정하고, 엄격하고 효율적인 문책 제도를 시행하며, 공공 서비스 수준의 제고를 정부의 실적평가 체계에 포함해야 한다. 또한 각 지역의 공공 서비스 수준에 대한 평가와 공표를 진행해야 한다.

둘째, 정부관리는 논리정연해야 한다. 서비스형 정부 건설은 '세심한 작업'이기 때문에 관리의 디테일을 더욱 중시하고 정부 사업은 더욱 세밀하게 접근되어져야 한다. 1980년대 이후 서방국가의 정부 개혁에서 나타난 전반적인 방향성은 정부 관할범위의 축소와 제재 완화 개혁의 시행이며, 이러한 방향성의 핵심은 구조적인 문제에 초점을 맞춘 것이 아니라 관리의 디테일에 주목함으로써 관리과정의 세밀화를 실현하는 것이다. 중국에서 서비스형 정부 건설은 구조적인 측면에서 제도의 제약을 받을 수 있지만 보다 세밀하게 진행되어야 한다. 정부는 대중을 위해 서비스를 제공한다고 강조하지만 대중이 직접적으로 느끼는 것은 구조나 제도가 아니다. 다시 말해 정부가 돈을 얼마나 사용했는지, 얼마나 많은 사업을 추진했는지가 아니라, 실제 생활에서 얼마나 안전한지, 얼마나 번거로운지, 얼마나 편리한지, 얼마나 불공정한지를 체감하는 것이다. 따라서 서비스형 정부는 결과지향적으로 정부를 개선해야 한다. 그리고 이러한 결과는 대중의 시각에서 느껴지고 정의되어야 한다.

신공공관리운동은 정부를 기업처럼 경영해야 한다는 슬로건을 제시했다. 이에 우리는 기업 서비스와 정부 서비스의 비교를 통해 정부의 사업을 논할 수 있다. 사실, 기업이 서비스를 하는 이유는 명확하며 서비스형 정부를 건설하려는 이유도 명확하다. 기업은 고객에게 서비스할 때, 가장 먼저 서비스의 대상이 누구인지를 이해하고, 다음으로 이러한 고객이 무엇을 필요로 하는지를 이해한 후, 각기 다른 고객의 각기 다른 요구에 부합하는 전문적인 맞춤형 서비스를 제공한다. 대중의 요구에 부합하는 정부 서비스를 제공하기 위해서는 대중을 각기 다른 집단으로 간주하고 정부가 대중을 위해 어떠한 일을 할 수 있는지 살펴봐야 한다. 예컨대 도시 주민에게는 어떻게 해야 하고, 농민에 대해서는 어떻게 해야 할지, 근로자, 학생과 교사에게는 무엇을 해줄 수 있으며, 또 중소기업과 대기업, 사회조직, 관광객, 군인 등에게는 무엇을 할 수 있을지를 살펴볼 필요가 있다. 이를 통해, 서비스형 정부의 건설에는 보다 심도 있는 세밀화가 필요하고, 각급 정부는 지방의 업무를 축적하여 추진해야 한다는 사실을 유추할 수 있다.

3) 정부의 재건: 단독 돌파 또는 투 트랙

일반적으로 정부 개혁은 정부 내부의 구조조정을 의미한다. 따라서 서비스형 정부 건설의 노력 방향과 사업의 중점은 당연히 기구개혁, 기능조정, 인사개혁, 제조혁신 등에 있다. 이러한 사안들은 당연히 중요하지만, 여기에서 특별히 지적해야 할 점은 정부 이외의 사업에 속하는 영역, 즉 비정부 영역인 사회조직의 발전도 매우 중요하다는 것이다.

서비스형 정부관리 모델을 실현하기 위해서는 두 가지 방면의 노력이 필요하다. 하나는 정부 개혁으로, 정부의 규제 완화와 부담 절감을 실현함으로써 정부가 양호한 공공 서비스를 제공하는 기구가 되어야 한다는 점이다. 다른 하나는 사회개혁으로, '제3부문'의 발전을 장려하여 사회 분야에서 가능한 사회적 자치를 실현할 수 있게 하는 것이다. 만일 자신의 분야에서 스스로 실현할 수 없다면 정부와 사회조직의 공동 관리 및 공동 거버넌스를 시행할 필요가 있다.

여기에서 몇 가지 개념을 명확하게 할 필요가 있다. 첫째, 정부 기능의 전환과 정부 구조의 조정은 개별적인 사안이다. 서비스형 정부 건설의 개혁은 행정 개혁뿐만 아니라 정치 개혁이기도 한다. 서비스형 정부 건설의 진정한 의의는 정부 내부 관계의 조정이 아니라 정부와 사회 간 관계의 조정이다. 둘째, 정부 기능의 전환, 서비스형 정부 건설은 단순히 정부 기능의 축소를 의미하지 않는다. 기존의 정부 모델에서 관련 기구를 간소화하고 권한을 하부기구에 이양하는 것은 당연히 필요한 일이었고, 중국은 지금까지 그렇게 해왔다. 그러나 문제의 핵심은 정부의 권한을 누구에게 이양했는지, 정부가 포기한 부분을 과연 누가 '점령'했는지에 있다.

이러한 문제에 관해, 정치학 연구는 우리에게 시사점을 제공한다. 정치학의 일반적인 개념에 의거하여 사회조직을 정부 기구, 비영리조직과 민간 기구 등 세 가지 유형으로 분류할 수 있다.

정치학의 관련 연구에서 다음과 같은 사실이 증명되었다. 첫째, 국가와 사회가 상호 작용하는 가운데 국가의 퇴보와 정부 기능의 축소는 사회조직의 발전을 필요조건으로 한다. 따라서 정부 기능의 전환, 서비스형 정부의 건설과 동시에 사회발전을 촉진하는 전략을 제정하고 사회조직의 발전을 장려 및 추진해야 한다. 이 방면에서 정부는 다양한 일을 할 수 있고, 적어도 사회조직의 발전을 위한 조건을 창출할 수 있다. 둘째, 양호한 사회 거버넌스의 실현을 위해서는 사회 자본의 투자가 필요하다. 사회 자본은 '사회 네트워크에 투입된 자원'을 의미하며, 사회 네트워크 관계와 사회조직 사이에 존재한다. 한 국가 혹은 지역에서 시민들의 사회관계 네트워크가 밀집될수록 사회조직화 수준은 높고, 사회 자본의 보유량이 많을수록 사회 거래와 사회관리의 원가는 더욱 낮아진다. 방대한 전능주의적 정부 모델을 전환하고, '역량이 뛰어난' 서비스형 정부를 건설하기 위해서는 정부의 부담을 경감해야 하고, 정부의 부담을 경감하기 위해서는 중개조직과 제3부문의 발전을 장려해야 한다.

　다양한 비정부조직을 통해 분산된 시민을 조직화하고, 이익을 표현하고 참여하는 정치활동을 장려하여 일정한 수준의 자치를 시행해야 한다. 이를 통해 관리업적을 제고할 수 있을 뿐만 아니라 정부의 지출을 절감하여 정부 부담을 경감하고 정부가 사회의 갈등과 충돌에 직면해 운신의 폭이 제한당하는 상황을 방지해야 한다. 현대 국가의 다양한 비정부조직은 정부와 시민을 연결하는 교량 역할을 하고, 정부가 사회에 대한 효율적인 통치를 실현하기 위해 없어서는 안 될 파트너가 된다. 중국의 상황으로 볼 때, 중국은 유럽의 조합주의(협동주의)를 배워 정부와 각종 이익단체의 관계를 처리해야 한다. 정부는 특정한 분야에서 사회조직의 합법적인 지위를 승인하고 제도화된 협력관계를 체결함으로써 사회조직이 이익을 대표하는 역할을 수행할 수 있게 하는 동시에 정부가 시행하는 정책을 보조하도록 해야 한다.

　상술한 인식을 기반으로, 필자는 중국 정부가 사회 자치에 대해 정부 통제를 대체할 수 있는 전략이라는 시각을 가지고, 사회조직의 발전을 서비스형 정부 건설의 목표에 포함시켜 이들이 발전할 수 있는 편리한 조건을 창출해야 한다고 본다. 이를 위해 사회조직의 등록 요건을 낮추고, 행정절차를 간소화하며, 비정부조직의 설립을 편리하게 해야 한다. 또한 공익활동에 종사하는 조직에는 세제 혜택을 주는 방안도 고려할 필요가 있다.

4. 제한적이면서도 효율적인 정부의 건설

1) 제한 정부로의 회귀

40년의 개혁을 거치면서 중국의 경제적·사회적 상황에 근본적 변화가 발생했다. 계획경제로부터 시장경제로의 전환이 이루어져 초보적인 시장경제 체제가 수립되었다. 중국의 시장화 경제 체제 개혁은 강제적 제도 전환에 속한다. 정부는 경제 체제 개혁과 사회발전의 주도적 역량이다. 정부는 계획경제 체제의 폐단을 인식하게 된 후, 경제 제제의 개혁을 적극적이며 세심하게 조직했고, 괄목할 만한 경제적 성취를 이루어냈다. 사회전환 과정에서 정부는 직접적으로 개혁을 조직하고 추동하는 적극적 역할을 맡아 중요한 역사적 역할을 수행해냈다. 그러나 계획경제 체제가 점차 역사 무대에서 후퇴하고, 시장경제 체제가 점차 형성됨에 따라 정부의 역할도 그에 따라 조정되고 변화되어, 전통적 체제의 해체로부터 새로운 체제의 구축이라는 역사적 전환을 실현하고, 시장경제의 역사적 요구에 조응하면서, 재산권을 보호하고 시장질서를 규범화하는 중요한 임무를 맡아야 했다. 이러한 정부의 임무를 완성하는 관건은, 시장경제 사회가 완전한 법제 환경을 수립하고 사회 법제 체제의 건설자와 보호자가 되어, 시장경제 질서의 감독자 역할을 수행하는 것에 달려 있다.

정부가 효과적으로 이러한 직능을 수행할 수 있는지는 정부관리의 도덕적 자각에만 달려 있는 것이 아니며, 더 중요한 것은 제도적 역량이 추동되고 보장되는지 여부이다. 정부는 특수집단으로서 나름의 이익 추구를 하고, 공직자들이 관리가 된 이유는 무엇보다도 생계 수단을 찾기 위한 것이므로, 그들 자신의 능력, 학력, 맡은 바 책임에 따라 그에 상응하는 이익이 다를 수 있다. 어떠한 이익집단도 정당하지 못한 이익을 추구할 수 있고, 정부의 정책 제정은 사회 희소자원에 대해 권위적 분배의 기능을 하기 때문에 법치가 결여된 국가에서는 정부의 이익에 대한 정당하지 못한 요구로 인해 공공 정책 제정에 있어 공공 이익과 배치되는 일이 종종 발생하여 사회가 불공정해지고 정상적 시장질서를 파괴하기도 한다.

의심의 여지없이, 중국 정부는 사회 전환 과정에서 발휘한 적극적 역할과 그로 인해 취득한 거대한 성과로 인해 합법적 권위를 획득했다. 그러나 강제적 사회 전환 과정에서의 정부관리에 있어서 여러 심각한 문제들이 나타났으며, 시장경제에 대한 정부의 간여가 합리적 한계를 넘어서기도 했고, 공공 권력을 비공공적으로 운용함으로써 권한을 남용하여 사적 이익을 챙기는 문제 혹은 권력과 돈의 거래가 비교적 보편적으로 일어나게 되었다. 결과적으로 시장경제에 제도 리스크와 비시장 경쟁이 만연하여 정치 공정성이 심각한 도전을 받게 되었고, 비정상적 시장경제가 초래한 양극화가 계속해서 확대되었다. 이런 현상들은 모두 중국 시장경제가 초기 형태에서 완성된 형태로 전환하는 것을 심각하게 제약하고 있다. 예를 들어 어떤 학자는 다음과 같이 경고했다. "개혁의 두 가지 미래가 우리 앞에 엄중하게 놓여 있다. 하나는 정치 문명하에서의 법치적 시장경제의 길이고, 다른 하나는 권세가 사유화된 길이다. 희망찬 봄이 올 수도, 실망스런 겨울이 올 수 있다. 우리는 지금 천당으로 가고 있지만, 얼마든지 그와는 다른 방향으로 갈 수도 있다."[32]

정치 문명하에서의 법치적 시장경제가 바로 우리가 추구하는 목표이다. 그 핵심은 법치 질서하의 제한적 정부를 입법화하는 것이다. 과거에 우리는 시장경제와 소유제의 관계에만 관심을 가졌고, 시장경제와 법치의 관계는 충분히 연구하지 않았다. 소유제 문제는 의심할 여지 없이 중

---

32 吳敬璉,《當代中國經濟改革》, 遠東出版社, 1999, 封 p. 4.

요하지만, 법치는 더 깊은 수준의 제도적 문제이다. 법치의 첫 번째 경제적 역할은 정부를 구속하는 것이고, 경제활동에 대한 정부의 임의적 간섭을 제약하는 것이다. 법치의 두 번째 경제적 역할은 경제인의 행위를 구속하는 것이다. 그중에는 재산권의 한계와 보호, 계약과 법률의 집행, 공정한 재판, 시장 경쟁의 보호 등이 포함된다. 이러한 법치의 두 가지 경제적 역할이 제도적으로 보장되지 않는다면, 재산권은 근본적으로 안전하지 못하다고 할 수 있고, 기업은 진정으로 독립적이며 자주적일 수 없고, 시장은 경쟁 환경을 형성하고 효율적으로 운영될 수 없으며, 경제의 발전도 지속될 수 없다.[33]

시장 기제의 본질은 경쟁을 통해 인간의 창조성을 촉진시키는 것이고, 그것은 효과적인 공급을 통해 사회적 수요를 최대한 만족시키고자 한다. 경쟁을 위해서는 규칙이 필요하다. 공정하고 정확한 규칙은 시장 행위에 있어 예측 가능한 환경을 마련해주어, 시장 주체 간의 경쟁이 시장 내 수요와 공급 간에 이루어지도록 하고, 시장 주체는 경영 혁신을 통한 경쟁으로 상품 공급 과정에서 사회적 수요를 최대한 만족시키게 된다. 시장에 규칙이 결여되거나 파괴된다면 시장의 거래 비용은 크게 증가하게 된다. 시장경제의 발전 역사가 보여주듯이, 완전한 시장경제는 법치 위에서 만들어지고, 현대 시장경제에는 제한적 정부의 거버넌스가 필요하다.

1980년대 이래, 경제 개혁이 심화되면서 중국 정부도 계속해서 개혁의 과정을 거쳐 왔다. 중국 정부의 개혁 과정은 다음과 같이 묘사할 수 있다. 1980년대 개혁은 주로 '집권과 분권'이라는 이슈를 중심으로 전개되었다. 전통적 집권 모델에 대한 깊은 반성에 기초하여 '권한을 나누고 이익을 양도하는 것(分權讓利)'이 주제로 설정되었다. 1990년대에는 국가,

---

33 錢穎一, 《現代經濟學與中國經濟改革》, 中國人民大學出版社, 2003, p. 24.

사회, 정부, 시장의 관계에 대한 토론으로 정부 개혁의 이슈가 '큰 정부와 작은 정부'의 논의로 이어졌다. 국가와 사회, 정부와 시장의 개념쌍이 흡사 제로섬 관계인 것처럼 거칠게 인식되면서, '작은 정부' 모델이 긍정되고, 기구 통합과 인원 감축이 정부 개혁의 주요한 내용이 되었다. 2000년 이후에 정부 개혁의 주제가 한층 더 심화되었고, 새로운 공통적 인식을 갖게 되었는데, 즉 정부 권력의 집중이나 분산, 정부 규모의 크고 작음이 반드시 좋은 정부임을 보여주는 것은 아니고, 좋은 정부는 효과적으로 공공 관리와 공공 서비스 기능을 제공하는 '강한 정부'여야 한다는 것이었다. 이러한 인식에 따른 '정부의 역할 전환'이 정부 개혁의 새로운 의제가 되었고, 이러한 의제하에서 정부관리 모델을 바꾸고, 서비스형 정부를 수립하는 것이 정부 개혁의 목표가 되었다.

그동안 중국의 정부 개혁에 관한 토론은 끊이지 않았고, 발표된 의견도 확실히 많았으며, 제시된 개념도 눈이 어지러울 지경이었다. 그러나 결국 '제한 정부'의 주제를 벗어나지는 못했다. 다시 말하면, 새로운 개념이든 주장이든 방안이든 '제한 정부'와 '민주정치'야말로 피할 수 없는 문제라는 것이다. 제도의 본토화는 분명 필요하지만, 상식적으로 "사람마다 그 마음이 같고, 마음마다 그 이치가 같다(人同此心, 心同此理)"는 것은 지극한 상식이다. 기존의 이데올로기 틀 속에서 대책 없이 변통하기보다는 이론의 '원점'으로 돌아가, '제한 정부' 개념을 바탕으로 심도 있게 글을 쓰고, 현실적으로 가능한 길을 생각하는 편이 낫다.

일본계 미국 학자인 후쿠야마는 많은 국가들의 개혁에 있어서 가장 좋은 길은 국가 역할 범위를 축소하는 동시에 국가 역량의 강도를 키우는 것이라고 생각했다.[34] 그러므로 사회 모순의 증가, 집단적 갈등의 심화를

---

34 ［美］弗朗西斯·福山, 앞의 책(2007).

억제하려면 반드시 제도 혁신이 이루어져야 하고, 정부관리 모델을 바꾸어 전능적 정부를 제한적이면서도 효율적인 정부로 바뀌어야 한다. 즉, 정부가 관여하면 안 되거나 관여할 수 없는 사안에 대해 철저히 관여하지 않고, 심지어 관리할 수 있지만 관리하지 않아도 되는 업무에 대해서도 민중의 자치 정신을 키우기 위해 민중으로 하여금 스스로 관리하도록 한다. 이것이 바로 제한적 정부이다. 물론 정부 외에는 관리할 수 없는 사회적 업무에 대해서는 정부가 반드시 책임을 져야 하며, 그러한 업무를 책임성 있게 제대로 수행해야 한다. 이것이 효율적인 정부를 의미한다.

도가학파의 창시자인 노자의 명언에 의하면, "대국을 다스리는 것은 작은 생선을 요리하는 것과 같다(治大國若烹小鮮)". 첫 번째로 다스림(治)을 얘기했는데, 이것은 다스리지 않는다는 말이 아니며, 생선을 먹는다는 것이지 생선을 먹지 않겠다는 것이 아니다. 두 번째로 멋대로 다스려서는 안 된다는 말이다. 작은 생선은 뒤집기를 반복할 수 없고, 여러 번 뒤집다 보면 생선은 망가진다. 이 말은 탁월하다. 통치자가 없는 관리라면 사회는 한 줌의 모래가 될 것이고, 무질서 상태에 빠질 것이다. 그러나 통치자가 철삽을 쥐고, 통치 대권을 장악하여, 우세한 지위에 있다면 사회와 일반 백성들은 관리되는 대상이 될 것이고, 열세의 입장에 처할 것이니 작은 생선처럼 통치자의 괴롭힘을 견딜 수 없게 된다. 그리고 많은 경우 정부가 국민과 이익을 다투게 되고, 세금이 늘어나서 많은 일반 국민의 소득은 줄어들게 될 것이고 심지어는 파산하게 될 것이다.

현재, 노자가 제기한 문제는 여전히 큰 문제이다. 사회의 질서를 유지하고, 사회의 발전을 촉진하려면 국가의 행위가 없어서는 안된다. 동시에 통치자의 권력 남용과 사회의 활력을 억제하는 것을 방지하려면 정부는 반드시 일정한 범위 내로 제한되어야 한다. 결국 노자의 말을 요즘 말로 바꾸면 제한적이면서도 효율적인 정부를 수립해야 한다는 것이다.

제한적인 정부의 수립은 정부 스스로에도 유리하고 사회의 활력을 키우는 데에도 유리하며, 사람들 간의 신뢰도를 높이고, 인민 대중의 자기 관리 능력을 향상시킬 수도 있다. 제한적 정부여야만 효과적 정부가 될 수 있다. 전제적 정부, 전능적 정부는 모든 일을 관리하는 정부이지만, 종종 어떤 일도 제대로 관리하지 못하는 결과를 낳는다. 효율적 정부여야만 공공 서비스의 혁신을 이룰 수 있고, 효율적 재산권 제도를 수립하여 경제발전을 촉진할 수 있으며, 효율적 관리제도의 수립은 사회적 안정과 발전을 촉진할 수 있다. 그러므로 중국 정부의 혁신과 개혁의 방향은 제한적이고 효율적인 정부의 수립이어야 한다.

2) 제한 정부만이 효율적 정부일 수 있다

누구도 정부의 높은 효율이 갖는 중요한 의미를 부정할 수 없다. 무엇보다도 사회 업무가 나날이 복잡해지고, 사회를 초월한 '리바이어던'식의 공적 권위가 사회관계를 위협하며 공공 관리를 실시하는 오늘날의 시대에는 높은 효율의 정부가 더욱더 필요하다. 그러나 '정부는 악', '공권력은 해로움' 등의 우려는 제쳐 놓고라도, 정부가 어떻게 해야 효율적으로 사회관리를 할 수 있는지의 문제에 대해, 정부 능력의 유한성에 대한 인식을 기초로 본다면, '제한 정부'가 정부의 기본 원칙 및 이념이 되어야 한다는 것을 알 수 있다.

미국 건국자들의 토론과 미국 정치 제도의 경험을 깊이 생각해볼 필요가 있다. 건국 초, 미국 연방주의자들은 자유롭고 강한 국가—효율적 정부—를 세우고자 했다. 이것은 우리의 정치 목표와 정부 재구축의 이상이라고 할 수 있다. 그들은 정부조직이 자유를 원칙으로 해야 한다고 생각했다. 그러나 그들도 다음과 같은 실천적 어려움들을 분명히 알고 있었다. "자유의 남용과 권력의 남용은 모두 자유를 위협할 수 있다."[35] "일인 통치 정부를 조직할 때, 가장 큰 어려움은 정부가 반드시 피통치자를 관리할 수 있도록 해야 하고, 그리고 난 후에 정부가 스스로를 관리하도록 해야 한다는 점에 있다."[36] 여기서 알 수 있듯이, 그들은 효율적이면서도 제한적인 정부를 수립하고자 했다. 효율적 정부는 곧 '정부가 피통치자를 관리할 수 있어야 하고', 제한적 정부는, 즉 '정부가 스스로를 관리할 수 있어야 한다'. 바꿔 말하자면, 미국 연방주의자들의 요구는 두 가지였다. 첫째는 정부에 충분한 권력을 주어, 인민을 통제(관리)하는 것이고, 둘째는 외부와 내부의 이중적 구속을 통해 정부(또는 국가)를 통제(관리)하는 것이었다. 오늘날 미국의 정치 제도에 대해 우리는 다음과 같은 해석을 할 수 있다. 공화정제(대의제)와 지방분권적 연방제를 채택하고, 대통령에게 비교적 큰 행정 권력을 부여하며, 국회의 양원제를 설치하고, 법관 종신제를 실시한 것은 주로 사회에 대한 효율적 관리를 바탕으로, '폭민 정치'를 방지하려는 것이다.

사상계와 학술계에서는 일반적으로 '최고의 정부는 통제가 가장 적은 정부'라고 생각한다. 이러한 명언은 미국 개국 공신 제퍼슨이 한 말이다. 그러나 연구에 따르면, 제퍼슨이 이런 말을 하지 않았다는 점을 '거의 확신할 수 있다'. 현존하는 제퍼슨 문헌에서는 이런 말을 찾을 수 없을 뿐만 아니라, 이러한 사상 또한 제퍼슨의 일관된 주장에는 맞지 않는다. 제퍼슨의 일관된 사상에 따르면, '최고의 정부는 단지 민의를 따르는 정부'이거나, '최고의 정부는 권력에 엄격한 제약을 받는 정부'[37]일 수 있다. 어떤

---

35 [美]漢密爾頓,《聯邦黨人文集》, 程逢如·在漢·舒遜譯, 商務印書館, 1982, p. 324.

36 위의 책, p. 264.

37 秦暉,〈權力, 責任與憲政: 兼論轉型期政府的大小問題〉,《二十一世紀》(網絡版), 2003年 第12期, 總21期.

이가 다음과 같이 지적했다. "최고의 정부는 통제가 가장 적은 정부라는 명제는 완전히 정확하다. 그런데 이와 마찬가지로 정확한 또 하나의 명제는 최고의 정부는 서비스를 가장 많이 공급하는 정부라는 것이다."[38] 여기서 알 수 있듯이, '최고의 정부'라는 것은 실제로 권력은 가장 작고 책임은 가장 큰 정부를 가리킨다. 즉, 시민의 자유를 제한하는 측면에서는 '작은 정부'여야 하고, 공공 서비스를 제공하는 측면에서는 '큰 정부'여야 한다.

어떤 학자가 일찍이 분석하기를, 어떤 사회이든 제약 조건이 없다면 통치자는 권력을 최대화하고 책임은 최소화하려는 경향이 있다. 피통치자는 반대로 최대한의 자유와 최대한의 복리를 보장받으려는 경향이 있다. 그러므로 그들은 통치자에게 권력은 최소화하고 책임은 최대화할 것을 요구한다. 통치자는 권력이 있되 책임은 없는 '인간 군주(人主)'를 원하지만, 피통치자는 통치자가 책임은 있고 권력은 없는 '공복(公僕)'이 되는 것을 원한다. 통치자와 피통치자 쌍방은 권력과 책임에 대해 협의나 계약을 할 필요가 있다. 이러한 계약은 정부가 무엇을 반드시 해야 하는지, 그리고 그것을 위해 피통치자에게 상응하는 권력을 부여해야 하는지를 규정해야 한다. 동시에 정부가 무엇을 할 수 없는지, 피통치자에게서 어떤 권리를 빼앗을 수 없는지 규정해야 한다.[39] 이러한 계약이 바로 헌정이다. 헌정의 목적은 정부의 권력과 책임이 서로 대응하도록 하는 것이다. 이러한 권력은 반드시 피통치자로부터 부여받아야 하고, 부여받은 유일한 목적은 정부가 피통치자에 대해 책임을 지도록 하는 것이다.

---

38 Charles Forcey, *The Crossroads of Liberalism: Croly, Weyl, Lippmann, and the Progressive Era, 1900-1925*, Oxford University Press, 1972, p. 139.

39 秦暉, 〈左派之祖? 右派之祖?: 理解傑斐遜與 '美國精神'〉, 《南方周末》, 2006年 7月 27日.

사실상 인류 정치생활에서 권력이 극히 적고 책임은 극히 큰 '최고의 정부'는 실현된 적이 없다. 권한과 책임의 대응을 기준으로 했을 때 무엇이 '차선의 정부'인지, 즉 권한과 책임이 모두 큰 정부가 차선인지, 아니면 권한과 책임이 모두 작은 정부가 차선인지에 대해서는 아직까지 결론이 나지 않았다. 그러나 인류 정치 문명의 역사에서 정부 수립의 '마지노선'—'최악의 정부'를 방지하고 근절하는 것—은 권력이 최대이며 책임은 최소인 정부이다.[40] 공공 서비스 영역에서 '가장 관여를 하지 않는' 정부는 강권으로 국민을 고혈을 쥐어짜고, 국민의 자유를 침해하는 정부이다. 이는 책임에 있어서 '작은 정부'와 권력에 있어서 '큰 정부'가 완전히 같다는 의미이다. 이것은 모든 전제 정권 정부의 공통된 특징이다. 그러므로 어떠한 형태의 전제 정권 정부의 출현도 방지하고 근절하는 것이야말로 인류가 좋은 정부를 건설하는 '마지노선'일 것이다. 책임은 있으면서 권력은 없는 정부는 원하지만 불가능하고, 책임은 없으면서 권력은 있는 정부는 가능하지만 원하지 않는다. 결국 사람들의 논쟁은 정부 권력도 책임도 큰 것이 좋은지, 아니면 권력도 책임도 작은 것이 좋은지에 있다. 어떤 것이든 권력과 책임이 대응한다는 것을 전제로 하고, 권한과 책임이 상응하는 정부를 실현할 수 있는 것이 민주 법치 정부인 셈이다.[41] 최악의 정부—권력은 무한하지만 책임은 제한적인 정부—를 방지하는 것이야말로 민주 법치의 의의이다.

정부는 반드시 제한적이어야 효율적이다. 무한 정부는 반드시 무능한 정부이기 마련이다. '제한 정부'는 정부 스스로 규모, 기능, 권력, 행위 방식에 있어서 법률과 사회의 엄격한 제한과 효율적 제약을 받는다는 것을

---

40 秦暉, 〈什麼是憲政責任〉,《社會科學論壇》, 2005年 第2期.

41 秦暉, 앞의 글(2003年 第12期, 總21期).

뜻한다.[42] 그것은 "정부가 인민이 그에게 부여하기로 동의한 권력만을 인민이 동의한 목적을 위해서만 향유하고, 모든 것은 법치에 제약을 받는다"[43]는 것을 의미한다. 그러므로 법치의 가장 중요한 정치적 기능은 무한 정부를 없애고, 권력, 역할, 규모에 있어서 엄격한 법적 제약을 받는 '제한 정부'를 수립하고 유지하는 것이다.

제한적 정부와 효율적 정부는 대립하는 것이 아니라, 오히려 제한적 정부는 효율적 정부의 전제이다. 국가와 정부가 작용하도록 하는 가장 좋은 방법은 국가와 정부에 대한 권력과 능력에 필요한 제약을 가하여, 작용하지 않는 영역을 규정하는 것이다. 정치학의 상식에 의하면, 제한이 없는 권력은 반드시 권력 남용을 초래하고, 그로 인해 국가의 능력을 훼손시킨다. 이것으로 추론해보면, 합리적 정부는 당연히 제한적 정부이다.

정부가 '제한'되어야 전제와 폭정을 피할 수 있고, '효율'적이어야 무정부 상태를 피할 수 있으며, 공공사업을 촉진할 수 있다. 이 두 가지 사명과 기능 간의 자연적 장력은 헌정 민주를 필연적 선택이 되도록 한다. 정부 권력에 대해 엄격하게 제한을 가해야 하지 말아야 하는 일을 하지 못하도록 할 수 있고, 사회 자유를 해치지 않도록 할 수 있다. 또한 정부에 충분한 권위, 능력, 자주적 공간을 부여해야만 정부가 적극적으로 좋은 일을 하고, 자유를 보호하고 촉진할 수 있도록 할 수 있다. 진정한 헌정은 "정부의 적극적 도구이며, 통치자가 피통치자를 관리할 수 있다. 또한 정부에 대한 일종의 구속력으로, 피통치자가 통치자를 제약할 수 있다."[44] 헌정은 '정부의 제한'이며, 헌정은 권력 제한을 통해서만이 효율적으로

---

42 白鋼·林廣華,《憲政通論》, 社會科學文獻出版社, 2005, p. 94.

43 〔美〕路易斯·亨金,《憲政·民主·對外事務》, 鄧正來譯, 三聯書店, 1996, p. 11.

44 〔美〕伯恩斯等,《美國式民主》, 譚君久等譯, 中國社會科學出版社, 1993, p. 34.

이러한 권력을 이용하여 정책을 제정하고, 시민의 복리를 향상시킬 수 있다.[45]

3) '제한 정부'로의 길

정치학의 기본 이론에 따르면, 제한 정부를 위해서는 세 가지 측면에서의 지지와 보장이 필요하다. 우선 정부의 틀이 반드시 헌정적이어야 한다. 즉, 헌법은 반드시 명확하게 정부 기구의 임무(duties), 책임(responsibilities), 기능(functions) 등을 규정해야 하고, 정부와 개인의 관계를 명확히 규정해야 한다. 다음으로 일련의 제도를 통해 정부 내부의 긴장 또는 상호 견제를 조성하고, 권력구조의 분산(fragmented and dispersed)을 유지해야 한다. 마지막으로 상회, 공회, 압력단체(pressure groups) 등 자치 조직으로 구성된 광범위하고 독립적인 시민 사회(civil society)의 존재를 유지해야 한다.[46]

위의 이론이 가르쳐주듯이, 제한 정부의 건설은 세 가지 측면에서 전개될 수 있다. 첫째, 헌법 지상의 원칙을 확립하여, 헌정 구조의 제도를 착실히 마련하는 것이다. 둘째, 권력 균형의 원칙을 확립하고 정착시키는 것이다. 셋째는 시민과 사회단체에게 광범위한 권리를 부여하여 그들로 하여금 권리수호 행동을 통해 정부의 침해를 막도록 하여 '권리로써 권력을 제약'하도록 하는 것이다.

중국 정부에게 있어서, 이 세 가지 측면에서의 작업은 '제한 정부(효율

---

45 [美]斯蒂芬·L. 埃爾金等編, 《新憲政論 : 爲美好的社會設計政治制度》, 周葉謙譯, 三聯書店, 1997, pp. 144, 145, 156.

46 Andrew Heywood, *Political Theory: An Introduction*, Palgrave Macmillan, 2004, p. 70.

적 정부이기도 함)'로 향하는 세 갈래의 '법치대도(法治大道)'라고 할 수 있다. 이 '법치대도'는 여러 갈래이거나 교차하거나 평행하거나 맞물리는 작은 길들로 구성된다. 이러한 작은 길에는 다음과 같은 것이 포함되어야 한다.

첫째, 행정의 '자유재량권'을 제한하는 것이다. 제한 정부는 무엇보다도 정부 권한에 대한 제한을 실현하는 것이다. 40년의 개혁을 거치면서 중국 정부는 총체적 입장과 거시적 권한을 대체로 확립했고, 존재하는 문제는 주로 구체적 업무의 처리 과정에서 나타나는 행정의 자유재량권이 과도하거나 제한이 명확하지 않았다는 점이다. 그러므로 행정의 자유재량권을 제한하는 것은 제한 정부를 실현하는 중요한 조치이다.

행정의 자유재량권을 제한하는 방법에 대해서는 이미 비교적 성숙한 이론들이 있다. 예를 들면 입법과 사법이 행정의 자유재량권을 제한하거나, 행정기관 자신이 행정 입법, 행정 공개, 행정 감찰 및 행정 재심 등 조치를 통해 행정 자유재량권을 자체적으로 통제하는 방식 등을 다루고 있다. 이 이론에 의하면, 사전(事前), 사중(事中), 사후(事後)의 3단계로 나누어 행정 자유재량권에 제한을 가할 수 있다. 먼저 입법을 통해 행정 업무의 기준을 확립하는 것은 자유재량권의 '사전(事前)'적 제한이라고 할 수 있다. 그리고 법원이 사법심사, 즉 정부행위에 대한 합법성 심사를 통해 정부가 자유재량권을 남용하는 것을 막는 것은 '사후(事後)'적 제한에 해당한다. 한편, 행정기관이 행정 입법, 행정 공개, 행정 감찰, 그리고 행정 재심 등의 절차를 통해 행정 자유재량권의 존재 범위와 행사 방식을 제한하고 규범화하여, 효과적인 감독과 구제를 실시하는 방안을 꼽을 수 있는데, 이것은 행정의 자유재량권에 대한 '사중(事中)'적 제한이라고 할 수 있다. 이에 근거하여, 행정의 자유재량권을 제한하려면, 우선 중국 인대(人大)가 입법 의식을 강화·확립해야 하고, 행정의 자유재량권 제한을 입법 업무의 핵심으로 삼아야 하며 동시에 인대 입법의 수준을 높여야 한다. 다음으로 입법원의 사법 심사제도를 확립하고, 법원이 행정기구의 위헌적인 작위 혹은 부작위를 문책할 수 있게 해야 한다. 마지막으로 건전한 행정 기구의 내재적 견제와 구속 기제를 수립하고, 정부의 정무 공개, 정보 공개 제도와 책임 추궁제도를 확립해야 한다.

둘째, 정부 행위에 대한 광범위한 감독을 실시해야 한다. 제한 정부의 행위는 반드시 언제라도 감독을 받도록 해야 비로소 권한과 한계를 넘지 않도록 할 수 있다. 입법 감독, 사법 감독, 행정 감독 등 제도와 기제를 수립하는 것 말고도 완진한 사회 감독 제노와 기제를 확립해야 한다.

권리로써 권력을 제약하는 법치 원칙은 헌법과 법률을 통해 시민이 정치, 경제, 문화, 사회 생활영역에서 광범위하게 자유권, 생명권, 재산권, 민주권, 사회경제권 등 각종 권리를 향유한다는 것을 명확하게 규정하고, 자신의 권리를 보호할 수 있는 수단을 부여하며, 시민은 자신의 권익을 스스로 보호할 수 있는 행동을 통해 정부 권력 부문과 권력자의 권력 남용을 막을 수 있다. 이론적으로 시민이 권리 보호 행동을 통해 집권자의 권력 전횡과 권력 남용 행위에 저항하기 위해서는 다음과 같은 조건들이 충족되어야 한다.

① 헌법과 법률로 시민의 권리에 대해 명확하게 규정해야 한다.
② 시민은 권리의식과 자신의 권익을 지켜야 한다는 의식을 가지고 있어야 한다.
③ 정치 제도는 시민의 권리수호에 효과적인 통로를 제공해야 한다.
④ 공정하고 독립적인 사법 시스템이 확립되어, 권리침해 행위에 대해 즉시 합리적인 처벌이 이루어지도록 해야 한다.

권리로써 권력을 제한하는 방법에 있어서, 현대 사회는 정부 권력에 대해 광범위한 사회 감독 기제를 형성했다. 이러한 감독 기제에는 주로 다음과 같은 것이 포함되어 있다. 첫째, 시민의 감독이다. 즉, 시민은 비판, 건의, 고발, 게시, 제소, 고소 등의 기본적 방식을 통해 국가기관과 그 업무자의 권력 행사의 합법성과 합리성을 감독할 수 있다. 일반적으로 현대 민주 헌법은 시민에게 광범위한 정치적 권리를 부여한다. 그것에는 선거권, 파면권, 비판 건의권, 고소, 고발, 제소권, 손해배상 요구권 등이다. 헌법으로 규정된 이러한 권리는 국가 권력에 대해 시민이 감독을 할 수 있는 근거, 통로, 방식을 제공해준다. 둘째, 사회단체의 감독이다. 즉, 각종 사회조직과 이익단체는 선거, 청원, 대화, 시위, 여론홍보 등의 형식으로 정부기관과 공직자들을 감독한다. 셋째, 여론 감독이다. 즉, 각종 선전 매체는 여러 형식을 통해 일정한 경향의 주장, 의견, 생각을 표현하고 전파하여 정치권력 행사에서의 편향된 행위를 교정하고 제약할 수 있다.

중국의 현재 상황으로 보면, 위에서 말한 세 가지 감독 기제는 그다지 효과가 없다. 시민 개체의 감독은 효과적 역할을 할 수 없고, 시민과 정부의 분쟁에 있어서 법원은 공정한 입장을 취하지 못해 사법 신뢰의 위기를 초래했다. 공식적인 청원(信訪) 제도도 지방 정부나 부문의 '청원방해(截訪)' 행위로 인해 곤란에 처한다. 사회단체는 발전이 부족한 상태로 유력한 목소리를 내거나 조직적이고 효과적인 행동으로 정부 행위에 영향을 미치기 어렵다. 여론은 '정치적 정확성'과 '정확한 유도'의 원칙에 있어서 정부 행위를 제약할 수 있는 역량이 되기 어렵고, 오히려 정부가 민의를 조정하는 도구로 이용되기 쉽다. 이러한 상황을 바꾸려면, 근본적으로 정치 체제 개혁을 추진하여 정부와 시민의 관계를 바로 잡고 현대적 책임 정치와 책임 정부의 문책제도를 수립해야 한다.

셋째, 공공 재정 제도를 수립하여 정부의 경제적 원천과 재정 흐름을 통제해야 한다. 제한 정부는 정부가 예산 통제를 받는 것이다. 돈이 없으면 어떤 활동도 할 수 없으므로 정부 예산을 장악하는 것은 곧 정부의 급소를 잡는 것이다. 정부 예산 통제의 목적은 정부의 경제적 원천과 재정 지출의 유동성과 유동량을 통제하는 것에 있다.

제8장

사회 건설: 협동 거버넌스의 신구도

옌지룽 燕繼榮, 베이징대학교 **장닝** 張寧, 중국인민공안대학교

경제발전과 대중의 생활 수준 향상으로 사회 서비스, 사회 참여, 사회 신뢰, 사회질서, 공평 정의, 민주 법치 등에 대한 대중의 요구가 나날이 늘어나고 있다. 중공 제18차 당대회 제18기 3중전회는 시대적 요구에 발맞추어 사회 거버넌스 강화와 혁신을 제기하고, 사회 거버넌스 수준을 높이며, 사회발전의 활력을 강화하고, 사회 거버넌스 현대화를 추진할 것을 제의했다. 19대에서는 나아가 함께 건설하고(共建), 함께 다스리고(共治), 함께 누리는(共享) 사회 거버넌스 구도를 제기했다. 현대 국가 건설은 경제발전의 임무를 완수하는 것 이외에, 반드시 사회 거버넌스 임무를 완수해야 한다. 경제발전이 국가의 생산력을 구현하는 것이라면, 사회 거버넌스는 국가의 통제 능력을 구현하는 것이다. 그러므로 사회 거버넌스의 강화와 혁신은 중국의 경제·사회 발전이 일정 단계로 나아가기 위한 필연적 조건이며, 사회주의 사회발전 법칙의 객관적 요구이고, 인민이 편안하게 살면서 즐겁게 일할 수 있으면서도, 사회가 안정되고 질서 있는, 그리고 국가가 오랫동안 평안하게 다스려지기 위한 중요한 보장이다. 이에 시진핑 총서기는 사회 거버넌스를 계속해서 강화하고 혁신해야 하며, 중국특색사회주의 사회 거버넌스 체계를 완성하고, 더 높은 수준의 평안한 중국을 건설하고자 노력해야 하며, 나아가 인민 대중의 안전감을 높여야 한다고 강조했다.

1. 중국 사회 건설의 발전과정

개혁개방 이후, 당과 국가가 우선 고려해야 했던 것은 대중의 생존문제였다. 1987년, 제13차 당대회는 경제 건설을 중심으로 한다는 점을 분명히 했다. 1993년, 제14기 3중전회에서 〈사회주의 시장경제 체제 건설에 대한 중공 중앙의 몇 가지 문제에 대한 결정〉이 통과되었고, 10년 후, 중국 사회주의 시장경제 추진으로 인해 중국 경제와 사회에 엄청난 변화가 일어났으며, 사회주의 시장경제 체제가 개선되었다. 2003년, 제16기 3중전회에서 〈사회주의 시장경제 체제의 몇 가지 문제에 대한 중공 중앙의 결정〉이 통과되었고, 중국의 경제 건설에 있어서 세계가 주목할 만한 성과를 이룩했다. 경제의 지속적이며 빠른 발전은 한편으로 사회관리에 물적 기초를 제공했으며, 다른 한편으로 사회관리에 새로운 요구를 제기했다.

개혁의 지속적 추진과 더불어, 단위에 전적으로 의존하던 '단위인(單位人)'이 '사회인(社會人)'으로 전환되었고, 과거 단위가 맡았던 사회문제가 사회로 넘어갔다. 재산권 제도의 개혁 이후, 대다수 '단위인'이 사회로 향했으며, 원래 기업이 담당했던 사회보장과 사회 복지가 사회로 이전되었고, 기업의 직원은 더 이상 '공장 문을 들어서면 국가에 속한 사람(國家人)'이 아니게 되었다. '단위인'에서 '사회인'으로의 전환은 과거 단위가 맡았던 대량의 사회 업무, 예를 들면 주택 공급, 출산 계획, 자녀 입학과 취업, 가정불화의 해결, 의료보험, 퇴·휴직과 양로, 장례와 부조 등의 문제가 모두 사회로 이전되었다는 것을 의미한다. 만약 이런 문제들을 제대로 해결하지 못한다면, 한편으로 경제발전 이후의 우려들을 해결하지 못하게 되고, 다른 한편으로 사회 불안을 야기할 수 있다. 개혁개방과 함께 연해지역의 발달한 도시로 유동 인구가 대량 유입되었으며, 이러한 현상은 생산 요소 자원이 그 가치를 최대한 실현할 수 있는 지역으로 흘러간다는 점을 반영한다. 이것은 경제·사회 발전의 추세이기도 하다. 사회 유동성의 증가는 경제·사회 발전의 징표이지만 사회의 유동성과 개방성의 증가는 사회관리에 대해 새로운 도전이기도 하다.

개혁개방 이전에는 단위가 기층 사회 대부분의 사회 거버넌스 기능을 도맡았고, 기본적으로 사구(社區) 개념이란 것이 없었다. 거주민위원회(居委會)가 세워졌지만, 당시 거주민위원회는 주로 단위에 속하지 않은 극소수의 사람들을 관리하는 일을 맡았다. 개혁개방 이후, 기층 사회에 대한 국가의 관리가 점차 단위에서 사구제(社區制)로 전환되었지만, 실질적 의미를 갖는 사구의 건설은 1998년에야 시작되었다. 이 해에 국무원기구가 개혁되었으며, 민정부 기층정권사(民政部基層政權司)가 기층 정권과 사구 건설사로 명칭이 바뀌었다. 사구 건설과 사구 관리를 위한 방안을 모색하기 위해 민정부는 1999년부터 전국의 서로 다른 지역에 26개 사구 건설 시범구를 세웠고, 시범구 실시 방안을 제정했으며, 사구 체제 개혁을 중요한 사업으로 삼았다. 2000년 11월, 중공 중앙 판공청, 국무원 판공청은 〈전국에서 추진되고 있는 도시 사구 체제에 대한 민정부의 의견〉을 반포했다. 이에 따르면, 26개 도시 사구 건설 시범구의 1년 이상의 실시 결과를 종합하여, 전국 범위에서의 도시 사구 건설을 적극 추진해야 한다는 것이었다.

2004년, 제16기 4중전회에서 사회주의 조화사회 건설 임무가 제기되었다. 중국특색사회주의 사업의 총체적 구도는 경제, 정치, 문화 건설의 '3위 일체'로부터 경제, 정치, 문화, 사회 건설의 '4위 일체'로 발전했고, '사회 건설'은 이로부터 '경제 건설', '정치 건설', '문화 건설'과 함께 현대화 건설의 중요한 내용이 되었다. 제16기 4중전회에서 처음으로 "당위원회가 영도하고, 정부가 책임지며, 사회가 협력하고, 대중이 참여하는" 사회관리 구도를 제기했다. 2006년, 제16기 6중전회에서 〈사회주의 조화 사회 건설에 대한 몇 가지 중대한 문제에 대한 결정〉이 제기되었고, 서비스형 정부의 건설로부터 사구 건설로 나아가고, 사회조직의 완성, 사회적 모순의 해결, 응급 관리 체제 기제의 완성, 사회 치안과 종합적 거버넌스의 강화, 국가 안전 사업과 국방 건설 등 일곱 개 방면의 강화라는 사회관리 완성의 구체적 노선 청사진이 제시되었다. 2007년, 제17차 당대회 보고에서는 반드시 경제발전의 기초 위에서 사회 건설을 보다 중시해야 하고, 민생을 보장하고 개선하는 데 주력하고, 전체 인민의 "배울 곳이 있고, 일할 곳이 있고, 병을 고칠 곳이 있고, 늙어 보살펴줄 곳이 있고, 살 곳이 있음"을 실현해야 한다는 짐을 제기했다. 2008년, 제17기 2중전회에서, 당 중앙은 '사회 거버넌스 강화'와 '공공 서비스의 중시'를 행정관리 체제 개혁의 심화, 정부 직능의 정확한 이행의 3대 임무 중 하나로 삼았다.

2011년 5월 30일, 중공 중앙 정치국은 사회관리 혁신과 강화 문제를 논의했다. 회의에서는 다음과 같이 지적했다. "사회관리를 강화하고 혁신하는 것은 당의 집정 지위를 공고히 하는 것, 국가의 장기적 통치와 안정에 관계되는 것, 인민의 편안하고 즐거운 삶과 관련된 일과 관련된 것이다. 따라서 우리나라 발전의 중요한 전략적 기회를 지속적이고 제대로 활용하고, 당과 국가사업의 발전을 추진하는 것은 전면적 소강 사회를 건설한다는 거시적 목표에 대해 중대한 전략적 의미를 갖는다." 이 회의에서는 사회관리의 강화와 혁신을 제시했을 뿐만 아니라, 혁신의 방향 또한 제시했다. "전면적 소강 사회 건설이라는 총 목표를 단단히 부여잡고, 사회 활력의 최대한의 활성화, 조화 요인의 최대한의 증가, 부조화 요인의 최대한의 감소라는 총 요구를 착실히 실현하고, 사회관리 이념, 체제, 기제, 제도, 방법의 혁신을 적극적으로 추진하고, 당 위원회가 영도하며, 정부가 책임지고, 사회가 협력하며, 대중이 참여하는 사회관리 구도를 완성하고, 사회관리 법률, 능력의 건설을 강화하고, 기층 사회관리 서비스를 개선하여 중국특색사회주의 관리체계를 건설한다."[1]

사회관리의 강화와 혁신은 당과 정부가 사회 모순 다량 발생기, 사회 리스크 활약기로 접어든 사회 현실에 적극적으로 대응하여 고안해낸 관리 이념과 관리 모델의 전략적 조치이다. 이 시기는 기본적으로 사회 모순 다량 발생기로서 전국적으로 일련의 집단 시위 사건이 사회의 정상적 질서와 조화, 안정에 심각한 영향을 주었던 시기이다.

2013년 11월, 중공 제18기 3중전회에서 국가 거버넌스 체계와 거버넌스 능력의 현대화를 전면적 심화 개혁의 총 목표 중 하나로 삼았다. 전회에서 통과된 〈전면적 심화 개혁의 몇 가지 중대한 문제에 대한 중공 중앙의 결정〉 중의 한 장은 전적으로 사회 거버넌스 체제를 다루었다. 이것은 바로 중국공산당 성립 이래 당의 공식 문건에서 처음으로 제기된 '사회 거버넌스' 개념이며, 당의 집정 이념의 변화를 보여주는 것이다. 사회관리 주체는 주로 정부 부문이고, 구현된 것은 공공 권력의 운영이며, 강조된 것은 정부의 직능과 책임이다. 사회 거버넌스의 주체는 정부 부문 이외에도 사회조직 등 기타 주체가 있으며, 사회 거버넌스가 강조하는 것은 사회 거버넌스가 사회의 모든 조직과 개인의 공동 책임이며, 함께 건설하고 함께 누린다는 점이다.

제18기 3중전회 이래, 시진핑 총서기는 여러 차례 사회 거버넌스의 혁신을 강조했다. 2016년 10월, 시진핑 총서기는 사회 거버넌스 강화와 혁신을 지시하고, 제기된 문제를 처리하며, 사회 거버넌스 혁신을 이루어 평안의 건설에 새로운 효과를 얻을 수 있어야 한다는 점을 강조했다. 또한 연동과 융합, 개방과 공동관리를 더욱 중시하고, 민주 법치, 과학기술

---

1 《中共中央政治局會議研究加强和創新社會管理問題》, http://www.gov.cn/ldhd/2011-05/30/Content_1873609.htm.

의 혁신을 더욱 중시하며, 사회 거버넌스의 사회화, 법치화, 지능화, 전문화 수준을 높이고, 각종 리스크의 예측과 예방 능력을 높여야 한다고 강조했다. 그리고 사회 치안의 종합적 거버넌스 체제 기제를 완성하고, 입체화 및 정보화 사회 치안 방지 체계를 신속히 건설해야 한다고 강조했다. 각급 당 위원회와 정부는 사회 거버넌스 업무를 고도로 중시하고, 사회 치안과 종합적 거버넌스의 영도 책임제를 정착시키며, 한편으로는 발전을, 다른 한편으로는 평안을 확보하는 정치적 책임을 지어야 한다고 강조했다. 2017년 9월, 전국 사회 치안 종합 거버넌스 표창대회에서 시진핑 총서기는 군건하게 중국특색사회주의 거버닌스의 길을 가야 하며, 당의 영도와 중국 사회주의 제도의 우수성을 사회 거버넌스의 우수성으로 전환시켜야 하고, 사회 거버넌스의 시스템화, 과학화, 지능화, 법치화를 추진하고, 중국특색사회주의 사회 거버넌스 체계를 계속해서 개선하고, 인민의 편안한 삶, 사회의 안정, 국가의 안정을 확보해야 한다고 지적했다.

제19차 당대회 보고는 사회의 주요 모순이 이미 "인민의 나날이 늘어나는 물질문화에 대한 요구와 낙후된 사회 생산과의 모순"에서 "인민의 나날이 증가하는 아름다운 생활에 대한 요구와 불균형적이고 불충분한 발전과의 모순"으로 전환되었다는 점을 지적했다. 또한 대중의 아름다운 생활에 대한 요구가 나날이 광범위해지고 있는데, 물질문화 생활에 대한 것뿐만 아니라 민주, 법치, 공평, 정의, 안전, 환경 등에 대한 요구 또한 나날이 늘어나고 있다는 점도 지적했다. 이러한 새로운 요구에 효과적으로 대응하고, 사회의 새로운 모순을 해결하기 위해서 제19차 당대회 보고는 사회 거버넌스 영역의 강화와 혁신에 있어서 함께 건설하고, 함께 관리하고, 함께 누리는 사회 거버넌스 구도를 제시한 것이었다. 그리고 다음과 같이 제시했다. "사회 거버넌스 제도 건설을 강화하고, 당 위원회가 영도하고, 정부가 책임지고, 사회가 협력하고, 대중이 참여하며, 법치로 보장하는 사회 거버넌스 체제를 완성하고, 사회 거버넌스의 사회화, 법치화, 지능화, 전문화 수준을 향상시킨다."

2. 중국 정부의 적극적 탐색

사회관리에서 사회 거버넌스로의 전환은 현대 문명 발전의 방향이자 중국의 국가 거버넌스 현대화를 실현하기 위한 필연적 요구이다. 개혁개방 이래, 중국의 정치·경제·사회 영역에서는 거대한 변화가 일어났고, 경제의 빠른 발전과 사회 소득의 대폭 변화와 더불어 중국 사회의 모순과 사회문제도 점점 두드러졌으며, 그 표현 방식 또한 계속해서 변해왔다. 1990년대 덩샤오핑의 '남순강화' 이후, 중국은 시장화 개혁을 전면적으로 추진했고, 자유경제의 충격하에서, 사회 갈등이 지방화되기 시작했으며, 약체 집단을 주체로 하는 반응성 시위가 나타났다. 이때 중국 사회에는 국유 기업 노동자의 대규모 정리해고, 공공 의료와 기타 보장제도의 쇠퇴, 도시의 급속한 확장 등 일련의 변화가 발생했고, 그에 따라 농민의 조세저항, 노동자 집회, 제대 군인 항의 시위 등의 사건이 일어났다. 21세기 이후, 사회주의 시장경제의 안정적 운영은 인민의 생활 수준을 향상시켰고, 대량의 재정 흑자를 창출했으며, 동시에 민중의 권리의식을 증가시켰고, 농민의 권리 보호, 집주인의 철거 반대, 시민의 환경보호 운동 등 주동적 항의가 증가했다.

사회 변화로 인해 초래된 사회집단 간의 관계도 첨예해지고, 사회 모순도 심화되었다. 이러한 갈등 관계가 제때에 조정되지 않는다면 사회문제가 될 수 있다. 사회 변화가 야기한 사회 모순에는 주로 다음과 같은 것이 있다. 자본가는 비용을 줄이고자 하지만 노동자는 임금을 높이고자 하는 노자(勞資) 문제, 경제적 소득과 재산 분배 차이의 확대로 인해 초래된 빈부 간의 모순, 민중의 기본적 공공 서비스에 대한 요구 확대와 정부 공공 서비스 공급 간의 불일치로 인해 나타나는 관민(官民) 모순, 유동인구 관리 기제의 불완전과 유동인구의 기본적 시민 생활을 누릴 수 있는 대우 사이에 나타나는 사회 모순, 정부의 토지 수용 및 철거 등으로 인해 야기된 사회의 종합적 모순 등이다. 이러한 모순은 여러 사회문제를 유발하고, 사회의 불안정을 야기할 뿐만 아니라 본래의 관리 체제에 대해서도 도전을 하며, 나아가 정치적 통치에 대해서도 리스크를 가져온다.

국가와 사회의 쌍방향 작용에 있어 사회 변화는 추진력으로서 사회 모순과 사회문제를 일으키고, 국가 거버넌스는 제어력으로서 제도 변혁을 통해 사회 변화를 규제하고, 사회 세력을 수용하여 발전의 지속적 안정을 유지한다. 사회경제적 변화에 따른 사회 모순과 문제에 대해 중국 정부는 다음과 같은 적극적 대응책을 내놓았다.

첫째, 정부관리 방향의 개혁이다. 수많은 사회 분규 사건은 정부관리의 부적절함과 법 집행의 부당함으로 인해 생겼다. 이러한 집단적 사회 분규의 가능성을 줄이기 위해서 정부는 대량의 개혁을 실시했다. 개혁은 다음과 같은 몇 가지 유형으로 나눌 수 있다.

① 구조적 개혁: 기층 관리를 강화하고, 전문적 기구를 설립하여 전문적 문제를 해결한다. 예를 들면, 민원(信訪) 부문을 설치하여 '대폭 청원을 받고' 대폭 해결한다. 종합거버넌스 위원회(綜治委), 도시관리(城管), 응급사무실(應急辦) 등 기구를 설치하고, 온라인 사구 관리, '쌍연호(雙聯戶)' 제도를 만들고, 국민 편의 관리체계의 효과적 운행을 보장한다.
② 기능적 개혁: 서비스형 정부를 구축하고, 공공 서비스를 강화하고, 공공

교육, 의료, 사회보험, 취업 등에 관한 서비스를 개선하는 동시에 정부의 응급 처리 능력을 강화한다.

③ 절차적 개혁: 법치 정부를 목표로 삼아 법 집행을 규범화한다. 정부 업무의 간소화와 권한의 이양(簡政放權)과 정부 업무 정보의 공개를 실시한다. 상급 관리는 주동적으로 현장을 방문하여 기층 민중의 민원 업무를 해결한다. 협상 민주를 추진하고, 사회 협상 기제로써 사회 모순을 해소한다.

그러나 압력형 정부 체제하에서 정부관리 방향의 개혁 또한 곤경에 처해 있다. 한편으로, 우세한 자원과 권력이 위로 집중되고, 책임과 의무는 아래로 이전되어 기층 거버넌스에서의 권리와 책임 관계의 불균형이 초래되었다. 다른 한편으로, 부문화 관리로 인해 권력의 파편화와 본위주의 현상이 나타나 통합적 거버넌스가 형성되기 어렵게 되었다. 정부관리의 부문화에는 보통 두 가지 폐단이 따른다. 우선 정책 제정에 있어서 통합성, 연동성 그리고 계통성이 결여된다. 부문의 이익, 지역의 이익이 우선적으로 고려되어, 일부 부문과 지역은 종종 본위주의 입장을 보이는 경향이 있고, 비교적 적은 경우에만 통합주의에 착안하여 정책의 제정과 실시를 고려하게 된다. 그 결과 '구룡치수(九龍治水)'를 초래하기 쉽다. 즉, 지나치게 많은 부문이 관여하여 효과를 얻기 힘들어진다. 그다음으로 거버넌스 과정에서 협력적 배치와 힘의 통합이 결여되어 각자 정무를 수행하고, 독립적으로 행동하는 등의 거버넌스 구도가 생겨 비용은 증가되고, 효율은 떨어지는 결과를 낳게 된다. 그러므로 권리와 책임의 상하 간 불균형과 권력 부문 좌우 간의 비협조의 문제를 어떻게 해결할 것인가는 정부 개혁 심화의 중요한 임무 중 하나이다.

둘째, 정부 서비스 방향의 개혁이다. 여러 집단 시위 사건은 공공 서비스의 부족, 사회 분배의 불공평에 대한 기층 대중의 불만으로 관민 관계의 긴장이 초래된 것이다. 그러므로 공공 서비스의 폐단을 가능한 빨리 해결하고, 정부의 2차 분배를 강화하는 것이 최근 노력의 방향이다. 정부는 빈곤구제 계획을 정착시키고, 민생 업무의 개혁을 추진하며, 민중의 일상생활과 관련된 민정, 공안, 호적, 공상, 세무 등의 영역에서 효과적 국민 편의 서비스를 적극적으로 개진한다. 정부 또한 대량의 경비를 투입하고, 향촌의 도로, 진료소(醫療衛生站), 공용 TV 네트워크 등 공공시설의 향상에 사용하며, 농촌 외관 정화사업(村容村貌), 문화 귀농, 개성 있는 마을의 건설 등의 프로젝트를 강력하게 추진한다.

서비스형 정부의 구축으로 정부 기능을 공공 서비스로 회귀하는 것은 집단적 시위에 대응하기 위한 효과적 대응책이다. 하지만 장기적으로 정부가 키워온 독점주의(包辦主義)의 관성으로 인해 정부가 공공 서비스를 제공할 때 전능주의의 색채를 농후하게 띠게 되었다. 뿐만 아니라 본래 관리도 되지 않고 관리하지도 못했던 일들이 예전처럼 관례대로 처리되었다. 특히 사회 이익의 다원화, 자원 분배의 다양화, 민중 요구의 차별화에 대해 정부는 자신의 입장에서 민중을 대신하여 결정했고, 결국 서비스 공급과 민중의 요구가 제대로 부합하지 않는 일이 발생하게 되었다. 그러므로 공공 서비스를 정부가 독점하는 신(新)전능주의 모델을 피하고, 다원적 공급 구조를 어떻게 건설할 것인지는 여전히 정부 개혁 심화의 임무이다.

셋째, 사회 자치 방향의 개혁이다. 정부가 통제를 늦추고, 사회와 민간 생활에 보다 넓은 활동 공간을 제공하는 것은 사회조직과 개인이 독립하고, 사회 자치를 실현하는 중요한 조건이다. 사회조직과 개인이 적극적으로 참여하고 관리하는 과정은 집단적 충돌 사건의 발생률을 효과적으로 낮출 수 있을 뿐만 아니라, 정부의 공공 관리와 공공 서비스의 성과를 개선할 수 있다. 중국 정부는 최근 주민 자치, 촌민 자치를 적극적으로 추진해왔고, 선거와 선거에 대한 감독을 시작으로 점차 촌민 규약에 따르고 기층 업무를 공개하며, 중대 업무를 집단적으로 결정하고, 당원 책임제, 주민 승포제 등의 형식으로 기층 민중의 민주적 관리와 민주적 감독이 이루어지는 기층 거버넌스로 전환해왔다.

현재 중국 지방 정부는 사회 자치를 실현하는 과정에서 여러 어려움에 처해 있다. 정부는 어떤 경우 적절히 파악하지 못해 점점 독단적이 되거나 아니면 아예 관여하지 않기도 한다. 어떤 경우에는 정부가 사회를 초월하여 관리를 진행하여 '사회 자치' 기제를 적용해야 하는 업무인데 오히려 정부가 나서서 관리를 하여 정부의 '월권행위(越位)'를 초래하기도 한다. 또 다른 경우에는 정부가 '사회 자치'를 추진하여, 주동적으로 전선(陣線)을 축소하거나, '사회 자치'라는 이름으로 관리와 서비스를 포기하여 '궐위(缺位)'를 초래하기도 한다. 근본적으로 이 두 가지 상황의 출현은 사회발전의 부족으로 인한 것이다. 사회조직이 없거나 조직화 정도가 낮다면 집단 세력과 공공 자원의 동원을 통해 집단행동을 하기 어려워진다. 사회 세력의 취약, 자치 능력의 결여로 인해 정부가 사회를 제대로 관리하려면 어쩔 수 없이 사회 각 영역에 깊이 개입할 수밖에 없다. 지방의 경험에서 볼 수 있듯이 이러한 상황의 출현은 경제발전 수준과 밀접한 관련이 있다. 일반적으로, 경제적으로 비교적 낙후된 지역은 사회 세력의 '자치' 수준이 비교적 낮고, 사회관리의 '월권'과 '궐위' 현상도 비교적 많이 나타난다.

사회관리의 이상 증후는 그 근원이 국가와 사회관계의 구조와 기능의 편차에 있다. 이론적으로 국가는 통합적 세력을 대표하고, 사회는 자주적 세력을 대표한다. 양자의 관계는 네 가지 유형으로 나누어볼 수 있다. ① '강한 국가-강한 사회', ② '강한 국가-약한 사회', ③ '약한 국가-강한 사회', ④ '약한 국가-약한 사회'가 그것이다. 사회관리의 이상 증후는 국가와 사회관계가 '강한 국가-약한 사회'와 '약한 국가-약한 사회'라는 두 가지 모델에서 나타난다. '강한 국가-약한 사회'의 구조에서 정부의 힘은 사회적 힘보다 훨씬 더 크므로 정부가 사회를 초월하여 관리를 할 가능성이 있다. 이러한 상황은 본능적으로 사회적 힘의 성장을 억제하여 정부는 점점 더 강해지고 사회는 점점 더 약해진다. '약한 국가-약한 사회'의 구조에서는 정부의 힘이 지나치게 취약하여 사회적 힘의 발전에 기초적 환경을 제공해줄 수 없고, 사회적 힘의 성장을 도울 수도 없어서 정부와 사회는 점점 더 취약해지게 된다.

그러므로 이론과 실천 모두 '강한 국가-강한 사회' 모델을 지지한다. 이러한 모델은 다음을 의미한다. 첫째, 국가가 충분한 능력을 가지고, 대외적으로는 국가 주권과 존엄이 침해받지 않도록 하고, 대내적으로는 효과적으로 관리하면 높은 질의 공공 서비스와 사회보장을 제공할 수 있다. 둘째, 사회의 충분한 힘은 상대적으로 부유한 시민 생활, 경제, 사회, 문화 등의 영역에서 민간의 힘이 비교적 강한 자주성, 독립성, 자조성으로 나타난다. 셋째, 공공 업무의 관리에서 국가 권력기관-정부-정당 조직, 사구, 그리고 사회 단체조직이 제공하는 거버넌스 기제는 대체로 각자 자신의 자리를 지키고, 각자 자신의 직책을 수행하는 것으로 긍정적 상호관계와 상호 분업과 협력을 형성할 수 있다.

넷째, 협력 거버넌스의 방향 개혁이다. '좋은 거버넌스' 이론으로 보면 국가와 사회의 협력 거버넌스, 즉 '공공 거버넌스'는 거버넌스의 이상적 모델이다. 여기에서 도출된 적극적 정책적 결론은 다음과 같다. 정부 내부 기제의 협조성을 유지할 뿐만 아니라 반드시 정부 기제와 비정부 기제(권력과 권리)의 협조성을 유지해야 한다. 정부와 사회의 협력을 모색하는 것은 주요한 이익 관계자가 공동으로 참여하여 공적 선택과 공공 게임의 효과성을 보장하고, 정부와 민간의 상호성을 증가시키도록 하는 것이며,

효과적 정부 기제와 효과적 사회 기제가 결합하도록 하여 사회 각계가 함께 관리하고 다스리는 것을 실천하는 것으로, 이것이 바로 협력 거버넌스의 기초이다.

중국 정부는 강력하게 지방 간, 당과 정부 기구 간, 정부 내부 기관 간, 정부와 사회 간의 협조성을 강화하고 있으며, 서로 다른 단계와 서로 다른 업무에 있어서 서로 다른 협조 기제를 구축하고자 한다. 그중에서 비정규화된 중대한 업무의 전국적 연합 행동이나 비정규화된 전문 업무의 지역 간, 부문 간 종합 관리가 포함되고, 그 밖에 정부와 비정부의 협력에 있어서 다양한 협조 기제를 수립하고자 한다. 예를 들면 사회 업무 위원회를 세우고, 사회조직의 부화기지(센터)를 창설하고, 기층 민주 협상 제도를 설립하고, 공익 창업 활동을 조직하고, 정부 구매 서비스를 확대하고 있다.

3. 중국 사회 건설의 경험

10년 동안, 중국 지방 정부는 사회 거버넌스를 개선한다는 목표하에 위에서 서술한 거버넌스 요소의 혁신적 개혁을 추진했다. 특히 개혁개방이 실행되고, 경제가 비교적 발달한 연해 지역, 예를 들면 저장, 광둥, 푸젠, 상하이 등의 지역에서 정부는 사회 거버넌스 혁신에 더 열중했으며, 여러 실험적 탐색을 시행해왔다. 이러한 탐색은 어느 정도 사회 거버넌스 경험의 중국적 특색을 보여주었다.

첫째, 사회의 협력 거버넌스 구도를 조성하고자 노력했다. 중국의 사회 거버넌스는 다음과 같은 목표를 추구하고자 했다. 영도력을 지닌 정당이 부단한 혁신력을 통해 사회를 이끈다. 효율적 정부가 충분한 제도 공급과 신용 보장을 제공한다. 모든 기업과 경제 조직은 자기 이익의 최대화를 추구할 뿐만 아니라, 사회적 책임과 사회적 공헌을 함께 구비한다. 모든 시민은 사회조직을 통해 사회생활, 사회관리 및 사회 공익 활동에 참여하고, 자신의 사랑을 실현한다. 다시 말하자면, 각지 정부는 다양한 세력과 요소를 효과적으로 통합하고, 정부 기제, 시장 기제, 사회 기제가 각각 맡은 바를 다 하고, 공동으로 사회적 기능을 분담하여 효과적으로 사회 거버넌스를 실현하도록 한다. 예를 들면, 상하이시 민싱구(閔行區)는 2015년 '핑안마을(平安小區) 협력 거버넌스 모델의 건설 및 평안 자위안(平安家園) 프로젝트'를 추진했고, 핑안마을의 협력 거버닌스인 '선원(田園) 모델'을 전면적으로 추진했다. 이 모델이 보여준 세 가지 기제와 기능은 다음과 같다. ① '정부' 기제: 정부 재정에서 1080.1만 위안을 출연하여 마을의 기술적 보안(技防)과 물질적 보안(物防)에 사용하여 사구의 보안능력을 강화했다. ② '기업' 기제: 마을 전체 1027개 주민 지역의 사회적 자본(마을 수리비용, 공공 수익 등)에 1970.4만 위안을 투입하여 사구 공공시설을 개선했다. ③ '사회' 기제: 입주자 위원회를 광범위하게 증설하고(21개 신설, 48개는 준비 중), 주민 자치 조직을 갖추어 자치 수준을 높이고자 했다.

둘째, 당 조직의 선도적 역할이 충분히 발휘되었다. 정당은 대중과 밀접한 관계를 갖고 있는 조직으로 사회 거버넌스에서 그것이 발휘하는 작용은 다음과 같다. ① 정책을 발의한다: 집정 권력을 이용하여 사회 거버넌스 정책의 생산과 실시를 추동한다. ② 조직을 동원한다: 전 범위의 조직을 동원한다. ③ 행동을 이끈다: 당원 책임제 등의 형식을 통해 사회 거버넌스 행동의 효과적 실시를 보장한다. 저장성 닝보(寧波)는 "당이 사회 거버넌스를 이끈다"는 구호를 제기하고, 효과적인 방법을 채택하여, 사회 거버넌스에 대해 좋은 시범적 경험을 제공했다. 닝보의 실험에서 각급 당 조직은 제도 혁신과 기술 혁신을 통해 조직 건설과 기능 전환을 강화했다.

조직적인 면에서는 협상·공치 제도를 통해 당 조직의 범위를 넓히고, 모바일과 인터넷 기술의 운용을 통해 성과심사를 강화하며 각급 당 조직을 활성화했다. 기능적인 면에서는 당원과 민중에게 서비스를 제공함으로써 당의 업무 중심을 전환하고, 당 조직의 공신력과 지도력을 재획득했다. 지역별로 당이 연석회의를 조직하여 대화 플랫폼을 구축하고, 기층 당 조직이 각자 싸우는 분할 상태를 타파했으며, 기층 당 조직의 정치적 통합, 정치적 동원, 정치적 협조 능력을 제고하고, 지역 사회의 통합 발전을 이끌었다. 경험에 따르면 지역별 당의 지역연합체 건설은 지역 자원의 공동 향유, 당원의 공동 관리, 업무의 공동 상의 등에 유리하고, 기층 거버넌스에서 나타난 모순을 해결하는 데 도움이 되었다.

셋째, 공익 조직과 공익사업을 발전시켜 사회적 악(公害)을 억제하고자 했다. 공익으로써 사회적 악을 해소한 것은 중국 사회 거버넌스에서의 중요한 경험이다. 사회 거버넌스에서 집단행동의 문제를 어떻게 해결할 것인가? 각 지역 정부의 보편적 해법은 민간 공익 지도자를 양성하고 지지하여, 그들이 공익 조직을 창설하도록 장려한 후 그 조직을 수용하여 사회관리와 사회 서비스에 가담하도록 하는 것이었다. 예를 들면, 광동성 선전시는 2001년 '선전 고독 환자 가족 자원센터'라는 사회 공익 조직을 설립했다. 2009년 이 조직은 '일기금(壹基金) 모범 프로젝트'에 선정되었고, 2011년 화난구(華南區)의 핵심 기구의 역할을 맡게 되었다. 이로 인해 광저우, 동관(東莞), 선전 등의 자폐증 서비스 기구의 1000명 이상의 자폐증 환자들이 직접적 수혜를 입었다. 2009년부터 정부를 배경으로 하는 선전시 복권기금회(福彩基金會)는 이 조직과 협력을 시작하여 자선 프로젝트를 전개했다. 선전시 복권기금회는 345만 위안을 기부했고, 자조 프로젝트에는 하드웨어의 개선, 회복 비용 보조, 교사 복지 보조, 교재 편집, 문체 활동 경비 보조 등이 포함되었다. 통계에 의하면, 2009~2012년까지 선전시 복권기금회는 공익 조직을 통해 자폐증 아동 약 2000명에게 도움을 주었으며, 자폐증 교사 약 1400명에게 도움을 주었고, 1300평방미터의 회복 시설 또한 마련해주었다.

넷째, 기층 사회에서 네트워크화 관리를 널리 추진하여, 사회 업무에 있어서의 '깨진 창문 효과'를 타파하고자 했다. 사회 거버넌스의 대상은 각종 사회문제이며, 이런 문제들이 사회적 어려움이 되는 이유는 바로 최초의 개별적 문제들이 제때에 발견되고 제때에 교정되지 못해 '깨진 창문 효과'를 형성했기 때문이다. 그러므로 사회 거버넌스의 핵심 중 하나는 제때에 '깨진 창문'을 수리하여 보편적인 관리 위기가 오지 않도록 하는 것이다. 최근 중국 각지의 지방 정부는 보편적으로 네트워크화 관리를 추진하고 있다. 이것은 어느 정도 기존 시스템의 부족한 기능을 보충해준다. 저장성 닝보시는 2013년 기층 네트워크 거버넌스 종합 서비스 플랫폼을 구축하여, 과거 기층 업무가 책임지는 사람이 없었던 관리 공백을 해결하고, 과거 정보 전달의 층차가 너무 많아 효율이 떨어지던 점을 보완했다. 현재 닝보는 여러 부문의 네트워크 관리를 하나의 통일적 플랫폼으로 통합시키고, 기층 사무의 '일망타진'을 위해 노력하고 있으며, 종적·횡적 분할문제와 격자로 중첩되는 거버넌스 난국을 타파하고자 했다.

다섯째, 사회 업무 관리의 정보화와 네트워크화를 추진하여, 협력 거버넌스에 대한 하드웨어 플랫폼을 제공했다. 정보화와 네트워크화는 사회 거버넌스와 공공 서비스의 성과를 개선하기 위한 효과적 수단이다. 최근 들어 각급 정부는 정보화와 네트워크화에 대한 투입을 늘리고, 정보의 '외딴 섬' 상황을 해소하며, 기층 업무 관리에서 네트워크화 및 정보화 관리가 이루어지도록 노력하고 있다. 예를 들면, 푸젠성은 2012년 말부터 '사구 정보화 플랫폼'을 추진하기 시작했고, 성 전체의 2238개 도시 사구와 675개 거리, 향진, 농촌 사구로 확대 실시했으며, 30여만 개 이상의 정보를 공포했고, 누적 방문수가 6200여만 명에 이른다. 사구 정보화를 통해 기층 사회 거버넌스는 사회 서비스의 편리화, 사구 관리의 규범화, 소통 통로의 다양화를 실현했으며, 민생 서비스 능력을 높이고 사구 발전을 추진하는 등 적극적 역할을 했다.

여섯째, 문제를 위주로 하여 거버넌스 방식의 전면적 혁신을 실현하고자 했다. 다른 유형, 다른 성격, 다른 층급의 사회 업무에 대해 다른 거버넌스 방식을 채택한 것은 효과적 사회 거버넌스를 실현하기 위한 조건이다. 정부의 전통적 관리 모델은 사회적 요구와 변화에 대해 종종 효율이 낮거나 효과가 없었으므로, 중앙 정부는 '서비스형 정부'와 '법치 정부'라는 목표와 요구를 제기하여 시장화, 법치화, 민주화, 사회화를 추진해 사회 거버넌스를 개선하고자 했다. 각급 지방 정부 또한 적극적으로 거버넌스 방식의 형식을 모색하여 널리 보급할 만한 경험들을 형성했다. 종합하자면, 각지의 거버넌스 방식 혁신의 주요 경로는 다음과 같다. ① 정책 표준과 정부 행위의 규범화를 통해 사회 거버넌스를 개선한다. ② 공공 서비스(공공 투입의 확대, 정부 구매의 추진 등) 개선을 통해 사회 거버넌스를 개선한다. ③ 제도 공급 혁신을 통해 사회 거버넌스를 개선한다. ④ 정보 공개와 절차 투명화를 통해 사회 거버넌스를 개선한다. ⑤ 법치 집행을 통해 사회 거버넌스를 개선한다. ⑥ 민의 소통의 통로를 열고 시민 참여를 수용하여 사회 거버넌스를 개선한다. ⑦ 갈등의 조정과 빈곤 구제 정책을 통해 사회 거버넌스를 개선한다. 법치화, 민주화, 사회화, 시장화 거버넌스의 혁신에 있어서 저장성 닝보시는 완벽한 사례를 제공하고 있다. 닝보시는 8만 1890개의 정보 서비스 시스템을 구축하여 국민 편의 서비스를 제공했다. 닝보는 농촌 간담회, 민주의사청, 민의판결단 등 다양한 형식의 제도적 혁신과 협력 공치 플랫폼 등 제도 공급을 통해 협력 거버넌스를 보장했다. 예를 들면, 닝보시는 관할 거리에 주민회의, 민주평의회, 민주 공청회 등의 다양한 방식을 통해 사회 정책 결정에 대한 대중의 참여 범위를 확대하여, 정책 결정 과정에서의 감독을 실현했다. 닝보시 인저우구(鄞州區), 베이룬구(北侖區) 등은 거리에 각종 사구 자치 플랫폼을 건설했는데, 이에는 사구 민주 의사 플랫폼(사구의 협상 민주 실현), 사구 민주 감독 플랫폼(사구 자치에서의 권력의 상호 제약 실현), 사구 모순 조정 플랫폼(주민 간 불필요한 모순 및 충돌 감소 또는 해소) 등이 있어 기층 사회 거버넌스의 안정과 조화를 확보했다. 닝보시는 또한 상업 보험 기제를 도입하여 각종 사회 리스크에 대한 보험 거버넌스를 실시했다.

결과적으로, 중국 각급 정부는 전력으로 사회 거버넌스의 혁신을 추진했다. 한편으로 기존의 정식 제도와 기제의 잠재력을 개발하여, 정당, 정부 등 국가 권력 및 전통적 집단 조직이 새로운 기능을 발휘하도록 했다. 다른 한편으로, 기업, 사회조직, 사구의 기능을 활성화하여, 사회 거버넌스에서 그들이 반드시 해야 하는 역할을 수행하도록 하고, 시민이 조직되도록 장려하며 각종 공익성, 권익성, 흥미성 사회단체에 가입하도록 하여, '전방위 조직'을 실현하고자 했으며, 시민의 질서 있는 참여를 보장했다.

4. 중국 사회 건설의 미래

1) 협력 거버넌스의 새로운 구조

전통적 사회관리 구조에서 정부는 기본적으로 사회관리의 유일한 주체이다. 인민 대중은 소극적이며 수동적 지위에 머문다. 인터넷 정보화 시대에는 정부가 홀로 천하를 도맡아 처리하는 것이 불가능하다. 지금은 사회 문제가 나날이 복잡해지고 있으며, 인민 대중의 사회적 요구도 나날이 다양해지고 있다. 정부가 혼자 처리하는 것은 사회발전의 새로운 형세에도 맞지 않고, 정부, 시장, 사회가 서로 다른 역할을 수행하여, 분담해서 책임을 지고 긍정적인 상호 작용을 해야 비로소 장점의 보완이 이루어지며, 공동으로 사회를 관리할 수 있다.

첫째, 다원적 거버넌스 주체를 활성화하여 협력 거버넌스 국면을 형성해야 한다. 불확정성으로 충만한 현대 사회에서 정부와 사회가 힘을 합쳐, 기층 사회가 더 많은 사회 거버넌스의 책임을 지고, 사회가 자주적으로 운영될 수 있어야 비로소 아름다운 터전이 건설될 수 있다. 정부는 점차 복잡한 미시적 사회 거버넌스 업무에서 물러나 제도 공급에 집중하고, 기층 사회에 더 많은 거버넌스 공간을 제공해야 한다. 기층 정부 이외에 기층 사회는 비교적 중요한 사회적 무게를 기층의 당 조직, 사회조직과 사구에 두어야 한다. 이 세 가지 조직과 역량을 충분히 활성화하여, 그로 하여금 더 많은 역할을 하도록 해야 비로소 사회 거버넌스의 깊이 있고 광범위한 발전을 이룩할 수 있다.

당의 기층 조직 시스템은 당의 동원과 기층 사회 통합의 기본적 조직 자원이며, 당 집정의 중요한 조직적 기초이다. 새로운 상황에서 당의 기층 조직 건설의 강화는 당이 집정하는 사회 기초의 공고화와 확대에 대해 대체할 수 없는 역할을 한다. 그러나 경제와 사회의 거대한 변혁에 직면하여, 조직 구조와 기능 작용을 모두 포괄하는 당의 기층 조직 체계는 정도는 다르지만 약화되고 있고, 이러한 상황은 대중과 밀접한 관계가 있는 당의 집정 지위 공고화와 강화에 있어서 매우 불리하다. 지역화 당 건설, 정보화 당 건설, 서비스형 당 건설 등의 조치를 통해, 기층 당 조직의 범위를 확대함으로써 당의 기층 조직 건설을 유도하고, 기층 정권을 공고히 하며, 기층 당 조직의 전투 및 방어 역할과 광대한 당원의 선봉적이며 모범적인 역할을 발휘하도록 하며, 기층 부대의 사회 거버넌스 능력을 향상시키고, 당의 집정 기초를 단단히 하며, 사회 거버넌스 혁신을 위한 기층 건설을 근본적으로 보장한다.

사회 거버넌스에 대한 사회조직의 적극적 참여는 현대 사회의 중요한 특징이다. 따라서 정부의 행정기구 간소화 및 하부기관으로의 권력 이양을 통해 사회조직의 양성과 발전을 적극적으로 지지하고 거버넌스 능력을 높일 수 있도록 하는 것은 중요한 의미를 갖는다. 정부는 공익 창업과 정부의 공공 서비스 구매 등의 방식을 통해 사회조직의 발전을 지원할 수 있다. 정부의 공공 서비스 범위, 제공 방식, 그리고 절차를 명확히 하여 정부 공공 서비스 사업에 대한 사회 조직의 참여를 장려한다. 사회 성원이 주인 정신을 가짐으로써 사회 자치, 자주, 능동적 힘이 될 수 있도록 하여 대중의 문제를 대중이 풀도록 한다.

사구는 기층 사회의 기본적 구성단위이자 우리 생활의 가장 중요한 장소이다. 잘 운영되는 바람직한 사구는 사람들이 빠르고 편리하게 사회 서비스를 얻고, 양호한 사회적 관계를 형성하는 데 도움이 된다. 현재 도시와 농촌의 사구 거버넌스에서는 중시되지 못하거나 행정적 색채가 비교적 농후한 문제들이 존재하며, 기층의 권력 운영이 불투명하거나 감독이 제대로 되지 못하는 등의 현상이 발생하고 있다. 사회 거버넌스 현대화 과정에서 사구 거버넌스 체계의 개선, 사구 서비스 체계의 완성, 사구 주민 자치의 심화를 통해 지역 사업 단위의 역할과 기층 자치 조직의 역할이 발휘될 수 있도록 하고, 많은 도시가 함께 건설하고 함께 다스리는 사구 거버넌스 구도를 초보적으로 형성해야한다.

둘째, 협력 거버넌스 체계와 플랫폼을 구축해야 한다. 분업에서 융합으로의 사회 변화는 인터넷 시대의 특징이다. 협력 거버넌스를 확립하고, 함께 건설하고 함께 누리는 사회 거버넌스 구도를 형성해야만 점진적으로 지역적 분할, 부문의 각자 도생 심지어 상호 견제의 국면을 타파할 수 있다. 그것을 위해서는 사회 거버넌스 체계와 플랫폼이 구축되어야 하고, 사회 거버넌스 주체 간의 상호 작용과 연합이 이루어져야 하며, 여러 사회 거버넌스 방식 간의 통합이 촉진되어야 한다. 네트워크화 건설과 정보화 건설은 매우 중요한 사회 거버넌스 체계이자 플랫폼이다.

격자화의 주요 기능은 사회문제를 발견하는 것이다. 문제의 발견은 사회 거버넌스의 기초이며, 발견할 수 없는 문제는 관리하기 어렵다. 스마트폰 앱을 통해서 모든 주민은 발견한 사회문제를 빠르게 보고할 수 있게 되었다. '격자화' 플랫폼을 통해 행정 역량, 정당 역량, 사회 역량, 그리고 시장 역량 등 각종 자원과 역량은 효과적으로 통합되며, 부문 간, 절차 간의 업무가 효과적으로 협력을 이룰 수 있게 되고, 관리 방식은 '거칠고 기계적' 방식에서 '정밀하고 유기적' 방식으로 전환된다.

인터넷과 빅데이터 기술의 발전으로 정보화와 지능화는 사회 거버넌스 현대화 과정에서 점점 더 중요한 작용을 하고 있다. 정보 기술의 발전은 여러 전통적 거버넌스 방식을 놀라울 정도로 변화시키고 통합시키고 있으며, 협력 거버넌스를 위한 편리하고 신속한 플랫폼을 제공했다. 정부는 반드시 제때에 주동적으로 현대 정보 기술에 발맞추어 시대의 흐름에 적합한 거버넌스를 추진하고, 사회 거버넌스 수준을 높여야 한다.

셋째, 협력 거버넌스 방식의 혁신이다. 사회 거버넌스가 강조하는 것은 활력적이고, 질서 있는 협력 거버넌스 시스템의 구축이다. 거버넌스 과정과 거버넌스 방식은 참여식의 민주 협상을 중시해야 한다. 또한 민주화, 투명화, 사회화, 정밀화된 사회 거버넌스 기제와 거버넌스 방식을 구축해야 하며, 공익 창업, 구매 서비스, 프로젝트의 외주, 보험 등의 방식으로 사회 거버넌스의 시장화 수준을 높여야 한다.

또 투명, 개방, 그리고 법치가 있다. 투명과 개방은 현대 정부의 기본적 특징이다. 현재 정부는 보다 주동적으로 정보를 공개하여, 시민의 알 권리를 만족시켜야 하는데, 정부가 주동적으로 정보를 공개하는 것은 정보화 시대에 주도적 위치를 차지하는 데 유리하다. 정보 공개는 시민 참여의 전제이다. 이를 기초로 시민이 여러 통로를 통해 광범위하게 정부의 정책 결정에 참여할 수 있고, 나아가 공공 자원 배치의 민주화와 과학화를 이룩할 수 있다.

참여, 협상, 그리고 공유(共享) 또한 중요하다. 신속한 도시화로 인해, 대량의 인구가 도시에 유입되었으며, 전통적 향촌에서 서로 바라고, 서로 부조하던 사회는 점차 해체되었다. 도시에서는 원자화된 개인이 형성되었고, 모두 자신의 일에만 관심을 갖게 되었으며, 각자 자기 집 문 앞의 눈만을 치우고, 타인의 일은 간섭하지 않게 되었다. 정치적 무관심이 사회의 일상이 되었으며, 사회적 신뢰도 점차 사라졌다. 사회 거버넌스 과정에서 협력 공치 개념을 확립하고, 이용 가능한 모든 자원의 배치에 공동 참여하고 사회적으로 관리하는 것은 한편으로는 정부의 부담을 줄이고, 정부의 거버넌스 능력을 높이는 것일 뿐만 아니라, 다른 한편으로 인민 대중의 다원화된 사회적 요구를 만족시키고, 인민 대중이 사회 업무에 관심을 가지고 사회적 책임을 지닌 습관을 기를 수 있으며, 최종적으로는 좋은 사회적 분위기를 형성할 수 있다.

2) 중국 사회 건설의 미래

사회적 책임을 함께 지고 아름다운 사회를 함께 건설하며 공공 업무를 함께 관리하는 것은 현대 사회 거버넌스의 발전 방향이며 기본적 특징이다. 사회 거버넌스의 이상적 상황은 당과 정부가 거버넌스 플랫폼을 잘 만들고, 좋은 정책과 법규를 제정하고, 사회, 시장, 과학기술의 힘을 제대로 운용하고, 모든 사람이 참여 주체로서 적극성을 갖도록 하며, 이익과 책임이 통일된 운명공동체를 이룩하고, 협력 거버넌스의 신구도를 형성하는 것이다.

사회조직의 활성화: 사회의 자율적 운영

사회조직은 현대 사회 거버넌스의 불가역적인 중요 매개체이다. 발달 지역 사회 거버넌스의 큰 특징은 사회조직의 참여와 사회관리를 중시하고 공공 서비스를 제공하는 것이다. 사회 거버넌스의 초기 단계에서는 사회조직의 참여와 사회 거버넌스를 매우 중시하고, 사회조직의 참여와 사회관리, 그리고 공공 서비스의 제공을 통해 사회조직이 활력을 찾고, 사회조직의 능력을 향상시켜야 한다. 계속해서 사회조직의 발전을 적극적으로 지지해야 하며, 사회조직의 등기 관리 제도를 개혁하고, 사회조직의 법치 질서를 확립하며, 사회조직의 서비스 기능과 협력 작용을 강화하고, 사회조직의 건강하고 질서 있는 발전을 촉진하며, 그런 특징이 중국 사회 거버넌스 발전의 방향을 이끌도록 해야 한다.

첫째, 사회조직 입법을 강화해야 한다. 각지 사회조직의 발전의 실제를 결합하여 빠르게 입법화하고, 사회조직의 기능을 명확히 해야 한다. 사회조직은 공공 서비스의 제공자, 사회 정책의 집행자, 사회주의 핵심가치관의 전파자와 실천자, 전면적으로 의법치국을 추진하는 중요한 추동자, 조화로운 사회를 건설하는 유력한 촉진자로서 자리 잡아야 한다. 관련 정부 기능 부문 편제를 추진하여 사회조직의 구매 서비스에 대해 지도 목록을 제시하고, 사회조직을 위해 더 나은 발전 환경과 발전 공간을 제공해야 한다. 사회조직 인사의 단층 현상을 중시하고, 사회조직의 사회적 업무 종사자 직업화를 탐색하고, 사회복지사(社工), 사구(社區), 사회조직의 '3사 연동'을 실현해야 한다.

둘째, 사회조직이 법에 따라 자치할 수 있도록 하고, 사회조직의 참여와 사회 거버넌스 능력을 향상시키며, 장정(章程)을 핵심으로 권한과 책임의 규정, 협력적 운영, 효과적 견제를 명확히 한 현대 사회조직 법인 거버넌스 기제를 확립해야 한다. 또한 정부(政)-사회조직(社)의 분리를 추진하고, 사회조직의 법인 주체로서의 지위를 존중하고 보장하며, 사회조직이 법에 따라 자치하고 독립적으로 법적 책임을 지도록 촉진해야 한다. 사회조직의 활력을 높이고, 서비스 수준을 향상시키며, 정보 공개를 강화하고, 사회조직의 공신력을 높이며, 사회조직의 규범적 운영을 촉진해야 한다. 건전한 사회조직의 참여와 사회 업무, 공공 이익의 수호, 곤란에 처한 대중에 대한 지원, 특수한 사람들에 교육, 위법과 범죄의 예방화 및 세도화를 실현하고, 사회조직이 입법 협상과 입법 중에 포함된 중대 이익의 조정 및 자문에 있어서 중요한 작용을 할 수 있도록 하고, 사회조직이 법에 따라 질서 있게 사회관리와 사회 법치 건설에 참여할 수 있도록 한다.

셋째, 사회조직의 힘을 계속해서 배양하고 발전시켜야 하며, 영향력 있는 사회조직을 지원하고 창설해야 하고, 확실한 브랜드를 형성해야 한다. 홍보력을 강화하고, 각 급, 각 부문에 대해 문건과 그에 관련한 정책에 대한 감독력을 강화하고, 사회조직의 주체적 지위를 확립해야 한다. 조직의 영도를 끊임없이 개선하고, 사회조직의 등기 관리 기구의 건설을 강화하며, 사회조직의 배양과 발전을 당 위원회와 정부 부문의 중요한 업무로 삼고, 사회조직의 발전이 지방 사회, 경제의 총체적 발전 계획에 포함되도록 하며, 사회조직의 건강한 발전에 유리한 양호한 환경을 조성해야 한다. 사회조직의 특색 있는 브랜드 계발 활동을 전개하고, 사회조직의 브랜드 의식을 강화하며, 종합 실력이 강하고, 신뢰도가 높고, 영향력이 큰 사회조직을 키워야 한다.

사구 거버넌스 능력의 향상: 사회 거버넌스의 토대 마련

사회 거버넌스의 토대와 활력은 기층에 있으며, 기층 사회 거버넌스의 중점과 난점은 사구에 있다. 사구의 거버넌스 능력을 높이는 것이야말로 사회 거버넌스의 관건이다. 도시 사구 거버넌스 능력을 높이기 위해서는 다원적 주체들 간의 관계를 잘 조정하고, 사구의 자치 기능을 키우며, 사구 거버넌스 방식을 혁신해야 한다.

첫째, 사구의 각종 주체들 간의 관계를 바로 잡아야 한다. 도시 사구에는 여덟 가지 종류의 주체가 있다. 사구의 당 조직, 거주민 위원회, 사구 사무소(工作站), 관할구 단위, 사회조직, 입주자 위원회, 관리회사와 사구 주민이 그것이다. 이 여덟 가지 주체의 관리를 바로 잡는 핵심은 사구 당 조직의 영도를 확립하고, 주민을 주체로 하는 것에 있으며, 거주민 위원회, 사구 사무소, 관할구 단위, 사회조직, 입주자 위원회, 그리고 관리회사가 공동으로 참여하고 협상 공치하는 모델이어야 한다. ① 사구의 각종 조직 간의 기능 범위를 명확히 해야 한다. 사구 업무를 전면적으로 정리하고, 사구 당 조직의 업무 목록, 사구 서비스 센터의 업무 목록, 사구의 정부 업무 협력 사항 목록, 사구에서 당의 업무, 재정 업무, 거주 업무 서비스 목록 제도를 구축하고, 사구와 사회조직에 대한 공공 서비스 구매 제도를 정착시켜야 한다. ② 국부 관계를 바로 잡아야 한다. 관리회사-거주자-집주인의 관계를 바로 잡고, 입주민 위원회와 거주민 위원회 간의 기능을 구별하며, 거주민 위원회, 입주민 위원회, 관리회사, 그리고 거주민이 연합하여 공동체 관리에 있어 연동 협력하는 기제를 마련해야 한다. ③ 사구 당 조직이 기타 조직들에 대해 영도할 수 있도록 해야 한다. 거주민 위원회는 사구 당 조직의 영도를 자각적으로 받아들이고, 사구 의사 협상 조직, 입주민 위원회, 관리회사와 사회조직 등과 업무하는 것을 지지해야 하며, 제때에 모순과 갈등을 해소하고, 각 측의 합법적 권익을 보호해야 한다. 사구 의사 협상 조직, 입주민 위원회, 관리회사, 사회조직 등은 주동적으로 사구 당 조직의 영도를 받아들이고, 관할구 단위는 사구 당 조직과 거주민 위원회와 협력하여 업무를 추진해야 한다. 사구 공작참은 사구 당 조직의 영도하에서, 거주민 위원회의 지도와 도움 아래 법에 따라 정부가 주민 대중의 이익과 관련된 업무를 잘 수행할 수 있도록 도와야 한다.

둘째, 사구의 자치 능력을 한층 더 키워야 하고, 자치제도의 건설과 대중의 참여 확대가 상호 결합되도록 한다. 자치 제도 건설을 완성하고, 사구 주민위원회 직선 제노, 주민 대표회의 제도와 주민 위원회 내부의 거버넌스 구조를 마련한다. 아파트(건물)의 자치와 사회조직의 자치 기제를 적극적으로 모색하고, 사구 주민의 자치, 입주민 자치, 아파트(건물)와 사회조직의 자치라는 입체적 자치 신구도를 형성한다. 법에 따라 주택 지역 입주민 대회와 입주민 위원회 성립을 보장하고, 입주민 대회의 운영 기제를 규범화하며, 입주민 위원회 교체 방법을 마련하고, 입주민 위원회 임원 상임제와 자치 서비스의 일상화 제도를 마련한다.

대중의 참여를 확대하는 것은 첫째, 정책 결정 방식의 다원화를 실현해야 한다. 주민 회의, 민주 평의 또는 민주 공청회 등의 방식들을 통해, 대중의 참여와 사구 정책 결정 범위를 확대하여 정책 결정 과정에 대한 감독을 실현한다. 둘째, 대중의 참여를 합리적으로 유도한다. 사구 당 조직은 사구 자치 기능을 양성하고, 대중의 참여를 유도해야 하며, 주민들이 사회조직 활동에 참여하도록 이끌고 주민이 적극적으로 사회 치안과 종합 거버넌스에 참여하도록 하며, 집단 예방과 보안을 전개하고, 민간의 갈등을 해소하며, 주민이 거리, 거주민 위원회, 사구 및 주민의 이익에 관련된 각종 업무에 대해 참여할 수 있도록 뒷받침한다. 셋째, 조직 형식을 혁신한다. 사구 당 조직 발기에 따라 사구의 '조화(和諧) 공건(共建) 이사회'

등 협상 의사 조직을 세우고, 촌급의 '조화 촉진회'라는 사회 융합 조직을 확대 추진하며, 구역 내 주민 위원회, 단체, 경제조직, 사회조직, 외래 인사 및 사회 유망 인사 등이 대표로 자원 참여하도록 하고, 기층의 각 방면의 세력이 사회 거버넌스에 공동 참여함으로써 합력을 형성하도록 한다.

셋째, 사구 거버넌스 방식을 혁신하고, 협동과 공치의 구도를 형성한다. 사구의 협동·공치의 핵심은 '다원적 주체, 다원적 플랫폼, 그리고 다원적 서비스'를 기본 틀로 하는 다원 공치 사구 거버넌스 시스템을 형성하는 것이다. 다원적 주체의 수립은 사구의 여덟 가지 주체를 통합하여 사구 거버넌스에 공동 참여하도록 하는 것이다. 이렇게 이 여덟 가지 주체가 전면적으로 참여하는 사구 공건(共建) 참의회(이사회)를 전면적으로 수립하는 것이다. 따라서 관할구 단위와 사구 거버넌스의 작용을 충분히 발휘해야 한다. 지역 학교, 기업, 사구 건강 서비스 센터 등 단위가 문화, 교육, 위생, 체육 등의 활동 시설을 사구 주민에게 개방하도록 하고, 사구를 위해 인적 자원, 물적 자원, 시설 등을 제공하도록 하며, 함께 자리하고 함께 세우고, 자원을 함께 나누도록 한다. 다원적 플랫폼의 수립은 사구의 민주 의사 플랫폼, 사구 민주 감독 플랫폼, 그리고 사구 갈등 조정 플랫폼을 수립하여, 사구의 거버넌스가 자원과 연계되고, 통로를 소통하기 위한 것이다. 사구 민주 의사 플랫폼의 수립은 주민 의사회 제도를 수립하는 것으로, 성원들은 사구 당 조직, 주민 위원회, 공작참, 입주민 위원회, 관리회사, 사구 주재 단위, 사회조직, 사구 주민 등의 대표들로 구성되고, 민주적 협상과 민주적 정책 결정을 통해 여러 이익 주체의 관계를 조정한다. 다원적 서비스는 사구 서비스 항목을 통합하여 '대(大)서비스 플랫폼'의 사구 서비스 신모델을 만들어 개성화되고 선택 가능한 서비스를 제공한다.

시장 역량: 더 많은 자원의 사회 거버넌스에의 참여 유도

사회 거버넌스의 핵심은 이해 관계의 조정에 있다. 시장 기제와 시장 역량이 이해 관계를 조정할 수 있는 효과적 도구라는 것은 이미 증명되었다. 사회 거버넌스 현대화를 추진하려면 시장 기제의 역할을 중시해야 하고, 시장 기제가 사회 역량을 흡수하고, 사회 거버넌스의 난제를 풀도록 해야 하며, 다양화된 거버넌스 모델을 형성하고 사회 공치를 실현하고자 노력해야 한다.

첫째, 정부의 공공 서비스 구매 기제를 더욱 개선한다. 사회 거버넌스 현대화 과정에서 저장 닝보는 일찍이 정부 구매 서비스 기제와 공익 창업 기제를 통해 초창기 사회조직 발전을 지지했다. 정부 구매 서비스, 프로젝트의 외주 등의 방식으로 사회 모순을 해소하고, 사회 리스크를 예방했다. 공공 서비스 구매를 통해 정부가 사회조직의 사회 거버넌스 참여를 독려한 것이 바로 발달 지역 사회 건설의 큰 특징이다. 미래에는 그러한 기제를 더 확대하여, 사회조직이 사회 거버넌스에 있어서 더 큰 역할을 할 수 있도록 해야 한다.

둘째, 보험 등 시장 기제가 사회관리에 참여하도록 하고, 공공 서비스 방식을 혁신한다. 최근 몇 년, 저장 닝보는 사회 보험을 사회 거버넌스에 포함시키고, '보험의 사회 거버넌스 참여' 모델을 세웠다. 의료 보험, 재해 구제, 식품 안전 등 공공 거버넌스 영역에서 광범위하게 보험 기제를 도입하여 사회 공공 서비스 자원의 배치 효과를 높였으며, 사회 거버넌스의 협력 기제를 개선했고, 사회 리스크 대처 능력을 향상시키고, 사회 거버넌스 현대화 수준을 높였다. 그러나 반드시 지적해야 하는 점은 사회보장 등 시장 기제의 사회 거버넌스 참여는 닝보로부터 전국에 이르기까지 여전히 새로운 것이므로 보다 더 실험하고, 탐색하고, 혁신해야 할 필요가 있다. 앞으로 각종 형식의 시장 기제의 사회 거버넌스 참여를 추진하고, 이익 유도, 상업 운영 등의 방식을 통해 사회의 개방적인 공치를 추진해야 할 필요가 있다.

셋째, 각종 기업의 자원, 기술, 인적 자원을 충분히 활용해야 한다. 기업은 시장 주체로서, 사회 거버넌스 시장 기제의 중요한 참여자이다. 기업은 많은 사회적 자원을 소유하고 있고, 기술과 인력 면에서 장점을 갖고 있으므로, 기업의 사회적 책임을 장려하고, 그들이 사회 거버넌스의 책임을 지도록 권하여 그들이 사회 거버넌스에 공헌하도록 한다. 더 이롭고 믿을 만한 플랫폼을 구축하려면 기업이 사회 서비스를 누릴 수 있는 기초 위에서 각종 형식을 통해 상응하는 사회적 책임을 수행하고, 그들이 사회 거버넌스에 있어서 중요한 역할을 해야 한다.

과학기술의 혁신: 사회 거버넌스의 정보화와 지능화

전통 사회의 거버넌스에서 돌출되는 문제는 부문 간의 협조가 힘들다는 점이다. 부문 간에 협력이 어떻게 이루어지도록 할 것인가는 정부와 사회 거버넌스의 실천에 있어서 해결하기 어려운 문제였다. 그 밖에 어떻게 사회 거버넌스를 다양화하고 정밀화할 것인가 또한 전통 사회 거버넌스의 중요한 난제였다. 인터넷과 빅데이터라는 기술발전은 사람들이 생각할 수 없었던 기적을 만들었고, 기술 혁명은 거버넌스 체제와 기제의 변혁을 촉진했다.

정보 기술과 인터넷의 신속한 발전으로, 정보화는 사회 거버넌스에서 점점 더 중요한 역할을 하게 되었다. 모바일 인터넷과 데이터 및 그 처리 기술이 더 발전함에 따라 사회 거버넌스의 정보화와 지능화의 발전 공간은 훨씬 더 넓어졌다. 사회 거버넌스 현대화를 위해 반드시 제도적 우세와 기술적 우세가 결합해야 한다. 2016년 10월 9일, 중공 중앙정치국 제36차 집체 학습에서 중공 중앙 총서기 시진핑은 다음과 같이 지적했다.

"인터넷, 특히 모바일 인터넷의 발전으로 사회 거버넌스 모델이 일방적 관리에서 양방향 관리로 바뀌고 있고, 오프라인에서 온라인으로의 융합함에 따라 단순한 정부 감독이 사회 협력 거버넌스로 전환되고 있다. 우리는 국가 관리와 사회 거버넌스에서의 인터넷의 역할을 제대로 인식해야 하고, 전자 정부, 신형 스마트 도시 등을 추진하고, 데이터의 집중과 공유를 통해, 전국 일체의 국가 빅데이터 센터를 건설해야 하며, 기술 융합, 업무 융합, 데이터 융합을 추진하고, 층급 간, 지역 간, 시스템 간, 부문 간, 업무 간의 협력 관리와 서비스를 실현해야 한다. 인터넷 사유를 강화히고, 인터넷의 보급, 상호성과 신속싱의 장점을 이용하며, 성부 성책 결정의 과학화, 사회 거버넌스의 정밀화, 공공 서비스의 고효율화를 추진하고, 정보화 수단을 통해 사회 상황의 감지, 소통 통로의 마련, 정책의 결정과 실시 보조 등을 추진한다."[2] 사회 거버넌스 체계와 거버넌스 능력의 현대화 건설의 추진은 현대의 인터넷 기술과 데이터 처리 기술을 운용해야 하며, 사회 거버넌스 체계, 정부 사무 절차를 최적화하여 대중에게 더 나은 공공 서비스와 사회 서비스를 제공해야 한다.

인터넷과 빅데이터 기술의 발전에 따라 정보와 과학기술은 사회생활 곳곳에서 점점 더 큰 역할을 하고 있다. 사회 거버넌스에 있어서도 놀라운 기적이 일어나고 있다. 앞으로는 과학기술적 사유와 수단을 활용한 문제의 분석과 해결이 더 중시될 것이고, 무엇보다도 인터넷과 빅데이터 기술은 전통적인 수단으로 할 수 없는 일을 할 수 있게 될 것이며, 사회 거버넌스 업무를 새로운 차원과 수준으로 올릴 수 있게 될 것이다.

첫째, 전면적으로 정보화 건설을 강화해야 한다. 우선 정보 기초 건설

---

2 《中共中央政治局就實施網絡强國戰略進行第三十六次集體學習》, http://www.gov.cn/xinwen/2016-10/09/content_5116444.htm.

을 보강해야 한다. 통일적인 기층 사회 종합 서비스 관리 정보 인터넷을 건설하고, 시급의 정보 플랫폼을 통해 통일적 집중 관리를 실현해야 한다. 거리(鄉鎭), 촌락의 정보화 건설을 강력히 추진하고, 기층의 정보화 건설을 더욱 빠르게 완성하며, 스마트 사구, 스마트 마을을 심도 깊게 실시하고, 각종 기층 조직이 정보화 수단을 운용하도록 권장하여 기층 관리의 지능화를 촉진한다. 다음으로 정보화 거버넌스 모델을 혁신한다. 정보의 실시간 반영, 문제의 연동 해결, 추세의 분석과 예측, 데이터 추동을 통한 정책 결정이라는 기층 현대 거버넌스 모델을 수립하고자 노력한다. 전면적이며 실시간의 정확한 정보의 반영, 빠른 인터넷 속도의 여러 플랫폼 공유, 부문 연동 처리를 실현해야 하고, 정보화가 기층 사회 거버넌스 현대화에서 중요한 역할을 할 수 있도록 해야 한다. 대중의 행위 방식의 전환과 결합하여 웨이신 등 정보 플랫폼을 충분히 활용하고, 'OTO' 서비스 체험 모델을 구축하며 오프라인 서비스를 온라인 서비스로 확대한다.

둘째, 기층 정보 자원의 공유 기제를 구축하려면, 그 핵심은 '부문 간 공유와 정보 수집 공유'를 실현하는 것이다. 방식은 통일적 기층 데이터 수집 공유 목록 체계를 수립하는 것이다. '부문 간 공유'는 정보 기술을 사용하여 사구와 여러 부문의 공공 정보를 저장하고 관리하는 것으로, 크게 저장과 관리 효율을 높이고, 저장과 관리 비용을 줄일 수 있다. 우선은 사회보험, 의료, 교육, 양로, 취업, 식품과 약품의 안전 등 민생 영역에 대해 부문 간 협력을 진행한다. 공유된 데이터에는 사구 데이터 센터, 지역 네티즌, 전자 계정, 당안 관리, 공단(工單) 관리, 스마트 단말기 등 시스템 모듈이 포함된다. 또한 사구 업무의 '일체화'와 서비스의 '원스톱화'를 진정으로 실현한다. '정보 수집 공유'는 '다원 합일'의 정보 수집 모델을 실현하는 것으로, 1인 수집을 통해 다인 공유를, 1부문 입력을 통해 다부문 공유를 실현하는 것이다.

셋째, 3대 정보화 응용체계를 통합 추진하고, 기층 사회 거버넌스 수준을 향상시킨다. 정보화 건설을 통해 기층 사회 거버넌스 수준을 향상시키려면 기층 인터넷 정보 시스템, 행정 서비스 정보 시스템, 그리고 사회화 서비스 정보 시스템 3대 시스템의 건설을 통합 추진해야 한다. 사회 정보 자원이 기층으로 전달되도록 한다. 우선 기층 인터넷 정보 시스템을 건설한다. 시, 구의 협력 정보 센터를 세우고, 구, 거리(향진)에 각기 감독 및 지휘청을 두어 인터넷 업무를 책임지도록 하며, 관련 부문이 횡적 협력이 빠짐없이 이루어지도록 한다. '모두가 관리하는' 핸드폰 앱을 만들어 시민이 의무적인 인터넷 관리자가 되도록 하여 성보 데이터 수집과 갱신에 참여하도록 하고, 전문 인터넷 관리자가 사회 거버넌스를 구석구석 이루어지도록 한다. 다음으로 '원스톱' 행정 서비스 정보 시스템을 건설해야 한다. 시의 현행 인터넷 행정 서비스 시스템의 기능 개선을 건의하고, '원스톱' 플랫폼을 개발하여 정부의 각 기능 부문과 주민의 관련 행정 심사 및 비행정 심사가 하나의 플랫폼에서 이루어지도록 하고, '멀티 접수, 업무 분리, 안건 종합, 배경 심사, 일괄 처리, 전자 감찰, 전체 운영, 연중무휴'를 채택한다. 정부 서비스를 기층 서비스로 확대하고, 시민이 발로 직접 뛰지 않아도 되게 하면서도, 행정 서비스 처리 효율은 높인다. 마지막으로 사회화 서비스 정보 시스템을 건설한다. 사회조직과 민간 기업이 개발한 각종 인터넷 응용 서비스 플랫폼을 통해 대중의 개성화된 서비스 요구를 만족시킨다.

법치 건설: 사회 거버넌스의 법치화

법치 건설을 중시하고, 사회 거버넌스의 법치화를 추진한다. 사회적 신뢰의 결여는 현재 사회 거버넌스에서 두드러지고 있는 문제이다. 사람들이 정부를 믿지 않아 법 집행 과정에서 폭력적 저항을 하는 사건이 종종 발생한다. 이러한 현상은 서민들 자신의 문제이지만, 더 근본적인 원인은 정부가 사회적 거버넌스에서 제멋대로 권력을 행사하거나 구속력 없는 권력을 사용함에 있다. 이것은 법 집행자의 오만한 태도와 낮은 효율을 초래하고, 심지어 권력을 이용해 이득을 취하는 행위나 부패 현상을 초래하기도 한다. 이것은 정부에 대한 대중의 불만, 실망, 그리고 불신임을 초래한다. 이런 문제를 해결하는 방법과 출로는 법치 건설을 강화하고, 사회 거버넌스의 법치화를 추구하는 것이다.

　법률은 치국의 중요한 수단이다. 법치는 국가 거버넌스 체계와 거버넌스 능력의 중요한 토대이다. 법에 의한 행정, 투명한 법 집행을 강화하는 것은 정부가 민중의 신뢰를 얻고, 정부의 권위를 수립하는 관건일 뿐만 아니라 법 집행자의 권익을 지키는 가장 유력한 무기이다. 법치 마인드를 통해 사회 행위의 예상, 관리 과정의 공개, 책임 한계 규정을 통한 사회 거버넌스 제도 체계를 구축해야 한다. 또한 법치 방식으로 사회 거버넌스의 난제를 법 집행과 사법문제로써 해결해야 한다. 사회 거버넌스 혁신은 법치 마인드와 법치 방식을 필요로 한다. 따라서 과학적 입법, 엄격한 법 집행, 공정한 사법, 전 국민의 법 준수를 이룩하고, 법치 국가, 법치 정부, 그리고 법치 사회의 건설을 통해 사회의 활력과 조화로운 질서를 촉진해야 한다.

옮긴이 후기

중국은 비자유주의(illiberal) 국가이다. 더구나 중국이 부상한 이후 사회주의 정체성을 강조하기 시작하면서 서구식 민주주의를 도입할 가능성은 더욱 멀어졌다. 2000년대부터는 '민주는 좋은 것이다(Democracy Is a Good Thing)'라는 담론에 기초한 점증주의(incrementalism)와 점진주의 모델 대신 '민주도 중국 것이 좋은 것이다'라는 것으로 변경되었다. 중국에서 서방의 민주주의는 행복추구의 도구일 뿐 가치와 목표가 아닌 셈이다. 즉, 경제발전이 이루어지면 시장의 힘에 의지한 개혁적 중산층이 등장하면서 정치적 민주화가 이루어진다는 근대화론은 적어도 중국의 정치 현실에서는 작동하기 어렵게 되었다. 민주화 없는 거버넌스 개혁이 일정한 성과를 거두면서 정치적 대혼란에서도 벗어났다고 볼 수 있다. 개혁개방의 세례를 받은 세대들이 성장하면서 민족적 자부심(national pride) 또한 높아졌다.

그러나 이에 근거하여 중국의 정치체제가 역동적이고 안정적이라고 설명하기는 어렵다. 중국은 국가통합, 신분의 차등, 권력의 파편화, 법치와 책임제의 부족, 사회자치의 부족에 직면해 있다. 특히 국가-사회관계의 변화에 따라 특권, 부패, 지대추구(rent seeking) 현상이 만연해 있고, 이를 관리할 필요성이 절박해졌다. 권력의 질주를 제약하고 정치안정 만능주의의 폐해를 극복하지 않는 한, 국가정당성을 안정적으로 확보하는 것은 한계가 분명하다. 중국에서 전면심화(deep reform)을 논의하는 이유도 여기에 있다.

민주적 선거의 필요성 또한 제시하고 있으나, 이것을 개혁의 종착으로 간주하지는 않는다. 그 대안으로 등장한 것이 치리(治理), 서구적 개념을 빌리면 거버넌스 개혁이다. 구체적으로는 국가 거버넌스 체계와 국가 거버넌스의 현대화를 통해 이 문제를 돌파하고자 하며, 이는 시진핑 시대 정치개혁의 핵심으로 자리 잡았다. 이러한 국가 거버넌스 개혁은 관념에 기초한 이상주의적 접근 대신에 법치와 책임정부의 수립에 초점을 두는 현실주의적 접근을 취하고 있다. 시진핑 체제는 중국공산당 창당 100년, 중화인민공화국 100년, 즉 '두 개의 100년'이라는 역사적 유산을 만들고자 한다. 2035년까지 일종의 선진국의 문턱인 '사회주의 현대화 건설을 기본적으로 실현'하는 과도기를 설정하기도 했다. 이 기간 동안 중국식 거버넌스 개혁이 일정한 성과를 거두어야 한다는 것이다.

실제로 중국은 정치발전의 핵심을 대중의 정치참여, 정당에 기초한 의회정치, 견제와 균형에 기초한 권력분립에 두고 있지 않다. 오히려 업적 정당성에 기초한 현능주의(meritocracy)를 강조하는 한편 마르크스주의를 다시 호명하는 등 사회주의 정체성을 강조하면서 중국의 길을 걷겠다는 점을 분명히 하고 있다. 중국의 이러한 존재방식에 있어서의 노선전환은 최근 미중관계가 악화되면서 이념적 디커플링이 확대된 배경이기도 하다. 미국이 턱밑까지 쫓아온 중국의 종합국력을 문제 삼고 민주주의 국가의 연대를 통해 사회주의 중국을 압박하고자 하는 이유도 여기에 있다.

한편 중국도 미중 협력의 필요성을 인정하면서 발전의 권리, 체제와 제도 그리고 이념의 영역은 양보할 수 없는 핵심이익이라는 점을 분명히 했다. 이러한 상황에서 중국은 개혁개방의 그늘을 해소하기 위해 당-국가 체제를 재건하는 데 힘쓰고 있다. 당-국가 체제에 기초한 거버넌스 개혁을 정교화하는 한편 중국적 담론을 강화함으로써 중국식 세계화(Sinic globalization)의 가능성을 모색하려는 것이다. 물론 이것은 고전적 마르크스주의와 결을 달리한다.

이 책은 이러한 '민주화 없는 거버넌스 개혁'의 방향과 목표를 체계적으로 분석하고 있다. 특히 국가-사회-개인의 일반 모델에 기초하여 현대 국가 거버넌스의 목표와 내용 그리고 평가체계를 수립하고 국가, 정당, 정부, 사회 건설의 제 측면에서 어떠한 개혁이 이루어지고 있는가에 대한 방향성을 설정했다. 이 책이 유사한 책들과 다른 점은, 자국의 거버넌스 개혁의 중요성을 주장하면서도 민주주의 이론과 국가론에 대한 서구의 인식과 방법론을 비교적 충실하게 고려하고 있어 비교정치의 차원에서 중국의 정치적 문법을 이해하는 데 도움을 주고 있다는 것이다. 한국판에 이어 영문판으로 출간되는 것도 이러한 이유 때문일 것이다. 또한 이 책은 중국이 직면한 다양한 위기를 비교적 솔직하게 인정하고 그 극복 방안을 제시하고 있다는 점에서 현실감과 생동감이 있다. 이를 통해 우리는 중국의 고민이 어디에 있는지 엿볼 수 있다. 즉, '안정될수록 불안정해지는 모순'을 극복하지 않으면 길이 없다는 것을 분명히 하고 있으며, 권력의 책임과 제약 사이의 긴장을 회복해야 하고, 영명한 지도자의 인치(人治)에 의존해서는 안 된다는 점도 강조하고 있다. 중국과 사회주의 국가의 불평등과 격차의 확대에 대해서도 쓴 소리를 담고 있으며, 개혁의 주체도 사회세력, 전문가, 기업, 미디어, 농민 등 기층과 함께 해야 한다는 점을 명확히 했다.

이러한 문제의식은 편저자의 학문하는 태도와 관련되어 있을 것이다. 이 책을 편집하고 핵심내용을 집필한 베이징대학 정부관리학원의 옌지룽 원장은 중국식 민주주의와 거버넌스 분야에서 중국을 대표하는 학자이다. 그는 서구 정치학 이론과 방법에 대한 탄탄한 이해를 바탕으로 중국적 맥락에서 재구성하는 작업을 해왔다. 옮긴이가 그와 오랫동안 인간적으로나 학문적으로 교류하면서 받은 느낌은 상대적으로 베이징대학의 자유주의 학풍을 간직하면서도 국가주의 및 권위주의적 사고에 매몰되지 않은 채 중국식 정치발전의 방향을 모색하고 고민해온 학자라는 것이다. 편저자는 또한 한국에서의 민주주의와 거버넌스 논의에 대해 깊은 관심을 가지고 이를 중국에 적용해 검토하는 등 국경과 체제를 넘어선 열린 태도를 가지고 있었다. 이것은 어릴 때 내몽골에서 자라면서 노래와 술을 즐기며 실러온 자유롭고 호방한 기질과도 무관하지 않을 것이다. 그는 베이징대학의 정부관리학원 교수, 부원장을 거쳐 현재는 원장으로 일하고 있다. 국가 석학으로 불리는 장강(長江) 학자가 되어 연구와 후학양성에 주력하는 등 중국 정치학계를 대표하는 엘리트 학자이다.

우리는 중국의 정치개혁에 대해 서구 민주주의에 기초한 선험적 인식을 가진 채, 중국학계 내부에서 진행되는 치열한 논의를 과소평가하는 경향이 있다. 이런 경향 속에서 민주화가 이루어지지 않으면 중국의 미래가 없다는 결정론적 사고에 매몰되는 경우가 많다. 따라서 중국 내에서 전개되고 토론되는 정치개혁의 논의를 객관적으로 파악하고 이에 근거해 비판하는 성숙한 태도를 필요로 한다. 이런 점에서 이 책이 한국에서 중국의 정치개혁과 거버넌스, 중국의 미래에 대한 성숙한 논의를 촉발하는 데 기여할 수 있을 것이라고 생각한다.

이 책을 출판하는 과정에 성균중국연구소에서 오랫동안 한솥밥을 먹은 김현주, 고영희, 양철 박사와 유다솜 연구원이 참여했다. 그뿐만 아니라 성균중국연구소의 모든 연구교수와 연구원들이 번역의 품질을 높이기 위해 함께 교정하고 교열했다. 한국의 서점가에는 중국에 대한 개론서, 미중관계, 중국의 혁신, 중국의 몰락을 다룬 책들이 쏟아지고 있다. 그럼에도 불구하고 중국의 존재 방식에 관건적인 문제인 국내 거버넌스, 민주 개혁을 정면으로 다룬 무게 있는 책들이 소개되지 않아 한국 내 중국연구의 불균형이 발생했다. 이러한 문제의식을 현실로 바꾼 것은 아모레퍼시픽 재단의 소리 없는 지원이었다. 이러한 성원이 없었으면 어려운 출판환경에서 빛을 발하지 못했을 것이다. 아쉬움이 있다면, 치리(治理)를 거버넌스(governance)라는 용어로 담을 수 없는 것처럼, 번역 과정에서 중국 사회과학의 개념과 담론을 정확하게 한국어로 옮기는 데 많은 어려움이 있었다는 점이다. 이 모든 책임은 옮긴이들의 몫이다. 독자 여러분의 아낌없는 질정을 바란다.

신축년 새해
성균중국연구소 소장 이희옥

참고문헌

중문자료

薑作培, 〈著力創造經濟增長方式轉變的體制條件〉, 《實事求是》, 2006年 第4期.

江澤民, 《在慶祝中國共産黨成立八十週年大會上的講話》, 人民出版社, 2001.

薑曉萍, 〈社會治理不應以風險控制爲基礎〉, http://news.ifeng.com/exclusive/lecture/special/zhiliyantao/content-5/detail_2013_12/02/31717397_0.shtml, 2016年 11月 12日.

顧建光, 〈非政府組織的興起及其作用〉, 《上海交通大學學報》(哲學社會科學版), 2003年 第6期.

高奇琦·遊騰飛, 〈國家治理的指教化評估及其新指標體系的構建〉, 《探索》, 2016年 第6期.

科爾奈, 《社會主義體制: 共産主義政治經濟學》, 中央編譯出版社, 2007.

管傳林, 〈社會階層分化和社會變遷過程中的社會治理創新與選擇〉, 《河南師範大學學報》, 2015年 第4期.

郭道暉, 〈50年來我國法制建設之反思〉, 《百年潮》, 2005年 第6期.

〔澳〕歐文·E. 休斯, 《公共管理導論》, 彭和平等譯, 中國人民大學出版社, 2001.

丘海雄·徐建牛, 〈市場轉型過程中地方政府角色研究述評〉, 《社會學研究》, 2004年 第4期.

顧昕, 〈發展主義的發展: 政府主導型發展模式的理論探索〉, 《河北學刊》, 2014年 第3期.

高小平, 〈國家治理體系與治理能力現代化的世現路徑〉, 《中國行政管理》, 2014年 第1期.

〔美〕孔飛力, 《中國現代國家的起源》, 陳兼·陳之宏譯, 三聯書店, 2013.

喬萬尼·薩托利, 〈自由民主可以移植嗎?〉, 劉軍寧編, 《民主與民主化》, 商務印書館, 1999.

景躍進, 〈轉型, 吸納和滲透: 挑戰環境下執政黨組織技術的嬗變及其問題〉, 《中國非營利評論》, 2011年 第1期.

〔美〕吉列爾·莫奧唐奈, 〔意〕菲利普·施密特, 《威權政治的轉型》, 景威·柴紹錦譯, 新星出版社, 2002.

金碚, 〈科學發展與經濟增長方式轉變〉, 《中國工業經濟》, 2006年 第5期.

金耀基, 《從傳統到現代》, 法律出版社, 2010.

雷志宇, 〈'新公共管理'模式的內在衝突與矛盾〉, 《東南學報》, 2002年 第5期.

唐天偉·曹清華·鄭爭文, 〈地方政府治理現代化的內涵, 特征及其測度指標體系〉, 《中國館行
　　政管理》, 2014年 第10期.

唐皇鳳, 〈新中國60年國家治理體系的變遷及理性審視〉, 《經濟社會體制比較》, 2009年 第
　　5期.

唐皇鳳, 〈組織化調整: 社會轉型的中國經驗〉, 《江漢論壇》, 2012年 第1期.

戴慕珍, 〈中國地方政府公司化的制度化基礎〉, 甘陽·崔之元編, 《中國改革的政治經濟學》,
　　牛津大學出版社, 1997.

[英]戴維·皮爾斯·傑瑞米·沃福德, 《世界無末日: 經濟學, 環境與可持續發展》, 張世秋等譯,
　　中國財政經濟出版社, 1996.

[英]戴維·赫爾德, 《民主的模式》, 導論·第四章, 燕繼榮等譯, 中央編譯出版社, 2008.

[美]戴維·奧斯本·特德·蓋布勒, 《改革政府: 企業家精神如何改革著公共部門》, 周敦仁等譯,
　　上海譯文出版社, 2006.

[美]道格拉斯·諾斯, 《經濟史上的結構和變革》, 厲以平譯, 商務印書館, 1992.

[美]道格拉斯·諾思, 《經濟史中的結構與變遷》, 陳鬱等譯, 上海三聯書店, 1991.

騰世華, 〈公共治理理論及其引發的變革〉, 《國家行政學院學報》, 2003年 第1期.

鄧小平, 《鄧小平文選》第2卷, 人民出版社, 1994.

[美]羅納德·英格爾哈特, 〈現代化與民主〉, 弗拉基斯拉夫·伊諾澤姆采夫主編, 《民主與現代
　　化: 有關21世紀挑戰的爭論》, 徐向梅等譯, 中央編譯出版社, 2011.

羅伯特·米歇爾斯, 《寡頭統治鐵律: 現代民主制度中的政黨社會學》, 任軍峰等譯, 天津人民
　　出版社, 2002.

[美]羅伯特·B. 登哈特, 《公共組織理論》(第3版), 扶松茂·丁力譯, 中國人民大學出版社,
　　2003.

藍志勇·魏明, 〈現代國家治理體系: 頂層設計, 實踐經驗與複雜性〉, 《公共管理學報》, 2014年
　　第1期.

[美]拉裏·戴蒙德·裏奧納多·莫裏諾, 〈關於民主質量的概述〉, 張麗娟譯, 何斌校, 《民主》,
　　2004年 第4期.

[美]拉爾·戴蒙德, 《民主的精神》, 張大軍譯, 群言出版社, 2013.

厲無畏·王振, 《轉變經濟增長方式研究》, 學林出版社, 2006.

[美]路易斯·亨金, 《憲政·民主·對外事務》, 鄧正來譯, 三聯書店, 1996.

馬凱, 〈轉變經濟增長方式, 實現又好又快發展〉, 《中國發展觀察》, 2007年 第4期.

馬靜玉,〈高度重視我國人均GDP1000~3000美元階段的矛盾和問題〉,《理論參考》, 2006年第5期.

〔美〕曼庫爾·奧爾森,《國家興衰探源: 經濟增長, 滯漲與社會僵化》, 呂應中等譯, 商務印書館, 1993.

〔美〕麥基文,《憲政古今》, 翟小波譯, 貴州出版社, 2004.

文一,《偉大的中國工業革命》, 清華大學出版社, 2016.

〔美〕米格代爾,《强社會與弱國家》, 張長東等譯, 江蘇人民出版社, 2009.

白鋼·林廣華,《憲政通論》, 社會科學文獻出版社, 2005.

〔美〕伯恩斯等,《美國式民主》, 譚君久等譯, 中國社會科學出版社, 1993.

潘維,〈社會治理危機: 一個世界性的問題〉,《北京日報》, 2015年 10月 26日.

〔美〕弗朗西斯·福山,《國家構建: 21世紀的國家治理與世界秩序》, 黃勝强·許銘原譯, 中國社會科學出版社, 2007.

〔美〕弗朗西斯·福山,《政治秩序的起源: 從前人類時代到法國大革命》, 毛俊傑譯, 廣西師範大學出版社, 2012

〔美〕斯科特·戈登,《控制國家: 西方憲政的歷史》, 應奇等譯, 江蘇人民出版社, 2001.

〔英〕斯坦·林根,《民主是做什麽用的: 論自由與德政》, 孫建中譯, 新華出版社, 2012.

〔美〕斯蒂芬·L.埃爾金等編,《新憲政論: 爲美好的社會設計政治制度》, 周葉謙譯, 三聯書店, 1997.

謝嶽·丁東鋒,〈試論中國共産黨的現代政治轉型〉,《上海交通大學學報》(哲學社會科學版), 2006年 第1期.

薩托利,《政黨與政黨體制》, 王明進譯, 商務印書館, 2006.

薩繆爾·亨廷頓,《變化社會中的政治秩序》, 王冠華譯, 三聯書店, 1996.

〔美〕塞繆爾·亨廷頓,《變革社會中的政治秩序》, 李盛平等譯, 華夏出版社, 1988.

〔美〕塞繆爾·亨廷頓,《第三波: 20世紀後期民主化浪潮》, 劉軍寧譯, 上海三聯書店, 1998.

〔美〕塞繆爾·亨廷頓,《變化社會中的政治秩序》, 王冠華等譯, 上海人民出版社, 2008.

生連科,〈國有企業制度創新對策研究〉,《合作經濟與科技》, 2006年 第1期.

〔美〕西達·斯考切波,《國家與社會革命: 對法國, 俄國和中國的比較分析》, 何俊志, 王學東譯, 上海人民出版社, 2007.

徐湘林,〈'國家治理'的理論內涵〉,《領導科學》, 2014年 第12期.

徐湘林,〈'國家治理'的理論內涵〉,《人民論壇》, 2014年 第10期.

徐湘林,〈中國的轉型危機與國家治理: 歷史比較的視角〉,《經濟社會體制比較》, 2010年 第5期.

徐湘林,〈中國的轉型危機與國家治理: 歷史比較的視角〉, 陳明明主編,《復旦政治學評論第九輯: 中國的轉型危機與國家治理》, 上海人民出版社, 2011

徐勇·呂楠,〈熱話題與冷思考：關於國家治理體系和治理能力現代化的對話〉,《當代世界與社會主義》, 2014年 第1期.

薛瀾·張帆·武沐瑤,〈國家治理體系與治理能力研究：回顧與前瞻〉,《公共管理學報》, 2015年第3期.

葉麒麟,〈政黨國家轉型的內在邏輯：改革開放以來中國共產黨的適應性研究〉,《中共天津市委黨校學報》, 2010年 第3期.

邵鵬,〈國家治理模式演進與國家治理體系構建〉,《學習與實踐》, 2014年 第1期.

宋玉波,《民主政制比較研究》, 法律出版社, 2000.

習近平,《決勝全面建成小康社會 奪取新時代中國特色社會主義偉大勝利：在中國共產黨第十九次全國代表大會上的報告》, 人民出版社, 2017

習近平,〈切實把思想統一到黨的十八屆三中全會精神上來〉,《求是》, 2014年 第1期.

習近平,〈完善和發展中國特色社會丰義制度推進國家治理體系和治理能力的現代化〉,《人民日報》, 2014年 2月 18日.

沈大偉,《中國共產黨：收縮與調試》, 呂增奎·王新穎譯, 中央編譯出版社, 2011.

沈湘平,〈價值共識是否以及何以可能〉,《哲學研究》, 2007年 第2期.

沈傳亮,〈建立國家治理能力現代化評估體系〉,《學習時報》, 2014年 6月 3日.

〔美〕安東尼·吉登斯,《民族—國家與暴力》, 胡宗澤·趙力濤譯, 三聯書店, 1998.

楊善華·蘇紅,〈從代理型政權經營者到謀利型政權經營者〉,《社會學研究》, 2002年 第1期.

楊雲珍,〈政黨適應性：理論回潮與中國共產黨的實踐〉,《中國社會科學報》, 2011年 7月 21日第7版.

艾森斯塔德,《現代化：抗拒與變遷》, 張旅平等譯, 中國人民大學出版社, 1988.

於鴻君,〈黨, 政黨, 政黨政治, 政黨政治研究及其他〉,《當代世界政黨情勢》, 黨建讀物出版社, 2013.

嚴勵,〈論群體性突發事件的特點及預防處置機制〉,《政法學刊》, 2000年 第1期.

燕繼榮,〈群體性事件頻發的政治學思考〉,《中國社會科學(內部文件)》, 2009年 第6期.

燕繼榮,〈現代化與國家治理〉,《學海》, 2015年 第2期.

燕繼榮,〈用什麼來豐富民主意涵〉,《人民論壇》, 2010年 第25期.

燕繼榮,〈憲政的要義就是'限政'〉,《學習時報》, 2010年 第11期.

閆健,《中國共產黨轉型與中國的變遷：海外學者視角評述》, 中央編譯出版社, 2013.

吳家麟主編,《憲法學》, 中央廣播電視大學出版社, 1991.

吳敬璉,《當代中國經濟改革》, 遠東出版社, 1999.

吳敬璉,〈中國經濟轉型的困難與出路〉,《中國改革》, 2008年 第2期.

吳敬璉,《中國增長模式抉擇》, 遠東出版社, 2006.

吳群芳,〈公共選擇理論與'公共服務市場化'：西方行政改革的理論背景〉,《北京科技大學學報》(社會科學版), 2000年 第1期.

吳忠民,〈當代中國社會'官民矛盾'問題特徵分析〉,《教學與研究》, 2012年 第3期.

吳忠民,〈怎樣看待中國現階段社會階層結構的變化? 如何分析社會階層問題?〉,《中國黨政幹部論壇》, 2001年 第11期.

吳曉林·薑永熹,〈政黨轉型與嵌入式政治整合政策的調整: 對中國共產黨章程修改修訂的曆史考察〉,《中共天津市委黨校學報》, 2013年 第6期.

王貴秀,〈理順黨政關系, 實現依法執政-對建設憲政, 完善人大制度的政治哲學思考〉,《人大研究》, 2005年 第4期.

汪仕凱,〈國家治理評估的指標設計與理論含義〉,《探索》, 2016年 第3期.

王紹光·胡鞍鋼,《中國國家能力報告》, 遼寧人民出版社, 1993.

王紹光,〈國家治理與基礎性國家能力〉,《華中科技大學學報》(社會科學版), 2014年 第3期.

王紹光,〈國家治理與國家能力: 中國的治國理念與制度選擇(上)〉,《經濟導刊》, 2014年 第6期.

王紹光,《民主四講》, 三聯書店, 2008.

王紹光,〈學習機制與適應能力: 中國農村合作醫療體制變遷的啟示〉,《中國社會研究》, 2008年 第6期.

王小魯,〈中國經濟增長的可持續性與制度變革〉,《經濟研究》, 2000年 第7期.

王詩宗,《治理理論及其中國適用性》, 博士學位論文, 浙江大學公共管理學院, 2009.

王勇兵,〈西方政黨變革與轉型理論初探〉,《經濟社會體制比較》, 2004年 第6期.

王長江,《政黨政治原理》, 中央黨校出版社, 2009.

王浦劬,〈國家治理, 政府治理和社會治理的含義及其相互關系〉,《國家行政學院學報》, 2014年 第3期.

王浦劬,〈科學把握'國家治理'的含義〉,《光明日報》, 2013年 12月 29日, 第7版.

王浦劬,〈全面準確深入把握全面深化改革的總目標〉,《中國高校社會科學》, 2014年 第1期.

呂增奎主編,《執政的轉型: 海外學者論中國共產黨的建設》, 中央編譯出版社, 2011.

鬱建興,《馬克思國家理論與現時代》, 東方出版社, 2007.

熊躍根,〈轉型經濟國家的社變遷與制度建構: 理解中國經驗〉,《社會科學》, 2010年 第4期.

俞可平,〈衡量國家治理體系現代化的基本標準: 關於推進國家治理體系和治理能力的現代化的思考〉,《北京日報》, 2013年 12月 9日.

俞可平,〈治理和善治: 一種新的政治分析框架〉,《南京社會科學》, 2001年 第9期.

俞可平,〈治理與善治引論〉,《馬克思主義與現實》, 1999年 第5期.

劉強,〈人均GDP1000-3000美元階段宏觀分配關係的國際比較〉,《經濟研究參考》, 2005年 第58期.

鬱建興·關爽,〈從社會管控到社會治理: 當代中國國家與社會關係的新進展〉,《探索與爭鳴》,

2014年 第12期.

劉偉,〈經濟發展和改革性變化與經濟增長方式的歷史性變革〉,《經濟研究》, 2006年 第1期.

劉瑜,〈經濟發展會帶來民主化嗎? 現代化理論的興起, 衰落與復興〉,《中國人民大學學報》,
　　2011年 第4期.

劉軒,〈關於'樞紐型'社會組織建設的思考〉,《學習與實踐》, 2012年 第10期.

陸銘·陳釗,《中國區域經濟發展中的市場整合與工業集聚》, 上海人民出版社, 2005.

陸學藝主編,《當代中國社會階層研究報告》, 社會科學文獻出版社, 2002.

魏治勛,〈'善治'視野中的國家治理能力及其現代化〉,《法學論壇》, 2014年 第2期.

李強,〈從現代國家構建的視角看行政管理體制改革〉,《中共中央黨校學報》, 2008年 第3期.

李強,〈國家能力與國家權力的悖論-兼評王紹光, 胡鞍鋼'中國國家能力報告'〉, http://
　　www.chian-review.com/sao.asp?id=3399.

李強,《自由主義》, 中國社會科學出版社, 1998.

李廣傑,〈切實加快經濟增長方式轉變〉,《山東經濟戰略研究》, 2006年 第3期.

李瑞·鄭娟,〈芻論服務型政府的理論基礎〉,《公共管理》, 2006年 第10期.

李立志,《變遷與重建: 1949-1956年的中國社會》, 江西人民出版社, 2002.

李漢林,〈中國單位現象與城市社區的整合機制〉,《社會學研究》, 1993年 第5期.

任劍濤,〈現代化國家治理體系的構建: 基於近期頂層設計的評述〉,《愛思想網》, http://
　　www.aisixiang.com/data/8804html.

林毅夫·蘇劍,〈論我國經濟增長方式的轉換〉,《管理世界》, 2007年 第11期.

林毅夫·劉培林,《地方保護和市場分割: 從發展戰略的角度考察》, 北京大學中國經濟研究中
　　心工作論文, No.C2004015, 2004年 10月.

張康之,〈流動性迅速增強條件下的社會治理〉,《常州大學學報》, 2016年 第5期.

張建,〈從管理走向治理: 當代中國行政範式轉換問題研究〉,《浙江社會科學》, 2006年 第
　　4期.

張軍·周黎安,《為增長而競長: 中國增長的政治經濟學》, 格致出版社·上海人民出版社,
　　2008.

張成福,〈公共行政的管理主義: 反思與批判〉,《中國人民大學學報》, 2001年 第1期.

張維迎,〈西方企業理論的演進與最新進展〉,《經濟研究》, 1994年 第11期.

張長東,〈國家治理能力現代化研究: 基於國家能力理論視角〉,《法學評論》, 2014年 第3期.

張卓元,〈轉變經濟增長方式: 政府改革是關鍵〉,《宏觀經濟管理》, 2006年 第10期.

張千帆,《憲法學導論》, 法律出版社, 2004.

《'中國中央關於全面深化改革若幹重大問題的決定'輔導讀本》, 人民出版社, 2013

〈中共中央關於全面深化改革若幹重大問題〉,《求是》, 2013年 第22期.

〈中共中央關於全面深化改革若幹重大問題的決定〉, 新華網, http://news.xinhuanet.

com/mrdx/2013-11/16/e_132892941.htm, 2014年 3月 30日.

《'中共中央關於全面深化改革若幹重大問題的決定'輔導讀本》, 人民出版社, 2013.

〈中共中央政治局就實施網絡強國戰略進行第三十六次集體學習〉, http://www.gov.cn/
xinwen/2016-10/09/content_5116444.htm.

中國行政管理學會課題組, 〈政府應急管理機制研究〉, 《中國行政管理》, 2005年 第1期.

趙玉峰·林尚立, 〈國家制度與國家治理: 中國的邏輯〉, 《中國行政管理》, 2015年 第5期.

趙鼎新, 《社會與政治運動講義》, 社會科學文獻出版社, 2006

田凱·黃金, 〈國外治理理論研究: 進程與爭鳴〉, 《政治學研究》, 2015年 第6期.

錢福臣, 《憲政哲學問題要論》, 法律出版社, 2006.

錢穎一, 《現代經濟學與中國經濟改革》, 中國人民大學出版社, 2003.

鄭少翀, 〈走出價值多元主義的困境〉, 《福建論壇》, 2007年 第4期.

鄭言·李猛, 〈推進國家治理體系與國家治理能力現代化〉, 《吉林大學社會科學學報》, 2014年
第2期.

鄭長沖, 〈國家治理體系和治理能力現代化與黨的建設制度發展〉, 《江西社會科學》, 2015年
第4期.

丁志剛, 〈如何理解國家治理與國家治理體系〉, 《學術界》, 2014年 第2期.

鄭慧·何君安, 〈試論國家治理體系和國家治理能力現代化〉, 《新視野》, 2014年 第3期.

程熙·張博, 〈樞紐型治理: 中國共產黨對於社會組織的領導〉, 《理論月刊》, 2015年 第10期.

左璐, 〈新社會階層政治參與正確引導〉, 《攀登》, 2007年 第6期.

朱光磊, 〈'兩化疊加'是治理中國最大難題〉, (新加坡)《聯合早報》, 2016年 8月 22日.

周建勇, 〈當代西方政黨轉型理論探析〉, 《復旦政治學評論》(第七輯), 上海人民出版社, 2009.

周軍·程倩, 〈全球化, 後工業化對社會治理的挑戰〉, 《黨政研究》, 2014年 第11期.

周飛舟, 〈生財有道: 土地開發和轉讓中的政府和農民〉, 《社會學研究》, 2007年 第1期.

周淑真, 《政黨政治學》, 人民出版社, 2011.

周永坤, 〈信訪與中國糾紛解決機制的路徑選擇〉, 《暨南學報》(哲學社會科學版), 2006年
第1期.

周祖成, 〈論行政主導對我國走向法治的影響〉, 《社會主義研究》, 2002年 第6期.

陳家剛, 《協商民主與當代中國政治》, 第四章, 中國人民大學出版社, 2009.

〔美〕珍妮特·V. 登哈特·羅伯特·B. 登哈特, 《新公共服務: 服務, 而不是掌舵》, 丁煌譯, 中
國人民大學出版社, 2004.

陳兼·陸之宏, 〈孔飛力與'中國現代國家的起源'〉, 《開放時代》, 2012年 第7期.

陳崎, 《衰落還是轉型: 當代西方政黨的發展變化研究》, 中國傳媒大學出版社, 2010.

陳東琪·銀溫泉, 《打破地方市場分割》, 中國計劃出版社, 2002.

陳圍權·麻曉莉, 〈地方政府創新與民營經濟發展: 溫州制度變遷的軌跡與分析〉, 《中國行政

管理》, 2004年 第6期.

陳周旺, 〈國家建設, 抗爭與民主: 查爾斯·帝利國家政治理論述評〉, 載劉春榮·陳周旺主編, 《復旦政治學評論10: 集體行動的中國邏輯》, 上海人民出版社, 2012.

秦暉, 〈權力, 責任與憲政: 兼論轉型期政府的大小問題〉, 《二十一世紀》(網絡版), 2003年 第12期, 總21期.

秦暉, 〈什麼是憲政責任〉, 《社會科學論壇》, 2005年 第2期.

秦暉, 〈左派之祖? 右派之祖?: 理解傑斐遜與'美國精神'〉, 《南方周末》, 2006年 7月 27日.

查莫斯·約翰遜, 《通產省與日本奇跡: 產業政策的成長(1925-1975)》, 吉林出版集團有限責任公司, 2010.

肖唐鏢·肖龍, 〈中國公民眼中的國家治理: 能力與績效評估〉, 《地方治理研究》, 2016年 第1期.

[法]托克維爾, 《論美國的民主》, 緒論部分 董果良譯, 商務印書館, 1988.

包國憲·郎政, 〈治理, 政法治理概念的演變與發展〉, 《蘭州大學學報》(社會科學版), 2009年 第2期.

馮仕政, 《當代中國的社會治理與政治秩序》, 中國人民大學出版社, 2013.

[美]彼得·埃文斯等編著, 《找回國家》, 東方維等譯, 三聯書店, 2009.

何煒, 〈西方政府職能論的源流分析〉, 《南京社會科學》, 1999年 第7期.

何增科, 〈國家治理現代化及其評估〉, 《學習時報》, 2014年 1月 3日.

何增科, 〈理解國家治理及其現代化〉, 《馬克思主義與現實》, 2014年 第1期.

何增科, 〈政黨的轉型和現代化〉, 《當代世界與社會主義》, 2003年 第2期.

何清漣, 《現代化的陷阱: 當代中國的經濟社會問題》, 今日中國出版社, 1998.

何包鋼, 《民主理論: 困境和出路》, 法律出版社, 2008.

韓慶祥, 〈當代中國的社會轉型〉, 《現代哲學》, 2002年 第3期.

韓成頌, 〈論服務型政府的倫理品格〉, 《南京政治學院學報》, 2008年 第4期.

[美]漢密爾頓, 《聯邦黨人文集》, 程逢如·在漢·舒遜譯, 商務印書館, 1982.

許耀桐·劉棋, 〈當代中國國家治理體系分析〉, 《理論探索》, 2014年 第1期.

黃炎培, 《八十年來附〈延安歸來〉》, 中國文史出版社, 1982.

[秘魯]赫爾南多·德·索托, 《資本的秘密》, 王曉冬譯, 江蘇人民出版社, 2001.

[美]亨廷頓, 《變化社會中的政治秩序》, 三聯書店, 1996.

胡鞍鋼·鄢一龍·呂捷, 〈從經濟指令計劃到發展戰略規劃: 中國五年計劃轉型之路(1953-2009)〉, 《中國軟科學》, 2010年 第8期.

胡鞍鋼·鄢一龍·呂捷, 〈中國發展奇跡的重要手段: 以五年計劃轉型為例(從'六五'到'十一五')〉, 《清華大學學報》(哲學社會科學版), 2011年 第1期.

胡聯合·何勝紅, 〈我國行政成本演變態勢的實證研究(1978-2006)〉, 《公共行政評論》, 2009年第5期.

胡聯合·胡鞍鋼等,《當代中國社會穩定問題報告》, 紅旗出版社, 2009.

洪銀興,〈論經濟增長方式轉變的基本內涵〉,《管理世界》, 1999年 第4期.

洪銀興,〈經濟轉型階段的市場秩序建設〉,《經濟理論與經濟管理》, 2005年 第1期.

영문자료

A. H. Amsden, *Asia's Next Giant: South Korea and Late Industrialization*, Oxford University Press, 1989.

Adam Przeworski, and Fernando Limongi, "Modernization: Theories and Facts," *World Politics*, Vol. 49, No. 2, 1997.

Alexander Gerschenkron, *Economic Backwardness in Historical Perspective*, Cambridge, Mass: Belknap Press, 1962.

A. M. Appleton and D. S. Ward, "Party Response to Environmental Change: A Model of Organizational Innovation," *Party Politics*, 1997.

Andrew Heywood, *Political Theory: An Introduction*, Palgrave Macmillan, 2004.

Andrew J. Nathan, "Authoritarian Resilience," *Journal of Democracy*, Vol. 14, No. 1, 2003.

Andrew Walder, "Local Governments as Industrial Firms," *American Journal of Sociology*, Vol. 101, No. 2, 1995.

Andrew G. Walder, "The Decline of Communist Power: Elements of a Theory of Institutional Change," *Theory and Society*, Vol. 23, No. 2, April 1994.

Barbara Geddes, "What Do We Know about Democratization after Twenty Years," *Annual Review of Political Science*, 2, 1999.

B. Jessop, "Ther Rise of Governance and the Rise of Failure: The Case of Economic Development," *International Social Science Journal*, Vol. 50, No. 1, 1998.

Bruce J. Dickson, *Democratization in China and Taiwan: The Adaptability of Leninist Parties*, Oxford University Press, 1997.

Bruce Gilley, *China's Democratic Future: How It Will Happen and Where It Will Lead*, New York: Columbia University Press, 2004.

Chalmers Johnson, *MITI and the Japanese Miracle: The Growth of Industrial Policy, 1925-1975*, Stanford, CA: Stanford University Press, 1982.

Charles Forcey, *The Crossroads of Liberalism: Croly, Weyl, Lippmann, and the Progressive Era, 1900-1925*, Oxford University Press, 1972.

Eric Nordlinger, *On the Autonomy of the Democratic State*, Cambridge: Harvard University Press, 1981.

Frederic C. Deyo(ed.), *The political economy of the new Asian industrialism*, Ithaca and New York: Cornell University Press, 1987.

Gao Bai, "The Rubik's Cube State," *Journal of Democracy*, Vol. 14, No. 1, 2003.

Gordon G. Chang, *The Coming Collapse of China*, New York: Random House, 2001.

G. Stoker, "Governance as Theory: Five Propositions," *International Social Science Journal*, Vol. 50, No. 155, 1998.

H. Alice, *Asia's Next Giant: South Korea and Late Industrialization*, New York: Oxford University Press, 1989.

Henry S. Rowen, "The Growth of Freedoms in China," *APARC Working Papers*, Stanford University, 1991.

Henry S. Rowen, "The Short March: China's Road to Democracy," *National Interest*, No. 45, 1996.

J. N. Rosenau, "Governance, Order and Change in World Politics," in J. N. Rosenau and E. O. Czempei(eds), *Governance without Government: Order and Change in World Politics*, Cambridge: Cambridge University Press, 1992.

Jean Oi, "Fiscal Reform and the Economic Foundations of Local State Corporatism in China," *World Politics*, Vol. 45, No. 1, 1992.

Katrina Burgess and Steven Levitsky, "Explaining Populist Party Adaptation in Latin America Environmental and Organizational Determinants of Party Change in Argentina, Mexico, Peru, and Venezuela," *Comparative Political Studies*, 2003(36).

Kjeld Erik Brodsgaard and Zehng Yongnian(eds.), *Bringing the Party back in: How China is Governed*, Singapore: Eastern Universities Press, 2004.

L. Salamon, *Global Civil Society: Dimensions of Nonprofit Sector*, Vol. 2, S. Wojciech Sokolowski and Associates ed., Kumarian Press.

Michael C. Davis, "The Price of Rights: Constitutionalism and East Asian Economics Development," *Human Rights Quarterly*, Vol. 20, No. 2, May 1998.

Machael Oakshott, *Introduction to Hobbes' Leviathan*, Oxford: Basil Blackwell,